MA
I

)

FI
lecte

OR

LES

MYSTÈRES DE LA MAIN

PÂRIS. — IMPRIMERIE DE J. CLAYE

RUE SAINT-BENOIT, 7

CHIROMANCIE NOUVELLE

HARMONIE

DE LA PHRÉNOLOGIE ET DE LA PHYSIOGNOMONIE

LES
MYSTÈRES DE LA MAIN

Révélés et Expliqués

ART DE CONNAÎTRE
LA VIE, LE CARACTÈRE, LES APTITUDES
ET LA DESTINÉE DE CHACUN
D'APRÈS LA SEULE INSPECTION DES MAINS

PAR

AD. DESBARROLLES

Troisième Édition.

PARIS

E. DENTU, LIBRAIRE-ÉDITEUR

PALAIS-ROYAL, 13, GALERIE D'ORLÉANS

1860

A PROPOS

DE LA TROISIÈME ÉDITION

Avant tout, remercions le public de sa bienveillance.

Un an s'est écoulé depuis l'apparition de cet ouvrage, et le voici à sa troisième édition.

C'est plus que nous n'aurions osé l'espérer, surtout en France.

Notre livre s'occupe d'une science mystérieuse, longtemps décriée, et qui paraît inexplicable au premier coup d'œil.

Nous pensions être compris en Allemagne, en Angleterre plus tard, avec le temps ! Nous en avions même la conviction. Mais en France, à Paris ! nous n'y avions jamais songé.

Le peuple français est un peuple vif, un peuple de spontanéité, mais ce n'est pas un peuple d'imagination. C'est le plus positif, le plus raisonnable, le plus réaliste de tous les peuples.

Il peut avoir un engouement passager pour des choses frivoles, et dont il connaît la frivolité, mais il n'admet

a

qu'avec une peine extrême ce qui ne lui paraît pas dans la règle.

Il lui faut alors des preuves nombreuses.

Serait-ce montrer trop de présomption que d'attribuer notre succès aux preuves que nous avons données, et que nous donnons encore tous les jours ?

On a ri d'abord quand le livre a paru ; et puis, en voyant tant de recherches, tant de travaux, tant de citations, tant d'efforts, on s'est demandé s'il n'y avait pas quelque chose au fond de tout cela. On a essayé en souriant toujours, et tout en essayant, tout en faisant de folles épreuves, la conviction est venue.

Et naturellement, c'est aux hommes les plus intelligents qu'elle est venue en premier, et parmi eux se sont trouvés nécessairement des chimistes, des médecins en assez grand nombre.

Nous n'avons pas discuté avec eux, la discussion passionnée n'éclaire pas, elle irrite ; à des théories, à des investigations scientifiques, nous avons opposé des faits. Devant le fait, toute résistance tombe. Et la Chiromancie a été prise au sérieux.

Et il faut bien le reconnaître : ·

La Chiromancie est vraie comme la nature, puisqu'elle est basée sur les harmonies de la nature.

Il y a longtemps que nos élèves n'en doutent plus.

Et quant à nous, que de choses étranges n'avons-nous pas vues déjà !

Que de fois ne nous a-t-il pas fallu frémir, que de fois ne nous a-t-il pas fallu admirer!

Et lorsqu'il nous a été permis de voir la main de l'homme le plus extraordinaire de notre siècle, cette main qui conduit l'époque, ne l'avons-nous pas vue si bien équilibrée qu'elle est destinée par la nécessité des lois harmoniques à remettre l'équilibre dans le monde; n'y avons-nous pas découvert les signes d'une sagacité, d'une intelligence sur-humaines, que, malgré nos innombrables expériences, nous n'avions vus nulle part ailleurs?

Maintenant, et c'est là le but de cette préface nouvelle, on nous a demandé des explications sur certaines choses restées confuses; nous avons nous-même, par un exercice constant, par des applications de chaque jour, trouvé des modifica-tions à faire. Nous regardons comme un devoir de donner ces explications, d'indiquer ces perfectionnements.

Ainsi, on nous a dit, et cette observation nous a été faite trop souvent pour n'être pas prise en considération : les monts de la main sont rarement à leur place, à la racine du doigt; cela est vrai, et cependant leur place est bien au-des-sous des doigts, mais comme rien n'est insignifiant dans la main, le déplacement des monts a aussi une signification [1].

Les monts, placés à la racine de chaque doigt, résument, on le sait déjà, les aptitudes ou les instincts *inspirés* à cha-cun des doigts par l'influence d'une planète correspondante, et que le nom même du mont indique. Les monts qui seront par conséquent en correspondance plus *véhémente* avec une planète exerceront sur les monts voisins une attraction plus forte; quelquefois même ils les absorberont tout entiers, et par conséquent aussi un mont en se dirigeant, en se pen-chant pour ainsi dire vers un autre plus énergique, vien-

---

1. Nous avons dit (page 198) : Si les monts sont hors de leur place, ils participent des défauts ou des qualités des monts vers lesquels ils se dirigent; et de ceci, nous avons donné des exemples dans nos portraits placés à la fin de ce livre. Toutefois, nous ferons volontiers ici une expli-cation plus spéciale.

dra apporter à celui-ci ses instincts, que modifiera l'instinct
principal de la planète, ou du mont son représentant, qui
l'attire.

Si, par exemple, le mont de Jupiter se penche vers le
mont de Saturne, c'est une modification triste, sérieuse,
parfois fatale (et le parcours de la saturnienne éclaire à ce
sujet) des inclinations inspirées par Jupiter. C'est souvent
noble désir de réussir dans les sciences, religion sérieuse,
ambition académique, selon les significations des autres
signatures de la main. Car, en Chiromancie comme en tout,
on peut indiquer des règles principales, mais elles sont
incessamment modifiées, parce que la diversité, dérivant de
l'unité, est la loi de la nature.

Un homme! cent mille hommes divers!
Un arbre! cent mille arbres différents!

Si c'est le mont de Saturne qui se penche vers Jupiter,
c'est l'ambition qui l'emporte sur la science, c'est le désir
de briller par les choses sérieuses, de se faire un renom
d'austérité, de se conquérir la réputation du savant, sans
même en avoir le mérite; cela annonce aussi une réputa-
tion, une renommée mêlée de malheur, attirées l'une et
l'autre par un immense orgueil.

Le mont de Saturne est rarement en saillie, nous dit-on;
c'est encore vrai, parce que Saturne est la fatalité non pas
absolue, nous ne l'admettons pas, mais la fatalité probable,
modifiable toutefois, et que la fatalité d'une existence est
souvent la conséquence d'un instinct puissant; et aussi,
parce que, par son inclinaison à droite ou à gauche, le mont
de Saturne indique l'instinct qu'il faut combattre.

Il l'indique bien plus en ne se montrant pas, en lais-
sant dominer, voyant, apparent dans la main, pour l'instruc-

tion de l'humanité, ou Vénus, ou Mercure, ou Mars, ou la Lune, ou le Soleil, ou Jupiter *excessifs*, c'est-à-dire l'amour matériel, la ruse, l'imagination exagérée, l'orgueil immense, l'ambition sans bornes, qui sont évidemment dans la vie autant d'écueils, autant de dangers.

Les lignes sont la partie sensitive, intelligente de la Chiromancie; elles modifient l'action des monts, et la *saturnienne* suffit et au delà pour remplacer le mont de Saturne. Pour expliquer son importance immense, nous avions dit déjà, page 243, que les Esquimaux, condamnés à vivre dans un dur climat, n'avaient pas de saturnienne, et voilà que nous apprenons qu'un savant, un anthropologiste fameux, M. SERRES, établit par suite d'expériences nombreuses et irrécusables, que la saturnienne, qu'il nomme le *pli caucasique*, ne se trouve que chez les individus de la race blanche ou de ses différentes variétés.

Nous avons été averti de ceci par Édouard Fournier, l'auteur du *Vieux-Neuf, de Paris démoli*, etc., etc.; le grand chercheur, le grand trouveur, le grand érudit, qui, par ses nombreux écrits scientifiques, et la monumentale *Histoire de Paris* qu'il écrit en ce moment, saura se faire ouvrir un jour ou l'autre les portes de l'Académie.

Nous pourrons dire à M. SERRES, que nos expériences nous ont appris que tous les hommes condamnés à une vie pénible et *végétative*, même dans la race blanche, *n'ont pas de saturnienne*. Souvent elle manque dans la main des gens du bas peuple et des valets de paysans, dont les souffrances seraient intolérables s'ils étaient nerveux et sensitifs.

Il y a toutefois des monts de Saturne en relief. Nous prendrons pour exemple une main célèbre, celle de Victor Hugo.

Cette main (une main gauche, moulée en cire) nous a été montrée. Le moulage de la main droite nous manquait pour contrôler, modifier ou confirmer ce que dit la main gauche.

Personne ne respecte, n'admire plus que nous le talent de ce grand poëte. Qu'on nous permette de ne voir ici qu'une main, et d'en tirer des conséquences chiromanciques.

Dans cette main, dont nous ne pouvons maintenant faire la complète description, le mont de Jupiter est immense, et tellement développé qu'il empiète sur le mont de Vénus, et recule l'attache du pouce, qui se trouve placé chez lui plus bas qu'il ne l'est d'ordinaire. Et puis, il enveloppe tellement le mont de Saturne, ou le mont de Saturne est tellement saillant par lui-même, que ces deux monts se confondent ensemble et qu'on ne peut les séparer. Le mont de Saturne forme même une pointe, une cime, et il y a dans cette main étrange cela de particulier, que la plaine de Mars, presque toujours en creux chez les autres hommes, se développe chez lui en saillie, de manière que Jupiter, Saturne et la plaine de Mars se tiennent ensemble en relief. Si nous y cherchions une application pour l'instruction de nos lecteurs, voici ce que nous pourrions déduire de ceci :

Ainsi réunis, l'orgueil (le mont de Jupiter excessif) et la destinée devaient amener une fatalité très-heureuse ou très-remarquable, couronnée par les succès ambitieux, la richesse. Sa vie eût été des plus fortunées et la plus brillante ; et une position élevée se fût inévitablement et paisiblement présentée, sans le développement étrange, inusité de la plaine de Mars, qui amenait la lutte nécessaire, la lutte fatale, la lutte de toute la vie.

Et, en effet, la lutte est chez Victor Hugo le levier de

l'existence, l'axe de la destinée. C'est par la lutte intelligente
qu'il est parvenu tout d'abord à fixer l'attention des hommes,
et c'est par les talents supérieurs qu'il a montrés dans les
luttes littéraires, qu'il a été porté à la gloire, aux honneurs.
C'est en combattant à outrance le classique et l'Académie,
qu'il est arrivé au fauteuil académique, et plus tard à la
pairie qu'attirait la violence involontaire de ses ambitieux
désirs. Jupiter et Saturne en eussent fait un homme envié,
Mars en a fait un génie.

Mais Mars a demandé son salaire, et a brisé la *saturnienne*,
qui serpente dans sa plaine.

En suivant ces données, on comprendra que le mont de
Mercure, en se penchant vers le Soleil, joigne au désir de
l'art la science et la perspicacité. Le mont de Mars, porté
vers le mont de Mercure, donnera l'énergie dans ce qui dé-
pend de Mercure, et surtout par conséquent l'éloquence, la
verve intelligente ; s'il s'abaisse vers la Lune, il apportera
une énergie plus grande à l'imagination. Le mont de Vénus
plus fort vers le haut donnera plutôt la charité ; gonflé vers
le bas, il portera davantage aux plaisirs matériels.

Nous n'en dirons pas plus à ce sujet, certain que nous
sommes que nos lecteurs nous auront cette fois parfaitement
compris.

Nous avions dit, dans nos premières éditions, sur la foi
de la tradition, qu'une île est toujours une chose honteuse.
Une longue expérience nous a appris que la tradition ne
doit pas si rigoureusement être prise au mot. Une île dans
la ligne de vie, dans la ligne de tête, dans la ligne du cœur,
annonce souvent, trop souvent, une maladie héréditaire, ou
au moins une aptitude à une maladie d'estomac, de tête, de
cœur.

Une grille sur le mont de Vénus donne évidemment du raffinement, de la recherche en amour, mais cet amour ne mérite le nom d'obscène que lorsqu'à la grille vient s'ajouter l'anneau de Vénus brisé ou double, et encore, une belle ligne de tête peut dominer ces instincts, et même en tirer une plus grande énergie pour les choses utiles; nous l'avons déjà dit dans nos portraits.

Une ligne de tête, séparée de la ligne de vie, disions-nous, est signe de vanité et de sottise; cela est vrai en effet, fatalement vrai, si la main est inintelligente.

Une ligne de tête, séparée de la ligne de vie, dans une main d'ailleurs intelligemment douée, indique seulement alors des coups de tête, une grande confiance en soi, et si cette ligne de tête se dirige vers le mont de Jupiter (et que le mont de Jupiter soit favorable), cela signifie que ces coups de tête, quels qu'ils soient, seront favorisés par Jupiter, et par conséquent en réalité plutôt utiles que nuisibles.

Nous n'avons pas assez défini *la croix mystique*, nous a-t-on dit :

La croix mystique se trouve sous le doigt de Saturne, entre la ligne de cœur et la ligne de tête, dans l'espace qu'on appelle le quadrangle; elle est placée en travers, *en croix de Saint-André*, comme on peut le voir à la page 250. Elle indique, on le sait, des dispositions au mysticisme, à la superstition même, si le reste de la main y concourt.

On nous a demandé ce que c'était que le sceau de Jupiter, de Saturne, etc.

A la page 211, tous les signes des astres sont représentés : le signe ou le sceau de Jupiter est sur le mont de Jupiter, et le signe ou le sceau de Saturne sur le mont de Saturne, et ainsi des autres.

Nous avons dû, pour mieux faire comprendre notre système, diviser le pouce en trois phalanges, tout en indiquant que la troisième phalange consiste réellement dans le *mont du Pouce*. La médecine, nous le savons, n'admet que deux phalanges, bien qu'*ostéologiquement* le pouce soit composé de trois os. Extérieurement, visiblement, il est divisé en trois parties, qui, pour nous, représentent les trois mondes.

Arrivons maintenant à la grande discussion, à la guerre qui nous est faite par les ennemis de l'astrologie.

Les matérialistes, les gens positifs, s'irritent grandement de nous entendre dans nos expériences employer les noms des astres.

Ils veulent bien, à la rigueur, admettre que les formes du corps soient en rapport avec les instincts, et que l'on puisse, à l'aide d'une grande sagacité, en étudiant celles-ci, deviner les traits les plus saillants du caractère des hommes. On est pour eux plus ou moins habile en combinaisons basées sur la physiologie.

Mais de l'influence des astres ils ne veulent pas en entendre parler, et des signatures astrales encore bien moins.

Ils aiment mieux, en présence du fait, vous accorder une intelligence surhumaine, s'il le faut, que de faire à ce sujet la moindre concession.

Les astres n'ont pas d'influence sur la terre, ils ne sortent pas de là.

Voyons si l'on ne pourrait trouver en quelques mots des preuves de cette influence.

— Le soleil a-t-il de l'influence sur la terre?

— Oui, à coup sûr.

— La lune a-t-elle de l'influence sur la terre?

— Cette influence a été longtemps contestée, sur les marées, sur les menstrues, sur les lunatiques, sur les métaux, le verre, etc.

Mais dernièrement, et au moment même où l'on niait le plus obstinément la chaleur de la lune, un chimiste italien invente justement un instrument très-sensible, il est vrai, mais qui prouve d'une manière incontestable que la lune envoie une chaleur sur la terre.

La lune a donc aussi une influence sur notre globe.

L'influence du soleil et de la lune étant admise, pourquoi les autres astres principaux, relativement à notre terre, n'auraient-ils pas aussi leur influence sur elle?

Raisonnons un peu.

La lumière, l'Académie a été forcée de le reconnaître, contient magnétisme, électricité.

Or donc, partout où sera la lumière se trouveront aussi nécessairement électricité et magnétisme.

Si, par la vue, nous sommes en rapport de lumière avec les astres, nous sommes avec les astres en rapport d'électricité et de magnétisme.

Il n'y a pas à sortir de là. Jusqu'à preuve du contraire, et on nous donnera difficilement cette preuve, nous prétendons que les anciens n'avaient pas tout à fait tort en admettant l'influence puissante des astres sur la terre.

Paracelse va plus loin, et il pourrait être dans le vrai. Paracelse prétend que toutes les étoiles sont en communication directe avec la terre, et qu'elles répondent à une importante découverte.

Selon lui, il y a des étoiles qui ne se font voir, qui ne s'illuminent pour la terre que lorsqu'il se fait sur notre globe une invention éclose par l'influence même, par l'*inspiration* de cette étoile.

Du reste, nous n'avons pas le moindre entêtement, et nous ne demandons qu'à nous instruire.

Qu'on nous explique clairement, et par des combinaisons naturelles, les rapports harmoniques entre telle ou telle forme du corps, telle ou telle ligne de la main, et les instincts avec lesquels cette forme, cette ligne, sont en correspondance, ce qui, en résumé, constitue l'alphabet de *nos lectures astrales,* et nous sommes prêt à adopter ce système.

Un savant, un médecin célèbre, d'un grand mérite, Cabanis, a fait un livre sur ce sujet même; mais que devons-nous penser de Cabanis?

Il écrit tout un gros volume pour arriver à prouver que les organes de la génération, le climat, les aliments, etc., ont de l'influence sur le cerveau; qu'une convulsion de l'estomac suffit pour faire tomber un individu sans connaissance; en un mot, que l'ESTOMAC GOUVERNE LA CERVELLE! Et lui, le savant, l'anatomiste, toujours penché sur des viscères, il ne voit pas que la lutte est la loi suprême, que le bien lutte avec le mal, le jour avec la nuit, le calme avec la tempête, et la partie matérielle de l'homme avec sa partie divine!

Et il ne voit pas cela, parce qu'il ne veut pas regarder en haut, celui qui crie à Bernardin de Saint-Pierre, en pleine séance de l'Académie : « Il n'y a pas de Dieu ! »

Et pourtant, à la fin de son livre, tourmenté par le doute, effrayé peut-être de son œuvre même, il avoue la suprématie du système cérébral. « Il n'en est aucun, dit-il, qui doive exercer, d'après les lois de l'économie vivante, une somme d'action plus constante, plus énergique et plus générale. » Et il donne une foule de preuves de cette suprématie. Les hésitations de Cabanis ne sont pas faites pour nous convaincre.

Qu'on nous permette donc de garder, jusqu'à ce que des preuves plus fortes nous arrivent, nos traditions, respectables par leur antiquité même, puisque leur origine se perd dans la nuit des temps, et qu'on les dit antérieures au déluge; respectables aussi par la sanction des grands hommes de l'antiquité et du moyen âge.

Qu'on nous permette aussi de croire que la médecine et l'astronomie se refuseront à un véritable progrès tant qu'elles n'admettront pas les influences astrales.

Mais le temps marche et les entraîne, et le progrès se fera tout seul. Un jour ou l'autre, un homme se fera célèbre en ouvrant à la science le champ immense des harmonies et des rapports de toute la nature, des harmonies et des rapports du ciel, de la terre et de ses trois règnes.

Ne nous a-t-on pas parlé, tout récemment, d'un jeune médecin, Octave de Scelles, de Montdésert, qui est parvenu à guérir la goutte par l'emploi des plantes saturniennes ?

Et, à l'heure présente, la médecine n'est-elle pas emportée vers l'emploi de l'électricité, la lumière, la source de la vie, le grand agent magique des anciens, comme emploi curatif?

N'est-ce pas dans un but semblable, et tourmentés du vague pressentiment d'un résultat que devait apporter seulement l'avenir, que les anciens alchimistes cherchaient dans l'électricité, qu'ils appelaient l'*âme du monde,* cette panacée universelle, ce λίθος φιλοσόφων, qui devait leur donner à la fois l'or matériel : la richesse, et l'or de l'existence : la santé?

N'était-ce pas dans l'âme du monde qu'ils cherchaient aussi ce que donne peut-être maintenant, mais imparfaitement encore, le magnétisme : une communication avec un autre monde, communication toujours dangereuse, puisqu'elle est inhérente au vertige ?

L'électricité, comme on l'applique de nos jours, n'est-ce pas le λίθος φιλοσόφων ?

Elle mènera peut-être à la fabrication de l'or, quand l'or aura perdu déjà sa supériorité non pas métallique, mais monétaire, par l'abondance, la profusion : mais elle mènera à coup sûr, un jour, à la guérison de tous les maux; car l'électricité est la vie de la nature.

N'est-ce pas un désordre électrique qui amène les orages ?

N'est-ce pas un désordre électrique qui trouble la santé ?

N'avons-nous pas vu des miracles faits par l'électricité ?

N'avons-nous pas vu des paralytiques complétement guéris en quinze jours ?

N'avons-nous pas vu des gens arriver avec des béquilles, et, huit jours après, marcher sans bâton ?

Que de prodiges de ce genre, que de guérisons innombrables n'a pas faites M. Beckensteiner, de Lyon, dont le beau livre des *Études sur l'électricité* nous est tombé par hasard entre les mains !

Que de guérisons ne fait pas encore, à Paris, le docteur Poggioli, son élève !

Où n'arrivera-t-elle pas, avec le temps, cette science qui fait de pareilles choses à son début ?

Que ne fera-t-on pas en appliquant, un jour, l'électricité modifiée selon les conformations de chacun, et, par conséquent, selon les besoins, les nécessités, l'harmonie de chaque personnalité, distribuée intelligemment, en consultant les signatures des astres, en employant, par des courants, comme M. Beckensteiner l'indique et l'essaie, l'or, l'étain, le cuivre, le fer, l'argent, pour les maladies du Soleil, de Jupiter, de Vénus, de Mars, de la Lune?

Nous le savons : ces choses dites maintenant feront sourire ; mais nous nous haussons au-dessus du temps présent pour regarder l'avenir.

Si nous en croyons les chimistes, il n'y a pas une plante qui ne renferme, réunis en elle, le fluide positif et négatif.

Et comme tout est harmonie dans la nature, le docteur Reichenbach prétend, dans ses *Lettres odiques-magnétiques,* que dans le corps de l'homme sont renfermés deux fluides, visibles pour les sensitifs.

Selon lui, le côté gauche de l'homme est électrisé positivement ; le droit, négativement.

Les *sensitifs* (c'est ainsi qu'il appelle des personnes *extranerveuses* qui en arrivent à voir dans l'obscurité, après un séjour plus ou moins long), les sensitifs voient sortir une lumière des *mains* et des *pieds* de l'homme ; cette lumière est rouge jaune à gauche (positive), et elle est bleue à droite (négative).

Pour les sensitifs, les plantes sont soumises aux mêmes lois, depuis la racine jusqu'aux feuilles.

M. Reichenbach prouve en outre, une fois de plus et par une foule d'expériences, un fait irrécusable et prouvé depuis longtemps : la répulsion des semblables et l'attraction des contraires.

Il prétend que chez l'homme le fluide positif domine, et que le fluide négatif domine chez la femme.

De son côté, voici ce qu'affirme M. Beckensteiner, et ceci est basé sur des expériences nombreuses :

« Dans la saison des amours, une boule de sureau électrisée *positivement* a été attirée à la distance de 5 à 6 centimètres par les parties génitales d'une chatte, en donnant une étincelle; tandis qu'une boule saturée de la même électricité était repoussée par le chat, et qu'une boule électrisée *négativement* était attirée par lui, comme la boule électrisée *positivement* avait été attirée par la femelle. »

Si l'on admet, et il est difficile de ne pas l'admettre, que l'homme et les animaux inférieurs subissent les mêmes lois naturelles, ne pourrait-on pas, dès lors, se rendre compte de certaines attractions, certaines sympathies, inexplicables dans la société humaine? Une femme chez laquelle le principe négatif domine énergiquement n'attirera-t-elle pas, sympathiquement, magiquement même, en écartant toute idée matérielle, un homme chez lequel se trouve surabondance du principe positif? et *vice versâ*.

N'expliquerait-on pas ainsi la passion incompréhensible et fatale de certaines femmes vertueuses pour des hommes de mauvaise conduite?

Nous avions parlé de ces attractions, de ces *envoûtements*, en les expliquant par les influences astrales, dans un voyage en Suisse, qui fut publié en feuilletons, l'année passée, dans le *Journal des Voyages*, et qui va bientôt paraître en volume [1].

Et dans la relation de ce même voyage, dans le numéro du 24 juillet 1859, nous parlions dans le même sens, et nous

---

1. Excursion en Suisse à 3 fr. 50 par jour, à la Librairie Nouvelle.

ne connaissions alors ni M. Reichenbach, ni M. Becken-
steiner.

Qu'on nous permette de finir cette longue préface par
cette citation. Elle trouve ici naturellement sa place. Nous
disions donc, en ne cherchant autre chose que des consé-
quences de la nature :

« L'Angleterre et l'Allemagne sont des nations intelligentes
à coup sûr ; elles s'adonnent volontiers aux recherches mé-
taphysiques, elles y excellent, mais pour le bon sens véri-
table, pour la clairvoyance et l'énergie, l'Angleterre et
l'Allemagne restent au-dessous de la France.

« Savez-vous pourquoi ?

« Parce que chez elles la femme n'est jamais consultée,
et que chez nous elle l'est toujours. Ces nations perdent une
force en agissant ainsi. La nature n'a pas créé deux êtres
tout à fait semblables, séparés seulement par une distinc-
tion de sexe, sans donner par cela même à chacun des sexes
des qualités différentes, mais qui sont une force véritable
quand elles sont réunies. C'est leur union qui produit l'en-
fantement physique, c'est par leur union que doit néces-
sairement se produire l'enfantement moral. L'un donnera
la séve, l'intelligence productive ; l'autre, destiné à la fé-
condation, portera, nourrira, perfectionnera l'idée.

« L'homme donnera l'idée confuse, brutale, énergique ;
la femme la rendra sage, claire, possible.

« La femme a une finesse, une sagacité que l'homme
est loin de posséder à un degré pareil, sous peine, s'il la
cherche, de s'exposer à perdre ses qualités viriles.

« En Angleterre, les femmes ne sont pas consultées ; elles
n'ont dans la direction des affaires aucune autorité morale.
Les Anglais les tiennent loin d'eux, les bannissent de leurs

réunions : la vie de la femme est tout à fait séparée de celle de l'homme. Aussi les Anglais s'en tiennent aux projets, et, descendant d'un degré, ils jouent le rôle de la femme, en prenant aux autres nations des idées dont ils sont incapables, pour se contenter seulement de perfectionner ces inventions et de les polir.

« En France, la femme, surtout dans la classe bourgeoise, prend une part à la direction des affaires, et l'homme l'écoute, la consulte, trop même quelquefois ; mais cet excès vaut mieux que l'autre.

« L'Angleterre devrait le savoir. Jamais elle n'a été plus intelligente et plus forte que lorsqu'elle a été gouvernée par des femmes, parce que alors leur reine a dû se servir d'hommes pour gouverner, et qu'alors les deux forces se trouvaient réunies et utilisées.

« Voulez-vous une preuve de plus de la nécessité de l'influence des femmes? Regardez les musulmans, qui ont abruti les leurs en les parquant comme des animaux dans leurs sérails ; et dites-nous ce qu'est devenu le peuple ottoman, et quel est son avenir.

« Eh bien ! les Anglais et les Allemands, qui n'accordent aucune influence aux femmes, sont sur la route des Ottomans. Et j'irai plus loin : si la France, depuis 1830, a perdu en intelligence, en production artistique, si elle n'est plus en ceci à la hauteur où l'avait placée cette pléiade de gens illustres qui ont fait sa gloire à cette époque, si elle compte à peine maintenant dans chaque genre un homme contestable et contesté, ce n'est pas parce que les talents sont inférieurs, parce que l'intelligence est amoindrie ; non ! c'est parce qu'elle s'éloigne des femmes, qu'elle se fait anglaise, et se sature dans les clubs et les tabagies, venues d'Angleterre, *d'émanations uniquement masculines*, et que les cerveaux, faits pour élaborer des idées neuves, originales et créatrices, se fatiguent et s'épuisent en ne rencontrant, dans ces assemblées composées d'un seul sexe, qu'une électricité *positive* qui résiste, et que l'électricité *négative de la femme,* qui doit aider à ces idées et les rafraîchir, leur fait complétement défaut. »

Ces idées sont étranges, sans doute ; mais ne sont-elles pas en harmonie avec la loi universelle ? la nature ne nous l'indique-t-elle pas ? Le pôle sud (*positif*) de l'aimant n'est-il pas sans cesse magnétiquement attiré par le pôle nord (*négatif*) de la terre ?

L'homme et la femme doivent vivre ensemble, unis par la chaîne de la paternité.

Et dans la vie chacun a sa part.

L'homme règne, la femme gouverne. — Elle sait ce qu'elle fait. Lisez les saintes Écritures, là est la vérité.

Adam est le roi de la création, la femme est formée de ses côtes ; c'est l'os de ses os, la chair de sa chair.

L'arbre de la science du bien et du mal est là ; la femme veut savoir, elle saura.

Le roi Adam a mordu dans la pomme, et c'est tout.

Il a perdu le Paradis ; mais la femme emporte avec elle sur la terre la science du bien et du mal.

La méchante femme est un monstre épouvantable, elle déprave l'homme, l'avilit et le décourage.

La femme bonne, aimante, c'est la transition entre la créature humaine et l'ange, elle console, elle encourage, elle élève, elle ennoblit.

La femme ici-bas, c'est le bien et le mal.

Mais son rôle est tracé.

Elle brisera la tête du serpent, c'est Dieu qui l'a dit.

Qu'importe qu'elle soit un moment délaissée ? l'équilibre revient toujours.

Qu'elle reste femme et bien femme, qu'elle ne perde pas en se faisant virile la puissance de ses attractions, et par la force même des choses l'homme reviendra à elle plein d'admiration et d'amour.

Il ne faut pas qu'elle se traîne derrière son époque, il faut qu'elle la mène. Tout est là.

Et une régénération se fera par elle.

Qu'elle y songe, il y va du salut de l'humanité !

L'auteur, sollicité par une foule de personnes qui désirent faire une étude plus spéciale de son système de Chiromancie et des signatures astrales, et recevant d'ailleurs de nombreuses lettres dans le même sens, a cru devoir se rendre aux désirs du public.

Il donnera à l'avenir des leçons et des consultations.

On est prié de s'adresser, à ce sujet, à la Librairie de M. DENTU, éditeur du volume.

PRÉFACE

Si l'étude de la phrénologie, de la chiromancie et des sciences qui ont pour but de deviner le caractère et les instincts des hommes, d'après leur conformation, est un passe-temps frivole;

Si elle cesse un instant d'être sérieuse, si elle n'est qu'une distraction pour des esprits enthousiastes, des imaginations avides du merveilleux : elle est condamnable, parce qu'elle conduit infailliblement à la superstition et à l'erreur.

Mais si elle est basée sur la vérité, on ne saurait s'y livrer avec trop d'ardeur, non pas seulement à cause des avantages matériels qu'elle procure, mais parce qu'elle est appelée à jouer un rôle important dans l'éducation de nos enfants, qui sont le progrès dans l'avenir.

De l'éducation bien ou mal dirigée dépendent, on le sait, le bonheur ou le malheur de la vie entière. Un homme bien organisé peut sans doute sortir un jour

1

ou l'autre de la fausse direction où il a été engagé dans
sa jeunesse, mais les hautes intelligences sont rares.

Que nos instincts nous viennent de l'influence des
astres ou non, peu importe pour le moment. En ad-
mettant toute autre cause, il n'en est pas moins vrai
que nous naissons avec des penchants particuliers, avec
des qualités et des défauts qui sont inhérents à notre
nature. Ces penchants doivent nous conduire à notre
bonheur ou à notre infortune, selon la direction qu'il
nous plaira de leur donner.

Et l'éducation que nous recevrons influera évidem-
ment sur la sagesse plus ou moins grande de cette
direction. Eh bien! si elle a une telle influence sur
le bonheur individuel, et par suite sur le bonheur
général, pourquoi ne chercherait-on pas à l'éclairer,
à l'améliorer par tous les moyens possibles?

Pourquoi n'admettrait-on pas, après un mûr exa-
men, tous les perfectionnements qui seraient présentés
et sanctionnés par des preuves?

Le but vaut la peine d'y penser, et le bon sens le
demande.

Mais l'école philosophique n'a pas fait son temps;
elle s'en va sceptique et ergoteuse, elle passe en lais-
sant toutefois le progrès qu'elle a ramassé sur la

route. Elle passe comme le torrent qui se tarit, en abandonnant dans son lit, au milieu des débris qu'il a roulés dans sa course, des parcelles d'or.

On rit encore de la phrénologie, de la chiromancie, des sciences occultes, mais on en rit moins déjà, parce que le jour se fait, parce que tôt ou tard la vérité arrive toujours.

Laissez se perdre l'écho des derniers ricanements des douteurs *quand méme,* et attendez patiemment.

Grâce à ces sciences si décriées, il viendra des temps où les hommes ne pourront plus feindre, et seront obligés de se montrer sans masque, parce que le masque ne servira plus. Et ce temps n'est pas loin.

Ceux qui posséderont et appliqueront ces sciences, auront un tel avantage sur-les autres dans le commerce de la vie, que ceux-ci se lasseront d'être devinés et s'instruiront à leur tour. Et alors, l'humanité aura fait en avant un pas immense. Certes, il y aura toujours des gens qui fermeront les yeux à toute clarté, parce qu'il y a une classe qui doit être menée, une classe qui doit fatalement obéir. Mais la lumière se fera si grande, qu'il leur faudra bien à la longue en prendre aussi leur part.

Toutefois, il faut l'avouer, la phrénologie, la chiro-

mancie, demandent de la complaisance de la part de
ceux dont on veut étudier le caractère ; mais pour la
chirognomonie il suffit d'un coup d'œil.

En s'approchant d'une personne dont il veut se faire
un protecteur, un ami, l'initié sait déjà comment il
faut s'y prendre pour plaire. S'il a affaire à un en-
nemi, il en connaît le côté vulnérable et il sait d'a-
vance comment il doit être attaqué lui-même.

Mais revenons à notre point de départ.

On n'a pas besoin de ménagements avec un enfant.
Avec lui il n'y a pas de surprise. Pour lui, la phréno-
logie, la chiromancie, la chirognomonie, la physio-
gnomonie même peuvent être consultés à loisir.

Et si ces sciences sont une vérité, si, avec leur aide,
on peut deviner les penchants et les aptitudes du petit
être qui arrive dans le monde, et développer en les
cultivant dès le principe ces dispositions et ces apti-
tudes, quel service ne lui aura-t-on pas rendu ! N'eut-
il qu'une qualité, une seule ! on saura en tirer parti,
et il n'est personne qui n'ait en venant au monde, si-
non des moyens d'attaque au moins des moyens de
défense.

Chacun, même le moins doué, a, pour le moins, une
raison confuse, une intelligence nuageuse, qui ne de-

viennent raison, qui ne deviennent intelligence que lorsqu'on les dirige vers tel ou tel but, où elles sont nécessairement appelées, parce que là est seulement l'utilité de leur être. Que le monde serait fort, si pas une étincelle divine n'était perdue sur terre comme pas un brin d'herbe n'est perdu dans la nature, l'intelligence suprême !

Les hommes ne sont faibles que parce qu'ils ne croissent pas comme le brin d'herbe en obéissant à la voix sublime de la grande nourrice, mais parce que l'ignorance ou la sottise les empêche de l'entendre, en leur criant sans cesse à l'oreille un autre langage.

Croyez-vous qu'il en sera toujours ainsi? Un fruit n'arrive pas de suite à sa maturité. Il lui faut des jours de pluie, des jours de soleil, il lui faut être germe, puis fleur, puis fruit enfin. Il lui faut des mois ! des mois! des saisons ; il peut être retardé par la fraîcheur des derniers jours d'automne, par les gelées blanches à l'approche de l'hiver, mais il mûrit toujours.

Parce que lorsque Dieu a écrit sa volonté quelque part, il faut qu'elle soit lue un jour ou l'autre, et il se présente fatalement quelqu'un pour l'expliquer quand le temps est venu, quand le fruit est mûr.

La bonté de Dieu est infinie.

Dieu a mis tout enseignement, toute science dans la nature ; seulement il a voulu qu'on dût méditer pour comprendre, apprendre pour savoir.

Quand l'étudiant ouvre un cadavre, il s'étonne, il admire. Nulle merveille n'est comparable à la structure intérieure du corps humain! mais pour découvrir ces miracles, il a fallu que l'amour de la science mît le scalpel aux mains du penseur. Et l'extérieur du corps n'est pas moins admirable, mais on se blase sur les merveilles que l'on voit tous les jours.

La Providence, par un caprice apparent qui semble injuste au premier coup d'œil, a créé le fort et le faible, le riche et le pauvre, le dominateur et l'esclave, *l'ops* et *l'inops* enfin.

Et en même temps, comme elle est la raison et la justice, pour laisser à l'homme son libre arbitre et des moyens de résistance, pour l'empêcher de succomber à chaque pas, puisque la vie, même pour les puissants et les forts, est une lutte incessante, elle a écrit le caractère de chacun sur son visage, sur les sinuosités de son crâne, sur la forme de ses mains. Et puis, comme elle a dit au laboureur : Ouvre le sein de la terre pour semer le blé qui doit te nourrir; comme elle a dit au plongeur : Cherche la perle au fond des mers; elle a dit à chacun : Apprends à lire. Je ne donne rien sans peine ; je mêle à la couronne de lauriers l'ortie qui brûle le front, j'exprime le poison de la maladie dans la coupe de la débauche ; à la richesse j'attache la satiété, l'ennui ; je fais payer chaque plaisir, parce que le plaisir est une récompense, et veut être acheté par un effort.

Cherche et tu trouveras.

Et puis de temps en temps, prenant en pitié l'ineptie et l'aveuglement des hommes, elle envoie un être doué pour les instruire.

Tantôt c'est un poëte, car la poésie est la fièvre de l'intelligence, et cet homme d'élite peut, dans l'ivresse de ses accès, se mettre en rapport avec les mondes supérieurs, et jetant des mots sans suite, comme la sibylle de Cumes éclairer les ténèbres de l'inconnu.

Tantôt, c'est un grand capitaine qui réunit les nations, un législateur qui civilise, et puis alors vient un révélateur.

C'est Orphée, Hermès Trismégiste, Virgile, Apollonius.

Une autre fois c'est Lavater.

Lavater lit sur la face de l'homme la ruse du renard, la férocité du tigre, la douceur de l'agneau ; il

compare, il trouve; mais perdu dans ses contempla-
tions, en face de la grande nature, ébloui par la lu-
mière éclatante qu'il voit rouler en cercle derrière le
rideau qu'il soulève, il hésite, bégaye, balbutie, indique
sans oser définir, et meurt tué par un soldat ivre sans
terminer son œuvre. Mais la route est indiquée. Gall le
suit de près; plus froid, plus calculateur, moins poëte,
marchant avec l'analogie qui est la base de toute
science véritable, pesant tout, étudiant en silence, ne
donnant rien au hasard, il arrive un jour et dit : J'ai
trouvé.

Lavater doux, irrésolu, avait rencontré des incré-
dules; Gall avec son caractère de fer, sa conviction, son
inébranlable volonté, fit des prosélytes : c'était un
succès.

Il eut des ennemis : ce fut un triomphe.

Un moment sa réputation fut sans bornes et balança
la gloire du grand capitaine qui tenait alors fixés sur
lui les yeux de l'Europe entière. On dit que le guerrier
fut un instant jaloux du novateur.

Mais bientôt tout ce bruit s'éteignit, Gall fut classé
parmi les hommes illustres de son époque, et son sys-
tème fut presque abandonné et mis en oubli.

Et ce système est, il faut le reconnaître, difficile, peu

praticable à première vue. Les cheveux, la coiffure, gênent pour en faire l'application. Le front seul se livre à l'étude, mais les organes du front représentent presque tous des qualités, et ce ne sont pas les qualités que l'on veut étudier chez les hommes. On veut connaître leurs instincts, les mauvais d'abord pour s'en garantir et les combattre, et puis ensuite les bons pour en profiter et s'en faire contre eux une arme offensive.

Eh bien, un troisième révélateur arrive.

C'est M. d'Arpentigny.

Celui-ci devine le caractère d'après la forme des doigts, comme la chiromancie devine les instincts et la destinée d'après les dispositions des monts de la main et les lignes qui en sillonnent la paume.

Mais la nature en lui donnant l'intuition d'une grande chose, a cru en avoir assez fait, et n'a pas voulu qu'il pût expliquer complétement sa belle découverte.

Il fallait en chercher les causes dans la nature et un homme d'imagination vit en dehors de la nature.

Son livre est étincelant d'esprit, plein d'observations fines, de réflexions très-judicieuses, de citations merveilleusement choisies, de portraits tracés de main de maître, mais il n'est pas assez clair.

Ce livre serait insuffisant s'il n'était commenté, car

1.

M. d'Arpentigny, comme les gens qui savent bien, suppose son lecteur au courant des premiers principes nécessaires pour bien le suivre, il parle plutôt à des adeptes qu'à des apprentis.

Sa méthode est un clavier magnifique, mais il n'enseigne que vaguement la manière de tirer parti de cet admirable instrument.

Après avoir longtemps cherché à simplifier et à élucider son système, dont la vérité nous était chaque jour démontrée par des preuves incontestables, nous crûmes avoir trouvé le moyen de le mettre à la portée de tous, en l'expliquant à l'aide de cette science que les anciens philosophes nommaient la Kabbale, (*la tradition*).

La série ternaire, loi de la nature, fut notre point de départ.

Tout s'adaptait merveilleusement, nous voulûmes aller plus loin.

Il nous fallut demander des preuves à la physiologie, à la chimie, à la physique. Nous cherchâmes en tâtonnant si l'austère médecine elle-même ne pouvait pas nous servir. Le célèbre Bichat vint puissamment à notre aide.

Montaigne, Rabelais, Herder, Balzac et d'autres

grands hommes se rencontraient avec nous, et sem-
blaient nous encourager et nous soutenir.

Après bien des doutes, la conviction nous arriva ar-
dente et enthousiaste, et alors nous nous décidâmes à
publier ce livre, mais avec des citations nombreuses,
pour faire partager notre confiance au lecteur.

A la chirognomonie nous joignîmes la chiromancie
qui la complète, la chiromancie, cette science étrange
longtemps perdue, et retrouvée par un savant d'une
érudition immense, Éliphas Lévi (Alphonse-Louis-Con-
stant), auteur d'un admirable livre sur la kabbale[1]. Nous
en citerons souvent des passages.

Grâce à ses indications nous avons pu étudier un
à un tous les livres écrits sur la chiromancie, et, à
l'aide de la comparaison, chercher la vérité parmi
tant d'erreurs.

A la chirognomonie, à la chiromancie nous avons
joint quelques aperçus sur la phrénologie et la phy-
siognomonie, et nous nous sommes efforcé de prouver,
en indiquant leur point de départ commun, que ces
diverses sciences se tiennent et ne peuvent être sépa-
rées.

---

1. *Dogme et rituel de la haute magie*, chez Germer-Baillière, rue de l'É-
cole-de-Médecine, 17.

Nous n'avons donc inventé ni la chirognomonie qui appartient à M. d'Arpentigny, ni la chiromancie qui vient de l'Inde et est aussi ancienne que le monde. Et pourtant, nous avons pris aux progrès de ces sciences une part utile en les prouvant le premier l'une par l'autre, et en les enrichissant de découvertes qui surgissaient de l'application journalière des deux systèmes réunis. Nous avons fait beaucoup plus si nous avons trouvé, comme tout nous autorise à le croire, les causes jusqu'alors inconnues qui font que ces sciences indiquent les instincts et *jusqu'à un certain point* la destinée.

Jusqu'à un certain point, parce que le fatalisme est toujours soumis au libre arbitre.

Les mahométans qui disent *ceci est écrit* sont dans l'erreur.

Toutefois pour les hommes qui s'abandonnent sans résistance à leurs penchants et laissent aller leur vie, *ceci est écrit*.

La publication de ces vérités aura donc pour but de faire faire de puissants efforts à ceux dont la destinée est menaçante.

On dort dans le navire tant que l'on se croit loin des écueils, mais on jette la sonde et on veille quand

l'orage approche, que le tonnerre gronde et que la
côte est parsemée de récifs.

Puissions-nous contribuer à changer en bonheur un
triste avenir! Nous nous croirons bien payé de nos
études, et nous nous estimerons trop heureux si le
lecteur daigne applaudir à nos efforts.

LES

MYSTÈRES DE LA MAIN ·

ASPIRATIONS

Lorsque par les belles nuits d'été nous contemplons les espaces immenses du ciel tout parsemé d'étoiles nous éprouvons comme un vague désir, comme une inquiétude secrète. Une joie intime nous ravit, mais elle est toujours mêlée d'un désir ardent qui tourmente.

C'est comme un concert de voix qui nous appellent, comme d'invisibles bras qui nous attirent.

C'est qu'alors l'âme, étincelle divine, n'étant plus distraite par les bruits de la terre, veut remonter au ciel; c'est que, comme l'aigle captif qui respire la brise embaumée des montagnes, elle étend ses ailes, et s'agite pour quitter sa prison. Et alors elle pleure en appelant la patrie. Et ces aspirations sublimes sont la sagesse et la vérité, car la patrie de l'âme est le ciel.

Point misérable dans la création, la terre roule humblement au milieu de mondes innombrables qui l'écrasent de leur immensité. Elle semble un obscur courtisan perdu dans la foule brillante qui remplit le palais de Dieu.

Et ces mondes géants l'entraîneraient dans leurs tour-
billons si l'attraction n'était pas sagement balancée. C'est
par les lois sympathiques de cette attraction qu'elle parle
et communique avec l'univers. C'est aussi par ces lois
sympathiques qu'elle parle et communique avec les hom-
mes ses enfants. L'homme tient aux astres par la chaîne
de l'universelle harmonie.

Aussi voudrait-on en vain le nier, l'état du ciel à la
naissance d'un enfant impressionne ses organes encore
inactifs et disposés à recevoir toute action puissante. Le
reflet magnétique du firmament peut, comme les fées de
nos contes, douer le nouveau-né d'instincts généreux ou
l'entourer de tendances funestes selon les influences de
l'astre sur lequel gravite en ce moment tout l'engrenage
des mondes.

Modifiées par les penchants héréditaires, et pour con-
sacrer dès le principe l'alliance de l'esprit et de la ma-
tière, de la terre et du ciel, ces influences le pétrissent,
le façonnent dans son berceau, et impriment leurs
stigmates sur son front, sur son visage et dans ses
mains.

Écoutez ce qu'en dit la Bible, écoutez les paroles du
grand prophète.

On lit dans le livre de Job, cap. 37, verset 7 :

« In manu omnium Deus signa posuit, ut noverint sin-
« guli opera sua [1]. »

---

1. Dieu mit des signes dans les mains des hommes, afin que tous pussent
connaître ses œuvres.

Et Moïse a dit :

« La loi du Seigneur sera écrite sur ton front et dans ta main. »

Ainsi, celui qui cherche à expliquer ces signes fait une chose sainte.

S'occuper de pénétrer ces étonnants mystères, c'est causer avec Dieu.

––––––––––

L'être s'avance dans la vie, prêt à souffrir s'il est bon ; s'il est méchant, prêt à déchirer, prêt à nuire.

Là commence la lutte, et, pour trouver la sagesse, le bon et le méchant ont les mêmes guides : l'expérience et la douleur.

Tous deux, pour arriver au bien, doivent résister à l'attrait céleste qui les enchaîne à leur naissance, et les entraîne également à leur perte par leurs qualités et par leurs défauts ; car cet attrait c'est la fatalité.

Toutefois, l'homme a pour la combattre le libre arbitre, la volonté !

L'homme sage saura dominer l'influence des astres.

« Homo sapiens dominabitur astris, » a dit Aristote.

Mais l'homme intelligent seul connaît sa force et peut s'en servir. La foule laisse aller la vie sans savoir où sont ses armes et quel est l'ennemi qu'il faut vaincre et enchaîner.

Eh bien, nous venons dire à chacun :
Vos armes, les voici,
Et voilà l'ennemi.

———————

Mais il nous faut, et le but vers lequel nous marchons l'exige, entraîner nos lecteurs sur le terrain de la magie ou, pour mieux dire, de la sainte Kabbale, comme la nommaient les anciens mages. Nous espérons qu'ils nous y suivront avec plaisir, car la Kabbale n'a rien de commun avec les élucubrations folles que l'on appelle la *magie noire* : c'est, au contraire, la quintessence de la raison et de la morale ; c'est la science traditionnelle des secrets de la nature, qui, de siècle en siècle, arrive jusqu'à nous comme le flot poussé par le flot vient toucher le rivage ; mais elle a été transmise d'une manière obscure, puisqu'elle était réservée aux adeptes et ne devait pas être connue de tous.

La révélation était jadis punie de mort. Le symbole indien d'Adda-Nari, emprunté au livre de M. Constant, intitulé : *Dogme et rituel de la haute magie,* nous expliquera pourquoi les anciens mages recommandaient le silence.

ADDA-NARI.

Cette figure représente l'Isis des indiens, ou la nature.
Sur son front est le signe du lingham, ou de la géné-
ration universelle.

A droite, un tigre est couché à ses pieds : c'est l'homme méchant et ignorant ; à gauche, est aussi accroupi un bœuf muselé : c'est le bon, c'est le néophyte.

Isis se tient debout entre le méchant et le bon, entre la révolte et l'obéissance.

Elle a quatre bras, qui représentent les quatre éléments, dont chaque main porte les attributs.

Le feu est représenté par un glaive ;

L'air, par un anneau ou carcan ;

La terre, par une branche d'arbre fleurie faisant sceptre ;

L'eau, par un vase.

Une source de lait part de la tête d'Isis, passe devant les yeux du bœuf muselé, tombe à ses pieds, et roule ainsi jusque sous les pieds du tigre, qui ne la voit pas.

Le lait de la science ne coule pas pour le méchant. S'il veut le boire, il faut qu'il se baisse, il faut qu'il le voie ; et pour le voir il lui faut le chercher.

Les deux bras d'Isis, du côté du tigre, tiennent, l'un l'épée et le feu, l'autre l'air et le carcan. L'air, c'est la tempête.

Le méchant doit être maintenu par le feu, par le fer ; méchant doit porter un carcan ; les tempêtes sont amassées sur sa tête.

La nature est voilée du côté du méchant.

Le méchant ne doit rien savoir : pas de pitié pour lui.

La nature porte un collier. Du côté du bœuf muselé,

le collier est composé de tête.humaines : c'est l'intelligence qui s'unit à l'intelligence, et forme une chaîne divine ; du côté du méchant, le collier se change en chaînes de fer.

Des chaînes au méchant, la prison, l'esclavage ; car le méchant est un tigre, il est armé, il est fort, il aime le sang et le carnage, et le bœuf, doux et utile, doit être protégé contre lui.

Le tigre regarde de côté les instruments de rigueur suspendus sur sa tête, et il reste immobile, farouche et inquiet.

Du côté du bœuf muselé, la nature est sans voile : pour lui elle n'a pas de mystères, pour lui les deux bras d'Isis tiennent, l'un la branche fleurie : c'est l'abondance, c'est l'intelligence qui ouvre son bouton, c'est la palme, le sceptre, la récompense ; l'autre, la coupe, qu'elle approche de la source de lait pour désaltérer le bœuf, pour le nourrir.

Un serpent, dont la tête est du côté du bon, roule autour du cou d'Isis : c'est la source de vie, l'électricité, le magnétisme, la lumière, le grand agent magique.

Elle a trois colliers formant triangle : ce sont les trois mondes.

Du côté du tigre elle a neuf bracelets : c'est le nombre du mystère. Du côté du bœuf, elle en a cinq, c'est le nombre de l'intelligence.

Deux serpents qui se regardent sont roulés autour du bras qui tient la branche fleurie : c'est le symbole de l'équilibre de la lumière astrale, secret de la vie.

Elle a tout donné au bon ; elle lui donne même la peau du méchant, qu'elle porte à sa ceinture du côté du bon.

Et toute la morale de cette figure se trouve résumée par un seul signe.

La main d'Isis qui tient la branche fleurie fait le signe de l'ésotérisme, qui recommande le silence.

Ésotérisme, c'est ce que l'on doit cacher.

Exotérisme, c'est ce qu'il est permis de dire.

Elle tient ouverts les trois premiers doigts, qui signifient, en chiromancie, la force, le pouvoir et la fatalité.

Et elle cache l'annulaire et l'auriculaire, qui représentent la science et la lumière.

C'est dire aux bons et aux adeptes : Réunissez-vous, vous aurez la force, le pouvoir, et vous dirigerez la fatalité, dont vous ferez au besoin la rigueur ; mais cachez au commun des hommes, aux méchants et aux inintelligents la lumière et la science. Nous retrouverons tout à l'heure ces distinctions plus clairement posées et expliquées, ou, si l'on veut, excusées par le système de l'ops et de l'inops des mystères orphiques.

Les symboles de ce genre reviennent à chaque instant.

Ainsi, le même sens allégorique se représente dans la septième carte du Taro, premier livre connu, écrit en hiéroglyphes, et attribué à Hénoch ou à Hermès, c'est-à-dire remontant aux premiers âges du monde.

La devise des anciens mages était :

« Savoir, oser, vouloir, SE TAIRE ! »

Ils n'admettaient dans leurs sociétés que ceux dont ils avaient reconnu l'intelligence, et qui avaient prouvé leur courage et leur inébranlable fermeté en surmontant les terribles épreuves qui précédaient l'initiation.

Hâtons-nous de le dire, les anciens kabbalistes n'avaient pas pour but la domination, puisque les mystères basés sur la raison n'enseignaient que le désintéressement, l'abandon des biens du monde, l'amour de la science, en un mot la vertu ; mais, se sentant supérieurs et reconnaissant la faiblesse humaine, ils croyaient, nous le verrons bientôt, obéir à une loi divine et faire le bonheur des hommes, en les conduisant selon leurs instincts, avec l'indulgence ou la rigueur, et surtout en refusant aux méchants et aux esprits faux la lumière, qui, possédée par eux, devient erreur.

Nous n'examinerons pas ici s'ils avaient raison ou tort ; mais nous croyons que le christianisme, en rendant aux hommes une égalité par le fait impossible, établissait des démarcations bien plus justes, des classes bien plus distinctes, en laissant chacun prendre sa place par son mérite, sans employer les épreuves de l'initiation.

Donnez aux hommes la science et la vérité, les élus en profiteront seuls et en feront une force, les autres fermeront les yeux pour ne pas les voir.

N'en avons-nous pas l'exemple dans nos colléges, dans nos écoles publiques ? La leçon est la même pour tous, il n'y en a qu'un petit nombre qui en profite ; pour les autres, elle est perdue et le sera toujours.

On obéira bien plus à la volonté divine en donnant la science à tous, et Dieu nous l'enseigne par analogie, en répandant également sur les bons et sur les méchants, sur les inintelligents et sur les forts, la lumière de son beau soleil.

Notre conviction, à nous, est que la science ne saurait être trop répandue, et que l'on ne saurait jamais la présenter d'une manière assez claire. Nous chercherons donc surtout à nous faire comprendre.

SANCTA KABBALA

L'origine de la kabbale se perd dans la nuit des temps.
Est-elle venue de l'Inde? est-elle venue de l'Égypte? On
l'ignore; mais il est certain que les Égyptiens et les In-
diens la connaissaient. Pythagore en rapporta les notions
en Grèce, au retour de ses voyages en Orient, alors pays
de la lumière.

On se demande en vain si la première révélation fut
divine ou si elle fut le fruit de l'inspiration.

Dans le premier âge tous les peuples furent pasteurs,
et, parmi ces pasteurs, naquirent comme toujours des
hommes supérieurs tourmentés par leur génie. Leur ima-
gination, épurée par la solitude, exaltée par le silence et
la fraîcheur des nuits, après la dévorante chaleur du
jour, cherchait dans le spectacle des cieux, toujours purs
et toujours brillants d'étoiles, une pâture à la mélanco-
lie poétique de leur nature contemplative. Ils eurent des
constellations bien-aimées qu'ils suivaient plus volontiers
dans leurs cours, et en les voyant briller et disparaître

comme les deux grands astres, le soleil et la lune, ils comprirent cette magnificence de rouages qui faisait marcher tous les mondes d'un mouvement uniforme et régulier. L'ordre parfait, toujours résultat et témoignage d'une puissance, les conduisit à chercher les causes par l'étude des effets. Leur esprit, charmé· par ce travail nonchalant, s'élança à la poursuite de ces horizons, qui fuient à mesure que l'on s'avance, tout en étalant dans leur fuite des richesses inépuisables et toujours nouvelles aux yeux du voyageur.

Plus purs, plus primitifs, plus impressionnables que nous, ils ressentirent l'influence nerveuse des astres et en étudièrent le mystère ; par leurs aspirations ardentes, ils acquirent une certaine puissance qui doubla leurs forces en leur donnant la conviction : le pouvoir magnétique de l'homme leur fut révélé. Dès lors prenant pour guide, comme tous les rêveurs sublimes, l'analogie entre les choses visibles et invisibles, ils devinèrent un monde supérieur, tandis que la germination, les tremblements de terre et les éruptions volcaniques leur révélaient une séve inférieure, une vie ténébreuse, un mystérieux travail.

Ainsi, d'une part la voûte étoilée des cieux charmait leurs yeux et les attirait, et, de l'autre, ces grondements souterrains, ces excavations ténébreuses parlaient aux imaginations moins pures et disposées à la tristesse, et leur inspirait une vague impression de terreur.

La terre engloutissait les dépouilles des morts ; mais en voyant la graine qu'ils semaient sortir verdoyante et parfumée, et se parer des plus belles couleurs, ils en conclurent que le cadavre inerte enfoui sous les gazons devait, en rendant la matière aux atomes, exhaler son âme immortelle, comme la fleur sortie de la terre exhale, lorsque la nuit arrive, ses senteurs vers le ciel.

A partir de là, ils comprirent les mystères du monde magique et devinèrent trois mondes liés ensemble par une chaîne unique placée dans la main d'un seul Dieu.

L'oracle d'Apollon admet un Dieu incréé, né de lui-même, lequel habite au sein du feu *Ether*, Dieu placé à la tête de toute hiérarchie.

Dans les mystères de la religion des Grecs, le prêtre, adressant la parole à l'initié, lui disait :

Admire le Maître de l'univers ; il est un, il existe partout.

600 ans avant Jésus-Christ, Pythagore, avec l'initiation aux mystères antiques, avait reçu des prêtres égyptiens l'idée d'un Dieu tout puissant. Un fragment des œuvres d'un de ses disciples, Ocellus de Lucanie, en donne la preuve. Ce fragment conservé par Stobée, dit : L'harmonie conserve le monde et Dieu est l'auteur de cette harmonie. Suivant plus tard les préceptes de Pythagore, Platon a dit : Le Dieu que je vous annonce est un Dieu unique, immuable, infini [1]. Antisthène a dit : Plusieurs divinités sont adorées parmi les nations ; mais la nature n'en indique qu'une seule [2]. Anaxagore a dit : C'est le Dieu unique qui a ordonné la matière et produit

1. Platon, *in Phædon*, t. 1, p. 78.
2. Cicéron, *de Nat. Deor*, l. I, t. 2 p. 407.

le monde[1]. Architas admet trois principes : Dieu, la matière et la forme[2].

Eusèbe, saint Augustin, Lactance, Justin et Athénagore s'accordent à dire que l'unité de Dieu était admise chez les anciens philosophes et faisait la base de leurs mystères.

Saint Paul vit à Phalère un autel avec cette inscription : *Deo ignoto*, au Dieu inconnu[3].

Les hommes supérieurs des premiers temps, en réfléchissant sur la différence des intelligences et des forces physiques, loin d'accuser d'injustice le Créateur de toutes choses, virent dans cette inégalité une décision sage, et, pour l'expliquer, ils admirent que les hommes, moins bien partagés de la nature, étaient appelés sur terre une seconde fois pour expier, par une existence misérable, les fautes d'une vie antérieure.

Reconnaissant, d'ailleurs, par les lois de l'analogie que le feu, qui est aussi la lumière, brûle et détruit lorsqu'il se trouve dans des mains imprudentes ou aveugles, ils laissèrent les profanes peupler leur Olympe de la personnification de leurs passions et de leurs vices, et réservèrent la vérité pour un petit nombre, ou l'entourèrent de fables pour la mettre peu à peu à la portée de tous ; car il y a deux vérités :

La vérité positive, pour les forts et les purs ;

Et la vérité mise par l'analogie, et quelquefois l'apolo-

---

1. Anaxagore, *Ap. Plut. deplac. philos.*, l. I, cap. 7, t. 2, p. 881.
2. Architas, *Ap. Stob. Eclog. phys.*, l. I, p. 82.
3. Chateaubriand, *Itinéraire*, t. I, p. 203 (1838).

gue, à la portée des hommes moins intelligents et plus matériels.

Une vérité que l'on ne comprend pas est une grande erreur.

« Ce qu'il est permis de dire, je le dirai, chantait l'initiateur Orphée ; mais que *les portes soient fermées pour les profanes.*

« Mes paroles sont adressées à l'être divin. Tournez vers lui toutes les forces de votre raison ; gravissez le droit chemin et contemplez le seul roi du monde. *Unique*, il est formé de lui-même, et *d'un* est sorti tout ce qui existe.

« Nul mortel n'a pu le voir ; mais *lui*, il voit tout.

« Je vous montrerai les traces de sa présence. Je vous montrerai les effets de la forte main du Dieu puissant. Mais un nuage m'empêche de le voir [1]. »

Des associations mystérieuses, formées par les intelligents et les forts, sortirent ceux qui devaient gouverner le monde : les prêtres, les rois et les nobles.

La société fut partagée en deux classes :

Les nobles et le peuple, les patriciens et les plébéiens.

L'ops et *l'inops.*

Pour le patricien, le plébéien n'était qu'un esclave et un maudit ;

Pour *l'ops*, *l'inops* était un homme destiné à souffrir.

Voici ce que disaient les mystères orphiques consacrés par la kabbale ou la tradition :

Tout le monde sait que la Genèse, c'est la création.

---

1. *Poetæ minores Græci*, p. 458 (*Cantabrigiæ* 1671).

MYSTÈRES ORPHIQUES[1].

« Genèse obscure : Le chaos.

« Genèse lumineuse : Le monde, l'être.

« Le ciel, avant qu'il fût ce rideau étincelant dont les réseaux, carrés harmoniques, marquent les diverses régions augurales, le ciel était l'amnios primitif[2].

« Les essences intelligentes produisent successivement les dieux, les demi-dieux, les héros, les viri (grands hommes), les innocents, les criminels.

« Les âmes humaines, lorsqu'elles descendent *la première fois* sur la terre, viennent de sphaïros[3].

« Jupiter, que l'on nomme Ombrios, Pluvius, Teleios, les puise dans ses trésors cosmogoniques et les envoie habiter les corps.

« Les âmes innocentes animent éternellement les brillants *opes* (riches ou heureux); les âmes criminelles, pour se purifier, vont s'éteignant et renaissant un temps plus ou moins long dans les corps mortels des obscurs *inopes* (pauvres ou malheureux).

« Le *Genius* (génie) de la famille repose seulement sur les opes; les inopes sont privés du Genius.

« Le signe incommensurable de l'ops, c'est la glèbe.

« L'inops ne peut avoir la glèbe.

1. Ballanche, *Essais de palingénésie sociale*, t. IV, p. 498 (Genève, 1830).
2. Ἀμνιῖος, pui; de ἀμνός, agneau; partie éthérée du ciel.
3. Σφαῖρα, enveloppe atmosphérique; partie matérielle du ciel.

« L'ops a un nom, l'inops est sans nom.

« L'ops (*ex lege optimus* : le premier par la loi) a le don de la parole, comme les sirènes ; il a le don de la beauté, comme les gorgones.

« L'inops, muet du mutisme civil, doit fermer l'oreille aux chants mystérieux des sirènes ; il est *deformis* (mal formé, incomplet) ; la vue de la gorgone ne peut que le changer en pierre.

« L'ops a le libre arbitre, l'inops est sans volonté ; l'ops est *sanus* (sain), l'inops est *insanus* (malsain) ; l'ops a la *res sacra* (chose sacrée), l'inops sait qu'elle lui est interdite.

« L'ops est l'intelligence, l'inops est le corps.

« *Frux* signifie fruit et semence ; l'ops est *frux*, l'inops est *flos* (fleur).

« Les *fruges* (fruits) ont la capacité du bien et du mal ; la capacité du bien et du mal est *ingenium* (intelligence).

« Les opes sont *ingenui* (nés nobles).

« L'impunité est un droit qui peut être défini.

« L'âme de l'ops qui a prévariqué revient après sa mort s'expatrier avec les âmes criminelles ; la faculté de transmettre le *genius* lui est retirée pour un temps. »

Ainsi l'ops, à son arrivée sur terre, est désigné par trois choses : la richesse, l'intelligence et la beauté, ces trois puissances dans le monde, toutes trois périssables, et qui disparaîtront si l'âme neuve prévarique et ne cherche pas à se compléter : la beauté et la richesse, par l'intelligence ; l'intelligence, par la pureté de l'âme, qui se reflète en physionomie et devient la beauté.

Si les opes prévariquent, ils doivent subir dans une création nouvelle le sort des inopes qui ont été opes comme eux.

Ainsi les opes sont des âmes neuves qui doivent jouir, mais sans avilissement.

Les inopes sont des âmes de retour qui expient leurs fautes.

Nous retrouverons tout à l'heure les mêmes principes, mais épurés et présentés plus humainement par le christianisme.

HERMÈS.

Continuons à pénétrer plus avant dans le monde magique.

« Il existe un livre primitif écrit en figures par les sages des premiers siècles du monde, et dont les symboles, simplifiés et vulgarisés plus tard, ont fourni à l'écriture ses lettres, au verbe ses caractères, à la philosophie occulte ses signes mystérieux et ses *pantacles*[1].

« Ce livre, attribué à Hénoch par les Hébreux, à Hermès par les Égyptiens, à Cadmus par les Grecs, était le résumé symbolique de la tradition primitive, appelée depuis *Kabbala*[2]. »

Ce livre, c'est le Taro[3]. Quel qu'en soit l'inventeur,

---

1. Image ou caractère symbolique.
2. *Dogme et rituel de la haute magie*, p. 155.
3. Le Taro, clef unique de la kabbale a été deviné par Court de Gébelin cherché pendant trente ans par Aliette Eteilla, et retrouvé enfin par Eliphas Lévi (A. Constant).

Hénoch et Cadmus ne sont cités que par les érudits, et la tradition universelle regarde Hermès comme l'inventeur, comme la source de toute magie.

Hermès (Mercure), veut dire aussi génie humain, intelligence suprême.

Hermès s'appelle *Trismégiste* (trois fois grand), parce que l'on reconnaît un Hermès dans chaque monde.

Hermès, c'est donc l'intelligence de plusieurs siècles réunie en faisceau sous un nom collectif.

Le grand prêtre de l'initiation égyptienne était appelé Hermès.

Outre le Taro, on attribue à Hermès d'autres livres tels que *le Peinandre, l'asclepios*, etc., et puis *la Table d'émeraude*, qui contient en peu de mots la kabbale tout entière, et qu'on appelle ainsi parce que ces préceptes étaient, dit-on, gravés sur une émeraude.

Voici ce qu'on voyait écrit sur la table. Nous en donnerons l'explication peu à peu.

TABLE D'ÉMERAUDE.

« Il est vrai. — Sans mensonge. — Très-véritable.

« Ce qui est en bas est comme ce qui est en haut, et ce qui est en haut est comme ce qui est en bas, pour faire les miracles d'une seule chose.

« Et comme toutes les choses ont été et sont venues d'un par la méditation d'un, ainsi toutes les choses ont été nées de cette chose unique, par adaptation.

« Le soleil en est le père, la lune est sa mère; le vent l'a porté dans son ventre, la terre est sa nourrice, le père de tout *Télème*[1], de tout le monde ici. Sa force ou sa puissance est entière si elle est convertie en terre.

« Tu sépareras la terre du feu, le subtil de l'épais, doucement et avec une grande industrie.

« Il monte de la terre au ciel, et de rechef il descend en terre et reçoit la force des choses supérieures et inférieures.

« Tu auras par ce moyen la gloire de tout le monde, et pour cela toute obscurité s'enfuira de toi.

« C'est la force forte de toute force, car elle vaincra toute chose subtile et pénétrera toute chose solide.

« Ainsi le monde a été créé.

« De ceci seront et sortiront d'admirables adaptations desquelles le moyen est ici.

« C'est pourquoi j'ai été appelé Hermès Trismégiste, ayant les trois parties de la philosophie de tout le monde.

« Ce que j'ai dit de l'opération du soleil est accompli et parachevé. »

Si nous n'écrivions que pour les personnes qui s'occupent de sciences occultes, nous ne commenterions pas la Table d'émeraude : mais nous voulons, surtout et avant tout, nous faire comprendre. Nous en expliquerons donc les sentences; mais, pour nous rendre intelligibles, peu à peu et à mesure que l'occasion s'en présentera, en mettant toujours un exemple à côté du précepte.

---

1. θέλημα, volonté.

LES TROIS MONDES.

Nous avons dit que les pasteurs chaldéens reconnurent d'abord l'existence des trois mondes : le monde *matériel*, le monde *moral* et le monde *divin*.

C'est aussi par l'indication de ces trois mondes que Hermès ouvre la série des préceptes gravés sur la Table d'émeraude :

Il est vrai. — Il est certain sans erreur. — Il est de toute vérité.

Il est vrai ; — il est confirmé par l'expérience en physique : c'est le monde *matériel* ou positif.

Il est certain sans erreur ; — c'est la certitude dégagée de tout alliage d'erreur en philosophie : *monde moral*.

Il est de toute vérité ; — c'est la vérité absolue indiquée par l'analogie dans le domaine de la religion ou de l'infini : *monde divin*.

Déjà nous rentrons dans l'analogie, qui est la clef de la magie, comme elle est la clef de toutes les sciences humaines.

Le ciel, la terre et l'enfer, correspondent :

Le ciel, au monde *divin;*

La terre, au monde *moral;*

L'enfer, lieu d'obscurité, au monde *matériel*, ignorant et privé de lumière.

Ce qui frappa ensuite les mages, ce fut le mystère de la création.

Deux personnes d'abord, le père et la mère, complé-
tées par l'enfant.

Donc, le nombre *trois* dans les mondes,
   le nombre trois dans la création.

Le Ternaire fut pour eux le dogme harmonique, la
clef de toutes les sciences et de tous les mystères.

« Les anciens Mages ayant observé que l'équilibre est
en physique la loi universelle, et qu'il résulte de l'oppo-
sition apparente de deux forces, concluant de l'équilibre
physique (de φύσις, nature) à l'équilibre métaphysique
(de μιταφύσις, au-dessus de la nature), déclarèrent qu'en
Dieu, c'est-à-dire dans la première cause vivante et ac-
tive, on devait reconnaître deux propriétés nécessaires
l'une à l'autre : la stabilité et le mouvement équilibrés
par la couronne, la force suprême[1]. »

Et, comme ils reconnaissaient dans le soleil le mystère
du ternaire dans l'unité, ou trois dans un, — exemple
électricité, lumière, chaleur, formant le soleil, — ils
conçurent trois personnes en Dieu et les définirent ainsi :

Kether : Le pouvoir suprême, l'être incompréhensible,
indéfinissable, l'être qui n'est pas dans la science, qui
n'existe pas dans notre reflet intellectuel ;

Chochmah : La sagesse, l'idéal de la souveraine rai-
son, l'idéal, dont l'idéal le plus parfait ne saurait être
qu'un mirage ;

Binah : L'intelligence, la liberté fondée sur l'ordre su-

---

1. *Dogme et rituel de la haute magie*, pages 79 et 155.

prême, la puissance motrice de tout mouvement, la cause de toute initiative.

C'est-à-dire : le mouvement qui est le besoin de la vie, et la vie elle-même, occasionné par la lutte entre l'intelligence active et la sagesse résistante, équilibrées par la raison suprême,

Représentés par le triangle.

KETHER,

la raison suprême, pouvoir équilibrant.

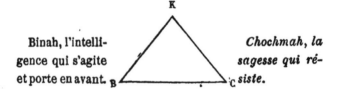

Binah, l'intelligence qui s'agite et porte en avant.

Chochmah, la sagesse qui résiste.

La nature offre le reflet incessant de la trinité pressentie par les mages.

« L'oxygène[1] se rend au pôle du mouvement, l'hydrogène au pôle de la résistance, et l'azote tantôt à l'un, tantôt à l'autre de ces deux pôles, suivant le rôle qu'il joue dans les combinaisons. Il en est de même absolument des autres corps métalloïdes et métalliques.

« Partout c'est le mouvement acidifiant, le repos alcalisant et l'équilibre entre les deux, représenté par l'azote et ses nuances. »

1. *Chimie nouvelle*, par M. Louis Lucas, p. 282.

« C'est partout et toujours le dogme[1] adamique, appuyé d'une part sur la résignation d'Abel, et de l'autre sur le travail et les remords de Caïn ;

« C'est l'équilibre universel de l'être basé sur la nécessité et la liberté, la fixité et le mouvement ;

« C'est l'absolu, le fixe et le volatil

« Qui sont en kabbale :

« La raison absolue, la nécessité, la liberté. »

Aristote place chaque vertu entre deux vices, dont l'un pèche par le trop peu et l'autre par l'excès.

Ainsi partout la trinité.

Et comme tout est harmonie, comme ce qui est en haut est comme ce qui est en bas, et que ce qui est en bas est comme ce qui est en haut, l'homme agite dans *trois* mondes d'une perfection inégale, mais analogues, sa *triple* personnalité.

Ainsi, l'enfer, la terre et le ciel correspondent, nous l'avons dit :

Aux mondes : matériel, — intellectuel, — divin.

Par le monde *matériel*, nous tenons au monde inférieur, à l'enfer ;

Par le monde *intellectuel*, nous tenons à la terre ;

Par le monde *divin*, nous tenons au monde supérieur, au ciel.

Et nous sommes en harmonie avec ces trois mondes par *les trois* êtres qui vivent en nous, ou qui sont : nous, le corps *matériel*, — le corps *sidéral*,— l'*âme* (le mens).

---

1. *Dogme et rituel de la haute magie,* p. 88.

Ou, si l'on veut :

L'enveloppe terrestre, — le raisonnement, — l'intelligence qui vient du ciel et ne peut mourir.

Et conséquemment,

Par les instincts, — la causalité, — les aspirations célestes, qui sont mis en action en suivant toujours les lois de l'analogie par les nécessités des trois mondes ou des trois classes correspondantes dans l'humanité :

Le peuple, — le bourgeois, le commerçant, — le noble, le prêtre, l'inventeur, l'artiste.

Ces trois mondes existent dans tous les gouvernements, même dans les gouvernements républicains, qui ont la prétention de tout niveler.

En Amérique, il y a :

Monde instinctif : le bas peuple, les ouvriers, les artisans, les portefaix ;

Monde intellectuel : le commerçant, l'armateur ;

Monde supérieur : le président et les chambres, aristocratie *individuellement* passagère, mais *éternelle en principe.*

La création elle-même arrive à la perfection par trois degrés :

Le règne minéral, — le règne végétal, — le règne animal.

Partout nous retrouvons le ternaire et les trois mondes.

En magie, c'est aussi : principe, réalisation, adaptation ;

En théologie : incarnation, rédemption, Dieu.

Dans l'âme humaine, c'est : action, pensée, amour ;

Dans la famille, c'est : père, mère, enfant.

Selon Herder, tous les mots de la langue primitive (la langue hébraïque) peuvent être ramenés à des racines composées de trois lettres.

Il y a plus ; tout est sérié dans la nature, et trinitaire par conséquent, la trinité étant la série vue en résumé.

Le spectre solaire, composé de sept couleurs, vu à distance, n'en conserve que *trois:*

Rouge, jaune et bleu.

La gamme, composée de sept tons, se réduit en accord parfait : *mi, sol, ut,* etc., etc., *de tierce en tierce.*

« Dans le spectre solaire, il existe un fait dont l'identité avec un autre fait particulier au *cercle tonal* ne peut être révoquée en doute.

« Placez en présence :

	DO	ROUGE	
si			violet
la			indigo
	SOL	BLEU	
fa			vert
	MI	JAUNE	
ré			orangé

« Vous pourrez faire sortir de la ligne des CONSONNANCES ABSOLUES toutes LES NOTES RÉDUCTIBLES, comme vous pouvez faire sortir de la ligne des couleurs essentielles toutes LES COULEURS RÉDUCTIBLES.

«En effet, pour nous l'*orangé* doit être le résultat d'une réfraction croisée du ROUGE et du JAUNE; le *vert*, le résultat de la réfraction du JAUNE et du BLEU; l'*indigo* et le *violet*, d'une réfraction du ROUGE et du BLEU à des intensités différentes[1]. »

Ainsi, deux trinités relatives.

Et cela doit être : parce que le son n'est que la lumière qui vibre à l'oreille, comme la vue n'est que la lumière qui vibre aux yeux; parce que dans la nature, où tout est harmonie, deux choses partant de la même cause doivent nécessairement donner des effets analogues.

Est-il donc étonnant que les anciens, plus sages, plus avancés que nous, en reconnaissant partout et sans cesse autour d'eux une trinité incessante, aient remonté de l'effet à la cause et en soient venus, avec leur génie supérieur, à comprendre un seul Dieu en trois personnes qui leur était imposé par la raison même? qu'ils l'aient appelé Isis, la nature? qu'ils l'aient nommé *Éther?* qu'ils l'aient adoré dans la source de vie qu'ils divisaient en trinité, lumière calorique, électrité, peu importe?

C'est devant notre Dieu en trois personnes que les sages de l'antiquité ont plié le genou.

Leur haute intelligence leur expliquait le divin mystère que l'incarnation de Jésus-Christ nous a plus positivement révélé.

M. Lucas, dans son livre *la Chimie nouvelle*, prétend, avec raison selon nous, que les symboles religieux du

1. *Acoustique nouvelle*, par M. Louis Lucas, page 45.

christianisme ne sont que la transmission de ces idées métaphysiques.

« Veut-on nous permettre, dit-il, de prendre pour exemple le *Credo* de Nicée? Tout le symbolisme chrétien est contenu dans ces quelques lignes : Je crois en *un seul Dieu*, père tout puissant, qui a fait le ciel et la terre et toutes choses visibles et invisibles, et en *un seul Seigneur Jésus-Christ*, fils unique de Dieu et né du Père avant tous les siècles, Dieu de Dieu, lumière de lumière, Dieu véritable, qui n'a pas été fait, mais engendré ; qui est consubstantiel au Père, et par qui toutes choses ont été faites. *Je crois au Saint-Esprit*, qui est aussi Seigneur et qui donne la vie ; qui procède du Père et du Fils [1]. »

Selon M. Lucas, ce furent les Pères de l'Église, alors néo-platoniciens, qui firent triompher ces idées dans la doctrine.

« Platon, ajoute-t-il, disciple de Pythagore, ne professait, comme son maître lui-même, en fait de symboles, que ceux des Égyptiens, plus ou moins modifiés, et les Égyptiens eux-mêmes tenaient ces symboles on ne sait de qui.

« Quoi qu'il en soit, ajoute l'auteur, de l'état scientifique des divers peuples de ce temps et des Égyptiens en particulier, il est certain que le symbole a pu être emprunté aux lois physiques de la résonnance acoustique. En effet, c'est dans la production simultanée des trois centres harmoniques qu'on trouve cette consubstantialité

---

1. *Chimie nouvelle*, par M. Louis Lucas, p. 83.

et cette contemporanéité, obscures dans toute autre hypothèse. De même le Saint-Esprit, qui donne la vie, comparé à la médiante acoustique, procède en effet du Père et du Fils, et, sous le nom tierce en *musique*, produit l'harmonie, en *optique*, la lumière dorée (aureus sol) des rayons solaires ; en *chimie*, l'azote, qui donne la vie à tout ce qui respire.. — Je crois en Dieu, c'est toute la physique de l'avenir, car la nature reproduit les actes de Dieu lui-même, unitaires dans leur principe, quoique multiples dans leur application, non pas dans un panthéisme stupide qui confond la cause première avec l'effet, mais par le raisonnement des attributs de Dieu, qui n'opposent plus le monde extérieur à la toute-puissance du Créateur. »

Ainsi, le système trinitaire a été établi par nécessité, par raison ; il a été basé sur les lois de la nature, qui, reflet de la divinité, prouve, par les lois constantes de l'analogie, la trinité divine.

Dans *Louis Lambert*, Balzac donne une définition des trois mondes. Bien qu'imparfaitement initié, Balzac a presque tout deviné par l'incroyable puissance de son génie.

Nous le citerons (parce qu'il a vécu parmi nous) de préférence aux anciens, qui nous fourniraient au besoin toutes les preuves nécessaires, mais dont les grands noms, révérés des adeptes, sont moins *populaires* dans la véritable acception du mot. Car, on le sait déjà, nous ne nous adressons pas spécialement aux classes instruites, mais à tous.

LES TROIS MONDES INDIQUÉS PAR BALZAC.

Balzac a dit, dans *Louis Lambert* :

« Le monde des idées se divise en trois sphères : celle de l'*instinct*, celle des *abstractions*, celle de la *spécialité*.

« La plus grande partie de l'humanité visible, la partie la plus faible, habite la sphère de l'instinctivité.

« Les instinctifs naissent, *travaillent et meurent sans s'élever au second degré de l'intelligence humaine*, l'ABSTRACTION.

« A l'ABSTRACTION (le raisonnement, le calcul) commence la société. Si l'abstraction, comparée à l'instinct, est une puissance presque divine, elle est une faiblesse inouïe, comparée au don de *spécialité*, qui peut seul expliquer Dieu. L'abstraction comprend toute une nature en germe, plus virtuellement que la graine ne contient le système d'une plante et ses produits.

« De l'abstraction naissent les lois, les arts, les intérêts, les idées sociales. L'homme juge tout par ses abstractions : le bien, le mal, la vertu, le crime.

« Il se trouve nécessairement des êtres intermédiaires (mixtes) qui séparent le règne des instinctifs du règne des abstractifs, et chez lesquels l'instinctivité se mêle à l'abstractivité dans des proportions infinies. Les uns ont plus d'instinctivité que d'abstractivité (*et vice versâ*) que les autres; puis il est des êtres chez lesquels les deux actions se neutralisent en agissant par forces égales.

« La SPÉCIALITÉ (génie, intuition, spontanéité, conception électrique) consiste à voir les choses matérielles aussi bien que celles du monde spirituel dans leurs ramifications originelles et conséquentielles. *Les plus beaux génies humains sont ceux qui sont partis des ténèbres de l'abstraction pour arriver aux lumières de la spécialité.*

« Spécialité, de *species* (vue, voir tout et d'un seul coup), vient de *speculum* (miroir, ou moyen d'apprécier une chose en la voyant tout entière en partant d'un détail).

« La perfection de la vue intérieure enfante le don de spécialité. La spécialité emporte l'*intuition*. L'intuition est une des facultés de l'homme INTÉRIEUR, dont le spécialisme est un attribut. Elle agit par une imperceptible sensation, ignorée de celui qui obéit.

« Entre la sphère du spécialisme et celle de l'abstractivité, se trouve, comme entre celle-ci et celle de l'instinctivité, des êtres chez lesquels les deux règnes se confondent et produisent des mixtes : ce sont les hommes de génie.

« Le spécialiste est nécessairement la plus parfaite expression de l'homme, l'anneau qui lie le monde visible aux mondes supérieurs ; il agit, il sent par son INTÉRIEUR. L'abstractif pense, l'instinctif agit.

« De là trois degrés pour l'homme :

« *Instinctif*, il est au-dessous de la mesure ;

« *Abstractif*, il est au niveau ;

« *Spécialiste*, il est au-dessus.

3.

« Le spécialisme ouvre à l'homme sa véritable car-
rière ; l'infini commence à poindre en lui ; là il entrevoit
sa destinée.

« Il existe trois mondes : le NATUREL, le SPIRITUEL, le
DIVIN.

« Il existe donc nécessairement un culte *matériel*, un
culte *spirituel*, un culte *divin*, trois formes qui s'expri-
ment par l'action, par la parole, par la prière, autre-
ment dit le fait, l'entendement et l'amour.

« L'instinctif veut des faits, l'abstractif s'occupe des
idées, le spécialiste voit la fin, il aspire à Dieu, qu'il
pressent ou contemple. »

Avant d'aller plus loin, et tout en respectant la ma-
nière de voir de Balzac, nous ne la trouvons pas complète.

Balzac admet trois classes bien distinctes. Il admet des
hommes mixtes qui participent d'une classe et de l'autre ;
mais il semble établir que l'on ne peut s'élever d'une
classe dans l'autre.

Selon nous, c'est une erreur, puisque ce serait nier le
mouvement et la lutte, qui sont les deux ressorts qui
donnent la vie au monde.

Ce serait nier aussi le libre arbitre et nous condamner
au désespoir.

Du reste, il se contredit lui-même. Les trois classes
sont bien marquées, et, selon la première loi magique,
elles doivent, malgré les nuances qui les distinguent,
rentrer dans l'analogie générale.

Eh bien, Balzac dit d'un côté que *les instinctifs tra-
vaillent et meurent sans s'élever au second degré de l'in-*

telligence humaine, qui est l'abstraction, et il dit plus loin :

Les plus beaux génies sont ceux qui sont partis des ténèbres de l'abstraction pour arriver aux lumières de la spécialité.

Si les abstractifs peuvent sortir de leur classe, les instinctifs peuvent en sortir aussi, ou alors il y aurait non pas seulement injustice, mais il y aurait *inharmonie*, ce qui ne se trouve nulle part dans la nature.

NÉCESSITÉ DE LA LUTTE. JAKIN ET BOHAS.

Balzac devinait avec son génie ; mais distrait par son ardeur pour toutes les sciences, il ne pouvait ni tout pressentir ni tout savoir. Il ignorait, ou du moins il n'a laissé entrevoir dans aucun de ses livres mystiques, que la lutte est la loi de l'être ; que l'homme, enfant de la terre, est attiré et repoussé comme la terre pour conserver sa vie, comme elle pour conserver le mouvement, qui est la vie.

Que la terre cesse un moment d'être attirée et repoussée, et elle tombera dans les espaces. Quand la lutte cesse chez l'homme, c'est que sa carrière est finie et qu'il va mourir.

C'est le défaut de forces qui fait le calme du vieillard.

C'est pour cette lutte incessante que les passions nous ont été données, ainsi que la conscience et la vertu.

A partir des premiers jours de l'existence, la lutte commence entre le rire et les larmes. Si des joies et des

chagrins de l'enfance nous ne tirons pas de conséquences
pour la vie entière, c'est que nous ne voulons ou ne sa-
vohs pas voir. Les avertissements physiques ne nous
manquent pas.

« Oculos habent et non videbunt, » a dit le Seigneur.

Écoutez les Mages, interrogez nos sages et nos philo-
sophes, et tous vous diront que les sympathies naissent
des contraires.

« L'harmonie de ce monde [1], dit Plutarque, est une com-
binaison des contraires, comme les cordes d'une lyre ou
la corde d'un arc qui se tend et se détend. Jamais, a dit
le poëte Euripide, le bien n'est séparé du mal. Il faut
qu'il y ait un mélange de l'un et de l'autre. »

Vous vous sentez entraîné, irrésistiblement entraîné,
et surtout en amour, la plus grande passion de la vie,
vers des êtres dont les goûts sont tout à fait différents
des vôtres, non pas pour votre bonheur (cela est impos-
sible, puisque, destinés à vivre ensemble, vous devez ou
sacrifier vos goûts ou imposer les vôtres, et il y a tou-
jours des larmes au fond de tout cela), mais par fatalité,
par nécessité de souffrance.

Et, contre cet attrait, la raison ne peut rien presque
toujours, parce que c'est une fascination, une ivresse, et
que l'ivresse endort la raison. Et puis, dans cette fasci-
nation il y a une joie douloureuse, d'autant plus at-
trayante qu'elle déchire, qu'elle fait mal.

Vous vous préparez fatalement un malheur à venir, et

1. Dupuis, *Origine des cultes*, p. 77. 2 éd. (1821).

plus l'homme sera supérieur, plus le malheur sera grand et inévitable.

La douleur est la pierre de touche de l'élu. C'est aux grandes âmes que la nature jette les grands désespoirs, car c'est par des épreuves seulement qu'elles pourront prouver leur céleste origine.

Combien de grands génies ont essayé de l'abrutissement pour échapper aux chagrins nés d'une union malheureuse! Seulement, l'homme destiné aux épreuves, lorsque la douleur s'efface, laisse là ces moyens indignes comme le naufragé abandonne en entrant dans le port la planche vermoulue qui s'est trouvée sous sa main au moment du danger. Mais l'âme moins fortement trempée, une fois adonnée à la débauche, ne revient plus; le tourbillon astral l'entraîne : c'est une étoile à jamais disparue.

Cette lutte, qui est un des grands arcanes de la magie, y est représentée sous les noms de Jakin et Bohas, noms des deux colonnes symboliques qui étaient devant la porte principale du temple de Salomon, l'une blanche, l'autre noire; c'est-à-dire le jour et la nuit, le vice et la vertu, l'ange et le démon.

Chacun tend à se mouvoir et à s'agiter dans sa sphère, mais selon les lois de la pesanteur; l'homme est attiré en bas par ses instincts matériels. Comme la pierre lancée s'élève péniblement, mais retombe vite, il faut des efforts inouïs pour s'élever de sa classe dans une classe supérieure, et il est facile de descendre.

Il faut même des efforts pour se maintenir dans la classe où l'on est.

Il est plus difficile de conserver sa fortune que de l'amasser, parce que le mouvement étant la loi de la vie, celui qui veut rester en place doit faire comme le batelier qui résiste au fil de l'eau ; il doit, de temps en temps, donner quelques coups de rame pour se maintenir au même endroit, sinon le courant l'entraîne en arrière.

Tout homme désire sortir de son monde : le pauvre aspire à la richesse, le commerçant enrichi veut acquérir la noblesse, ou, s'il est mieux organisé, il s'occupe d'art, de littérature, de théologie, il sent le besoin de monter.

Le débauché même peut avoir des désirs nobles pour se reposer de la fatigue du vice ; il peut avoir des velléités de travail, comme le malade longtemps couché désire se promener au soleil de la plaine ; ces natures déréglées peuvent aussi, car les extrêmes se touchent, éprouver parfois pour l'art un appétit sauvage émané de la violence même de leurs passions.

Jésus-Christ préférait les chauds et les froids aux tièdes, qui ne vivent pas : « Utinam frigidi essetis aut calidi, sed quia tepidi estis, incipiam vos evomere de ore meo. »

Tout homme né avec la noblesse arrive, par sa naissance même, au premier rang ; mais s'il oublie un seul instant ce magnifique adage : « Noblesse oblige, » il retombe aussitôt plus bas que tout autre.

Les *instinctifs* s'ennoblissent par le travail ; les intelligences les plus ordinaires acquièrent par l'exercice une capacité plus grande, comme les bras prennent des forces et développent leurs muscles par l'action. Le paysan exerce les facultés de son esprit dans l'agriculture; il sait ce qui convient à chaque terrain; il lit d'avance dans le ciel le temps serein et les orages. De l'instinctif il en arrive à l'abstractif, peu à peu et sans efforts.

Le travail, c'est l'action et la progression; la paresse, c'est la négation de l'action, et cependant, entraînée par le mouvement universel, elle marche sans le savoir, mais en sens inverse, et elle va de la paresse à la débauche, et de la débauche à la mort.

SUITE DES TROIS MONDES.

La phrénologie admet aussi trois mondes : les instincts, les sentiments et l'intelligence.

Nous retrouverons encore ces trois mondes très-distincts dans la chirognomonie, trouvée instinctivement par M. d'Arpentigny, et dans la chiromancie, venue des Indiens.

Comme Dieu, l'homme renferme en lui trois personnes.

Et, avant de commencer nos applications et d'entrer complétement dans notre système, nous croyons que le lecteur nous saura gré de nous arrêter encore un moment pour l'initier aux mystères indiqués dans le livre hébreu, *la Révolution des âmes*, et dans le Traité des songes de Synésius, dogme renouvelé depuis par Swedenborg. L'origine de ces croyances est inconnue; elle remonte aux premiers temps de la kabbale et est, comme toujours, attribuée à Hermès; mais nous persistons à croire que c'est le mystère de l'initiation orphique de l'ops et de l'inops qui s'est humanisé en passant par l'époque tolérante du christianisme. Le lecteur en jugera par lui-même.

La nature tend à créer sans cesse.

Dans les espaces, sur les bois, au-dessus des fontaines, sur les montagnes et sur les vagues de la mer, selon les tempéraments auxquels ils doivent apporter un jour leurs diverses influences, planent ou roulent des molécules qui tendent à se réunir pour se compléter et arriver à l'existence, des atomes qui cherchent à se rassembler pour conquérir la vie ! Loi de la nature, dans le monde et en dehors du monde.

Ces molécules, ces atomes nagent et se meuvent sous des formes imparfaites dans la lumière astrale, et s'introduisent dans le sein de la femme lors de l'enivrement occasionné par la surabondance de cette lumière au moment de la génération. Là ils se rassemblent et se perfectionnent à l'aide du courant astral qui se mettant en communication plus directe avec la femme pendant tout le temps de sa grossesse, donne à celle-ci ces appétits bizarres, ces secondes vues chez les êtres mystiques, et ces désirs violents et irréguliers que l'on croit inexplicables ; c'est là que ces atomes ou molécules prennent ce que les anciens appelaient *cortex*, l'écorce, le corps, unissant ainsi le corps sidéral à la matière pour recevoir à leur arrivée dans le monde LE MENS ! l'esprit, la flamme divine qui ne peut jamais mourir.

« La lumière astrale, transformée en lumière humaine

au moment de la conception, est la première enveloppe de l'âme, et, en se combinant avec les fluides les plus subtils, elle forme le corps éthéré ou le fantôme sidéral dont parle Paracelse dans la philosophie d'intuition (*Philosophia sagax* [1]). »

Cette flamme, *le mens*, dort dans les premiers temps de la vie, parce que le corps est encore incapable d'obéir, comme elle reste inactive chez les vieillards, parce que le corps usé n'est plus capable d'obéir ; mais elle est toujours la même. Seulement, chez l'enfant elle vient d'arriver, elle se recueille pour agir ; chez le vieillard, elle se recueille pour partir.

LA TRINITÉ HUMAINE.

Mais lorsque l'enfant peut agir, quand l'esprit se trouve en harmonie avec l'organisation du corps, alors commence la lutte qui doit durer jusqu'au dernier jour entre les trois êtres qui se trouvent en lui :

Le *mens, le corps sidéral, le corps terrestre.*

C'est toujours *le monde divin, le monde abstractif, le monde instinctif.*

Le corps terrestre, fait de matière et qui doit nécessairement retourner à la matière, est porté vers les jouissances de la matière: il cherche à séduire et à corrompre, par l'attrait des plaisirs sensuels, LE MENS destiné à le dominer et à le conduire.

1. *Dogme et rituel de la haute magie,* page 142.

Le corps sidéral est l'intermédiaire entre l'âme et le corps matériel; il sert de lien entre le cœur, source de la vie du corps, et le cerveau, siége de la vie de l'âme.

Le mens, l'âme, est l'étincelle divine qui vit en nous; c'est notre guide, notre conscience, notre flambeau, pendant notre séjour sur la terre.

L'âme, disons-nous, doit asservir le corps.

Elle peut lui permettre, de temps en temps, de goûter les plaisirs de la vie, mais à la condition de n'en être jamais l'esclave. Si l'âme est tempérante, si elle est juste, si elle aime tout ce qui est beau, tout ce qui est noble, tout ce qui est élevé, l'humanité, la justice, la bonne foi, la patrie, et si elle a avant tout l'amour du prochain, la charité sublime ! alors au jour de la mort elle quitte l'enveloppe terrestre, s'envole en suivant l'attraction de son étoile, et va revivre dans un autre univers où elle se fait un nouveau vêtement analogue au progrès de sa beauté, en laissant d'une part, sur terre, le cadavre matériel inerte en apparence, mais qui déjà travaille par sa décomposition même à concourir à des créations nouvelles, et, de l'autre, le cadavre sidéral qui s'élève comme un manteau lumineux, pour aller porter dans la lumière astrale, où tout s'imprègne, l'image, le reflet, le fantôme du corps sur la terre.

Si, au contraire, le mens s'est laissé subjuguer par les passions grossières du corps, s'il a permis le mensonge, les voluptés crapuleuses, l'injustice, tout ce qui est bas, tout ce qui est mal, alors, au jour de la mort, le cadavre astral rendu fort par les condescendances de l'esprit le retient prisonnier comme pendant sa vie, et le livre au corps sidéral qui l'entraîne dans les tourbillons de la lumière astrale.

« L'immersion de l'étoile vivante dans la lumière morte est un affreux supplice comparable à celui de Mézence ; l'âme y gèle et y brûle à la fois, et n'a aucun moyen pour s'en dégager que de rentrer dans le courant des formes extérieures, de prendre une enveloppe de chair, et de lutter avec énergie contre les instincts pour affermir la liberté morale qui lui permettra, au moment de la mort, de rompre les chaînes de la terre et de s'envoler triomphante vers l'astre consolateur dont la lumière lui a souri[1]. »

Ainsi donc, le *mens* vient de nouveau s'emprisonner dans un corps pour recommencer une vie nouvelle, mais comme AME DE RETOUR.

La première fois, *âme neuve,* tout lui souriait ; il avait, comme l'ops des *mystères orphiques,* la richesse, la noblesse et la beauté.

Cette fois, il vient pour expier, pour souffrir.

Il était riche, il rentre pauvre ; il était beau, il revient laid ; il a le goût des plaisirs sensuels dans lesquels il avait mis son bonheur, et qui sont maintenant une source de tentations impossibles à satisfaire, d'appétits monstrueux qui le déchirent et qu'il ne peut assouvir ; ce qui faisait sa joie devient son tourment le plus affreux ; il était maître, il revient esclave ; il humiliait, il est humilié ; il était cruel, il souffre.

1. *Dogme et rituel de la haute magie,* page 243.

S'il souffre avec courage, si son âme, retrempée par le malheur, résiste à ses mauvais instincts, alors il reprend, lorsqu'il quitte sa hideuse et souffreteuse enveloppe, son glorieux chemin vers l'astre où tendent ses aspirations.

Mais s'il succombe de nouveau, alors il revient poitrinaire, idiot, fiévreux, impotent, condamné dès sa naissance à une souffrance physique de chaque jour, incapable dès lors de passions mauvaises, et il s'envole un jour purifié par la douleur, et c'est pour cela sans doute que les fous chez les Arabes, et les crétins dans les vallées de la Suisse, sont respectés comme des êtres touchés par la main de Dieu [1].

Le mens doit revivre encore ; mais alors il rentre dans le monde avec les qualités des âmes neuves, et, de plus, il a comme une mémoire vague de ses souffrances passées. Il a, pour se guider, ses pressentiments, et puis une horreur secrète des penchants funestes qui l'ont perdu. La nature ne violente jamais ; elle lui laisse donc son libre arbitre, mais elle lui donne pour appui et pour conseil la faculté de recevoir plus énergiquement les inspirations divines, qu'il suivra plus volontiers.

En théologie, cette faculté s'appelle *la grâce*. Si l'âme triomphe alors, ses épreuves sont finies.

L'étincelle divine, partie du ciel, doit retourner au ciel.

---

1. Nous ferons remarquer ici, en anticipant un peu sur le système de la chiromancie, que l'ongle *hippocratique* qui indique *la phthisie innée* est placé non pas sur le doigt du milieu, *Saturne*, qui est la fatalité, mais sur l'index, *Jupiter*, qui représente la divinité, par conséquent la volonté divine.

C'est ainsi que les anciens mages expliquaient l'inéga-
lité des conditions, qui nous paraît injuste sur terre. Et
l'on ne peut refuser un sens moral à leur système.

L'homme riche injuste et méchant devait craindre la
loi du talion ; l'homme souffrant pouvait voir dans sa vie
de douleur une expiation, et, tout en plaignant ses per-
sécuteurs injustes d'être un jour destinés à éprouver ses
propres souffrances, supporter ses privations doulou-
reuses par l'espérance d'un meilleur avenir.

Ajoutons ici, pour terminer notre définition, que le
corps sidéral est notre instinct, comme notre mens est
notre raison ; il doit se taire quand notre raison veille, et
ne reprendre son empire que dans le sommeil. Il est tou-
tefois l'intermédiaire entre l'âme et le corps matériel, et
son influence peut être grande. Selon les kabbalistes, il
prend peu à peu la forme des animaux dont tel ou tel pen-
chant nous rapproche le plus, et modifie ainsi les traits du
visage et l'allure du corps, en y mêlant comme une vague
ressemblance avec ces mêmes animaux. De plus, toujours
selon les kabbalistes, le corps sidéral n'est pas toujours
du même sexe que le corps terrestre : il y a très-souvent
en nous une espèce d'hermaphrodisme ; ce qui fait
que, lorsque l'homme laisse dominer en lui l'influence
des passions mesquines, il abandonne sa virilité, et se
fait réellement femme par les goûts, les manières et les
actions. Plus d'une femme devient homme, et, chez l'un
et l'autre sexe, cet abandon de sa propre nature, lors-
qu'il va jusqu'à l'excès, conduit souvent aux plus infâmes
débauches. Cet hermaphrodisme, bien dirigé, crée en nous

des qualités exquises : il fait, chez les hommes, les poëtes et les gens charitables et dévoués, et donne aux femmes l'énergie nécessaire pour les grands sacrifices et les grandes vertus.

Les excès matériels altèrent l'organisation du corps sidéral, qui réagit à son tour sympathiquement sur le cerveau et lui fait sentir le contre-coup de sa blessure ; de là viennent les maladies nerveuses, car le corps souffre à son tour des défaillances de l'âme.

Une maladie, dit Éliphas Lévi, provient toujours d'un défaut ou d'un excès, et vous retrouvez souvent, à la source d'un mal physique, un désordre moral.

Le mens est la seule chose qui nous distingue des animaux, qui ont, comme nous, le corps sidéral. Ils peuvent lire dans la lumière astrale, dont nous parlerons tout à l'heure, comme les somnambules, auxquels on donne cette faculté en plongeant le mens dans un sommeil, un engourdissement factice, au moyen de l'enivrement astral projeté par le magnétiseur. Les animaux, comme les somnambules, devinent les tempêtes, les tremblements de terre, les grands cataclysmes de la nature ; ils pressentent les apparitions surnaturelles.

« L'instinct, a dit Cuvier, est une sorte de rêve ou de vision qui poursuit toujours les animaux, et ceux-ci semblent avoir dans leur *sensorium commune* (centre de sensation) des images ou des sensations innées et constantes qui les déterminent à agir, comme les sensations ordinaires et accidentelles déterminent communément. »

Les idiots, qui n'agissent aussi que par l'instinct, reçoivent souvent le don de seconde vue, et souvent ils ont annoncé ce qui se passait à une grande distance, comme François *les bas bleus* dont parle Nodier, comme une foule de vieux bergers entièrement livrés à la vue instincto-contemplative, et tant d'autres.

Toutefois, il y a plusieurs classes dans l'idiotisme.

Ceux qui, par les excès et la débauche, finissent par enchaîner le mens de manière à le rendre tout à fait inactif, ne vivent plus que par l'instinct; mais comme chez l'homme l'instinct n'est que secondaire, ils se mettent volontairement au-dessous des animaux, dont l'instinct est la raison nécessaire.

Ces hommes sont morts avant la mort; ils marchent, ils parlent, et pourtant ce sont déjà des cadavres. Ils font froid quand ils vous approchent, et vous donnent la chair de poule quand ils vous touchent.

Ils ont l'œil vitreux, une bouche béante, dont les coins sont tombés; leurs paupières s'affaissent.

Ils pourront se promener encore longtemps sur terre, mais ils ne vivront jamais plus.

Ils forment la transition entre l'homme et le fantôme.

C'est par le corps sidéral que l'homme communique avec les astres.

Ceci demande une explication particulière détaillée.

LUMIÈRE ASTRALE.

La respiration se compose de deux mouvements opposés : l'aspir et le respir. Ces deux mouvements sont la vie ; dès qu'ils cessent, la vie n'est plus.

Par la loi d'harmonie qui régit la nature entière, tout aspire et respire ici bas.

Les animaux respirent, et comme eux respirent aussi les êtres placés dans un degré inférieur de la création.

La fleur, l'arbre, la plante, aspirent l'oxigène et respirent l'azote ; la mer respire dans son flux et reflux, et la terre, notre nourrice, la terre respire aussi.

La terre est un homme, a dit Swedenborg.

C'est par cette respiration qu'elle communique avec ses enfants et les entraîne dans cette chaîne immense qui la relie avec tous les mondes. Toutes les poitrines humaines et célestes battent d'un mouvement égal.

L'aspir et le respir de la terre, c'est la lumière astrale. Nous la nommons astrale parce que la terre est un astre.

C'est le grand agent magique.

« Il se révèle par quatre sortes de phénomènes soumis aux tâtonnements des sciences profanes sous quatre noms : calorique, lumière, électricité, magnétisme.

« On lui donne aussi les noms de tétragramme, d'inri, d'azote, d'éther, d'od, de fluide magnétique, d'âme de la terre, de serpent, de Lucifer[1]. »

Le soleil est le mirage du reflet de Dieu, et l'âme de la terre est un regard permanent du soleil, qu'elle conçoit et garde par imprégnation.

La lune concourt à cette imprégnation de la terre, en repoussant vers elle une image solaire (son reflet) pendant

1. *Dogme et rituel de la haute magie*, page 92.

la nuit. Et pour cela Hermès a dit avec raison (*Table d'émeraude*), en parlant du grand agent : « Le soleil est son père, la lune est sa mère. » Puis il ajoute :

« Le vent l'a porté dans son ventre. »

Parce que l'atmosphère est le récipient et comme le creuset des rayons solaires au moyen desquels se forme cette image vivante du soleil, qui pénètre la terre tout entière, la vivifie, la féconde, et détermine tout ce qui se produit à sa surface par ses effluves et ses courants, analogues à ceux du soleil lui-même.

Cet agent solaire est vivant par deux forces contraires : une force d'attraction et une force de projection; ce qui fait dire à Hermès que toujours il monte et redescend.

C'est par cette double force que tout est créé, que tout subsiste.

« Suivant Hermès[1], du plus haut des cieux s'élance sans interruption l'esprit universel, source intarissable de lumière et de feu, qui, traversant toutes les sphères célestes et se trouvant graduellement condensé, flue continuellement vers la terre (*c'est l'aspir*).

« De même, par l'action du feu central du soleil terrestre, il s'élève de la terre de continuelles émanations qui, bientôt sublimées, s'élancent vers le ciel pour se dégager de leurs impuretés (*c'est le respir*).

« Cette éternelle rotation des molécules vitales est peinte dans la Genèse sous l'emblème de l'échelle mystérieuse de Jacob, par où montaient et descendaient les anges. »

---

1. *Dogme et rituel de la haute magie*, pages 93 et 94.

4

La nature, par l'analogie, nous révèle chaque jour ce grand mystère. Ainsi le soleil aspire les eaux du marécage et en fait des nuages splendides. Et les nuages redescendent en pluie bienfaisante.

« Son mouvement est un enroulement et un déroulement successifs et indéfinis, ou plutôt simultanés et perpétuels, par spirales de mouvements contraires qui ne se rencontrent jamais.

« C'est le même mouvement que celui du soleil qui attire et repousse en même temps tous les astres de son système.

« Ce mouvement est toujours double et se multiplie en sens contraire, attractif à gauche et répulsif à droite, et réciproquement [1]. »

Les astres sont enchaînés les uns aux autres par des réseaux de lumière attractifs qui les tiennent en équilibre et les font se mouvoir régulièrement dans l'espace ; ces réseaux de lumière vont de toutes les sphères à toutes les sphères, et il n'y a pas un point sur chaque planète auquel ne se rattache un de ces fils indestructibles.

Nous avons parlé tout à l'heure des poitrines humaines et célestes, parce que chaque astre a son cœur et respire la lumière comme la terre et comme nous.

Chaque astre a un calorique latent et un calorique rayonnant.

« La force d'attraction se fixe toujours au centre des corps, et la force de projection dans les contours et à la surface. »

1. *Dogme et rituel de la haute magie*, page 94.

Ainsi l'homme, comme l'astre, aspire par le cœur et le cerveau, et fait rayonner un fluide autour de lui par sa voix, ses gestes et ses yeux.

Au centre de la terre est un foyer de lumière astrale sans cesse entretenu par l'imprégnation du soleil, et qui en repart sans cesse pour remonter vers lui. Chaque astre a un noyau central qui se rattache de même aux autres ; l'homme lui-même a un noyau central qui l'attache au tourbillon de la lumière.

Le monde est aimanté de la lumière du soleil, et l'homme est aimanté de la lumière astrale.

Ce qui s'opère dans le corps de la planète se répète en nous.

L'homme est un microcosme (un petit monde), a dit Rabelais.

Il y a en nous trois mondes analogues et hiérarchiques, comme dans la nature entière.

Suivant l'ordre des analogies, tout ce qui est dans le grand monde se produit dans le petit. Il y a donc en nous trois centres d'attraction et de projection fluidique :

Le cerveau, le cœur ou l'épigastre et l'organe génital. Chacun de ces organes attire d'un côté et repousse de l'autre.

C'est au moyen de ces appareils que l'homme se met en communication avec *le fluide* universel transmis en lui par le système nerveux.

Le cerveau est dans un centre de lumière, et il se trouve un centre nerveux du côté du cœur ; c'est ce que nous nommons le grand sympathique.

Nous employons le mot *fluide* seulement pour nous faire comprendre, car nous ne voulons pas entrer ici dans une discussion de mots, discussion inutile jusqu'à présent, puisque personne ne peut apporter de preuves convaincantes.

Pour les uns c'est vibration, c'est émission ; pour les autres, c'est *mouvement* ; selon nous, ce mot serait le plus juste de tous. Puisque nous l'avons répété à satiété, le mouvement est la loi de la vie.

Nous donnerons ici l'opinion de M. Lucas qui, de toutes, nous paraît la plus probable et la plus clairement expliquée[1] :

« Naguère, dit-il, on reconnaissait le système vibratoire et émissif en ce qui touche les phénomènes lumineux.

« Il est probable que les deux systèmes ne sont que les deux faces d'un même phénomène plus étendu, d'un *mouvement général*.

« La *vibration* est un état tellement spécial, tellement occasionnel, que le mouvement vibratoire doit être regardé le plus souvent comme un mouvement complexe, ou donnant lieu à des phénomènes complexes.

« En acoustique, le mouvement est toujours extérieur à la matière ; il en est de même des ondes pressées par le vent. Dans la lumière, au contraire, on ne voit rien de pareil. Le mouvement est égal dans sa marche, homogène. Toutes ses allures indiquent plutôt qu'une vibra-

---

[1]. *Chimie nouvelle*, pages 326-327, 329-330.

tion, *une pénétration*, qui se dévoile par de la chaleur et de l'électricité.

« La vibration n'est qu'un mode de constatation. Il peut se faire que dans la communication du mouvement émissif il s'établisse, de temps à autre, des phénomènes vibratoires; mais ce n'est pas le *principe général d'action* affecté par le mouvement dans son état normal.

« L'accumulation du mouvement intime dans les corps tend à un changement d'équilibre incessant et nécessaire.

« La vibration est essentiellement similaire, égale dans ses manifestations.

« Qui dit émission dit : changement, accumulation.

« Qui dit vibration dit : similitude et persistance.

« Les deux systèmes, émissif et vibratoire, peuvent se donner la main en conservant une individualité réelle et propre qu'on n'a pas su découvrir, empêché qu'on est par l'exclusivisme aveugle des théories étroitement comprises. On doit donc conclure en disant que le mouvement reste quelquefois latent pour nous, quand il n'est qu'à l'état émissif et circulatoire, tandis que nous en acquérons immédiatement la perception dans le cas où un choc le rend vibratoire. »

Comment faut-il appeler ce travail incessant, tantôt latent, tantôt perceptible, tantôt émission, tantôt vibration, changeant si souvent d'allure, de forme, selon les circonstances, mais continuant sa marche éternelle? Quel nom donnerons-nous à ce merveilleux pendule qui ne s'arrête jamais?

L'appellerons-nous l'âme de la nature, le souffle de Dieu?

C'est le mouvement sans doute, mais le mouvement capricieux, inégal, semblable au scintillement des étoiles, semblable à tous les rayonnements, plutôt semblable encore à la lumière du soleil par un temps d'orage, tantôt brillante et tantôt voilée par les nues.

Pour les anciens, c'était la lumière astrale.

Nous demandons encore que l'on nous permette de la nommer fluide astral, à tort peut-être; mais qu'importe le nom, si l'on nous a compris, et d'ailleurs, nommée ou innomée, définie ou indéfinie, cette force, cette lumière existe, elle est; c'est elle qui colore les plantes, c'est elle qui répand ses diamants de feu sur les grèves de la mer, c'est elle qui donne un si doux azur à la voûte du ciel, c'est la vie, c'est l'amour.

C'est la source de la richesse des yeux, et, pour les hommes positifs, c'est en elle qu'est la source de la richesse terrestre : l'or.

Les quatre éléments : lumière, chaleur, électricité, magnétisme, ces quatre fluides ou vibrations impondérables sont quatre manifestations de ce principe unique dont nous avons perdu la démonstration, et que les anciens connaissaient sous le nom d'azote, qu'ils écrivaient avec deux lettres latines, une lettre grecque et une lettre empruntée à l'alphabet des Hébreux :

AZΩ‎ת.

A, est la première lettre de tous les alphabets;

Z est la dernière lettre de l'alphabet latin;

Ω (oméga), est la dernière lettre de l'alphabet grec ;

ת (thau), est la dernière lettre de l'alphabet hébreu.

C'est donc le commencement unique et universel avec les trois fins diverses qui représentent les trois mondes :

Z, monde latin, monde naturel ;

Ω, monde grec, monde spirituel ;

ת, monde hébreu, monde divin.

Chez les francs-maçons, la lumière astrale est représentée sous la figure de l'étoile flamboyante : le soleil envoie ses rayons à la lune, qui les reflète vers l'étoile flamboyante, et celle-ci la renvoie vers le soleil en formant un triangle de lumière.

Tous les anciens philosophes ont parlé de la lumière astrale.

« L'âme universelle, désignée sous le nom de *spiritus* et comparée à l'esprit de vie qui anime toute la nature, se distribuait principalement dans les sept sphères célestes, dont l'action combinée était censée régler les destinées de l'homme et répandre les germes de vie dans tout ce qui naît ici-bas. Les anciens peignaient ce souffle unique, qui produit l'harmonie des sphères, par une flûte à sept tuyaux qu'ils mettaient entre les mains de Pan ou de l'image destinée à représenter la nature universelle[1]. »

Les stoïciens plaçaient l'intelligence de Jupiter, ou l'intelligence souverainement sage qui régit le monde, dans la substance lumineuse du feu *Éther*, qu'ils regardaient comme la source de l'intelligence humaine.

1. Dupuis, *Origine des cultes* (1821), page 340.

VIRGILE KABBALISTE.

Virgile, dans le sixième livre de l'*Énéide*, donne clairement une définition de la lumière astrale, et nous ne pouvons résister au plaisir de citer ces vers sublimes :

Énée, aux enfers, interroge son père Anchise :

> « O pater, anne aliquas ad cœlum hinc ire putandum est
> Sublimes animas, iterumque in tarda reverti
> Corpora? Quæ lucis miseris tam dira cupido? »
> « Dicam equidem, nec te suspensum, nate, tenebo. »
> Suscipit Anchises, atque ordine singula pandit.
> «Principio cœlum ac terras, camposque liquentes,
> Lucentemque globum Lunæ, Titaniaque astra
> Spiritus intus alit, totam que infusa per artus
> Mens agitat molem, et magno se corpore miscet.
> Inde hominum pecudumque genus, vitæque volantum,
> Et quæ marmoreo fert monstra sub æquore pontus.
> *Igneus* est ollis vigor et cœlestis origo
> Seminibus, quantum non noxia corpora tardant
> Terrenique hebetant artus moribundaque membra. »

Voici la traduction de Delille :

> «O mon père, est il vrai que dans des corps nouveaux,
> De sa prison grossière une fois dégagée,
> L'âme, ce feu si pur, veuille être replongée?
> Ne lui souvient-il plus de ses longues douleurs!
> Tout le Léthé peut-il suffire à ses malheurs?»
> « Mon fils, dit le vieillard, dans leur source profonde
> Puisque tu veux sonder ces grands secrets du monde,
> Écoute-moi. D'abord une source de feux,
> Comme un fleuve éternel répandue en tous lieux,
> De sa flamme invisible échauffant la matière,
> Jadis versa la vie à la nature entière,

Alluma le soleil et les astres divers,
Descendit sous les eaux et nagea dans les airs.
Chacun de cette flamme obtient une étincelle.
C'est cet esprit divin, cette âme universelle
Qui, d'un souffle de vie animant tous les corps,
De ce vaste univers fait mouvoir les ressorts;
Qui remplit, qui nourrit de sa flamme féconde
Tout ce qui vit dans l'air, sur la terre et sous l'onde.
De la divinité ce rayon précieux,
En sortant de sa source, est pur comme les cieux! »

Nous regardons comme un devoir de continuer cette citation, qui de la définition de la lumière astrale nous conduit à la transmission des âmes :

« Hinc metuuntcupiuntque, dolent gaudentque; neque auras
Dispiciunt, clausæ tenebris et carcere cæco.
Quin et, supremo quum lumine vita reliquit,
Non tamen omne malum miseris, nec funditus omnes
Corporeæ excedunt pestes; penitusque necesse est
Multa diu concreta modis inolescere miris.
Ergo exercentur pœnis, veterumque malorum
Supplicia expendunt : aliæ panduntur inanes
Suspensæ ad ventos; aliis sub gurgite vasto
Infectum eluitur scelus, aut exuritur igni :
Quisque suos patimur Manes. Exinde per amplum
Mittimur Elysium, et pauci læta arva tenemus;
Donec longa dies, perfecto temporis orbe,
Concretam exemit labem, purumque reliquit
Æthereum sensum, atque auraï simplicis ignem.
Has omnes, ubi mille rotam volvere per annos,
Lethæum ad fluvium Deus evocat agmine magno,
Scilicet immemores supera ut convexa revisant,
Rursus et incipiant in corpora velle reverti. »

« Mais, s'il vient habiter dans des corps périssables,
Alors, dénaturant ses traits méconnaissables,

Le terrestre séjour le tient emprisonné ;
Alors des passions le souffle empoisonné
Corrompt sa pure essence; alors l'âme flétrie
Atteste son exil et dément sa patrie !
Même quand cet esprit, captif, dégénéré,
A quitté sa prison, du vice invétéré
Un reste impur le suit sur son nouveau théâtre;
Longtemps il en retient l'empreinte opiniâtre;
Et, de son corps souffrant éprouvant la langueur.
Est lent à recouvrer sa céleste vigueur.
De ces âmes alors commencent les tortures :
Les unes dans les eaux vont laver leurs souillures,
Les autres s'épurer dans des brasiers ardents,
Et d'autres dans les airs sont les jouets des vents ;
Enfin chacun revient, sans remords et sans vices,
De ces bois innocents savourer les délices.
Mais cet heureux séjour a peu de citoyens!
Il faut, pour être admis aux champs élysiens,
Qu'achevant mille fois sa brillante carrière,
Le soleil à leurs yeux ouvre enfin la barrière.
Ce grand cercle achevé, l'épreuve cesse alors.
L'âge ayant effacé tous les vices du corps,
Et du rayon divin purifié les flammes,
Un Dieu vers le Léthé conduit toutes ces âmes;
Elles boivent son onde, et l'oubli de leurs maux
Les engage à rentrer dans des liens nouveaux. »

Virgile, dans un autre passage, au livre IV des *Géorgi-*
ques, va plus loin encore : émerveillé de l'admirable in-
stinct des abeilles, il en vient jusqu'à supposer qu'elles
ont reçu une parcelle de l'esprit divin.

His quidam signis, atque hæc exempla secuti,
Esse apibus partem divinæ mentis et haustus
Æthereos dixere : Deum namque ire per omnes
Terrasque, tractusque maris, cœlumque profundum;

Hinc pecudes, armenta, viros, genus omne ferarum,
Quemque sibi tenues nascentem arcessere vitas :
Scilicet huc reddi deinde ac resoluta referri
Omnia; nec morti esse locum; sed viva volare
Sideris in numerum, atque alto succedere cœlo.

Frappés de ces grands traits, des sages ont pensé
Qu'un céleste rayon dans leur sein fut versé.
Dieu remplit, disent-ils, le ciel, la terre, et l'onde;
Dieu circule partout, et son âme féconde
A tous les animaux prête un souffle léger :
Aucun ne doit périr, mais tous doivent changer;
Et, retournant aux cieux en globe de lumière,
Vont rejoindre leur être à la masse première

Nous ferons remarquer que Virgile a parfaitement expliqué la différence entre le corps sidéral, qui communique avec la lumière astrale et fait l'instinct des animaux, et le mens, qui est réellement une étincelle divine.

Les âmes, animées par le mens, arrivent aux champs Élysées, lorsqu'elles ont été faibles, après mille ans d'épreuves, tandis que le corps sidéral des animaux retourne à la lumière astrale d'où il est parti, pour concourir à de nouvelles créations qu'un mens habitera peut-être un jour.

La magie rend aux poëtes le monde fantastique, dépeuplé par les penseurs. Les driades se sont enfuies avec les oréades, les tritons et les silvains; mais les sylphes soupirent encore dans la brise, les ondins pleurent avec la cascade et se lamentent dans la grande voix de la mer; les salamandres grimacent et pétillent dans l'âtre, et les gnomes, cachés dans les cavernes, tressaillent encore aux pas du voyageur. Parfois ils chantent leurs tristes ballades pour tromper un instant les ennuis de leur mille années d'exil. Toutefois, les kabbalistes, en disant que lorsqu'on aime une femme élémentaire, soit gnome, ondine, sylphide ou salamandre, on l'immortalise ou l'on meurt avec elle, ont parlé d'une manière symbolique : ils ont voulu dire que les passions tuent notre âme ou l'ennoblissent, et conséquemment l'immortalisent, selon qu'on les fait servir au mal ou au bien. La magicienne Circé, qui change ses amants en pourceaux, c'est la courtisane. La femme qui aime, enthousiasme, épure, ennoblit par son amour. Les âmes se cherchent pour s'éthérer ; car, selon Swedenborg, toute âme est faite pour s'unir à une autre âme, et les mariages parfaits s'accomplissent dans le ciel. Un couple humain réuni pour l'éternité est un seul et même ange.

Pythagore, Platon, Leucippe, Épicure, Pline, Macrobe, tous les initiés de l'antiquité, ont considéré le fluide universel comme l'âme répandue dans le monde entier, animant tous les êtres et les liant tous ensemble par une chaîne invisible.

Si l'on en croit Porphyre, l'oracle de Delphes répondit à des gens qui lui demandaient ce que c'était que Dieu :

« Dieu est la source de la vie, le principe de toutes choses, le conservateur de tous les êtres. *Il y a en lui une immense profondeur de flamme. Cette flamme produit tout.* Le cœur ne doit pas craindre d'être touché par ce feu si doux, dont la chaleur paisible fait la durée et l'harmonie du monde. Tout est plein de Dieu ; il est partout. Personne ne l'a engendré. Il sait tout. »

Pour les adeptes des temps antiques , Dieu était l'assemblage de tous les êtres.

« Jupiter est quodcumque vides, quodcumque movetur « (Jupiter est tout ce que tu vois, tout ce qui semeut). »

Le nom de Jehova, adoré chez les Hébreux, a une signification pareille :

יהוה

Ce nom , qui se lit en allant de droite à gauche , est composé de quatre lettres, qui n'en font que trois dans le fait, puisque l'une d'elles est répétée deux fois. Ces lettres sont : *jod, hé, vau, hé*. Or, *jod*, c'est le principe actif, le *phallus ; hé* c'est le principe passif, féminin par conséquent (*le cteis*); *vau* c'est le *lingham* ou l'union du phallus du cteis, et le *hé* répété c'est le fruit mûr qui s'ouvre pour jeter sa graine, c'est : la naissance, la création.

Le nom du dieu des Hébreux signifie la création universelle, l'âme, la vie de la nature, c'est-à-dire le même pouvoir qu'adoraient Aristote , Platon , Virgile. Notre siècle positif et dissolu comprendra-t-il la sublimité de ces images ?

Les anciens kabbalistes allaient plus loin ; prêts à tout poétiser et à prêter une vie humaine à la nature entière, ils supposaient que la terre et le ciel s'aimaient d'un mutuel amour.

« Le ciel [1], dit Plutarque, parut aux hommes faire les

1. Dupuis, *Origine des cultes*, p. 71 (1821).

fonctions de père, et la terre celles de mère. Le ciel était le père parce qu'il versait la semence dans le sein de la terre par le moyen des pluies ; la terre, qui en les recevant devenait féconde et enfantait, paraissait être la mère. »

« La terre, dit Virgile dans les *Géorgiques*, s'entr'ouvre au printemps pour demander au ciel le germe de la fécondité. Alors l'Éther, ce dieu puissant, descend au sein de son épouse, joyeuse de sa présence. Au moment où il fait couler sa semence dans les pluies qui l'arrosent, l'union de leurs deux immenses corps donne la vie et la nourriture à tous les êtres. »

Ainsi, les anciens supposaient un mariage entre le ciel et la terre, et de là vinrent les fêtes itaphalliques et la consécration du phallus et du cteis dans les anciens sanctuaires.

Telle est aussi chez les Indiens l'origine du culte du lingham, qui est, nous l'avons dit à l'instant, l'assemblage des organes de la génération des deux sexes, que ces peuples exposaient dans les temples de la nature pour être un emblème toujours subsistant de la fécondité universelle.

« Partout le phallus[1] fut consacré comme une image des organes de la génération de tous les êtres animés, suivant Diodore, ou comme un symbole destiné à exprimer la force naturelle et spermatique des astres, suivant Ptolémée. »

1. Dupuis *Origine des cultes*, p. 74 (1821).

ÉTHÉRÉE.

Ainsi donc, pour les initiés, l'éthérée, l'âme de l'univers, la lumière astrale, était le mobile de la nature, et la nature était l'irradiation de la force de Dieu.

Dieu était toujours présent, toujours près d'eux, toujours autour d'eux; Dieu faisait rouler les globes immenses et innombrables sous la voûte du ciel, et, en même temps qu'il inondait le soleil de torrents de feu, il faisait pousser un brin d'herbe et donnait la vie à l'insecte caché sous les gazons. Dieu était dans le son, dans le bruit, dans la vapeur lointaine, dans l'azur. En ouvrant les yeux après le sommeil, ils voyaient Dieu; dans la lumière et dans l'air ils respiraient Dieu! Dieu était partout, même en eux. Ils ne faisaient pas un geste qui ne fût vu par lui, ils ne concevaient pas une idée qu'elle ne fût sue par lui. Aussi Pythagore, Platon, Socrate, s'étudiaient à se rendre nobles et purs vis-à-vis de ce témoin invisible et toujours pressenti; et leur âme, immortelle parcelle de Dieu, se mettait en harmonie paisible avec le fluide divin répandu sur toute la nature, et écrivait sur leur front, en leur donnant la beauté de la vertu :

Celui-ci est un élu !

Et le rayonnement de leur âme, vibrant au dehors, calmait chez ceux qu'ils approchaient l'irritation des passions mauvaises, et endormait leurs désirs terrestres et matériels. Car, selon les kabbalistes, l'âme respire comme le corps. Le voisinage des marais, des eaux sta-

gnantes et les miasmes des cloaques donnent au corps la
peste et la fièvre; ainsi l'âme innocente se corrompt
aux émanations des âmes impures qui respirent la luxure
et le vice, et elle y perd, si elle ne les fuit au plus vite,
sa fraîcheur d'abord, sa santé plus tard. Conservez-vous
purs pour ne pas obscurcir par les lourdes vapeurs de
la débauche l'éclat de la lumière qui brille en vous.

« La lumière, dit Berkeley, est le langage de la Divi-
nité, dont nos sens les plus parfaits ne font qu'épeler
ici-bas les éléments dans un millier de formes et de cou-
leurs. »

Balzac paraphrase cette idée dans *Séraphita* et dans
Louis Lambert. Il dit dans *Séraphita* :

« Vous connaissez la composition de l'air : azote, oxy-
gène et carbone. Comme vous n'obtenez pas le son dans
le vide, il est clair que la musique et la voix humaine sont
le résultat de substances chimiques organisées préparées
en vous par la pensée, coordonnées au moyen de la lu-
mière, *la grande nourrice de notre globe*. Avez-vous pu
contempler les amas de nitre déposés par les neiges;
avez-vous pu voir les décharges de la foudre, et les plan-
tes aspirant dans l'air les métaux qu'elles contiennent,
sans conclure *que le soleil met en fusion et distribue la
subtile essence dont ici-bas tout le monde se nourrit ?* »

Il a dit aussi dans *Louis Lambert* :

« Ici-bas *tout* est le produit d'une substance éthérée,
base commune de plusieurs phénomènes connus sous les
noms impropres d'électricité, chaleur, lumière, fluide
galvanique, magnétique, etc. L'universalité des transmu-

tations de cette substance constitue ce que l'on appelle vulgairement la matière.

« Le cerveau est le matras où l'ANIMAL transporte ce que, selon la force de cet appareil, chacune de ses organisations peut absorber de cette substance, et d'où elle sort transformée en volonté.

« La volonté est *un fluide*, attribut de tout être doué de mouvement.

« En l'homme, la volonté devient une force qui lui est propre et qui surpasse en intensité celle de toutes les espèces.

« Du plus ou moins de perfection de l'appareil humain viennent les innombrables formes qu'affecte la pensée.

« La volonté s'exerce par les organes vulgairement nommés les cinq sens, qui n'en sont qu'un seul : la faculté de voir.

« Toutes les choses qui tombent par la forme dans le domaine du sens unique, la volonté de voir, se réduisent à quelques corps élémentaires dont les principes sont dans l'air, dans la lumière, ou dans les principes de l'air et de la lumière. Le son est une modification de l'air ; toutes les couleurs sont des modifications de la lumière ; tout parfum est une combinaison *d'air et de lumière*. Ainsi, les quatre expressions de la matière par rapport à l'homme, *le son, la couleur, le parfum et la forme*, ont une même origine ; car le jour n'est pas loin où l'on reconnaîtra la filiation des principes de la lumière dans ceux de l'air. La pensée, qui tient à la lumière, s'exprime par la parole, qui tient au son. »

On sait déjà qu'en magie, le son, la couleur, le parfum, la forme, ont une même origine et se perdent ou se réunissent dans la lumière astrale, dont ils font partie.

RÊVES ET PRÉDICTIONS.

« Ce que l'on appelle en nous l'imagination n'est que la propriété inhérente à notre âme de s'assimiler les images et les reflets contenus dans la lumière.

« Les formes des objets étant une modification de la lumière restent dans la lumière où le reflet les envoie. Aussi la lumière astrale ou le fluide terrestre, que nous appelons le grand agent magique, est-il saturé d'images ou de reflets de toutes sortes que notre âme peut évoquer [1]. »

Ou, si l'on veut, appeler devant sa vue intérieure :

« Rien ne périt dans la nature, et tout ce qui a vécu continue à vivre sous des formes nouvelles ; mais les formes antérieures ne sont pas détruites, puisque nous les retrouvons dans notre souvenir. Ne voyons-nous pas en imagination l'enfant que nous avons connu et qui maintenant est un vieillard ? Les traces mêmes que nous croyons effacées dans notre souvenir ne le sont pas réellement, puisqu'une circonstance fortuite les évoque et nous les rappelle. Mais comment les voyons-nous ? Nous avons dit que c'est dans la lumière astrale, qui les transmet à notre cerveau par le mécanisme de l'appareil nerveux [2]. »

1. *Dogme et rituel de la haute magie*, p. 110.
2. *Id.*, p. 23.

Aussi toute science perdue se retrouvera un jour ou l'autre, car les éléments en sont restés écrits dans la lumière, et n'attendent que l'attrait sympathique d'une intelligence qui leur est spécialement consacrée et qui viendra les rassembler et les produire encore quand le moment sera venu.

Une odeur de pluie, le vent qui murmure, les moissons qui se courbent, la vue de la mer, le son d'une cloche, suffisent, en éveillant la sensibilité nerveuse de l'homme dont la mission est de rétablir, pour éveiller en lui une idée déjà inscrite dans la lumière depuis que tant d'êtres pensent.

Il a été plus malade qu'un autre, son pouls a battu un instant plus fort et il s'est fait un génie.

Pour en venir à entendre la voix de Dieu qui parle dans la nature, il faut qu'un moment de fièvre enthousiaste vous ennoblisse en vous emportant un moment au delà des sphères de l'humanité, et fasse tourner devant vous un des feuillets du grand livre.

« Les idées universelles, a dit Fénelon, sont nécessaires, *éternelles*, immuables. Elles ne sont point nos idées, elles sont Dieu même. »

Quand nous veillons, les objets réels nous empêchent de voir les images astrales dont nous sommes évidemment entourés, ou, si l'on veut, notre mens domine notre corps sidéral et enchaîne l'exercice de ses facultés; mais lorsque nous dormons, le mens se repose, et le corps sidéral se met en rapport avec ces images qu'il nous apporte souvent vagues et incohérentes, mais quelquefois aussi, vraies et distinctes, lorsque le sommeil est venu à la suite d'une préoccupation violente ou d'un vif désir.

Balzac raconte qu'il se trouvait en 1812 au collége de Vendôme, où son ami de classe était Louis Lambert. Tous deux se faisaient une fête d'aller visiter le lendemain le fameux château de Rochambeau, promenade réservée aux plus grands, à cause de son éloignement de Vendôme.

« Vers la fin du printemps, dit-il, nous dûmes y aller pour la première fois. Le désir de voir le fameux château de Rochambeau, dont le propriétaire donnait quelquefois du laitage aux élèves, nous rendit tous sages. Rien n'empêcha donc la partie.

« Ni moi ni Lambert nous ne connaissions la jolie vallée du Loir, où cette habitation a été construite ; aussi son imagination et la mienne furent-elles très-préoccupées de cette promenade, qui causait dans le collége une joie traditionnelle.

« Quand nous fûmes arrivés sur la colline d'où nous pouvions contempler et le château assis à mi-côte, et la vallée tortueuse où brille la rivière en serpentant dans une prairie gracieusement échancrée, Louis Lambert me dit : Mais j'ai vu cela cette nuit en rêve. Il reconnut et le bouquet d'arbres sous lequel nous étions, et la disposition des feuillages, la couleur des eaux, les tourelles du château, les accidents, les lointains, enfin tous les détails du site qu'il apercevait pour la première fois. Nous étions bien enfants l'un et l'autre, et nous étions tous deux incapables de mensonge dans les moindres actes de notre vie d'amitié.

« En ce moment, nous nous assîmes tous deux sous une vieille truisse de chêne ; puis, après quelques moments de réflexion, Louis me dit : Si le paysage n'est pas venu vers moi, j'y suis donc venu. Si j'étais ici pendant que je dormais dans mon alcôve, ce fait ne constitue-t-il pas une séparation complète entre mon corps et mon être intérieur ?

« Or, si mon esprit et mon corps ont su se quitter pendant le sommeil, *pourquoi ne le ferais-je pas divorcer aussi pendant la veille ?*

« Ou ces faits se sont accomplis par la puissance d'une faculté qui met en œuvre un second être à qui mon corps sert d'enveloppe, puisque j'étais dans mon alcôve et voyais le paysage où ces faits se sont passés, soit *dans quelque centre nerveux* dont le nom est à savoir et où se meuvent les sentiments, soit *dans le centre cérébral* où se meuvent les idées. »

Louis Lambert ou, si l'on veut, Balzac, avait vu le paysage dans la lumière astrale avec le secours de sa volonté, poussée à un tel degré de surexcitation qu'elle s'était imprégnée dans l'être sidéral au moment du sommeil.

Il avait donc vu avec sa volonté, comme les somnambules, à l'aide de la volonté d'un autre, voient dans la lumière astrale une personne ou un paysage.

« Les somnambules ne sont pas réellement aux endroits où le magnétiseur les envoie ; elles en évoquent les images dans la lumière astrale[1]. »

---

1. *Dogme et rituel de la haute magie*, p. 110.

« La lumière astrale a une action directe sur les nerfs, qui en sont les conducteurs dans l'économie animale et qui la portent au cerveau. Aussi, dans l'état de somnambulisme peut-on voir par les nerfs, et sans avoir besoin même de la lumière rayonnante, le *fluide* astral étant une lumière latente, comme la physique a déjà reconnu qu'il existe un calorique latent [1]. »

« Il en est du somnambulisme comme de la divination par les quatre formes élémentaires, divination appelée aéromancie, hydromancie, pyromancie et géomancie [2]. »

Les quatre éléments ne sont ici que des instruments pour aider, pour favoriser la seconde vue.

« La seconde vue est, comme le somnambulisme, la faculté de voir dans la lumière astrale.

« Cette seconde vue est naturelle comme la première vue ou vue sensible et ordinaire ; mais elle ne peut s'opérer que par l'abstraction des sens [3]. »

Or, le verre d'eau, le marc de café que l'on fixe, sont les instruments pour arriver à cette abstraction.

Nous avons vu Henri Delaage qui, le premier à Paris, s'est occupé sérieusement de mysticisme, renouveler ces expériences oubliées ou perdues, et, à l'aide de sa volonté, faire voir distinctement dans un verre d'eau des paysages, des maisons, des intérieurs d'appartements, même dans les pays les plus éloignés, à des personnes

---

1. *Dogme et rituel de la haute magie*, p. 53.
2. *Id.* p. 111.
3. *Id.* p. 33.

d'une constitution nerveuse. Il lui suffisait pour cela de les fasciner du regard.

Et les descriptions faites par ces personnes étaient, au dire de ceux qui consultaient, de la plus minutieuse exactitude.

Il est vrai que Delaage pourrait, s'il en avait le désir, devenir un puissant médium.

Les somnambules et les extatiques jouissent naturellement de la seconde vue ; mais cette vue est plus lucide quand l'abstraction est plus complète.

Ainsi, les femmes enceintes sont plus lucides, parce qu'elles sont plus que d'autres sous l'influence de la lumière astrale, qui concourt à la formation de leur enfant.

Nous avons connu une somnambule d'une incroyable lucidité tant qu'elle fut enceinte ; lorsqu'elle accoucha, sa lucidité disparut.

« L'abstraction se produit par l'ivresse astrale, c'est-à-dire par une surabondance de lumière qui sature complétement et rend par conséquent inerte l'instrument nerveux[1]. »

Les somnambules voient au moyen de l'ivresse astrale causée par la surabondance de fluide projetée par le magnétiseur.

Des hommes, et entre autres Apollonius de Thyane, en sont arrivés à s'isoler sans secours étranger et par la force de leur vouloir.

---

1. *Dogme et rituel de la haute magie*, p. 53.

« L'ivresse astrale a ses degrés; elle peut aller de l'extase jusqu'à la catalepsie.

« Être en extase, c'est dormir; le somnambulisme magnétique est une reproduction et une direction de l'extase; le songe est la vision produite par la réfraction d'un rayon de vérité; le rêve est l'hallucination occasionnée par un reflet[1]. »

L'ivresse astrale rend le corps insensible aux choses de ce monde.

Mais, dans un autre ordre de choses, la volonté ou une concentration puissante de la pensée produit les mêmes effets.

Un amant restera dans l'hiver, par la neige et la pluie, sous les fenêtres de sa belle, sans souffrir du froid, sans savoir s'il a plu ou neigé.

On a vu La Fontaine rester, depuis le matin jusqu'à la nuit, dans la même position, assis sous un arbre, et cependant, dans la journée, il avait plu assez fort. Le corps de La Fontaine avait été mouillé, mais l'esprit ne lui avait pas permis de s'en apercevoir, et il avait obéi à l'esprit et ne s'en était pas aperçu.

Le somnambule est obligé, pour voir dans la lumière astrale, d'abjurer sa volonté et de se servir de la volonté d'un autre.

L'homme supérieur, par sa volonté seule, commande au corps sidéral et se sert de lui comme d'un instrument, comme d'un esclave, pour se mettre en rapport

---

1. *Dogme et rituel de la haute magie,* p. 108.

direct avec cette lumière. Il voit, il devine, il prédit.

« Les uns, dit Montaigne [1], attribuent à la force de l'imagination les cicatrices du roy Dagobert et de sainct François. On dict que les corps s'en enlèvent telle fois de leur place, et Celsus récite d'un presbtre qui ravissoit son âme en telle extase que le corps en demeuroit longue espace sans respiration et sans sentiment. »

APPARITIONS, HOROSCOPES, PRESSENTIMENTS.

Un homme pourrait-il plus encore? Pourrait-il se dédoubler, pour ainsi dire, et se montrer au même jour et à la même heure en deux endroits différents?

« Rien au monde n'est mieux attesté et plus incontestablement prouvé que la présence visible et réelle du père Alphonse-Marie de Liguori, évêque de Ste-Agathe, près du pape Ganganelli agonisant, tandis que le même personnage était observé chez lui, à une grande distance de Rome, en prière et en extase [2]. »

Lorsqu'il reprit ses sens, il dit à ses serviteurs agenouillés près de lui : Mes amis, le saint-père vient d'expirer.

Deux jours après, un courrier confirma cette nouvelle; l'heure de la mort du pape coïncidait avec celle ou l'évêque était revenu à son état naturel.

Il est probable que l'agonie du pape avait surexcité le système nerveux des assistants et en avait augmenté la

1. Montaigne, p. 45. N. édit. (1855).
2. *Dogme et rituel de la haute magie*, p. 206.

sensibilité au point de leur faire voir le corps sidéral de l'évêque, qu'ils n'eussent vraisemblablement pas aperçu dans un état plus calme.

Car les objets ne sont pas invisibles, ce sont les yeux qui ne sont pas assez parfaits pour les voir.

Si vous vous approchez d'un télescope, vous verrez des arbres, des chevaux, des hommes, là où à l'œil nu vous ne distinguez qu'un brouillard.

Aussi l'on n'appelle pas sorciers, mais bien voyants, ceux qui lisent dans l'avenir.

« Si les apparitions ne sont pas impossibles, dit Balzac dans *Louis Lambert,* elles doivent avoir lieu par la faculté d'apercevoir les idées qui représentent l'homme dans son essence pure et dont la vie, impérissable peut-être, échappe à nos sens extérieurs, mais peut devenir perceptible à *l'être intérieur* quand il arrive à un haut degré d'extase ou à une grande perfection de vue. »

Walter Scott dit dans son livre intitulé : *La Démono-logie :*

« On peut, je pense, en conclure que l'humanité, depuis très-longtemps, avait ses esprits préparés à croire aux événements surnaturels par le sentiment de l'existence à un monde intellectuel, tirant de cette proposition générale cette vérité incontestable que chaque homme, depuis le mendiant jusqu'au monarque, après avoir joué un rôle sur la terre, continue à exister, et quoique privé de *corporéité,* peut encore, si tel est le plaisir de l'Être suprême, quoique nous sachions le contraire, s'allier à ceux qui habitent la terre. Cette absolue possibilité d'apparitions doit être admise par tout homme qui croit en Dieu et en son omnipotence. »

Les gens de la campagne affirment sérieusement qu'ils ont vu des spectres et des loups-garous, et ces apparitions qui paraissent impossibles aux gens des villes, et le sont en effet pour eux, existent pour les paysans qui vivent beaucoup par l'instinct, et dont la superstition ou la frayeur peuvent surexciter l'appareil nerveux au point de le mettre à même de lire dans la lumière astrale, car nous sommes probablement entourés des fantômes que notre souvenir évoque involontairement. Cazotte disait un jour : « Cette salle est pleine de monde, mais je distingue facilement ceux qui ne sont plus au rayonnement glorieux qu'ils projettent. » Mais Cazotte était un voyant, et tout le monde connaît la fameuse prédiction faite à un dîner de nobles, et racontée par La Harpe.

Du reste, on ne peut admettre les fantômes que comme des reflets ; comme l'image que nous projetons en passant sur un miroir, et ils ne peuvent dès lors causer plus de frayeur que ces mêmes reflets.. On rit des fantômes, et l'on admet que l'on puisse porter l'idée à mille lieues en une seconde. Les deux effets reposent sur la même base, et ne sont pas plus étonnants l'un que l'autre. Seulement on a évoqué l'un parce qu'il était utile ; si l'autre peut servir un jour, la conquête en sera bientôt faite. Lorsque Schrœpfer, que tout Leipzig a connu, faisait apparaître dans un miroir magique l'ombre des parents de ceux qui le consultaient, il ne faisait pas autre chose que ce que fait chaque jour le photographe; il allait seulement un pas plus loin. Il augmentait la puissance visuelle , et voilà tout. Lorsque plus tard cette puissance sera généralement développée, on trouvera bien ridicule ce que nous appelons maintenant la raison.

En attendant, nous communiquons librement en songe avec les esprits, et ils peuvent nous prédire l'avenir en empruntant une série d'images à la lumière astrale dont ils font partie. Chez certaines personnes d'une organisation particulière, les songes sont souvent prophétiques.

« Notre âme [1], dit Rabelais, lorsque le corps dort, s'esbat et revoit sa patrie qui est le ciel. De là reçoit participation insigne de sa prime et divine origine, et en contemplation de cette infinie sphère à laquelle rien n'advient, rien ne passe, rien ne déchet, tous temps sont présents , note non-seulement les choses passées en mouvemens inférieurs, mais aussi les futures, et les rapportant à son corps, et par les sens et organes d'icelluy, les exposant aux amis est dicte vaticinatrice et prophète. Vray est qu'elle ne les raporte pas en telle sincérité comme les avoit veuës, obstant l'imperfection et fragilité des sens corporels, comme la lune recepvant du soleil sa lumière, ne nous la communicque telle, tant lucide, tant pure, tant vive, tant ardente, comme l'avoit reçue. »

Hoffmann dit dans maître Floh :

« Depuis que le chaos s'est fondu dans la matière de la création, l'*esprit de la terre* forme toutes les appa-

---

1. *Pantagruel*, t. III, p. 68 (Amsterdam, 1711).

rences qu'il tire de cette matière existante, et de là vient aussi le songe avec ses fantômes. Ces figures sont des ébauches *de ce qui a été créé ou de ce qui doit être.* »

L'âme, nous l'avons dit, ne vieillit jamais; l'intelligence semble s'affaiblir avec l'âge, mais elle reste toujours la même, seulement sa puissance est moins grande, parce que le corps n'est plus capable de lui obéir. Lorsque la décomposition se prépare, l'approche de la désorganisation, que nous appelons la mort, paralyse l'harmonie des rapports entre les organes et la pensée. Mais au moment de quitter le corps, il s'opère entre eux une énergique réaction, et alors l'âme parle, et souvent prophétise.

Rabelais a dit encore :

« [1] Comme nous, étant sur le môle, et de loing voyans les mariniers et voyagiers dedans leurs naufs en pleine mer, seulement en silence les considérons, et bien prions pour leur prospère abordement; mais lorsqu'ils approchent du havre, et par parolles et par gestes les salüons et congratulons de ce que à port de saulveté sont avecque nous arrivés. Aussi les anges, les heroës, les bons démons (selon la doctrine des platoniques), voyans les humains prochains de mort comme de port très-seûr et salutaire; port de repos, et de tranquilité, hors les troubles et solicitudes terriennes, les salüent, les consolent, parlent avecques eulx, et commencent leur communicquer art de divination. »

1. Chap. XXI, p. 114. (Amsterdam, 1711.)

L'avenir existe donc, nous demandera-t-on sans doute?

Oui l'avenir existe, mais il existe comme l'enfant dans le sein de sa mère, avant d'avoir atteint sa forme parfaite et nécessaire pour être apte à la vitalité.

L'enfant peut ne pas vivre, l'avenir peut être modifié par la volonté, *le libre arbitre.*

Mais il est de toute évidence qu'il y a des existences fatalement destinées au malheur ou à la lutte continuelle pour éviter ce malheur, et selon le système des âmes de retour, pour se purifier par les épreuves.

Ces existences portent, comme toutes les autres, une signature écrite sur tout leur être, par la disposition du ciel au moment de leur naissance.

« Rien n'est indifférent dans la nature, un caillou de plus ou de moins peut briser ou modifier profondément les destinées des plus grands hommes ou même des plus grands empires. A plus forte raison la place de telle ou telle étoile dans le ciel ne saurait être indifférente pour les destinées de l'enfant qui naît et qui entre par sa naissance même dans l'harmonie du monde sidéral [1]. »

La lumière astrale conserve tous les reflets, et, par conséquent, l'aspect quotidien du ciel; elle concourt aussi à la conception et à la naissance des enfants. Les signes imprimés dans la lumière astrale par l'attraction des sphères se reproduisent, comme l'ont découvert les sages et Paracelse avec eux, sur les corps qui se forment à l'aide de cette lumière.

---

1. *Dogme et rituel de la haute magie*, p. 234.

Ces signatures se voient sur les hommes, sur les animaux, sur les feuilles des arbres et des plantes et même sur les minéraux.

Les hommes les portent sur tout leur corps mais surtout sur leur front et dans leurs mains.

La connaissance et l'explication de ces signes, c'est l'art de la divination. Ce que les astrologues lisaient dans les astres, les chiromanciens le lisent dans la main, dont les lignes et les caractères reproduisent le reflet de la disposition des astres, lors de l'entrée dans la vie.

Et l'art de la divination est basé sur la logique.

Toute forme enfante nécessairement une autre forme qui est sa conséquence et son complément. Ainsi dans la lumière astrale toute figure est écrite, mais avec ses conséquences naturelles qui peuvent être cachées à l'esprit de déduction trop imparfait des hommes, mais non pas à la sagesse divine.

Ainsi se trouve écrit l'avenir, conséquence du présent et du passé.

Dans la lumière astrale on voit à la fois le gland et le chêne.

Un nuage apparaît à l'horizon d'un ciel pur ; les marins savent déjà que les conséquences de ce nuage sont la tempête et que les conséquences de la tempête sont le tumulte des flots et le naufrage.

Ce nuage, c'est l'avenir, c'est un signe menaçant écrit dans le ciel.

Si les matelots sont habiles, les vents se déchaînent, la tempête mugit, mais le naufrage est évité, et la bourrasque leur a souvent fait faire un chemin plus rapide.

Mais si l'homme est imprévoyant, s'il ne cargue pas ses voiles, s'il ne fait rien pour résister à la tempête, la cause est naturellement suivie de son effet : le naufrage.

L'homme sage change les conséquences, mais la tempête a toujours lieu.

Homo sapiens dominabitur astris.

On se demande si l'avenir existe; mais le baromètre vous dit chaque jour le temps du lendemain, et demain appartient à l'avenir.

Les hirondelles qui rasent la terre, le sel qui se mouille, les ombres projetées par le soleil, plus dures, plus noires que de coutume, annoncent la pluie par le beau temps : c'est l'avenir.

Les grondements souterrains, les puits qui se tarissent, annoncent les éruptions du Vésuve huit jours, quinze jours à l'avance : quinze jours, c'est l'avenir.

La nature ne défend pas qu'on devine ses mystères, puisqu'elle est elle-même pleine d'avertissements et de prophéties.

La Providence a donné aux hommes l'intuition des sciences occultes pour deviner les malheurs et les éviter, ou pour s'y résigner d'avance. Elle fait plus; elle envoie à ceux qu'elle sait faibles, et parfois à ses âmes d'élite, des pressentiments pour les prévenir de leur approche.

Les pressentiments ne sont autre chose qu'une espèce de divination. On a vu, en tout temps, des soldats les plus braves annoncer qu'ils allaient être tués dans la bataille qui se préparait pour eux, et être tués en effet. Tout est analogie d'un monde à l'autre. Lorsqu'un malheur imprévu menace certaines personnes éminemment nerveuses, le rayonnement qu'elles projettent autour d'elles devient moins puissant, moins actif; tout devient obscur en leur âme, et une voix intime gronde et menace en elles, comme le tonnerre gronde et menace au sein des nues pour annoncer la foudre. De là viennent ces découragements singuliers et sans cause, ces mélancolies tristes comme la mort, et c'est alors que Brutus voit dans sa tente le fantôme qui lui donne rendez-vous à *Philippes* où Brutus doit mourir.

Si dans une semblable disposition d'esprit vous allez chez un tireur de cartes pour consulter la destinée, en coupant le jeu, vous y mêlez votre fluide qui amène les pronostics menaçants sous la main d'un homme souvent ignorant, souvent grossier, mais qui, mis en rapport avec vous, se magnétisant lui-même au moyen des cartes, obéit en les battant à une impulsion nerveuse, puisqu'elle part de la lumière astrale qui l'enivre, et il vous dévoile l'avenir.

« En ne regardant que le côté possible de la divination, dit Balzac dans le *Cousin Pons*, croire que les événements antérieurs de la vie d'un homme, que les secrets connus de lui seul peuvent être immédiatement représentés par les cartes qu'il mêle, qu'il coupe, et que le diseur d'horoscopes divise en paquets d'après des lois mystérieuses, c'est l'absurde; mais c'est l'absurde qui condamnait la vapeur, qui condamne encore la navigation

aérienne, qui condamnait les inventions de la poudre et
de l'imprimerie, celle des lunettes, de la gravure et de
la dernière grande découverte, la daguerréotypie. Si
quelqu'un fût venu dire à Napoléon qu'un édifice et
qu'un homme sont incessamment, et à toute heure, re-
présentés par une image dans l'atmosphère, que tous
les objets existants y ont un spectre saisissable, percep-
tible, il aurait logé cet homme à Charenton, comme
Richelieu logea Salomon de Caux à Bicêtre, lorsque le
martyr normand lui apporta l'immense conquête de la
navigation à vapeur. Et c'est là cependant ce que Daguerre
a prouvé par sa découverte. »

Nous irons plus loin ; nous croyons que si vous attachez
foi à un signe quelconque, lorsque vous interrogerez ce
signe à votre manière, selon les caprices de votre super-
stition, ce signe vous répondra, et il vous répondra
juste si votre foi est complète, c'est-à-dire si vous faites
absolument abnégation de votre raison pour vous livrer
corps et âme à cette superstition. Que ce soit dans des
livres ouverts au hasard, dans des numéros qui passeront
sous vos yeux, peu importe ! Seulement les objets ne
viendront pas à vous, vous irez magnétiquement à eux.
Il faut absolument que ce soit l'être instinctif qui évoque
sans mélange, sans partage. Les joueurs, continuelle-
ment plongés dans la lumière astrale, ont tous une pra-
tique superstitieuse qui étonnerait bien s'ils en dévoilaient
toutes les petites faiblesses, toutes les incroyables ma-
nies. Ils consultent la fatalité à leur manière, et ils ob-
tiennent des réponses ; mais si la réponse est défavorable

et les invite à laisser le jeu, ils trouvent bien moyen de l'interpréter selon leurs désirs, et s'en vont jouer.

Il nous reste à parler d'un phénomène, le plus étonnant peut-être : l'effet de la volonté sur la lumière astrale.

RAYONNEMENTS, CHAINE MAGIQUE.

Tout homme puissamment impressionné par la violence de son vouloir basé sur la conviction ou sur un vif désir réagit sur les autres hommes. Son rayonnement rendu plus vibrant, plus intense par une espèce de fièvre, domine, électrise les rayonnements des autres, les fascine et les entraîne.

Balzac dit dans *Louis Lambert* :

« Une logique et simple déduction de ses principes lui avait fait reconnaître que la volonté pouvait, par un mouvement tout contractile de l'être intérieur, s'amasser, puis, par un autre mouvement, être projetée au dehors, et même être confiée à des objets matériels. Ainsi la force d'un homme devait avoir la propriété de réagir sur les autres, et de les pénétrer d'une essence étrangère à la leur, s'ils ne se défendaient contre cette agression. Il a fallu soit l'éclatant désastre de Marius et son allocution au Cimbre chargé de le tuer, soit l'auguste commandement d'une mère au lion de Florence pour faire connaître historiquement quelques-uns de ces foudroiements de la pensée. »

Il dit plus loin :

« La colère, comme toutes nos expressions passionnées,

est un courant de la force humaine qui agit électrique-
ment; sa commotion, quand elle se dégage, agit sur les
personnes présentes, même sans qu'elles en soient le
but ou la cause. Ne se rencontre-t-il pas des hommes
qui, par une décharge de leur volition, exaltent les
sentiments des masses ?

« Le fanatisme et tous les sentiments sont des forces
vives. Ces forces, chez certains êtres, deviennent des
fleuves de volonté qui réunissent et entraînent tout. »

Walter Scott dit, de son côté, dans la *Démonologie :*

« Lorsque le sentiment commun du danger et le feu
de l'enthousiasme agissent sur les sens de plusieurs
hommes à la fois, les esprits éprouvent une commotion
électrique de l'un à l'autre. On peut alors les comparer
à des instruments de musique qui, montés sur le même
ton, vibrent tous à l'unisson. »

M. Thiers dit dans son *Histoire de la Révolution :*

« Les grandes réunions nous élèvent, nous détachent
de nous, et nous rattachent aux autres. »

Balzac, Walter Scott et M. Thiers ont désigné, sans le
savoir, la chaîne magique.

« Le grand agent magique que nous avons appelé lu-
mière astrale, que d'autres nomment âme de la terre,
que les anciens chimistes désignaient sous les noms d'a-
zote et de magnésie, cette force occulte, unique, incon-
testable, est la clef de tous les empires, le secret de toutes
les puissances. Savoir s'emparer de cet agent, c'est être
dépositaire de la puissance même de Dieu[1]. »

1. *Dogme et rituel de la haute magie*, p. 169.

Et, en effet, c'est s'emparer de la volonté des autres et leur imposer la sienne ; c'est en faire des prosélytes, des sujets, des esclaves.

« Former la chaîne magique, c'est faire naître un courant d'idées qui produise la foi et qui entraîne un grand nombre de volontés dans un cercle donné de manifestation par des actes. Une chaîne bien formée est comme un tourbillon qui entraîne et absorbe tout.

« On peut établir la chaîne de trois manières : par les signes, par la parole et par le contact. On établit les signes en faisant adopter un signe par l'opinion comme représentant une force. C'est ainsi que tous les chrétiens communiquent ensemble par le signe de la croix ; les maçons, par celui de l'équerre sous le soleil ; les magistes, par celui du microcosme, etc.

« La chaîne magique formée par la parole était représentée, chez les anciens, par ces chaînes d'or qui sortent de la bouche d'Hermès. Rien n'égale l'électricité de l'éloquence ; la parole crée l'intelligence la plus haute au sein des masses les plus grossièrement composées. Ceux même qui sont trop loin pour entendre comprennent par commotion et sont entraînés comme la foule. Pierre l'Hermite a ébranlé l'Europe en criant : Dieu le veut.

« La troisième manière d'établir la chaîne magique, c'est par le contact. Entre personnes qui se voient souvent, la tête du courant se révèle bientôt, et la plus forte volonté ne tarde pas à absorber les autres. Le contact direct *de la main à la main complète l'harmonie des dispositions,* et c'est pour cela que c'est une marque de sympathie et d'intimité[1]. »

« Tout enthousiasme propagé dans une société par une suite de communications et de pratiques arrêtées produit un courant magnétique, se conserve et s'augmente par le courant[2]. »

L'homme de génie est celui qui a découvert une loi réelle, et qui, par conséquent, a une force invincible d'action et de direction. Il peut mourir à l'œuvre; mais ce qu'il a voulu s'accomplit malgré sa mort, et souvent même à cause de sa mort, car la mort est une véritable assomption pour le génie. « Quand je m'élèverai de terre, disait le plus grand des initiateurs, j'entraînerai tout après moi. »

Tous les prédicateurs, les orateurs, tous les gens qui s'adressent à une assemblée, connaissent la puissance de la chaîne magique qui, partie électriquement de la chaire et de la tribune, revient à la tribune ou à la chaire, et porte tour à tour les frissons d'enthousiasme de la foule à l'orateur, et de l'orateur à la foule. Souvent cet enthousiasme est augmenté par les accords suaves de l'orgue et les parfums de l'encens. Il y a communion d'idées entre tous, et les plus incrédules, les plus opiniâtres s'attendrissent et se laissent gagner. C'est alors que se font les conversions miraculeuses; c'est alors que saint Vincent de Paul, par la puissance de sa parole,

---

1. *Dogme et rituel de la haute magie,* p. 144.
2. *Id.* p. 174

arrache des oreilles et du cou des nobles dames qui l'écoutent les joyaux, les chaînes d'or et les bijoux, et fonde pour les enfants abandonnés un hospice qui dure encore.

Un pauvre prêtre fait, au moyen de la chaîne magique, ce que n'avait pas fait un roi.

Les acteurs connaissent l'influence magnétique de la foule, et elle réagit sur eux. Un d'eux nous disait dernièrement en propres termes, en parlant d'un des théâtres de Paris :

« A ce théâtre, les loges d'avant-scène viennent trop en avant; elles coupent la communication sympathique entre l'acteur et le public, et il faut d'immenses efforts pour l'établir. »

Un adepte, un élève de Paracelse et d'Agrippa n'aurait pas mieux dit. N'est-ce pas une chose digne de remarque que l'intuition de cet artiste qui sent, qui devine, par son habitude de la scène, que ces loges trop avancées rompent le courant fluidique, comme les rochers du promontoire rompent les vagues de la mer et laissent le calme dans le port?

Mais si le vide est dans la salle, les spectateurs s'ennuient et glacent par sympathie l'acteur le plus passionné.

Les rires et les bâillements se communiquent avec la même facilité.

Les charlatans font faire le cercle à leurs auditeurs, et ne commencent à parler que lorsqu'ils sont entourés par la foule; ils savent par expérience qu'ils ne feront aucun effet sur des spectateurs isolés. Mais une fois le cercle formé, grâce à leur musique, à leurs roulements de tambour, à leurs voix éclatantes, à leurs costumes bariolés et à leurs grands gestes qui magnétisent et fascinent les yeux, la chaîne s'établit; les plus ricaneurs s'y laissent prendre, et finissent par acheter un échantillon de leur panacée universelle, en disant : « Après tout, on ne sait pas; on peut essayer, cela coûte si peu. »

Si vous réunissez des amis pour un dîner à une table ronde, la joie se communique et devient de plus en plus entraînante.

Que deux personnes mal disposées viennent prendre les places du milieu, on aura beau faire, les rires seront moins expansifs, la chaîne sera coupée. Si elles sont franchement mécontentes, la joie s'en ira sans que l'on puisse en deviner la cause, ou alors elles seront égayées elles-mêmes.

Ainsi, lorsque le moment arrive où la nécessité réunit les idées sur un seul point et rassemble en faisceau un immense désir, alors il s'établit un courant astral, que le bon sens populaire appelle un *courant d'idées*, et celui qui a su le pressentir et lui ouvrir une direction par son initiative devient fort et quelquefois roi.

Car, puisque nous sommes liés à la lumière astrale, c'est elle qui porte électriquement à tous l'idée dont elle est saturée par le désir général.

M. HOME.

Avant de terminer nos aperçus sur la kabbale, nous nous croyons obligé de parler d'un homme qui vient de remplir tout Paris du bruit des prodiges magiques qu'il a opérés devant de nombreux et irrécusables témoins.

M. Home tire sa puissance de la lumière astrale, ou, si l'on veut, de l'électricité dont il est saturé, et puis, si l'on en croit les savants et les mages, du concours des esprits élémentaires qui nagent dans cette lumière et qui, grossiers et imparfaits, entrent volontiers en rapport avec les personnes maladives, que leur faiblesse, ou, si l'on veut, leur irritation organique met plus à leur portée. Ils sympathisent avec elles et vivent de leur vie, pour ainsi dire.

Les esprits élémentaires ont été admis de tout temps par les kabbalistes. Nous en avons parlé déjà, et les Pères de l'Église eux-mêmes n'ont pas hésité à reconnaître leur existence, mais en les considérant du côté *divin.*

« [1] J'avouerai hardiment, dit Origène, qu'il y a des vertus célestes qui ont le gouvernement de ce monde ; l'une préside à la terre, l'autre aux plantes, telle autre aux fleuves et aux fontaines, telle autre à la pluie, aux vents. »

Si l'on en croit la kabbale, les esprits élémentaires

1. Dupuis, *Origine des cultes,* p. 56 (1821).

C.

sont des êtres qui servent de degrés pour monter jusqu'à la création, en partant de la matière pour arriver jusqu'à l'animal.

Ils n'ont pas de raison et prêtent leur concours à ceux qu'ils affectionnent ou qui les dominent sympathiquement, s'incarnent en quelque sorte avec eux, et comme la lumière astrale est la créatrice des formes, ils peuvent apparaître sous celles qui viennent à l'idée de l'être au service duquel ils se sont mis, si, comme chez M. Home, la lumière astrale est surabondante.

Selon nous, M. Home est une torpille humaine, et la comparaison paraît juste en cela qu'après plusieurs expériences sa puissance s'émousse et se perd, et qu'il a besoin du repos pour se charger de nouveau d'électricité, comme le fait la torpille.

C'est une grande table tournante incarnée. .

Il y a des hercules en force physique, comme il y a des hercules en force morale. Napoléon réunissait le génie militaire de mille hommes ; Victor Hugo en poésie, Gavarni, Balzac en philosophie, Alexandre Dumas en imagination, ne sont pas moins puissants peut-être.

M. Home est un hercule en force électrique ; il réunit en lui l'énergie fluidique de cent, de mille hommes peut-être, et, dès lors, il peut à son gré, comme une multitude parfaitement d'accord, élever des courants qui déplaceront des meubles, ouvriront les fenêtres, briseront des tables, ou feront apparaître des mains qui, en résumé, ne sont en quelque sorte que les mains de rechange de M. Home ; en un mot, c'est son être multiplié.

M. Home a donc une grande puissance magnétique ;
nous n'en doutons pas un seul instant, puisque des phé-
nomènes à peu près analogues se sont produits plusieurs
fois déjà. Il peut, dit-on, comme Cazotte, voir des fan-
tômes mêlés à la société des vivants ; il peut, comme le
somnambule Alexis, donner une description exacte du
reflet de personnes mortes depuis lontemps ; il peut,
comme François *les bas-bleus*, dont parle Nodier ; et
comme une foule de pâtres qui vivent de la vie instinc-
tive, lire dans la lumière astrale ce qui se passe à plus
de cent lieues. Les prodiges de ce genre sont, nous
l'avons dit, produits par la *surabondance* de lumière
astrale, qui donne le délire, le génie, ou l'extase, selon
les goûts et les aptitudes des organisations qui la per-
çoivent, en suivant les degrés des trois mondes. Nous
développerons plus tard ce système.

Ainsi, on peut en recevoir une puissance frénétique
désordonnée.

On peut en recevoir une puissance extraordinaire
d'intelligence humaine que l'on appelle ici-bas : le génie.

On peut, comme les solitaires de la Thébaïde, à l'aide
du jeûne, de la pénitence et de la prière, en obtenir la
faculté d'élever son âme au-dessus de l'humanité, et
d'arriver à des visions célestes.

Le point de départ est le même, mais le but et, par-
conséquent, l'effet, sont différents.

C'est la lumière du lampion fumeux, de la bougie, ou
l'éblouissante clarté électrique (qu'on pourrait appeler
la combustion du soleil) partant d'un principe unique :

le *feu*, modifié par la nature des corps qu'il consume.

Chacun peut placer à sa guise M. Home dans le monde auquel il croira qu'il doit appartenir. Quant à nous, nous ne connaissons ni sa vie, ni ses œuvres : il ne nous appartient pas de le juger.

Nous voyons seulement en ceci la confirmation d'un fait grave :

C'est que notre monde est en rapport direct avec les deux mondes extérieurs : infernal et céleste.

———————

Nous croyons en avoir assez dit sur la kabbale, et nous n'avons jamais eu la prétention de faire un cours de magie. Les personnes qui désireraient en savoir davantage peuvent consulter le livre du *Dogme et rituel de la haute magie*, publié par M. Constant, et dont nous avons donné de nombreux extraits. Là, pour *qui sait lire*, toute la kabbale est rassemblée, et ce livre est plus clair et plus complet que tous les traités de ce genre publiés jusqu'à ce jour.

Un nouveau livre que va publier M. Constant sous le titre de *la Clef des grands mystères*, mettra les sciences occultes à la portée des intelligences les moins actives.

Quant à nous, il nous fallait, pour faire comprendre notre système sur la chiromancie, expliquer ce qu'on entend par la lumière astrale et les trois mondes. Nous avons fait de notre mieux. Peut-être même sommes-nous parfois sorti des limites que nous nous étions imposées; mais nous espérons que le lecteur ne nous en saura pas mauvais gré.

Nous terminons ces aperçus par quelques mots qui résument la kabbale tout entière :

La plus grande puissance magique, c'est la VOLONTÉ!

Le premier précepte en kabbale est celui-ci :

Ce que tu voudras toujours, tu le pourras un jour.

CHIROGNOMONIE

La chiromancie, nous le verrons tout à l'heure, est entièrement basée sur la kabbale ; elle a été trouvée peu à peu, et après des observations assidues et l'expérience de plusieurs siècles. C'est une science établie par un calcul.

La chirognomonie a jailli tout d'un coup sans précédent, ou du moins sans précédent connu.

Car il est hors de doute que toutes les sciences occultes ont été cultivées autrefois, puis perdues ; mais elles sont restées inscrites dans la lumière astrale, et elles se révèlent intuitivement aux intelligences supérieures.

« Je ne réclame, dit M. d'Arpentigny dans sa préface, que l'honneur d'avoir le premier entrevu les plages fécondes de cette science nouvelle (et il ajoute aussitôt avec son admirable modestie) ou peut-être *retrouvée*. »

Anaxagoras, dit-on, voyait aussi des signes indicatifs des tendances de l'esprit dans les formes de la main.

Je demandais un jour à M. d'Arpentigny comment il avait trouvé son système :

« Par une inspiration divine, » me répondit-il.

Et, en effet, en parlant ainsi il était en parfait accord avec sa doctrine d'une part, *puisqu'il a les doigts pointus*, et de l'autre avec la magie, qui explique pourquoi les hommes aux doigts pointus sont sujets plus que d'autres aux inspirations divines.

Nous avons dit dans notre préface que le livre de M. d'Arpentigny n'était pas assez clair ; nous ajoutons ici que son livre n'est pas clair, parce que l'auteur a les doigts longs.

Les doigts longs annoncent l'amour des détails, la minutie.

A cause de ses doigts longs et comme pour fournir, par son exemple, une preuve à ce qu'il avance, il entre dans une foule de détails charmants, trop charmants, puisqu'ils font perdre de vue l'idée principale.

On oublie, en s'abandonnant à l'attrait de ses narrations, ce qu'il paraît souvent oublier lui-même : que son point de départ est l'étude de la chirognomonie.

Et, cependant, rien n'est plus vrai, rien n'est moins sujet à erreur que son système.

Depuis près de sept ans que nous en avons fait une application journalière et de tous les instants, nous ne l'avons jamais trouvé en défaut ; il demande toutefois à être appuyé par la chiromancie, qui le développe et le commente.

M. d'Arpentigny est un homme de belles manières, ai-

mable, charmant, très-modeste. Peu disposé à se mettre
en avant, il fait bon marché de sa découverte, et on lui
en sait bon gré.

Pour tout le monde c'est le brillant, le spirituel capi-
taine, et rien de plus.

Un jour viendra où M. d'Arpentigny sera regardé
comme un des hommes les plus utiles, et par conséquent
les plus remarquables de son époque.

Voici comment la lumière s'est faite :

Étant très-jeune, M. d'Arpentigny vivait en province et
allait assez souvent à des réunions qui avaient lieu chez
un riche seigneur de son voisinage.

Ce seigneur avait un grand amour pour les sciences
exactes et pour la mécanique en particulier. Il recevait
donc chez lui force géomètres et force mécaniciens.

Sa femme, au contraire (par l'immuable loi des contras-
tes), aimait passionnément les arts et ne recevait que des
artistes.

Il résultait de cela que le mari avait son jour de récep-
tion, et la femme, le sien.

M. d'Arpentigny, qui n'était ni mécanicien ni artiste,
et qui par conséquent ne portait pas de bannière, allait
indistinctement aux soirées de la femme et du mari.

Il avait la main fort belle, en tirait un peu de vanité,
et s'abandonnait avec une certaine complaisance à des
comparaisons qui tournaient toujours à son avantage.

Il remarqua, par suite de son esprit d'analyse, que les
doigts des arithméticiens et des manieurs de fer étaient
noueux, tandis que ceux des artistes étaient lisses.

Ces deux sociétés semblaient avoir adopté deux espèces de mains toutes différentes, et cela sans exception.

Il fut frappé de ce singulier contraste ; il lui fallait d'autres preuves.

Il se mit en recherche d'artistes, et trouva partout des doigts lisses.

Il parcourut les forges, les usines, il se mit en quête de géomètres, d'arithméticiens ; il trouva partout des doigts noueux. Et, à partir de ce jour, il divisa les hommes en deux catégories :

Celle des doigts lisses,

Et celle des doigts noueux.

Il reconnut chez les hommes à doigts lisses l'impressionnabilité, la spontanéité, l'intuition, l'inspiration momentanée qui remplace le calcul, le caprice, la faculté de juger à première vue, et conséquemment le goût des arts.

Chez les hommes à doigts noueux, au contraire, il trouva la réflexion, l'ordre, l'aptitude aux chiffres, aux sciences exactes, comme la mécanique, l'agriculture, l'architecture, les ponts et chaussées, la navigation, tout ce qui demande enfin l'application de l'intelligence.

Convaincu sur un point, il ne voulut pas en rester là ; il alla comparant, étudiant, interrogeant.

Toute forme de mains eut pour lui, dans sa variété, une signification qu'il n'accepta qu'à la longue. Après une quantité d'expériences assez nombreuses pour lui permettre la conviction, c'est-à-dire après trente années

7.

d'études, il établit un système basé sur des faits et dédaigna d'en chercher les causes.

Et à quoi bon? Il n'y a pas de logique plus entraînante, plus irrésistible que le fait. On discute tout, excepté la preuve matérielle. Et cette preuve, M. d'Arpentigny la donnait tous les jours.

Nous chercherons l'explication de sa découverte là où nous trouvons la preuve de la chiromancie : dans la magie.

Et, par conséquence de la magie : dans les trois mondes.

Voilà pourquoi nous avons préalablement tant parlé des trois mondes.

Et nous nous trouverons parfaitement en rapport avec notre intelligent inventeur.

Nous commencerons par le pouce, qui résume tous les signes de la main.

POUCE.

« A défaut d'autres preuves, disait Newton, le pouce me convaincrait de l'existence de Dieu. »

« Ainsi que les animaux, dit M. d'Arpentigny, nous avons une volonté d'instinct, une décision d'instinct; mais le pouce ne représente que la volonté *raisonnée*, que la logique *raisonnée*, que la décision *raisonnée*.

« *L'animal supérieur* est dans la main, *l'homme* est dans le pouce.

« Le pouce des singes, fort peu flexible et pour cette raison peu ou point *opposable*, n'est regardé par quelques naturalistes que comme un talon mobile.

« Tandis que le pouce humain est, au contraire, placé de sorte et organisé de manière à pouvoir toujours agir. dans un sens opposé aux autres doigts. C'est pour cela qu'il symbolise, comme je viens de le dire, le sens intérieur ou moral que nous opposons à notre gré, et, le cas échéant, aux entraînements de nos instincts et de nos sens. Les preuves de cette assertion abondent [1]. »

Ici M. d'Arpentigny donne pour preuves : les idiots de naissance qui viennent au monde *sans pouces* ou avec des pouces impuissants et atrophiés ;

Les nourrissons qui tiennent, jusqu'à ce qu'une lueur d'intelligence leur vienne, les doigts par-dessus le pouce ;

Les épileptiques qui, dans leurs crises, ferment le pouce avant les doigts ;

Et les gens prêts de mourir qui rentrent le pouce dans les doigts.

Nous pouvons ajouter qu'à Naples on cache le pouce dans la paume de la main pour repousser la *jettatura* ou le mauvais œil.

Magiquement, le pouce renferme les trois mondes bien distincts, et, pour en donner la preuve, nous suivrons à la lettre les définitions données par M. d'Arpentigny lui-même.

Selon lui, la première phalange, celle qui porte l'ongle, donne le signe de la volonté, de l'invention, de l'initiative.

[1] *La Science de la Main*, par le capitaine d'Arpentigny, chez Dentu.

C'EST LE MONDE DIVIN DES KABBALISTES.

La seconde phalange, celle qui vient après, est le signe de la logique, c'est-à-dire de la perception, du jugement, du raisonnement.

C'EST LE MONDE ABSTRACTIF.

La troisième, celle qui forme la racine du pouce, « éclaire, disent les chiromanciens (lesquels lui ont donné le nom de *Mont de Vénus*), sur le plus ou moins de penchant à l'amour[1]. »

C'EST LE MONDE MATÉRIEL.

M. d'Arpentigny se rencontre avec la chiromancie, du moment où il met le pied sur le terrain de la chiromancie.

On sait que c'est dans la paume de la main que les adeptes lisent la destinée.

Voici donc les trois mondes avec leurs attributions, le *libre arbitre* et l'*inspiration*, — l'*intelligence*, — la *matière*.

On comprendra, en réfléchissant un peu, toute l'importance du pouce qui donne à la première vue une idée générale du caractère que l'influence des autres doigts viendra seulement modifier; le pouce est là placé en avant comme un officier devant ses soldats destinés à lui obéir, car dans le pouce nous avons la VOLONTÉ, le

---

1. *La Science de la Main*, page 56.

raisonnement, l'*amour matériel*, ces trois principaux
mobiles de la vie.

PREMIÈRE PHALANGE.

La partie *onglée* du pouce, la première phalange, celle
qui par l'*aspir*, se trouve directement et d'abord, comme
nous le démontrerons plus tard, en communication avec
la lumière astrale (vibrement ou fluide), cette première
phalange, comme toutes les premières phalanges des
autres doigts, est nécessairement, et par cela même,

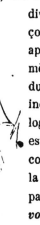

Première
phalange très-courte.
Volonté nulle.

divine. Et comme pour donner une le-
çon aux hommes, comme pour leur
apprendre que la volonté est tout et
mène à tout, la partie la plus élevée
du pouce qui résume toute la main,
indique le *vouloir*, comme en phréno-
logie la partie la plus élevée du crâne
est formée par l'organe *du vouloir*,
comme en physiognomonie la partie
la plus élevée de la face est occupée
par les yeux et les sourcils, signes *du
vouloir*. Ainsi, toute personne qui aura
cette première phalange du pouce
longue et forte, aura une volonté
puissante, énergique ; une grande con-
fiance en soi, un désir extrême de mettre la perfection
dans ses œuvres. Si cette phalange est trop longue, la
volonté ira jusqu'à la domination et la tyrannie.

Si cette phalange est de grandeur moyenne, il n'y aura plus domination, mais seulement résistance passive, force d'inertie ; si elle est courte, il y aura manque de volonté, de tenue, fluctuation, incertitude, défiance de soi, disposition à adopter l'opinion des autres.

Si elle est très-courte, il y aura impossibilité de résistance, insouciance complète, laisser aller dans la vie, découragements, enthousiasmes, tristesses et gaietés sans causes inspirées quelquefois par un ciel sombre ou éclatant, par la musique religieuse ou militaire et surtout par l'entourage qui impose son diapason.

DEUXIÈME PHALANGE.

La seconde phalange représente la logique et la raison, la clarté du coup d'œil. Si elle est longue et forte, la logique et la raison seront puissantes ; si elle est courte, la logique et la raison seront faibles.

TROISIÈME PHALANGE.

La troisième qui, en réalité, est plutôt la racine du pouce, et occupe une place importante dans la *paume* de la main, représente la puissance plus ou moins grande des sens, mais particulièrement de l'*amour sensuel*, matériel.

Si elle est épaisse, très-épaisse et très-longue, l'homme sera dominé par la passion brutale ; si elle est médiocre, et en harmonie avec toute la main, l'homme sera amoureux, mais sans excès ; si elle est faible, plate, peu apparente, l'homme aura peu d'appétits sensuels.

La chiromancie, par les lignes, modifie ces significations, et y ajoute beaucoup comme nous le verrons plus tard; mais, pour le moment, nous ne parlons que des instincts, ou, si l'on veut, des penchants naturels.

Tirons maintenant quelques conséquences, quelques inductions des instincts annoncés par les trois phalanges.

L'homme, qui a une grande volonté indiquée par la première phalange longue et épaisse, et peu de logique par la seconde phalange courte, sera dominateur quand même. Il *voudra avec énergie*, mais sans raison, sans logique. Sa vie sera une lutte où il se brisera sans cesse ; il sera comme l'aveugle plein de courage qui marche sans bâton et sans guide dans un chemin raboteux et bordé de précipices, il devra s'y perdre un jour ou l'autre.

Volonté sans logique.

S'il a la volonté et la logique réunies, il devra réussir, car il aura la raison et la volonté à doses égales.

Lorsque la volonté et la logique sont d'égale longueur, comme dans cette dernière gravure, et que le pouce est long relativement aux autres doigts,

Logique égale à la volonté.

c'est signe d'une volonté très-forte, puisqu'elle est basée sur la logique ; cette volonté peut même aller jusqu'à la domination, mais sans tyrannie. Lorsque le même pouce est, en son entier, d'une dimension ordinaire, c'est résistance passive, mais très-énergique.

L'homme qui aura la seconde phalange (la logique) forte et longue, et la première phalange (la volonté) courte, aura plus de raison, plus de logique que de vo-

lonté ; il verra clair, mais il hésitera sans cesse ; il fera des plans magnifiques qu'il n'osera pas exécuter, sa raison lui ordonnera d'aller en avant, et il sera retenu par le manque de parti pris, par l'incertitude qui lui conseillera la prudence ; il essayera, et il s'arrêtera ; il marchera pas à pas là où sa logique lui ordonnera de courir ; il pourra être de bon conseil pour les autres, mais ne profitera de rien par lui-même.

Plus de logique que de volonté.

L'homme qui aura la troisième phalange très-développée, trop développée, aura pour but principal l'amour sensuel. S'il s'y joint une première phalange longue (*signe de volonté*), il pourra dominer son amour par la volonté, et en faire de la tendresse ; alors il aimera l'humanité, ses parents, ses amis, il sera à la fois affectueux et ferme, à moins, ce qui arrive quelquefois, qu'il ne se domine (s'il a la première phalange trop longue) au point de ne pas laisser voir par orgueil toute sa tendresse, tout son amour.

Il y a beaucoup d'ecclésiastiques qui ont la phalange de l'amour très-développée, mais dominée par la première phalange ; alors ces gens, voués à la chasteté, répandent dans la charité toute la puissance, toute l'énergie de leur tendresse. Ces hommes-là se sacrifient pour l'humanité ; ces hommes-là sont les missionnaires, et, s'il le faut, ils sont martyrs ; ces hommes sont la véritable image de la divinité qu'ils représentent sur cette terre.

L'homme qui a la troisième phalange, celle de l'amour matériel, fort développée, et la première phalange moyenne (la volonté), pourra résister à ses passions sensuelles, mais par l'inertie ou en s'occupant fortement pour détourner ses idées ; il pourra se dominer surtout si la seconde phalange (la logique) est développée, mais il ne faut pas qu'à la passion qui l'entraîne déjà viennent se joindre de puissants auxiliaires comme la musique et la bonne chère. Cependant celui-là peut résister.

Mais l'homme, dont la première phalange (la volonté) est courte, et dont la troisième phalange est très-épaisse, forte et dure, celui-là devra succomber aux instincts matériels qui l'entraîneront, comme le cheval échappé traîne après lui son cavalier pris dans l'étrier.

La logique seule pourra lui venir en aide ; mais dans la lutte entre la passion et la raison, la raison est bien faible quand la volonté est nulle.

Les débauchés, les femmes de mauvaise vie, ont néces-

7.

sairement les deux premières phalanges courtes et faibles, et la troisième très-développée.

EN RÉSUMÉ.

Celui dont la première phalange est longue est un homme de tête.

Celui dont la première phalange est courte est un homme de cœur.

Celui dont la première phalange est longue pourra dominer tous ses instincts, surtout si la seconde phalange est longue aussi.

Celui dont la première phalange est moyenne pourra opposer une résistance à ses passions, mais sujet au premier mouvement, il aura des surprises, des impatiences, des épanchements.

Une personne avec une première phalange très-courte, et la seconde peu développée, ne pourra résister à aucune de ses passions quelle qu'elle soit ; elle s'abandonnera à toutes ses fantaisies, sera incertaine, tourmentée, colère, insouciante ; elle aura des découragements profonds, des enthousiasmes inexplicables, des éclairs d'inspiration, elle rira et pleurera presqu'en même temps, elle aimera de cœur, et recevra de ses amours bonheur et tristesse ; il lui sera impossible de garder un secret, et elle sera la première à vous raconter ses affaires même les plus importantes ; elle sera naturellement mélancolique, parce qu'une agitation continuelle amène la fatigue et l'atonie.

L'organe de la logique, très-développé, remplace au besoin la volonté par la raison; mais la raison doit veiller sans cesse, et la vie *devient alors un combat continuel.*

Les chefs de secte, les dominateurs, les ambitieux *quand même*, les hommes de persévérance, les perfectionneurs, les initiateurs :

« G. Danton, Galilée, Descartes, Newton, Leibnitz, Saint-Simon (le réformateur), avaient de très-grands pouces.

«Voltaire, l'homme du monde dont le cœur fut le plus assujetti au cerveau, avait, ainsi que le prouve sa statue (au Théâtre-Français), des pouces énormes [1]. »

Albert Durer, artiste naïf tyrannisé par sa femme, Shakspeare, Montaigne le douteur, La Fontaine, Sterne, Louis XVI, avaient la première phalange, ou phalange onglée du pouce, très-courte.

La naïveté n'appartient qu'à ce genre de pouce. Les auteurs naïfs racontent au lecteur tout ce qui les émeut, tout ce qui les touche. Ils mettent dans leurs livres le laisser aller, l'abandon de leur nature expansive. C'est parmi ces hommes qu'il faut chercher les poëtes de cœur.

Nous avons trouvé les trois mondes dans les phalanges du pouce; nous allons trouver encore les trois mondes dans les formes des doigts.

DOIGTS.

La première phalange, la phalange *onglée* des doigts, a trois variétés dans sa forme. Elle est :

1. *La Science de la main*, p. 59.

Pointue, avec des doigts lisses [1] :

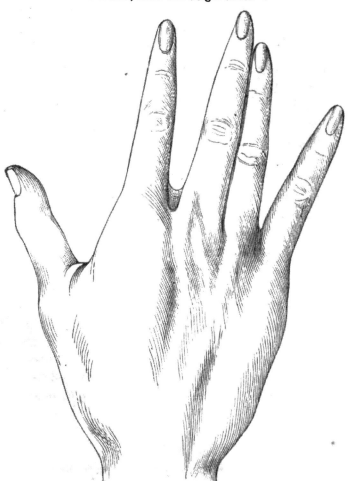

1. Pour mieux nous faire comprendre du lecteur, nous avons cru devoir
exagérer dans leurs formes les types de toutes les mains gravées dans ce livre.

Carrée, avec des doigts lisses :

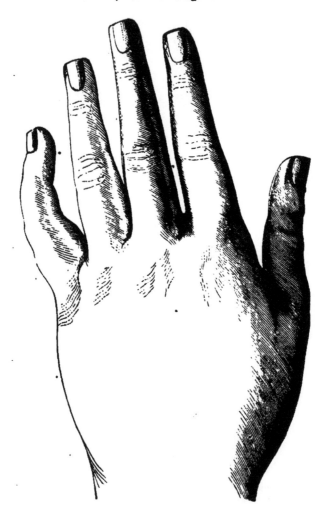

Les doigts pointus, c'est : Religion, extase, divination, poésie, invention.

MONDE DIVIN.

Les doigts carrés, c'est : Ordre, obéissance aux choses convenues, organisation, régularisation, symétrie, réflexion, pensée, raison.

MONDE ABSTRACTIF.

Les doigts spatulés ou en spatule, ainsi nommés parce que chaque doigt offre la forme d'une spatule plus ou moins évasée, c'est : Résolution, besoin de mouvement physique, action quand même, sentiment de la vie positive, intérêts matériels, amour sans tendresse, recherche du confortable, et souvent audace, et besoin de se faire voir.

MONDE MATÉRIEL.

Mais avant d'entrer dans des explications plus détaillées, nous demanderons qu'il nous soit permis de suspendre un moment nos explications chirognomoniques afin de chercher, pour le systeme que nous développerons bientôt, un appui dans les écrits de plusieurs de nos médecins célèbres.

La kabbale admet trois personnes en nous.

Cherchons-en les preuves dans la médecine.

Spatulée, avec des doigts lisses :

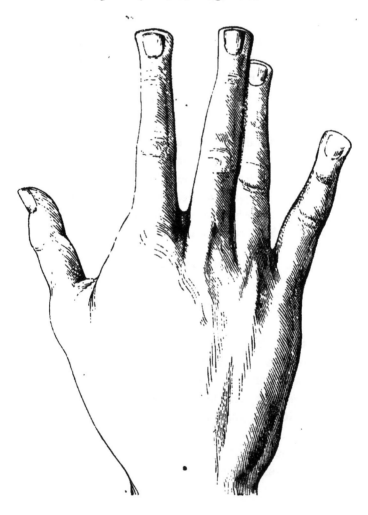

Le docteur Bichat, nous le verrons tout à l'heure, en prouve deux physiologiquement sous les noms de : *vie animale* et de *vie organique*.

La première a pour centre le cerveau ; la seconde, le grand sympathique.

Voici donc en nous deux existences, deux êtres par conséquent. La troisième, l'être matériel, est incontestablement représenté par la matière corporelle : les os et les muscles, la charpente du corps.

Nous retrouvons partout les trois mondes, et comment pourrait-il en être autrement ? Les découvertes chimiques prouvent maintenant tous les jours. Tout est sérié dans la nature et ternaire par conséquent.

Et si tout est ternaire, comment l'homme, l'être le plus parfait de la création, l'homme déjà composé, comme nous l'apprend la chimie, des trois *corps simples* diffus dans la nature entière et qui constituent l'harmonie : l'azote, l'hydrogène et l'oxygène, l'homme dont l'excellence a été révélée par *le Verbe*, λόγος, l'expression de la pensée, comment l'homme ne serait-il pas une trinité comme Dieu, dont il est la plus parfaite image dans la création ?

Mais la vie consiste-t-elle seulement dans la réunion du cerveau, du grand sympathique et du corps matériel, avec leur admirable complication des appareils nerveux et musculaires.

Quand l'homme vient de rendre le dernier soupir, le cerveau, le grand sympathique, les os et les muscles sont à leur place et cependant il ne vit plus.

Il redevient ce que les anciens avaient si admirablement exprimé par la statue de Prométhée.

Seulement la statue attendait le feu divin pour vivre et le corps vient de perdre le feu divin.

Il y a donc un souffle, une lumière qui fait la vie.

C'est la lumière (mouvement ou fluide) qui unit sympathiquement tous les êtres de la création et tous les mondes. Tous les grands médecins, les grands physiologistes l'ont pressenti, mais sans pouvoir donner à la science toujours positive les preuves qu'elle exige. Ce qui est divin se pressent, se comprend, se démontre par les conséquences comme l'Être suprême, mais non par le fait réel, parce qu'alors ce ne serait plus divin, mais matériel.

La lumière vivifie tout. Le principe est un, les moyens ne sont pas les mêmes.

Prenons pour exemple l'œil et le cerveau.

L'œil est disposé pour recevoir la lumière, mais il n'est pas la lumière. Sans la lumière son admirable appareil est inutile. Eh bien! le cerveau est disposé pour élaborer la pensée, mais il n'est pas la pensée; il attend l'idée qui est la lumière.

Qu'est-ce qu'une idée? a dit Fénélon. C'est une lumière qui est en moi mais qui n'est pas moi [1].

Et si nous poussons plus loin l'analogie entre l'œil et le cerveau :

Quand le sommeil clôt les paupières, l'œil cesse de voir.

---

1. Fénelon, *Œuvres philosophiques*, t. II, § 9.

Quand le sommeil ferme les yeux du corps, le cerveau cesse de penser. C'est toujours ce principe unique, sub-divisé à l'infini, qui les vivifie l'un et l'autre.

La lumière (mouvement), en pénétrant en nous, fait rayonner notre personnalité, comme le soleil fait rayon-ner les parfums divers du calice des diverses fleurs, et en même temps elle *aspire* par la vue, par le toucher, par les cinq sens enfin, les sensations qu'elle prend au monde qui l'entoure et qui mettent en mouvement, selon leurs propriétés et leurs vertus, les touches correspon-dantes du clavier du cerveau ; et, en échange des sensa-tions, elle *respire* à l'aide de la parole, des yeux et du geste, des idées qui, semblables à des notes, sont plus ou moins mélodieuses, plus ou moins énergiques, plus ou moins sonores, selon la perfection plus ou moins grande de l'instrument qui les fait vibrer. Cet aspir et ce respir sont donc toujours en harmonie avec notre personnalité.

Nous reviendrons plusieurs fois sur ce sujet ; voyons si Bichat et les physiologistes admettent ce principe vital.

« Il y a un organe, dit Bichat, où siége *la cause du sen-timent;* cet organe transmet au cerveau les modifications qu'il éprouve dans ses forces vitales, mais nous ignorons complétement le moyen de communication de l'un avec l'autre [1]. »

Selon nous, le moyen de communication c'est la lu-mière.

---

1. Bichat, p. 172. *Anatomie générale* (1801).

Mais où Bichat plaçait-il cet organe, *cause du senti-ment*, qui transmet les modifications qu'il éprouve au cerveau, qui les transmettra à son tour au grand sympathique?

« Le siége des sensations, dit Müller, n'est ni dans les nerfs qui portent au cerveau les courants du système nerveux nécessaires pour les produire, ni dans la moëlle épinière, qui n'a non plus d'autre rôle que de conduire ces effets au *sensorium commune*[1]. »

Mais, encore une fois, où le place-t-on, et qu'est-ce que ce *sensorium commune?*

« Le *sensorium commune* est la partie du cerveau soumise aux opérations de l'âme[2]. »

Et l'âme?

L'âme est, sans aucun doute, *la cause du sentiment* dont parle Bichat. Selon nous, la lumière.

« Les idées, dit Charles Bonnet, ne sont que des vibrations, des changements survenus en nous par une *impression extérieure*, transmise par les nerfs aux fibres cérébrales[3]. »

Nous prenons note de cette impression extérieure; et maintenant quelle est cette vibration? Qu'est-ce qui vibre? la lumière, n'est-ce pas? Elle vibre par une impression extérieure. Eh bien! la lumière, c'est le mouvement, c'est la vie; la lumière, c'est la parcelle divine qui

---

1. Müller, page 696. *Physiologie.*
2. *Physiologie* de Müller, page 683.
3. *Physiologie du système nerveux*, par Georget, page 91, tome I (1821).

nous anime, c'est l'âme, *c'est le mens !* qui pénètre en nous par une impression extérieure.

PHYSIOLOGIE. — BICHAT, MULLER.

De l'aveu de la médecine, les deux êtres qu'elle admet ont des instincts divers et sont en lutte (Jakin et Bohas).

IL FAUT, POUR CONSERVER LE CALME, QUE LE MENS ASSER-VISSE LE CORPS SIDÉRAL ET LE CORPS MATÉRIEL.

Le célèbre médecin Bichat, nous l'avons vu tout à l'heure, reconnaît donc en nous deux existences bien distinctes : la vie animale et la vie organique.

« La vie animale est l'attribut exclusif du règne animal.

« La vie organique est la vie commune à tous les êtres organisés, végétaux ou animaux[1]. »

« Le système nerveux, dit-il[2], doit être divisé en deux systèmes généraux ayant pour centres principaux, l'un *le cerveau* et ses dépendances, l'autre *ses ganglions*[3]. »

« Des deux systèmes, le premier appartient spéciale-ment à *la vie animale.* D'une part, il est l'agent qui

---

1. 5e Édition Bichat ; *Recherches physiologiques sur la vie et la mort* (1829), pages 8 et 9.

2. Bichat. *Anatomie générale*, page 115 (1801).

3. « Les ganglions sont de petits corps rougeâtres ou grisâtres situés en différentes parties du corps et formant comme autant de centres d'où par-tent une infinité de ramifications nerveuses Leur position la plus générale est le long de la colonne vertébrale où l'on voit successivement les uns au-dessous des autres : les cervicaux supérieur et inférieur, les intercostaux, les lombaires et les sacrés. Ce sont ceux dont les branches communicantes forment spécialement le grand sympathique. » (Bichat, *Anatomie générale*, p. 218.)

transmet au cerveau les impressions extérieures et des-
tinées à produire les sensations ; de l'autre, il sert de
conducteur aux volítions de cet organe, qui sont exécu-
tées par les muscles volontaires auxquels il se rend.

« Le second, presque partout distribué aux organes de
la digestion, de la circulation, de la respiration, des sé-
crétions, dépend d'une manière particulière de la vie
organique, où il joue un rôle bien plus obscur que le
précédent[1]. »

« Les sens, les nerfs, les organes locomoteurs et vocaux
sont en rapport direct avec le cerveau ; la peau, les yeux,
les oreilles, les membranes du nez, de la bouche, toutes
les surfaces muqueuses à leur origine, etc., sentent l'im-
pression des corps qui les touchent et les transmettent
au cerveau, qui est leur centre de sensibilité[2]. »

« Le cœur, les gros vaisseaux, l'appareil respiratoire, les
organes de l'exhalation, absorption, le système glandu-
leux, les reins, appartiennent à la vie organique *ou in-
stinctive* et se réunissent au nerf grand sympathique[3]. »
Ainsi, voici en nous l'intelligence et l'instinct. L'intelli-
gence doit dominer, et il faut qu'elle domine ; mais il y
a parfois résistance.

« Le docteur Reil compare les ganglions du grand sym-
pathique à des demi-conducteurs qui n'amènent pas les
impressions faibles au cerveau, mais qui, à l'instar des
demi-conducteurs de l'électricité à travers lesquels passe

1. Bichat. *Anatomie générale* (1801), page 115.
2. Idem, préface, page 105.
3. Idem, préface, page 103.

le fluide électrique accumulé en grande quantité, y font parvenir des irritations très-vives, et qui ne permettent plus, qu'avec des restrictions, l'influence du cerveau et de la moëlle épinière[1]. »

« Les parties mobiles en communication avec le grand sympathique sont ainsi, *jusqu'à un certain point*, indépendantes du cerveau et de la moëlle épinière[2]. »

Cependant, comme il faut en tout une harmonie générale, les organes centraux du système nerveux exercent une influence sur le grand sympathique et sa puissance motrice. Les parties régies par ce nerf se contractent, il est vrai, spontanément; mais l'énergie et la durée de leurs contractions dépendent du conflit de leurs nerfs avec les organes centraux.

Si ce conflit vient à cesser, « le système sympathique tombe dans le cas qui est, une fois par jour, le partage des nerfs cérébro-rachidiens, c'est-à-dire dans le sommeil[3]. »

« Le cerveau et la moëlle épinière doivent être considérés comme la source de l'activité du grand sympathique, celle sans laquelle cette activité s'épuiserait bientôt[4]. »

Voici en nous, de l'aveu des médecins, deux êtres : *l'un* ayant la faculté de penser, l'intelligence, la vue, l'odorat, l'ouïe, le toucher, le goût, pour exciter cette

1. *Physiologie* de Müller, pages 575 et 602.
2. Idem, page 628.
3. Idem, page 632.
4. Idem, pages 628 *et* 631.

intelligence; la bouche et les mains pour exprimer et exécuter ses volontés, et les pieds pour se mouvoir, c'est-à-dire réunissant à lui seul la pensée et l'action.

L'autre, aveugle, muet, capricieux, occupé de la matière, vivant de la vie de la matière.

D'un côté l'essence divine, de l'autre la matière terrestre.

Et voyez quelle est la distance qui les sépare.

« C'est toujours sur la vie organique, et non sur la vie animale que les passions portent leur influence[1]. »

Selon Bichat, ce sont les organes du cœur, du foie, de l'estomac, de la respiration, les organes sécrétoires qui sont agités par la colère, la joie, la crainte, la tristesse; « elles arrêtent même le jeu de ces organes, et de là ces syncopes, dont le siége est toujours dans le cœur, non dans le cerveau, qui ne cesse d'agir que parce qu'il ne reçoit plus l'excitant nécessaire à son action[2]. » Aussi, le but des plus grands philosophes a-t-il toujours été de dominer les passions par la volonté, d'en annihiler les effets, et de les empêcher même de se trahir au dehors par l'expression des traits du visage.

Et les véritables sages ont atteint ce but à la longue.

Il faut donc, pour conserver le calme, que le mens asservisse le corps sidéral et le corps matériel.

Les organes qui appartiennent à la vie animale sont plus nobles, et cette noblesse est indiquée par leur symétrie.

1. Bichat, *Recherches physiologiques sur la vie et la mort* (1829) page 78.
2. Ibid., page 74.

Tout ce qui appartient à la vie animale, selon Bichat, est toujours symétrique; ce qui appartient à la vie organique ne l'est jamais.

« La vie animale est symétrique[1]; les nerfs optique, acoustique, lingual, olfactif, sont assemblés par paires symétriques; le cerveau est remarquable par sa forme régulière, ses parties séparées se ressemblent de chaque côté, tels que la couche des nerfs optiques, les corps cannelés, les hippocampes, les corps frangés, les nerfs qui transmettent aux agens de la locomotion et de la voix les volitions du cerveau. Les organes locomoteurs formés d'une grande partie du système musculaire osseux et de ses dépendances, le larynx et ses accessoires, doubles agents de l'exécution de ces volitions, ont une régularité, une symétrie qui ne trahissent jamais.

« Les muscles et les nerfs cessent de devenir réguliers dès qu'ils n'appartiennent plus à la vie animale. »

Le *mens*, qui agit sur le cerveau, ne révèle-t-il pas sa céleste origine par la symétrie des organes dépendant du cerveau?

N'est-ce pas l'image des cieux toujours en harmonie? et la terre toujours tourmentée dans son sein comme à sa surface, la terre! où la matière se présente sous mille formes diverses qui n'ont jamais de stabilité, ne serait-elle pas l'image du corps organique qui appartient à la matière?

Les cieux, par leur calme, ne disent-ils pas à l'homme :

---

1. *Recherches physiologiques sur la vie et la mort* (1829), pages 17 et 18.

« Ici, tu trouveras le repos, » comme la terre semble aussi lui dire : « Il faut passer par toutes les épreuves de l'action pénible pour mériter le repos. »

Si le *mens* et la matière sont séparés moralement en nous, ils le sont physiquement aussi.

« Il est manifeste, dit Bichat, qu'une ligne de démarcation tranchée sépare les nerfs des ganglions et ceux du cerveau, et que c'est une manière inexacte que celle qui consiste à les regarder comme formant un nerf unique, émané de ce dernier par une origine quelconque[1]. »

Il y a communication seulement entre eux comme le maître communique avec l'esclave.

« Ainsi la moëlle allongée est le siége de l'*influence* de la volonté ; elle est aussi le siége de la faculté de sentir, mais confusément et sans *réflexion*, faculté exclusivement réservée au CERVEAU, qui est la volonté intelligente[2]. »

Et, du reste, le cerveau lui-même, nous l'avons vu tout à l'heure, n'agit que d'après *une influence suprême.*

Voilà donc trois forces distinctes : le cerveau, le grand sympathique et le corps matériel, animés par la lumière qui anime aussi tous les mondes.

On nous pardonnera tous ces détails physiologiques.

Nous aurions encore beaucoup à dire, et nous nous arrêtons à regret.

On doit comprendre combien il est important pour

1. Bichat, *Anatomie générale*, page 217.
2. *Physiologie* de Müller, pages 719 et suivantes.

nous, pour notre conviction, de nous trouver d'accord avec des hommes aussi forts, aussi logiques que les célèbres docteurs Müller, Bichat et Charles Bonnet. Nous ne cherchons que ce qui est dans la nature; nous le cherchons avec un cœur simple, et nous sommes trop heureux lorsque nous trouvons un appui ou une explication dans la science.

Ainsi, le doigt pointu, avons-nous dit, c'est : l'imagination;

Le doigt carré : la raison;

Le doigt en spatule : l'action quand même.

Les autres doigts, ainsi que le pouce, sont naturellement aussi divisés en trois phalanges bien distinctes :

La première, la phalange onglée, est *divine.*

La seconde, celle du milieu, appartient à *la logique.*

Et la troisième, celle qui lie les doigts à la paume, aux *instincts matériels.*

Mais les doigts sont lisses, c'est-à-dire sans nœuds apparents, ou ils ont des nœuds soit à la première jointure, soit à la seconde, soit aux deux jointures.

Ces différentes formes ont leurs diverses influences.

Pour en rendre l'étude plus facile et pour mieux nous faire comprendre, nous avons appelé la kabbale à notre aide.

Nous y joindrons un système qui nous appartient, *à nous.*

Nous sommes dans le vrai, et nous serons compris.

Chaque vérité prend sa place en ce monde. Un peu plus tôt, un peu plus tard, peu importe; là n'est pas la question.

Ce système repose sur les trois mondes et sur l'aspir fluidique dont nous avons parlé dans notre article sur la kabbale, et tout à l'heure encore. Cet aspir a été, de toute antiquité, admis par la kabbale, et les mystiques Paracelse, Swedenborg, Baptiste Porta, Athanasius Kircher, Maxvell, Van Helmont, Tenzel Wirdig, Robert Fludd et Jacob Bohme l'expliquent par la communication magnétique avec les astres.

Et non-seulement les mystiques, mais les grands hommes de tous les âges se sont préoccupés, sous un nom ou sous un autre, de l'aspir fluidique, et l'ont pressenti sans le définir. La médecine elle-même, sur ce point, n'est nullement en désaccord avec nous; elle n'affirme ni ne rejette, elle doute comme la médecine doit toujours faire jusqu'au moment où vient la preuve.

Nous lisons dans la *Physiologie* de Müller, traduite par Jourdan :

« Peut-être existe-t-il entre les deux phénomènes du principe nerveux et de l'électricité un rapport encore inconnu, analogue à celui qu'on a découvert entre l'électricité et le magnétisme. La seule chose qui nous soit interdite par la *marche méthodique* de la science, c'est d'employer une conjecture qui ne repose encore sur rien, pour la faire servir à des systèmes scientifiques [1]. »

1. Page 558.

Il dit aussi [1] :

« On ignore encore si, quand les nerfs agissent, *une matière impondérable* les parcourt avec une incalculable vitesse, ou si l'action du principe nerveux ne consiste qu'en une oscillation d'un *principe impondérable* déjà existant dans les nerfs, et que le cerveau fait vibrer. »

Ainsi la médecine ne nie nullement le *principe impondérable*, le fluide électrique par conséquent. Toute la question pour elle est de savoir si ce fluide venu du dehors ou déjà existant dans les nerfs, vibre par le moyen du cerveau.

Müller va plus loin, il reconnaît en nous la présence du fluide nerveux impondérable, mais sans en pouvoir donner la cause ni les moyens d'absortion [2].

La magie nous apprend, à nous, que ce fluide, principe impondérable, est la chaîne qui nous lie avec les astres, nous devons en croire la magie, sans nous trouver en désaccord avec la médecine.

Müller dit encore [3] :

« La rapidité de l'action nerveuse est la vitesse avec laquelle le *fluide impondérable* se trouve conduit, soit du cerveau à la périphérie, soit des parties périphériques au cerveau, ou celle avec laquelle une OSCILLATION partie soit du cerveau, soit d'un point quelconque du nerf, se propage jusqu'à l'extrémité périphérique de celui-ci, et *vice versâ*. »

1. Page 580.
2. Page 581.
3. Page 581.

Oscillation, vibration, on le voit déjà, représentent également notre idée.

HERDER.

Le célèbre Herder se rapproche encore plus de nous dans son livre immortel : *Idées sur la Philosophie de l'histoire de l'humanité*[1]. Il explique le *sensorium commune* comme nous l'avions compris nous-même avant de lire cette magnifique page :

« Dans les profondeurs les plus secrètes de l'être, où l'on commence à apercevoir les premiers germes de vie, on découvre l'élément impénétrable et actif que nous désignons par les noms imparfaits de lumière et d'éther, de chaleur vitale, et qui probablement est le *sensorium* par lequel l'auteur des choses échauffe et vivifie les mondes, ce rayon céleste qui se communique à une foule innombrable d'organes, s'étend et se perfectionne par degrés. Il est probable que tous les pouvoirs d'ici-bas agissent à travers ce véhicule, et la reproduction, ce prodige de la création terrestre, en est inséparable.

« Notre corps fut vraisemblablement construit, même dans ses parties les plus grossières, pour attirer en plus grande quantité *ce ruisseau électrique* qu'il doit élaborer; et dans nos facultés les plus nobles, l'instrument de nos perfections morales et physiques, n'est pas le grossier fluide électrique, mais quelque élément que *notre organisation prépare*, et qui, infiniment plus parfait, conserve avec lui quelques points de ressemblance. En un

---

1. Tome I, p. 261. Paris, 1827.

8.

mot, *ma pensée,* dans ces opérations, n'est rien autre
que cet esprit de lumière et de feu céleste qui pénètre
tout ce qui a vie sur terre, et unit entre eux les pou-
voirs les plus variés de la terre. Dans l'organisme hu-
main, il a atteint le plus haut degré de pureté dont il
est capable au sein d'une forme terrestre. C'est par son
moyen que l'âme agit sur les organes avec une sorte
d'omnipotence, et qu'elle réfléchit ses rayons sur elle-
même avec une conscience de l'être qui l'ébranle jusque
dans ses fondements. C'est par lui qu'elle devient ca-
pable par une libre volonté de se transporter pour ainsi
dire hors du corps, et même par delà le monde, et de
les soumettre l'un et l'autre à sa volonté. »

On pourrait croire, au premier coup d'œil, que le su-
blime philosophe admet plusieurs fluides; il n'en est pas
ainsi. Herder veut dire que le fluide électrique est *pré-
paré* différemment par notre *organisation,* selon les par-
ties plus ou moins parfaites, plus ou moins nobles de
notre corps qu'il vient animer. Mais c'est toujours le
même fluide.

Et il ne peut y en avoir plusieurs. La nature est trop
simple pour varier ainsi ses grands moyens d'action.
Pour en être convaincu, il suffit de regarder autour de
soi. L'objet qui reçoit la lumière peut être plus ou moins
parfait, et de là naîtra nécessairement une variété iné-
puisable avec un seul point de départ. Ainsi c'est bien le
même soleil qui brille en étincelles sur l'or et les dia-
mants, et qui dort sur les terrains humides et noirâtres.

Le même soleil éclaire aussi sur terre tout homme, qu'il

soit spécialiste, abstractif, ou matériel, et parmi nous l'éducation, ce flambeau de l'homme, ne donne-t-elle pas deux résultats différents, également partagée entre deux hommes d'une intelligence différente? Chacun d'eux l'adaptera à ses besoins et l'utilisera à son point de vue, selon le plus ou moins de perfection de ses organes, et conséquemment selon le but utile qui a été désigné à son être dans la loi de l'harmonie de la création.

Et si nous cherchons encore chez les savants et dans la science des preuves de la respiration fluidique.

Aristote a dit que les forces de l'âme se manifestaient à l'aide d'un souffle léger, *aura*, qui remplissait les voûtes du cerveau.

Humboldt a dit qu'autour des nerfs humains était une atmosphère invisible.

Les magnétiseurs admettent un fluide impalpable, les médecins eux-mêmes reconnaissent un esprit vital et nerveux dans l'acte de la génération ; le souffle séminal, *aura seminalis*, auquel on accordait, il y a peu de temps encore, le pouvoir d'engendrer isolément. Veut-on une preuve plus positive de l'aspir et du respir par les mains et les pieds, preuve qui nous est arrivée sous la forme d'une enveloppe, non pas amenée par le hasard auquel nous ne croyons pas, mais certainement par la force attractive de notre désir de preuves, de notre besoin de conviction, nous la trouvons dans une *Causerie scientifique* placée au feuilleton du journal l'*Univers*, et signée *Chantrel.*

M. Chantrel rend compte d'une découverte de M. Collonges. D'après son rapport, M. Collonges dit le sexe des individus soumis à ces expériences, leur âge, leur tempérament; il reconnaît s'ils sont fatigués ou non, malades ou bien portants, il reconnaît si la maladie est grave ou légère, si la mort est proche, si elle est enfin apparente ou réelle, et, pour en arriver là, il suffit de placer dans son oreille l'un des doigts *de la main ou du pied* d'un individu, malade ou bien portant. L'on entend alors un bruit continu semblable à un bourdonnement; à ce bruit s'ajoutent par intervalles irréguliers des *crépitations* bien distinctes du bruit de bourdonnement que M. Collonges appelle *pétillements* et *grésillements*.

Si le doigt appartient à un individu mort, *aucun de ces bruits n'a lieu.*

En se servant d'acier ou de liége pour conducteurs, ces bruits se perçoivent plus distinctement encore.

Le bourdonnement est un phénomène général et on l'entend à quelque partie du corps vivant que ce soit; les pétillements existent surtout à l'extrémité des doigts et des pieds.

Nous n'en dirons pas plus. Nous ne suivrons pas M. Collonges dans ses applications et les conséquences de sa découverte, nous constaterons seulement que notre système se trouve vérifié par ce que nous venons de citer, et dont chacun peut faire l'épreuve. Les pétillements et les grésillements que l'on entend distinctement aux mains et aux pieds ne peuvent s'expliquer que par l'électricité, ou, si l'on veut, la lumière.

NOTRE SYSTÈME[1]

Après ce préambule, qu'on nous permette de résumer un peu et de nous répéter, par conséquent, pour nous faire mieux comprendre.

La lumière nous l'avons vu, est la grande chaîne sympathique qui lie entre eux tous les mondes, et l'homme par conséquent.

Selon les kabbalistes, il y a trois mondes. Nous en trouvons le symbole dans les mains; nous l'avons trouvé dans la chirognomonie, nous le retrouverons tout à l'heure dans la phrénologie et dans la physiognomonie.

Il y a trois personnes en nous : le *mens*, le corps sidéral, le corps matériel.

Le corps matériel est le seul qui soit pour nous certain, palpable.

Les autres corps sont nécessairement, du moment qu'on les admet en parfaite analogie avec le corps matériel.

Le corps matériel respire; donc les autres respirent aussi.

Chacun d'eux a sa respiration particulière.

Le *mens* aspire et respire par les cils, les cheveux, les mains et les pieds.

1. Il est bien entendu (et ceci est dit pour les étrangers) que *nous* veut toujours dire *je*, et que *notre* système ici, c'est *mon* système.

Le corps astral aspire et respire par le nombril et les parties génitales.

Nous savons comment respire le corps matériel.

De ces respirations diverses, nous donnerons encore des probabilités, sinon des preuves, à notre article sur la phrénologie, afin de ne pas fatiguer maintenant le lecteur.

La communication directe des nerfs avec le cerveau se fait, on le sait, par l'intermédiaire des nerfs cérébraux.

C'est par les nerfs que les mains (esclaves de la pensée) communiquent directement avec le cerveau.

L'aspir céleste, émission, vibration ou fluide, arrive donc aux mains (puisque nous nous occupons de chiromancie), y porte l'influence extérieure et en rejette les impressions comme un miroir qui reçoit et réfléchit presque en même temps la lumière du soleil ; c'est un aspir et un respir, un échange, une conversation spontanée, car si les idées dorment confuses en nous, elles ont besoin, pour s'élancer du chaos, d'un motif, d'une cause apportés par le son, la vue ou le toucher, les sens enfin, comme le feu a besoin du choc de l'acier pour jaillir du caillou.

Si le fluide ou la vibration (nous adoptons le mot fluide), si donc le fluide n'éprouve aucun obstacle, il vole directement au cerveau, et l'impression est spontanée.

C'est ce qui arrive lorsque les doigts pointus à l'extrémité appellent l'électricité comme les pointes aimantées des paratonnerres.

Si les doigts pointus sont lisses et offrent ainsi un conduit facile et sans obstacle, l'impression est immédiate.

De là viennent les inspirations hautes, les illuminations, les inventions parties du ciel sans s'allier, vu leur spontanéité, à un mélange terrestre.

Les voyants, les inventeurs métaphysiques, les rêveurs, les poëtes, ont les doigts pointus.

Mais comme rien n'est parfait sur la terre, comme le bien crée le mal qui n'existerait pas sans le bien, comme la lumière crée l'ombre qui n'existe pas sans la lumière, la lumière divine a besoin, vu l'imperfection de nos organes, d'être contre-balancée par la raison humaine ; il faut que les inspirations soient contrôlées par la logique ; il faut que l'humanité pose l'empreinte de son cachet sur les impulsions venues d'*en haut*, parce que l'homme ne peut être un Dieu ni un ange, et que ce qui doit habiter la terre doit porter la livrée de la terre.

Aussi les doigts lisses et pointus ont-ils des extases qui ne sont pas en rapport avec leur corps terrestre ; ils sont, lorsque *la logique* leur manque, tout excès ; ils ne vivent pas avec les hommes, ils sont poëtes, portés au lyrisme, et s'ils ont les qualités des poëtes, ils en ont les défauts ; ils sont exagérés, quelquefois menteurs, parce qu'ils croient avoir vu ce qu'ils racontent ; leurs mouvements mêmes, par suite de l'harmonie entre le physique et le moral, sont en rapport avec l'exagération de leur esprit ; ils posent et se manièrent.

Mais aussi ce sont les doigts pointus et lisses qui donnent les prêtres à extase, les vrais croyants, les gens convaincus, les prédicateurs sublimes, car là ils sont dans leur rôle, ils sont l'intermédiaire entre la terre et le ciel. Ce sont eux qui nous ont donné les poëtes inspirés: Milton, Shakspeare, Schiller, Gœthe, Swedenborg, Chateaubriand, Victor Hugo, George Sand.

Le doigt carré, par sa forme large, arrête un moment le fluide et laisse à la partie sublime de l'humanité, la raison, le temps de peser les inspirations et de les comprendre. Aussi les doigts carrés et lisses représentent-ils le monde abstractif dans l'art et la poésie. Molière, Regnard, La Fontaine, Voltaire, le Poussin, Louis XIV, Turenne, Vauban, avaient les doigts carrés.

Les doigts spatulés, par leur largeur offrent un obstacle plus grand encore.

Non-seulement ici le raisonnement apporte ses lumières, mais dans le débat l'humanité a l'avantage, la matière l'emporte sur la pensée.

Cependant, si les doigts soit pointus, soit carrés, soit en spatule, sont sans nœuds, le fluide reprend son cours sans obstacle, comme un fleuve qui traverse une plaine, et alors l'impressionnabilité est toujours vive, seulement à des degrés différents.

« Les doigts sans nœuds, dit M. d'Arpentigny, portent en eux le germe des arts. Si positif que soit le but vers lequel leur intérêt les pousse, ils procéderont toujours par l'inspiration plutôt que par le raisonnement, par la fantaisie et le sentiment plutôt que par la connaissance. »

Ajoutons, cependant, qu'outre la différence des instincts qui résultent de leurs formes pointues, carrées ou en spatule, la longueur plus ou moins grande des doigts viendra encore introduire une modification.

Les mains courtes, chez lesquelles le fluide a moins d'espace à parcourir, ne verront que les masses ; les doigts longs, à travers lesquels le fluide circule plus longtemps, s'occuperont principalement des détails.

Et remarquez que, dans notre système, nous ne sommes nullement en désaccord avec la médecine, puisque Müller, dans sa physiologie, après avoir parlé de la rapidité d'action du fluide impondérable, ajoute :

« On regarde comme très-probable que la rapidité de l'action nerveuse varie suivant les régions du système nerveux, ou même selon les individus, comme le prouve le résultat des expériences communiquées à l'assemblée générale des naturalistes, à Heidelberg, par Treviranus, et Nicolaï, directeur de l'Observatoire de Mannheim[1]. »

Cela seul suffirait pour donner raison à la plus ou moins grande rapidité de l'infiltration du principe impondérable favorisée ou retardée par les doigts pointus ou spatulés.

Ainsi, les hommes à doigts pointus et lisses seront poëtes, artistes, aptes à l'inspiration, à la divination même ; ils seront amants des beaux-arts, ils auront le goût de la forme et de l'élégance.

Dans la vie, toujours entraînés du côté du roman, ils seront poëtes, artistes d'imagination mais ils ne prendront jamais pour guide la vérité ou   nature. Ils seront

---

1. Müller, *Physiologie*, page 581.

enthousiastes, et, tout en voulant et croyant être sincères, ils habilleront la vérité; ils auront du goût, mais jusqu'à la recherche, et en arriveront parfois à la manière, mais souvent de bonne foi et sans s'en douter.

En un mot, ils ne vivront pas de la vie réelle.

Les gens à doigts lisses et carrés auront le goût des sciences morales, politiques, sociales, philosophiques. Ils aimeront les arts à cause des doigts lisses, mais plutôt les arts basés sur la nature et la vérité que sur l'imagination; ils auront l'amour de la forme littéraire, du rhythme, de la symétrie, de l'arrangement; ils auront des vues plutôt justes que grandes, le génie des affaires, des idées positives, l'esprit de conduite; ils auront peu d'enthousiasme, à cause des instincts raisonnables de la forme carrée; mais ils auront l'inspiration, à cause des doigts lisses, et alors elle sera toujours accompagnée de la raison. Ces gens, dans l'excellence de leur type, seront ce qu'on appelle des hommes forts.

Les gens à doigts spatulés et lisses aimeront les choses par le côté utile et physiquement sensible; ils auront l'intelligence instinctive de la vie réelle, et le besoin impérieux de mouvement et d'activité, d'agitation corporelle, de locomotion et très-généralement d'occupations manuelles; ils aimeront les chevaux, les chiens, la chasse, la navigation, la guerre, l'agriculture, le commerce, le génie du calcul, des arts mécaniques, l'administration, le droit, le positivisme.

M. d'Arpentigny dit :

« La confiance qu'ont en eux les hommes aux doigts

spatulés est extrême ; l'abondance est leur but. Ils possè-
dent d'instinct et au plus haut degré le sentiment de la
vie positive, et ils règnent par l'intelligence qu'ils en ont
sur le monde des choses et des intérêts matériels. Voués
au travail manuel, à l'action, et doués par conséquent de
sens plus actifs que délicats, la constance en amour leur
est plus facile qu'aux cœurs tournés vers la poésie, et
qu'influence plus que le devoir et l'habitude, l'attrait
charmant de la jeunesse et de la beauté. »

Par les doigts lisses, ils auront la passion, l'inspiration,
l'instinct ; ils aimeront et mettront le mouvement dans
l'art, soit peinture, soit musique, soit littérature ; mais
leurs œuvres brilleront plus par l'adresse que par l'âme ;
ils entendront les affaires et seront sujets à l'égoïsme.

Tous les doigts *lisses :* pointus, carrés ou en spatule,
jugent les hommes et les choses par l'inspiration et à pre-
mière vue ; leur première idée est toujours la meilleure
(en rapport avec la puissance de leurs facultés) ; la ré-
flexion ne leur donne rien ; ils sentent, ils devinent d'in-
tuition.

Mais, à cause de ces qualités spontanées, l'ordre man-
quera à ces trois genres, *avec les doigts lisses et à cause
des doigts lisses*, à des degrés différents.

Les doigts pointus n'auront pas d'ordre.

Les doigts carrés aimeront le spectacle de l'ordre,
mais n'auront pas d'ordre ; ils rangeront pour l'œil, mais
il ne faudra pas regarder dans leurs armoires.

Les doigts spatulés feront un compromis entre l'ordre
et le spectacle de l'ordre ; ils rangeront quand ils auront

le temps, souvent par amour ou besoin de mouvement.

En peinture, les doigts pointus donneront Raphaël, Pérugin, Fiesole, Corrége, et les peintres d'imagination.

Les doigts carrés donneront Holbein, Albert Durer, le Poussin, Léopold Robert, et les peintres *vrais*.

Les doigts spatulés donneront Rubens, Rembrandt, Jordaens, et les Flamands, peintres matériels de figures charnues.

LES NŒUDS ET LEUR INFLUENCE.

Les nœuds modifient les aptitudes de chacune des trois catégories.

Les phalanges des grands doigts sont divisés en trois mondes, comme le pouce.

La première phalange, la partie onglée, celle que nous venons de classer en — doigts pointus, — doigts carrés, — doigts à spatule, — appartient au monde *divin*.

Les phalanges extérieures (phalanges onglées), dit M. d'Arpentigny, sont les yeux de la main.

La seconde phalange appartient au monde *abstractif*.

La troisième au monde *matériel*, comme nous l'avons vu dans le pouce.

Chacune d'elles annonce une qualité particulière, différente à chaque doigt. Mais ceci appartient à la chiromancie, et ne peut être expliqué que par elle.

La troisième phalange seule ne change que très-peu, puisqu'elle représente la partie matérielle, nous dirons pour généraliser que des doigts enflés ou très-épais à

leur base, indiquent toujours le goût des plaisirs sen-
suels, soit luxure, soit gourmandise. Ces goûts peuvent
toutefois être modifiés par l'influence des monts et des
lignes. Nous y reviendrons plus tard.

Les nœuds forment la transition entre les trois
mondes.

Si les doigts sont lisses, nous l'avons dit (page 109),
l'impression est rapide, électrique, spontanée, accélérée
ou retardée par les différences de formes du doigt pointu
au doigt en spatule.

Mais les nœuds interceptent le passage au fluide.

Celui-ci s'amasse comme un torrent qui trouve un
obstacle, et recueille, pour le franchir, ses eaux qui ar-
rivent en plus grande abondance; alors la raison hu-
maine ou la matière humaine viennent mêler leur être,
leur caractère, leur individualité, aux épanchements du
ciel.

Le premier nœud qui barre la transition du monde
divin au monde abstractif (de la phalange onglée à la
phalange du milieu), participe de l'un et de l'autre.

Il en est naturellement de même du second nœud qui
barre la transition du monde abstractif au monde maté-
riel.

Laissons parler M. d'Arpentigny :

Si le nœud qui lie votre *troisième* phalange (celle qui
porte l'ongle) à la seconde est saillant, *vous avez de
l'ordre dans les idées;* si celui qui lie votre seconde pha-
lange à la première est saillant, *vous avez une dose re-
marquable d'ordre matériel.*

Le lecteur comprendra sans doute que M. d'Arpentigny part de la phalange d'en bas pour aller à la phalange d'en haut, et que la *troisième phalange* est pour lui celle qui pour nous est la *première*.

M. d'Arpentigny définissait à son idée, et comme inventeur il avait assurément le droit du choix.

Quant à nous, qui cherchons à expliquer sa méthode par notre système, nous avons dû nécessairement partir du *monde divin* pour arriver au *monde matériel*, c'est-à-dire en allant de la phalange onglée à la base des doigts.

Donc, nous prenons acte de ce que dit M. d'Arpentigny.

Le nœud placé entre la première phalange (la phalange onglée) et la seconde indique l'ordre dans les idées :

MONDE ABSTRACTIF.

Le nœud placé entre la seconde et la troisième phalange indique l'ordre matériel :

MONDE MATÉRIEL.

L'on voit que nous nous trouvons parfaitement d'accord avec l'inventeur.

NŒUD PHILOSOPHIQUE.

Le premier *nœud*, nommé *philosophique*, forme donc la limite entre le monde divin et le monde moral ; c'est la première lutte entre l'idée et la raison. La première

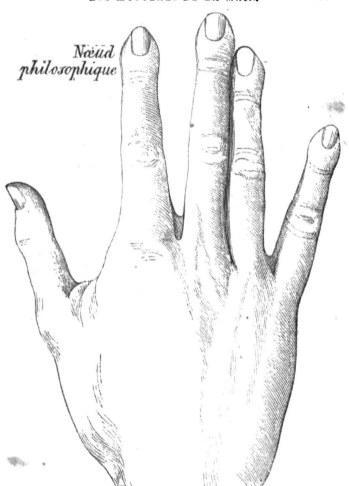

Nœud philosophique

Nous avons exagéré la forme du nœud philosophique, et nous l'avons placé un peu haut avec intention, parce que lorsqu'il y a excès; il adopte souvent cette forme; dans les cas ordinaires, il se trouvera à l'articulation de la première phalange comme à la figure suivante.

phalange nous apporte les idées qu'elle absorbe dans la
lumière, et elles sont arrêtées et comme contrôlées par
le premier nœud qui les discute en quelque sorte.

L'homme qui a aux doigts le *nœud philosophique* aime
à examiner les idées qui lui viennent à lui, et puis celles
qui viennent aux autres ; il se fait douteur, raisonneur ;
il ne croira rien sans preuve, et sans preuve positive.
Douter, c'est ne pas admettre la supériorité, l'infaillibi-
lité des autres, même des hommes supérieurs ; c'est se
poser comme leur juge, c'est se mettre à leur niveau,
c'est en être amené à dire : « Puisque je les discute,
je les vaux, » et c'est en venir naturellement à l'indé-
pendance.

Aussi trouvez-vous le nœud philosophique chez tous
les républicains, chez tous les raisonneurs et les dou-
teurs quand même.

Nous irons plus loin. Tout homme ayant aux doigts le
nœud philosophique *très-développé* est fatalement et ab-
solument causaliste et par suite indépendant, douteur, et
républicain par conséquent ; avec ces différences cepen-
dant que le nœud philosophique ; avec des doigts pointus
se trouvera chez les *utopistes* , avec des doigts carrés
chez les gens justes et de bonne foi, et, avec des doigts
spatulés, chez les gens remuants, et, si d'autres signes
chiromanciques s'y joignent, chez les ambitieux. Les
autres signes pourront apporter des modifications, mais
seulement des modifications sans détruire l'instinct prin-
cipal ; le pouce plus ou moins long apportera toutefois
des modifications très-importantes.

Laissons M. d'Arpentigny définir les attractions du nœud philosophique : « Vous éprouvez le besoin de vous rendre compte de vos sensations. Le secret de votre être vous occupe ainsi que celui de l'origine des choses. Vos croyances, vos idées, vos opinions, vous ne les avez pas adoptées sur la foi d'autrui, mais seulement après les avoir examinées à fond et sous toutes les faces. La raison vous semble un guide plus sûr que l'instinct, que la foi, même que l'amour. »

Il ajoute plus loin :

« Les philosophes dirent :

« Ce qui nous distingue essentiellement des animaux, c'est la raison. C'est donc de la raison que nous vient l'idée de Dieu, puisque les animaux, uniquement parce qu'ils sont dépourvus de raison, n'ont point d'idée semblable. Si donc notre raison est le seul garant de l'existence de Dieu, il s'ensuit qu'elle seule doit nous diriger dans les recherches et les études qui ont Dieu pour objet. »

M. Darpentigny a donné aux nœuds philosophiques le doute et la causalité, nous y avons ajouté le goût de l'indépendance.

NŒUD D'ORDRE MATÉRIEL.

Le second nœud, celui qui fait la limite entre la seconde phalange (celle de la raison) et la troisième phalange (celle de la matière), doit nécessairement participer des deux ; il y a lutte encore ; la matière n'accepte les

9.

lois de la raison qu'à la seule condition qu'elles lui **seront**
physiquement profitables; elle se soucie beaucoup moins

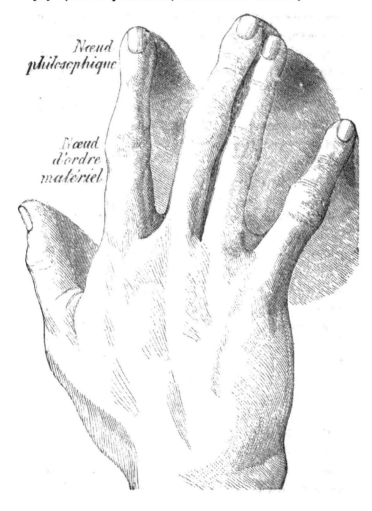

de l'ordre dans les idées que de l'ordre dans les affaires, dans les calculs, dans les choses qui portent avantage, qui donnent le bien-être, la richesse, et, par suite, les jouissances de la matière.

Ce nœud se trouve chez les commerçants, les calculateurs, les spéculateurs, et, s'il y a excès, chez les égoïstes.

On sait que si la troisième phalange qui suit le second nœud est épaisse, et élargit ainsi les doigts par la base, elle indique le goût des plaisirs matériels.

MODIFICATIONS APPORTÉES PAR LES NŒUDS.

Si les doigts pointus ont le nœud philosophique, il y aura lutte continuelle entre l'inspiration et l'analyse, entre l'art d'inspiration et l'art calculé, entre les tendances religieuses et l'esprit de controverse ; l'homme aura tour à tour les extases du prêtre et les doutes du libertin ; ces doutes, il les rejettera non pas sur la divinité, mais sur les ministres de la religion, qu'il ne trouvera pas assez fervents ou assez purs, et il se forgera une religion à lui par le besoin d'indépendance et de piété.

Un homme ainsi doué, en un mot, refuse de croire aux prêtres, mais croit à Dieu.

Les doigts carrés, au contraire, avec le nœud philosophique, seront à la fois en harmonie et en progrès. Leurs tendances exactes, sérieuses, positives, trouveront dans ce raisonnement un appui bien aimé ; ils verront juste, mais froidement ; ils raisonneront tout, même l'art : ils

verront clair dans la vie et aimeront le vrai, et avant
tout l'utile. Seulement leur amour de l'indépendance les
portera à fronder tout ce qui leur paraîtra injuste, exa-
géré ou en dehors de la raison et du convenu. Ils pour-
ront même, par fétichisme pour la règle et la loi, aller
jusqu'à la révolte.

Avec le nœud philosophique, les mains en spatule se
proposent les faits, les idées pratiques, la politique ; leur
amour de l'indépendance se manifeste par le mouvement,
l'explosion ; ils nient tout ce qui n'est pas confortable et
positif, doutent profondément de l'expansion et de la ten-
dresse, et n'admettent guère dans la vie le côté sentimen-
tal ; s'ils sont artistes, ils mettront dans l'art le mouvement
et le réalisme. Les élans du catholicisme, ses images, son
luxe, ses orgues, sa musique mondaine, excitent les dé-
fiances de leur esprit raisonneur et positif ; il leur faut
un prêtre qui vive comme eux, attaché comme eux au
pays par les liens de la famille, et qui leur lise, dans une
langue qu'ils comprennent, les saintes Écritures tra-
duites et commentées par eux. Même en religion, ils ne
veulent rien accorder à l'imagination et à la poésie.

Les savants sont indépendants, à cause du nœud phi-
losophique. Ils sont aussi naturellement douteurs.

Le nœud philosophique, chez les prêtres, fait la force
du clergé. C'est lui qui, par esprit de résistance, les réu-
nit en société et leur donne une force d'union qui est la
véritable force sur terre. C'est le faisceau de la fable de
La Fontaine : *le Vieillard et ses enfants*. C'est mus par
cet esprit d'opposition qu'ils se soumettent aveuglément

aux lois souvent dures que leur association leur impose.
Ils sont soumis en particulier, mais indépendants et rois
en masse.

Le nœud philosophique est très-commun en France,
surtout chez le peuple de Paris ; de là vient son besoin
d'indépendance mêlé d'un certain bon sens, car le doigt
carré s'y remarque presque toujours. Sa légèreté vient
des doigts lisses qui y sont aussi en majorité.

Ces trois mains, avec le nœud philosophique *seule-
ment*, conserveront leur impressionnabilité et le goût
pour les arts.

Toutes les trois chercheront, à cause du nœud philo-
sophique, mais toujours chacune suivant ses instincts,
des procédés pour l'exécution, soit en sculpture, soit en
peinture ; elles auront leurs recettes particulières, *leurs
ficelles* à elles, en langage d'atelier.

Les mains spatulées plus actives, essayeront de tout ce
qui a rapport à l'art ; elles feront du daguerréotype, de la
lithographie, de l'eau-forte, de l'aquarelle, des tableaux
peints, et elles y rattacheront l'étude des sciences qui
ont rapport aux arts, comme la chimie, la physique ; elles
feront des essais pour la composition, l'amélioration des
terres employées en peinture ; elles se feront des couleurs
particulières, des vernis de leur invention.

Mais si au nœud philosophique se joint le nœud maté-
riel, si les doigts ont des nœuds à chaque phalange,
adieu le goût des beaux-arts ; le positif et l'utile arrivent,
et, si l'artiste résiste, ce sera l'artiste raisonnable et spé-
culateur.

Car la réunion des deux nœuds fond ensemble la raison et le réalisme.

Le doigt pointu perdra beaucoup de ses tendances par l'influence de ces deux nœuds qui agiront en sens contraire; il aura des inspirations artistiques sans cesse étouffées par le calcul et le positivisme; mais comme un organe ne perd jamais de ses qualités, il joindra l'invention aux calculs, il fera des découvertes qu'il pourra ébaucher lui-même, mais qui seront plutôt perfectionnées et mises en œuvre par les doigts en spatule et à nœuds. Toutefois, le doigt pointu avec des nœuds n'étant pas en harmonie d'ensemble, donnera parfois des luttes intérieures, et, par suite, des mécontentements, des défiances ou des tristesses, surtout si le pouce est court.

Le doigt carré avec deux nœuds aimera la science, l'étude, l'histoire, la botanique, l'archéologie; il excellera dans la jurisprudence, la géométrie, la grammaire, dans l'arithmétique, les mathématiques, l'agriculture, les calculs; il sera caissier exact. Son ordre sera excessif; tout sera rangé, étiqueté chez lui. Fanatiquement soumis aux usages, à la règle, il admirera surtout la symétrie; il sera apte à tous les métiers, à toutes les sciences pratiques; il fera peut-être plus de cas du bon sens que du génie (qui, toutefois, est le bon sens illuminé); il préférera le réel à l'idéal, l'histoire et les autres sciences morales et politiques à la métaphysique et aux sciences occultes.

Les grands compositeurs de musique, *surtout les plus savants,* ont les doigts carrés et à nœuds, à cause du rhythme qui est un calcul ; l'inspiration leur viendra du pouce court.

Avec deux nœuds, le doigt spatulé aura à la fois le goût du mouvement, qui forme son caractère principal, et le goût des sciences exactes, donné par la réunion *des deux nœuds*. Il mettra donc la science en action ; il lui donnera le mouvement, la vie, et il saura faire marcher les machines, engrener des rouages, inventer des mécaniques, utiliser la vapeur. On le trouvera sur la grand'-route comme arpenteur, géomètre, homme de cadastre ; il sera navigateur célèbre comme Colomb, Cook ou La Pérouse ; il sera partout, en un mot, où l'action du corps vient exécuter le travail de l'esprit.

« Ce qui n'étonne pas les mains en spatule, dit M. d'Arpentigny, et elles ne s'étonnent pas de peu, ne leur plaît point ; mais vous les verrez infailliblement s'extasier devant ces monolithes, œuvrés ou non, dont l'extraction, le transport, la mise en place, réveillent en eux des idées d'efforts physiques et d'industrie mécanique qui plaisent à leur esprit.

« Dans le Nord, où les mains en spatule et carrées sont en majorité, l'artiste est effacé par l'artisan. En Italie, en Espagne, en France même, l'artisan est effacé par l'artiste. Dans le Nord, il y a plus d'opulence que de luxe ; dans le Sud, il y a plus de luxe que d'opulence. »

Au début du protestantisme, les doigts spatulés à nœud philosophique furent, par le *nœud philosophique*, portés à douter, et par la spatule, qui les portait à tout mouvement, disposés à embrasser une religion nouvelle.

La révocation de l'édit de Nantes, en les exilant, enleva à la France ses mécaniciens et ses savants les plus distingués. L'Angleterre sut les attirer et profiter de cette grande faute.

Ajoutons ici, cela est très-important, *et M. d'Arpentigny n'en a pas parlé, que l'exagération dans les formes extérieures des doigts ou dans l'ampleur des nœuds, annonce toujours l'excès, et, par suite, le désordre de la qualité ou des instincts qu'ils doivent représenter.*

Et conséquemment la qualité représentée par les nœuds est plus ou moins grande, selon que le nœud est plus ou moins développé.

EXCÈS DANS LES FORMES.

Ainsi, le doigt trop pointu est porté aux entreprises romanesques et impossibles, à l'imprévoyance, à l'imprudence, à l'exagération de l'imagination qui devient le mensonge, au lyrisme échevelé, au mysticisme, à la brillante folie, au fanatisme religieux, aux tendresses folles, et surtout à l'affectation, à la manière dans les poses, les gestes et la voix.

Les doigts trop carrés sont enclins au fanatisme de l'ordre, de la méthode, au despotisme universel et étroit, à l'intolérance pour tout ce qui n'est pas convenu, à la régularité abrutissante. Ils sont pour leurs commis et les gens qui dépendent d'eux, les tyrans du droit, de l'usage, et de la règle.

Les doigts trop spatulés ont la tyrannie de l'activité,

du mouvement; rien ne va assez vite à leur gré; personne, pour eux, n'est assez occupé. Ils ont le fanatisme de la science positive, le doute, la mobilité, le besoin de liberté sans point d'appui; ils sont tracassiers, inquiets, se tourmentent beaucoup et tourmentent encore plus les autres.

Ces excès existent surtout lorsqu'à l'exagération dans les formes des phalanges vient se joindre la longueur de la première phalange du pouce qui représente la volonté absolue ou la domination.

La première phalange du pouce, la phalange onglée, lorsqu'elle est courte, indique comme nous l'avons dit, le manque de décision; mais si elle est large en même temps, elle annonce un entêtement plus ou moins grand, selon le plus ou moins de largeur du pouce. Plus la première phalange est grande et plus la volonté est forte. Un pouce court, mais large, absorbe autant de fluide qu'un pouce long; seulement comme le pouce est court, et que le cachet du pouce court est le manque de volonté, l'énergie apportée par l'affluence du fluide éveille une volonté irrégulière, une volonté sans discernement: l'entêtement; et une humeur sauvage, extrême dans ses joies, meur sauvage, extrême dans ses joies, et surtout, dans ses colères qui peuvent pousser jusqu'au suicide ou à l'assassinat. Cette forme de pouce porte à la mélancolie dans l'état calme.

Ainsi, la première phalange du pouce, large, presque ronde, en forme de bille, annonce donc toujours l'entêtement ; si la *logique* manque, l'entêtement est invincible.

Ce signe ne trompe jamais.

DOIGTS COURTS, DOIGTS LONGS.

Les doigts courts, et surtout quand ils sont lisses, traversés plus rapidement par le fluide, jugent instantanément, et n'ont le temps d'examiner que les masses. L'aspect général leur suffit, et ils ne s'occupent pas des détails qu'ils ne peuvent même pas apercevoir. Aussi les gens aux doigts courts sont-ils sans façon ; pour eux les frais de toilette sont perdus ; ne mettez, pour les aller voir, ni habit noir, ni cravate blanche, ils ne s'en apercevront pas, où s'ils s'en aperçoivent par hasard, il ne leur viendra jamais dans l'idée de s'en formaliser. Dans les affaires de la vie, dans leurs spéculations, ils verront l'ensemble du premier coup, et très-souvent juste parce qu'ils jugent par inspiration ; s'ils sont peintres, ils se préoccuperont de l'aspect et de la masse, et ne pourront jamais s'astreindre à soigner amoureusement les détails ; ils seront brefs, concis dans leur style et dans leurs écrits ; s'ils ont les doigts pointus, ils pourront parler par images mais ils ne perdront jamais l'ensemble, leur but principal.

Une main courte, avec des nœuds, prend nécessairement les qualités que les nœuds lui donnent; elle peut avoir du raisonnement, du calcul même, mais elle jugera toujours plutôt par synthèse que par analyse.

La main longue, au contraire, est irrésistiblement entraînée vers les détails jusqu'à la mesquinerie; elle se propose plutôt le fini que le grand. Le peintre de fleurs Redouté avait de grosses et surtout de grandes mains. Balzac, l'homme de la description minutieuse, avait de grandes mains pointues. Les gens à doigts longs, avec des nœuds, sont des gens à précautions et à manies.

Si vous demandez la protection d'un homme aux doigts longs, prenez bien garde à ne trahir chez vous aucune négligence de costume; en allant lui rendre visite, soyez irréprochable comme tenue respectueuse, car *quelle que soit son intelligence*, il vous saura, *malgré lui*, bon gré de ce soin minutieux qui rentre dans ses goûts ou plutôt dans ses instincts, et, pesez bien vos paroles, surveillez bien vos gestes, car l'homme qui aime les détails, est, par cela même qu'il aime les détails, nécessairement et fatalement *susceptible*. Son esprit méticuleux s'irrite et s'offense d'une chose sans importance, comme son œil souffre de la moindre négligence dans la tenue. Cet homme, s'il est orateur, littérateur, chérira les détails et les fioritures (car c'est par là qu'il devra intéresser et réussir), au point d'en venir quelquefois, en s'égarant dans la description d'une des parties, à oublier le point de départ : l'objet dont il s'occupe. S'il est peintre, il soignera le détail jusqu'à la perfection, au point de nuire à la masse. Les Anglais, qui ont généralement les doigts longs, excellent dans la peinture minutieuse; les Flamands et les Allemands avaient évidemment et ont encore les doigts très-longs.

Défiez-vous surtout d'un homme aux doigts longs, et qui, par le *nœud phi'osophique*, ira à la recherche des causes, car il partira, en vous étudiant, du moindre détail pour tirer des conséquences sur vous et en arriver à vous connaître ; surtout s'il a la logique indiquée par la longueur de la seconde phalange du pouce. Je dis défiez-vous, car personne n'est parfait, et l'indulgence humaine porte à deviner vos défauts avant vos qualités.

« Aux grandes mains, dit M. d'Arpentigny, l'esprit de minutie et de détail. De l'amour qu'il eut toute la vie pour les vétilles, on peut conclure que Frédéric Ier, roi de Prusse, qui fut surnommé le roi Sergent, qui régna la schlague à la main, qui bâtonnait son fils, et dont on s'attirait l'estime avec des bottes bien graissées, avait les mains très-grandes. »

Une main longue, avec de forts nœuds et un grand pouce, appartient généralement aux gens de chicane. Le génie ergoteur et subtil, l'amour de la polémique, l'instinct de la controverse, se rencontrent fréquemment dans la personne dont la grande main offre des doigts noueux à phalanges carrées.

Les mains moyennes ont à la fois l'ensemble et les détails, la synthèse et l'analyse, si la paume et les doigts sont de la même longueur.

Il nous reste à parler, pour compléter le système de M. d'Arpentigny, des mains dures, des mains molles, des mains voluptueuses des mains élémentaires et des mains mixtes.

MAIN DURE, MAIN MOLLE.

« Deux mains, dit M. d'Arpentigny, ont la même épaisseur, la même largeur, le même développement, et se terminent également en spatule, par exemple. Seulement l'une est souple jusqu'à la mollesse, l'autre est ferme jusqu'à la dureté.

« Vous comprenez qu'il s'agit ici du tempérament de complexion et que, bien que la tendance intellectuelle de ces mains soit la même à cause de sa phalange en spatule, qui veut le mouvement, leurs aptitudes et les mœurs seront différentes : car, comme dit Fontenelle, un fond de ressemblance ne laisse pas de porter des différences infinies. Dans leur commun amour pour le mouvement, la main molle cherchera la dissipation dans une action modérée, et la main dure dans une action énergique. La dernière se lèvera avec l'aurore, l'autre appréciera les délices de la grasse matinée, comme dans leurs plaisirs l'influence de l'organisation se fera sentir dans le choix de leurs études et de leur profession [1]. » ·

Le caractère de la main molle est la paresse.

Un ruisseau passe en courant sur un lit de roche, sans y laisser une seule goutte de ses eaux ; s'il traverse un marécage, sa course s'y ralentit, les eaux détrempent, imbibent le terrain et s'y arrêtent.

Il en est de même du fluide traversant la paume de la

---

[1]. Science de la main, p. 66.

main, où les influences astrales jouent un si grand rôle.
Les chairs fermes de la main, laissent passer plus rapide-
ment le courant électrique dont s'imprègnent les chairs
molles, plus spongieuses.

Aussi les chairs dures sont plus actives, plus énergi-
ques, plus près de la matière, mais aussi moins rêveuses
et moins véritablement poëtes.

La main dure, spatulée ou non, aime l'action corpo-
relle, le mouvement, les efforts, les exercices de corps,
l'escrime, l'équitation, la chasse, le voyage à pied avec
la pluie, le soleil; elle aime la fatigue et les lits durs.
Elle couchera, s'il le faut, sur la terre. Elle prendra plai-
sir, dans ses moments de repos, à conduire un canot à la
rame contre le vent et la marée, elle se reposera d'un
travail par un autre et ne pourra rester oisive.

Mahomet avait la main dure, il balayait sa tente, res-
semelait lui-même ses sandales, et n'était jamais en repos.

Si la main dure est spatulée, elle deviendra, s'il se
peut, plus active encore. La main pointue sera active
aussi si elle est dure; seulement elle mettra dans ses
exercices une élégance instinctive, à la force elle join-
dra la grâce.

Une main trop dure est une marque certaine d'inintel-
ligence, ou du moins de lourdeur d'esprit.

La personne à main molle spatulée est paresseuse de
corps; elle craint la fatigue et le soleil, elle reste volon-
tiers assise tout le jour, dort longtemps, se couche tôt
et surtout se lève tard. Mais les instincts de la spatule
existent toujours; elle aime le bruit, le spectacle du

mouvement, elle parcourt volontiers les foires, les marchés animés, elle ne manque pas une revue et suit le pas des tambours; elle fait galerie partout où se trouve le spectacle de l'action, et elle s'accoude sur les parapets pour voir manœuvrer un bateau, charger une barque; plus le travail est pénible, et plus elle éprouve d'émotions et de plaisirs. Elle change de place volontiers, mais dans de bonnes voitures, dans des fauteuils de vagons bien rembourrés; elle ira avec plaisir en canot, si les autres rament. Mais elle aime la lecture des voyages et se plaît à suivre dans ses récits l'explorateur intrépide qui traverse, au milieu des dangers, les déserts de l'Abyssinie avec des privations sans nombre.

Toute main *molle* est naturellement portée au merveilleux. Plus saturée d'électricité, elle se trouve plus directement en rapport avec les autres mondes, elle est plus sensible, plus impressionnable, plus nerveuse, plus portée à la rêverie qui l'enlève de notre globe pour la faire planer dans l'espace sur les ailes de l'imagination; mais la main spatulée *molle*, par son besoin de mouvement même, jette là toute l'activité que demande sa nature, elle s'élance au delà des bornes de la terre, et cherche dans le magnétisme, et les sciences occultes, une pâture à l'activité de son organisation.

Si l'on revient un jour aux sciences occultes, et l'on doit fatalement y revenir, les découvertes viendront des doigts pointus, mais les explications et les expériences seront faites par les mains molles et spatulées.

MAIN DE PLAISIR.

Il y a une main essentiellement voluptueuse, pares-
seuse avec délices, mais ardente pour les plaisirs et apte
à les goûter tous.

Elle est potelée, comme enflée, les doigts sont lisses et
pointus, sans nœuds et gonflés à la base de la troisième
phalange, siége des plaisirs matériels. La peau en est
blanche, unie et semble ne pas se salir. Cette main a des
fossettes, la paume en est forte, charnue, la racine
du pouce (mont de vénus) est surtout développée. Le
pouce est ordinairement très-court, cette main que l'on
met au rang des plus belles, est la main des gens de
plaisir, et de cette classe de femmes que l'on appelle
filles *de marbre*.

Les doigts pointus nécessairement lisses, les disposent
à l'erreur et les rendent impressionnables; mais comme
le pouce est court, et par conséquent la volonté nulle,
et que ce qui agit le plus fortement en eux, c'est d'une
part, l'appétit matériel indiqué par l'épaisseur de la
troisième phalange des grands doigts et l'instinct de
l'amour sensuel indiqué par l'épaisseur de la racine du
pouce. Ces mains se trouvent irrésistiblement entraînées
par le tourbillon de leurs insatiables désirs sans cesse
alimentés par la puissance voluptueuse de leur organi-
sation.

La peau, d'un blanc mat, ne se rougit pas à l'air et
semble insensible à l'action du chaud et du froid; et ce

qui fait leurs mains si blanches et si belles c'est leur égoïsme, c'est que l'âme qui se reflète partout est insensible aussi et qu'elle est sourde à la pitié, à la charité et à l'attachement véritable.

La matière est chez elles en telle abondance, qu'elle délaie et absorbe le fluide venu du ciel. Tout principe divin est étouffé ; l'enveloppe terrestre domine le *mens*, et elles ne vivent que par les émanations qui viennent de cette enveloppe : le plaisir brutal et la vanité.

Que ceci ne paraisse pas une chose dite à la légère : le cerveau agit sur la peau. Si chaque maladie, et cela est incontestable, dont après tout le siége, le point de départ est toujours le cerveau, donne à la peau une apparence, une qualité particulière, « si la peau est ordinairement chaude, mais douce, hâlitueuse dans les maladies de poitrine ; si elle est sèche et âcre, dans celles des viscères abdominaux [1]; » si elle varie selon les affections, nous n'avons pas besoin d'autre preuve.

« Les phénomènes cutanés, dit encore Georget, déterminés par l'influence cérébrale, quoique moins évidents que dans plusieurs organes, sont pourtant réels et dignes de fixer l'attention de l'observateur [2]. »

Ainsi il est évident pour nous, que la peau de la main un peu ridée, mais souple, annonce un caractère sensible et impressionnable, de la rectitude, tandis qu'une main ridée, mais dure, annonce un caractère batailleur, disposé à tourmenter les autres, *surtout si les ongles*

1. Georget, *Physiologie du système nerveux*, t. II, p. 143 (1821).
2. *Idem.*

sont petits et couverts de chair; car les ongles courts plutôt larges que longs, et sur lesquels la peau des doigts monte très-haut, annoncent toujours un caractère batailleur. Si la personne est naturellement bienveillante, ces ongles lui donnent la moquerie, le persiflage et l'esprit de critique et de contradiction.

Les femmes qui ont les mains de plaisir, si chez elles *la logique* est grande, sont dangereuses et peut-être nécessaires dans le monde.

Ces femmes ne rayonnent pas, elles absorbent, elles magnétisent les hommes aux bons instincts; elles les attirent comme attirait le gouffre de Charybde le gouffre de Scylla, et rejettent trop souvent, comme Scylla ou Charybde, les débris de leur honneur.

Mais la nature veut qu'il en soit ainsi pour l'enseignement de ces poëtes trop ardents et trop généreux qui s'imaginent renouveler avec elles le miracle de Pygmalion, ou qui, trop charitables, se penchent vers elles pour les retirer du gouffre où ils se trouvent énergiquement entraînés eux-mêmes.

Ces femmes comptent parmi les épreuves réservées à l'homme qui doit s'affranchir. Les faibles se brisent à leur contact, mais les forts y acquièrent l'expérience du mal et le mépris du vice, et ils comprennent alors, mais seulement alors, la portée immense des paroles du Christ:

« Ne jetez pas vos perles devant les pourceaux. »

MAIN MIXTE.

Laissons parler M. d'Arpentigny : « Je donne ce nom à la main dont les lignes indécises semblent appartenir à deux types différents.

« Ainsi votre main est mixte si, étant en spatule, par exemple, la forme en est si peu marquée qu'on puisse s'y méprendre et n'y voir que des phalanges carrées.

« Une main élémentaire et conique peut être prise pour une main artistique.

« Une main artistique peut être prise pour une main psychique, et réciproquement.

« Une main utile peut-être prise pour une main philosophique, et réciproquement. »

Selon M. d'Arpentigny, ces mains sont destinées à faire une transition entre les mains pointues, carrées, spatulées nommées par M. d'Arpentigny, mains de *race* et qui, naturellement en guerre les unes contre les autres par suite de leurs instincts opposés, se détruiraient sans les mains mixtes qui, appartenant à des types composés, et par conséquent moins exclusifs, les rattachent et les concilient.

Ces mains seraient alors des mains de *fusion*.

« Comme il y a, dit-il encore, des vérités absolues, des beautés *absolues*, il y en a aussi de *relatives*. Entre Apollon et Vulcain, entre les Muses et les Cyclopes (qu'on me passe ces symboles en faveur de la clarté),

Mercure, le dieu de l'éloquence *pratique* et des arts *industriels*, prend son vol et balance son caducée.

« Or, c'est aux mains mixtes qu'appartient l'intelligence des œuvres mixtes, des idées intermédiaires, des sciences qui ne sont pas des sciences comme l'*administration et le commerce*, des arts qui ne relèvent pas de la poésie, des beautés, des vérités *relatives de l'industrie.* »

M. d'Arpentigny refuse aux mains mixtes les qualités de la *race.*

« Selon lui, les hommes à la main de race ont l'esprit plus fort que varié ; les hommes à la main mixte ont l'esprit plus varié que fort ; ces derniers propres a beaucoup de choses, n'excelleraient dans aucune. C'est pour eux surtout qu'une éducation forte et judicieusement adaptée à la faculté la plus saillante de leur génie est un immense bienfait. »

M. d'Arpentigny, selon nous, juge les mains mixtes avec une grande rigueur. Ces mains, qui tiennent le milieu entre les doigts carrés (la raison) et les doigts pointus (l'exaltation), donnent une nature qui peut, chez les gens bien doués, réunir les élans de l'imagination aux calculs du bon sens, réunion qui conduit souvent au génie. Il nous suffira, pour appuyer par des exemples notre manière de voir, de dire que beaucoup d'hommes réellement supérieurs de notre époque ont les doigts mixtes. Nous citerons MM. de Lamartine, J. Janin, Émile Augier, le général Daumas, Auber, Horace Vernet, Delaroche, Meissonnier, Diaz, Gérome, qui réunissent tous en effet le goût de la poésie à la recherche de la vérité, sans compter une foule de gens de talent et d'esprit, qui ne le cèdent en rien aux hommes à main de race.

MAIN ÉLÉMENTAIRE.

M. d'Arpentigny les définit ainsi :

« Doigts gros et dénués de souplesse. — Pouce tronqué et souvent retroussé, paume (et c'est là leur signe le plus saillant et le plus caractéristique) d'une ampleur, d'une épaisseur et d'une dureté excessives. »

C'est la matière dominant l'intelligence.

«Aux mains élémentaires en Europe, le labourage, le soin des étables et la longue suite des travaux grossiers auxquels suffisent les confuses lumières de l'instinct ; à elles la guerre en tant qu'il ne s'agit que de prouesses personnelles ; à elles la colonisation en tant qu'il ne s'agit que d'arroser machinalement de sa sueur un sol étranger.

« L'usage les gouverne, et elles ont plus d'habitudes que de passions ; étrangères à tout entraînement, les mains élémentaires indiquent des sens lourds et paresseux, une imagination lente, une âme inerte, une insouciance profonde.

«Chez les Lapons, elles sont en immense majorité ; elles échappent aux maux inhérents aux latitudes polaires par l'inertie.

« Des organes quasi insensibles ne peuvent transmettre

10.

au cerveau que des idées imparfaites. *L'homme visible n'est que l'image de l'homme invisible;* tel est le corps, telle est l'âme, et réciproquement. »

Les hommes à mains élémentaires, quand ces mains sont pointues comme celles des mendiants bretons, qui ont remplacé les trouvères, aiment la poésie et sont toujours accessibles à la superstition; ils croient volontiers aux fantômes; ils se font encore verser dans les manches et dans le dos l'eau des fontaines sacrées, et en passant dans les grandes plaines, couvertes de bruyères, ils saluent encore les *dolmen* et les *menhirs.*

La Finlande, l'Islande, la Laponie, où la main élémentaire règne seule, sont pleines de sorciers. Dans notre article sur la chiromancie, nous dirons pourquoi elles sont superstitieuses. Leur pouce court rend les *mains élémentaires* faciles à décourager et sensibles à la douleur; si l'inertie ne prend le dessus, elles succombent à leurs chagrins, d'autant plus vite qu'elles sont généralement dépourvues de tout ressort moral, à cause de ce pouce court.

Les hommes à mains élémentaires sont actifs par leurs paumes dures, ce qui peut balancer chez eux les excitations de l'amour physique; ils sont sensibles, croyants et portés à la poésie par leurs doigts pointus; leur main est grande, épaisse et lourde, mais elle n'est pas grassouillette; elle est excessivement ferme, et rougie par l'air. Informe, en quelque sorte, elle n'a ni les contours élégants, ni les instincts de la main de plaisir. Les doigts courts, avec une paume très-longue, appartiennent essen-

tiellement aux mains élémentaires ; par leur forme, elles
se rapprochent de la bestialité.

DOIGTS COURTS AVEC UNE PAUME TRÈS-LONGUE.

Voici ce que dit, à ce sujet, le docteur allemand Carus [1],
qui a publié sur la phrénologie et sur la structure du
corps humain des livres.éminemment remarquables :

« Les os de la paume forment, chez les animaux, pres-
que toute la main, comme on le voit chez les singes ; il
ressort de là qu'une domination de la paume sur les
doigts doit dénoter chez les hommes un caractère appro-
chant de l'animalité, c'est-à-dire à instincts bas, car il
est à remarquer que si les doigts, par la finesse du tou-
cher et la délicatesse de leurs mouvements, sont les in-
struments de la vie de l'âme avec la conscience d'action,
la paume est en quelque sorte le foyer de la vie instinc-
tive de l'âme, puisqu'elle dénote d'un côté une agglo-
mération de la vie sanguine, de l'action du sang (et la
preuve en est qu'elle devient brûlante dans la fièvre, les
maladies de consomption et les cas principaux de désor-
ganisation par irritation), et, de l'autre côté, l'état des
nerfs vitaux comme on l'observe facilement par sensa-
tion intérieure dans les rayonnements magnétiques, car
le toucher de la paume cause alors chez certaines per-
sonnes des démangeaisons violentes. Les communica-
tions de cette exubérance de vie instinctive sont, en

1. Traduction inédite.

dehors des monts de la main, un amas plus ou moins grand de corpuscules *paciniques* [1] sur les nerfs qui s'y trouvent, aussi la paume a-t-elle de grandes significations pour la santé humaine. La chiromancie dit avec raison que les couleurs blanches ou jaunes des lignes de la main sont des signes de maladie. Comme une paume bien colorée, et tendre à peu près comme une terre amollie par la bêche, sensible, chaude, humide, annonce la jeunesse, la santé, la sensibilité, tandis que la sécheresse et la maigreur annoncent l'insensibilité et la rudesse de caractère. »

M. d'Arpentigny classe les mains en sept catégories distinctes. Nous ne le suivrons pas dans ses classifications, parce que nous croyons qu'elles sont inutiles. Des mains peuvent se ressembler, mais la nature ne se répète et ne se calque jamais, et dans les objets les plus semblables en apparence, elle met quelquefois, par un seul trait peu sensible à première vue, une différence complète dans les instincts.

Nous l'avons vu par les mains *spatulées*, molles ou dures.

Nous avons expliqué tout son système, qui peut se modifier à l'infini par les différentes combinaisons ; nous en avons donné quelques exemples, nous en donnerons d'autres encore, mais nous éviterons tout ce qui peut surcharger la mémoire du lecteur décidé à étudier cette science utile.

---

1. Du nom du docteur Pacini qui les a découverts.

RÉSUMÉ

Cette science, nous l'avons rendu compréhensible par les trois mondes, nous nous résumerons encore en terminant.

Ainsi, la première phalange représente toujours le *monde divin*. Les premiers nœuds, à partir de la phalange onglée, donnent l'*ordre dans les idées :* philosophie, etc.; *monde abstractif;*

Les seconds nœuds donnent *l'ordre matériel :* calcul, économie, rangement; *monde matériel;*

Les doigts courts donnent la synthèse, l'amour de la masse;

Les doigts longs donnent l'analyse: l'amour des détails et par suite la susceptibilité;

Les mains dures, l'activité;

Les mains molles, la paresse;

Doigts pointus : idéalisme, poésie, arts. Excès : erreur, mensonge;

Doigts carrés : ordre, réflexion, pensée. Excès : prud'homie, manie;

Doigts spatulés : activité, mouvement, travail du corps. Excès : pétulance. Ces doigts, avec les mains molles, donnent : activité de l'esprit. Excès : occultisme;

Doigts lisses : premier mouvement, inspiration, tact.

Excès : étourderie ; Doigts noueux : raisonnement, calcul. Excès : égoïsme.

Mais tout instinct peut être modifié ou complètement changé par la forme du pouce.

C'est par le pouce surtout que se fait l'absorption du fluide vital. Les idiots, qui vivent de la vie instinctive, n'ont presque pas de pouces. Au moment de la mort, et c'est là un des signes qui en annoncent l'approche le plus certainement, les mourants cachent leurs pouces dans leurs mains, parce que la communication cesse avec le monde supérieur, et que la matière reprend son empire lorsque l'étincelle s'en va. C'est la nuit qui étend ses ombres quand part le soleil. A Naples, on cache le pouce dans les doigts pour éviter l'absorption du fluide venimeux que jette (le mot l'indique) le *jettator*. Il faut, lorsqu'on se trouve en compagnie suspecte, et qu'on se sait superstitieux, « tenir le pouce replié et caché dans la main, en évitant de fixer personne, mais tâcher pourtant de regarder le premier ceux dont nous avons quelque chose à craindre, afin d'éviter les projections fluidiques inattendues et les regards fascinateurs [1] ». Si nous n'avons pas établi notre système de suite lorsque nous avons parlé du pouce, c'est que le pouce n'a pas de nœuds, et qu'il n'épouse que vaguement et d'une manière très-peu apparente les formes pointues, carrées ou spatulées.

Nous n'aurions donc pu donner qu'imparfaitement

---

1. *Dogme et rituel de la haute magie*, p. 226.

une idée de ce que nous avions à démontrer, et nous avons sacrifié jusqu'ici, tout, même jusqu'à l'élégance du style, par des répétitions constantes pour nous faire bien comprendre.

En un mot, nous avons agi plutôt en doigt carré qu'en doigt pointu.

Le pouce, disions-nous, peut tout modifier. Nous en donnerons quelques exemples.

Une main est molle et disposée à la paresse, mais si la première phalange du pouce est longue, *celle de la volonté*, la main molle travaillera sans aimer le travail, et s'il le faut, plus qu'une autre, *par devoir*. Une main spatulée aura un pouce court, elle deviendra incertaine, elle essaiera de tout, mais sans rien terminer, elle fera des voyages sans but; son activité sans cesse mal dirigée lui deviendra inutile; elle sera tendre, aimante, expansive, ce qui est contre tous ces instincts. Mais si la logique est très-développée, alors son incertitude cessera; elle verra vite par l'impressionabilité du pouce court, et la logique triomphera de ses incertitudes; elle ira à coup sûr, et son activité *éclairée* la fera réussir.

L'*ordre matériel*, second nœud des doigts, avec la *logique*, seconde phalange du pouce, et la main ferme, l'*activité*, mènera infailliblement à la fortune.

Le *nœud philosophique* donne l'*ordre dans les idées*, et surtout la recherche des **causes** qui en est la conséquence.

La logique et le nœud *philosophique* réunis feront un homme fort, à moins que la racine du pouce trop développée et le pouce court, ou la volonté trop faible, ne viennent l'entraîner dans un précipice. Il ira, mais il saura parfaitement qu'il y va. Toutefois, il a tout ce qu'il faut pour s'arrêter à temps.

. Le pouce est dédié à Vénus, et à Mars par beaucoup de vieux chiromanciens, et alors le pouce est toute la vie : l'amour et la lutte.

Pour le moment nous en resterons là.

On pourrait multiplier et varier à l'infini ces exemples, et le lecteur saura tout aussi bien que nous tirer des inductions : toutefois, nous reviendrons plus tard sur la chirognomonie lorsque nous nous occuperons de la chiromancie, qui la complète. Ces deux sciences, comme aussi la phrénologie, comme la physiognomonie, sont toujours en parfait rapport entre elles, par la raison toute simple qu'elles ont une cause unique ou un même point de départ : le fluide astral.

Balzac était parfaitement dans le vrai, lorsqu'il disait dans le cousin Pons :

« Une des plus grandes sciences de l'antiquité, le magnétisme animal, est sortie des sciences occultes, comme la chimie est sortie des fourneaux des alchimistes. La crânologie, la physiognomonie, la névrologie en sont également issues; et les illustres créateurs de ces sciences, en apparence nouvelles, n'ont eu qu'un tort, celui de de tous les inventeurs, et qui consiste à systématiser des faits isolés, dont la cause génératrice échappe encore à l'analyse. »

Nous citerons encore un passage du livre de M. d'Ar-

pentigny, qui semble résumer et expliquer son système
et le nôtre :

« Peut-être aurez-vous remarqué, dit-il, que le goût
de l'agriculture, de l'horticulture nous gagne à mesure
que nous vieillissons. Ce goût, faible d'abord, grandit
peu à peu et se développe en raison de l'affaiblissement
des facultés de notre imagination ; et c'est quand nos
mains, raides, comme ossifiées et devenues presque in-
sensibles, offrent la fidèle image de notre intelligence
appauvrie, que cette manie de labourer nous domine
avec plus d'empire.

« Nous devenons également plus rangés, moins crédu-
les, plus logiques, à mesure que les nœuds de nos doigts
se dessinent et se montrent davantage. »

MAIN DE M. D'ARPENTIGNY.

Nous donnons ici la description de la main de M. d'Ar-
pentigny, faite au moyen de son système. Nous explique-
rons ses goûts et ses aptitudes en appliquant à l'inventeur
les préceptes de sa méthode.

Nous aurions pu aller beaucoup plus loin en consul-
tant la chiromancie, mais chaque chose doit venir à sa
place.

A la suite de notre article sur la chiromancie, nous
donnerons de même la description de la main de
M. Constant (Éliphas Lévi) en employant alors les deux
systèmes.

11

La main de M. d'Arpentigny se fait surtout remarquer par sa beauté peu commune : ses doigts longs et très-pointus lui donnent une élégance extrême, et, grâce à la logique (seconde phalange du pouce) et au nœud philosophique (la causalité) ils lui procurent les qualités utiles de leur race. Nous n'avons pas besoin de parler des inspirations du professeur, la découverte de son système en donne la preuve. Attiré par ses doigts pointus vers l'amour de la forme, il nourrit le culte du beau dans l'art, la poésie, les œuvres d'imagination ; son goût est fin, délicat, mais entraîné par son attrait pour ce qui flatte l'œil et l'oreille, il en arrive parfois à la recherche. Bien qu'il soit retenu sans cesse par sa grande logique qui lui donne aussi l'estime de la vérité et de la simplicité, la nature des doigts pointus reprend de temps en temps le dessus. Il parle bien, il écrit d'une manière charmante et spirituelle, son style ne reste jamais terre à terre, et s'élève même parfois à des inspirations brillantes, mais qui ne sont plus en rapport avec le siècle tristement matériel où nous vivons.

Il fait peu de cas de sa noblesse, il est simple ; et cependant il recherche la haute société, dont il a les belles manières. Toute sa personne rayonne d'aristocratie native, et il a en horreur les gens vulgaires. Sa conversation est charmante, toujours très-instructive, et pailletée, par intervalles, de mots brillants, mais sans prétention.

Les doigts pointus le porteraient vers la religion, mais le nœud philosophique le rend essentiellement douteur ;

il a des aspirations qu'il combat sans cesse et quelquefois même avec amertume; on dirait qu'il se reproche des élans secrets, dont il ne veut pas se rendre compte.

Avec les doigts pointus seulement, il eût eu des inspirations de son système, mais vagues, fugitives, et ne l'eût certainement pas appliqué; le nœud philosophique, qui donne la recherche des causes, lui a expliqué ce que lui murmurait son imagination, et la logique est venue l'encourager et faire ses convictions profondes.

Malgré ses doigts pointus, sa modestie est charmante, et il s'étonne presque lorsqu'on lui dit qu'il a trouvé une grande chose.

Mais le nœud philosophique, très-utile sans doute, a aussi de graves inconvénients. Il rend, on le sait, indépendant, et l'amour de l'indépendance qu'il inspire, assez mal apprécié dans la carrière militaire, l'empêcha de s'élever jusqu'au grade où l'appelait son intelligence supérieure.

Ses doigts rendus lisses par l'absence du nœud d'ordre matériel, en lui donnant largement toutes les qualités de l'artiste, n'ont pu naturellement lui conseiller le rangement et l'économie dont ils ont horreur. Mais en s'élargissant par la base, ils lui ont apporté le goût des plaisirs sensuels, et lui ont fait la vie aussi supportable que possible, en l'engageant à se baisser pour ramasser une à une, et sans choix trop sévère, toutes les fleurs qui se trouvent sur le chemin de la vie.

Les mains molles ont ajouté à ses goûts sensuels l'attrait de la paresse intelligente.

M. d'Arpentigny est paresseux avec délices, et de là peut-être cette indifférence pour les succès dans le monde, pour la grande réputation qui aurait dû lui revenir ; de là ce dégoût pour ces démarches, pour ces controverses, pour ces luttes académiques réservées à tout inventeur.

Son chemin était tracé en plein soleil, il a préféré marcher à l'ombre ; et, sans sa première phalange du pouce assez large qui lui donne un certain entêtement, peut-être eût-il laissé là son système, autant par horreur du tracas et des intrigues que par mépris de l'humanité.

M. d'Arpentigny avait donc tout ce qui fait l'inventeur : les doigts pointus qui reçoivent les inspirations célestes, la causalité, la grande douteuse qui les discute et les examine, et la logique qui les adopte enfin, en jugeant froidement ce qu'il y a de vrai dans les élans des doigts pointus et dans les doutes de la causalité. Ses doigts longs, par la minutie qu'ils donnent, ont servi à ses études, en lui faisant suivre son système avec soin, et jusque dans les plus petits détails.

Mais ce qui est une qualité pour trouver un système peut devenir un défaut pour l'exposer et le faire comprendre. M. d'Arpentigny manquant de l'ordre de classement des doigts carrés et aussi de l'ordre matériel placé à la seconde phalange des doigts, s'est laissé aller aux charmes de la description, aux charmes des citations, aux charmes de la science. Entraîné par son esprit philosophique, il a trouvé à chaque pas des sujets de réflexions

admirables, intéressantes à un haut degré pour le lecteur,
et peut-être aussi pour lui-même, car il perd souvent de
vue son point de départ auquel il ne revient qu'à regret
comme à une chose trop positive, pour se livrer de nou-
veau à toutes les fantaisies de sa belle imagination. Son
pouce pointu aussi, forme assez rare, et qui augmente
encore la puissance de ses intuitions, est assez long pour
lui donner une certaine force de résistance, mais pas
assez pour le faire triompher de l'indifférence philoso-
phique, par laquelle il se laisse dominer très-volontiers.
Cela seul empêcha notre inventeur de se faire chef de
secte ; il s'est fait de sa science une bague scintillante,
mais il n'a jamais pensé à s'en faire une couronne. Avec
une logique qui l'emporte de beaucoup sur les tendances
de *la volonté*, avec un nœud philosophique qui dépouille
de leur riche manteau brodé toutes les grandeurs du
monde, il en est venu tout naturellement à reconnaître
que la science est trop noble, trop grande et trop fière
pour la mettre au service de l'ambition.

Il n'en arrivera que plus estimable à la postérité.

———

Selon nous, et nous croyons en cela être dans le vrai,
les signes de la chirognomonie, c'est-à-dire la forme des
mains, sont transmis par l'hérédité, tandis que ceux de
la chiromancie viennent des influences militantes des
astres et du cerveau ; et c'est pour cela que ces deux

sciences ne peuvent être séparées, et s'expliquent, ou plutôt se complètent l'une par l'autre.

Nous cherchons partout des appuis et des preuves, et nous les prenons surtout chez les gens forts. Qu'on nous permette donc de citer encore ici un passage de la *Chimie nouvelle*, par M. Lucas.

En lumière, tout est analogie, puisque la lumière est l'électricité.

M. Lucas, recherchant la raison qui fait que la lumière se décompose en passant à travers un prisme en sept couleurs connues, rouge, orangé, jaune, vert, bleu, indigo, violet, dit en se servant d'une comparaison vulgaire dans le chapitre *Angulaison* [1] :

« Sept voyageurs se présentent au bureau d'un chemin de fer, possédant 10 francs chacun pour toute fortune : supposons que sur la ligne à parcourir, l'unité de distance coûte 1 franc, si le premier voyageur ne va qu'à l'unité de distance, il n'aura que 1 franc à payer, de sorte qu'il lui restera 9 francs ; si le second voyageur ne va qu'à deux unités de distance, il lui restera 8 francs, et ainsi de suite. En fin de compte, il arrivera que chaque voyageur demeurera d'autant plus riche qu'il aura moins de chemin à faire sur la ligne du chemin de fer.

« N'est-ce pas ce qui se passe à l'égard du rayon lumineux, auquel on fait traverser un prisme de verre ?

« Le rouge représente évidemment la plus grande richesse du mouvement, c'est donc lui qui a passé dans le prisme vers la partie comprise sous la plus petite épais

[1]. Chimie nouvelle, page 59.

seur. Pour ne pas rappeler les couleurs intermédiaires, le violet sera la partie du rayon lumineux qui aura subi la perte la plus considérable. Faut-il s'étonner après cela que le violet soit le représentant du repos, des fixations chimiques, comme le rouge est l'agent le plus actif des mutations et des revirements de mouvement ? »

Ne pourrions-nous pas appliquer cette explication à notre système? la lumière et l'électricité sont un seul principe : le son c'est la lumière qui vibre dans l'oreille comme elle vibre aussi dans l'œil; le spectre solaire, septenaire de près devient ternaire à distance comme nous l'avons déjà vu à la page 40 de ce livre.

L'électricité en pénétrant dans les doigts par l'aspir, a toute sa force en arrivant au premier nœud des doigts : le monde divin, et répondrait au rouge qui représente la plus grande richesse de mouvement; à la seconde phalange, monde abstractif ou naturel, elle répondrait au jaune ; le bleu répondrait au monde matériel.

Cela est au moins probable, puisque tout est analogie dans la nature.

M. Lucas ajoute plus loin :

« Le mouvement, en traversant la substance sous une différentiation de matière résistante, doit éprouver une perte dans sa puissance proportionnelle à la résistance qui lui est opposée. »

Ainsi le fluide doit perdre de la puissance et de la richesse en passant d'un monde à l'autre.

L'HOMME, PLANTE PERFECTIONNÉE.

Laissons errer notre fantaisie. On trouve quelquefois la vérité dans les rêves. Nous nous sommes parfois demandé en nous basant sur les lois de l'analogie, si l'homme n'est pas une plante perfectionnée. La chimie nous apprend que les pointes attirent l'électricité. Ainsi les plantes boivent la lumière par leurs aspérités, les feuilles par leurs duvets. L'homme offre aussi partout des pointes : les cils, les cheveux, le nez, les mains, les pieds, et en cela il est semblable à la plante. Ne renferme-t-il pas comme elle un principe matériel ou résistant, sujet à s'évaporer sous telle ou telle influence de lumière et destiné à rayonner au dehors? Et la respiration des trois corps n'aurait-elle pas de l'analogie avec l'oxygène, l'hydrogène et l'azote, obéissant ainsi à l'universelle harmonie du ternaire, loi immuable de la création?

Et maintenant, pourquoi la plante, qui aspire l'oxygène dans le jour, exhale-t-elle l'hydrogène pendant la nuit? Aurait-elle, comme l'homme, un temps de sommeil pendant lequel son principe noble, son mens relatif deviendrait inerte. Les plantes qui baissent tristement leur tête pendant l'orage, qui épanouissent leurs feuilles à l'éclat du soleil, les plantes qui, dans les chambres, tournent leurs branches et leurs rameaux vers la lumière, qu'ils semblent adorer, et qui dépérissent et meurent si on les laisse longtemps privées de l'air extérieur; les plantes qui ont des affections et des antipathies; les plantes mâles et femelles qui se cherchent, s'unissent, se fécondent, et quelquefois, comme les figuiers sauvages en Calabre, se réunissent si étroitement ensemble qu'on ne peut les séparer; ne trahissent-elles pas un instinct, une sorte d'intelligence qui les rattache à l'humanité?

N'ont-elles pas aussi un corps sidéral et un corps matériel, puisqu'elles portent comme nous la signature des astres? Le corps sidéral est le lien qui réunit toute la nature, et l'homme tient surtout à la nature par son corps sidéral.

Dans la nature, le soleil qui, en tournant sur les prairies, embaume l'atmosphère de salutaires parfums, fait élever des marais bourbeux des vapeurs pestilentielles; et cependant c'est toujours le même soleil. La lumière est toujours aussi belle, aussi pure, mais là elle apporte la santé et ici elle cause la fièvre.

Selon nous, il en est de même du corps humain.

La même lumière, en pénétrant dans le cerveau, devient *mens*; en pénétrant dans les parties organiques et matérielles, elle devient corps sidéral et corps matériel.

Et alors, selon que les émanations qu'elle fait élever des uns et des autres seraient plus ou moins puissantes, l'homme sera plus ou moins moralement fort, plus ou moins sain, plus ou moins parfait.

Si le *mens* se laisse enivrer par les exhalaisons du corps matériel, il deviendra inerte, appesanti, et comme dans l'ivresse.

Si les émanations salutaires du mens dominent les brouillards des corps sidéral et matériel, l'homme s'approchera de la perfection, il s'élèvera vers un monde supérieur.

11.

Le corps sidéral communique directement avec la lumière astrale, qui est la *créatrice* des formes, la source de la nature, et par conséquence la nature elle-même, et il faut remarquer que, comme tout est harmonie, les organes de la génération ou de la *création* chez l'homme et chez la femme appartiennent au corps sidéral.

Le corps sidéral, avons nous dit, est commun à tous les êtres. L'homme *seul* a un mens dû à la perfection de son cerveau, destiné à élaborer la pensée.

Là seulement la lumière est divine.

Le mens élève l'homme au-dessus de tous les êtres, et l'empêche de communiquer avec eux. (Ce mens est une exception.) C'est le palais du roi où le peuple ne pénètre pas.

Si le roi veut connaître le peuple, il faut qu'il sorte de son palais et se mêle avec lui.

Si l'homme veut se mettre en rapport parfait avec la nature entière, il faut qu'il endorme le mens. C'est seulement par la partie commune à tous les êtres qu'il peut se trouver en harmonie avec tous les êtres, et l'instinct est l'harmonie de la nature entière. Aussi les animaux pressentent-ils les tempêtes, les tremblements de terre, les grands cataclysmes. (On a dit des chiens qu'ils voient les fantômes, et cela se peut.) Aussi les voyants sortent-ils tous de la classe du peuple, et sont-ils très-simples pour la plupart, et parfois idiots. Aussi les somnambules sont-ils obligés de laisser enivrer leur mens pour lire dans la lumière astrale. Il y a eu des hommes supérieurs qui ont lu dans cette lumière, mais il leur a fallu, comme

Paracelse et Apollonius de Thyane, employer des moyens particuliers; il leur a fallu engourdir leur mens, en regardant fixement et constamment un seul point, en se préoccupant d'une seule idée, en arrêtant, en un mot, l'action de l'intelligence par un effort violent de leur volonté.

Ces gens ont fait souvent de miraculeuses découvertes, parce que, ne perdant la conscience de leur être que momentanément et par un effet de leur vouloir, ils se rappelaient, en revenant à eux, tout ce qu'ils avaient aperçu dans la contemplation des secrets de la nature, où l'absorption de leur mens leur avait permis de lire.

Les poëtes, les penseurs, marchent les yeux troublés, noyés, instinctivement, sans rien voir, sans rien sentir, ni le froid, ni le vent, ni la pluie, et il leur vient des impressions de la nature au diapason de laquelle ils accordent leur être, impressions que leur mens utilisera plus tard plus ou moins heureusement, selon l'énergie de leur organisation; le plus souvent ils lisent ainsi dans la lumière astrale ce que de grands génies y ont écrit avant eux. D'autres trouvent, comme Hoffmann et Edgard Poë, en enchaînant le mens par l'ivresse, et ces gens-là, dans leurs rêves, prédisent souvent l'avenir.

Disons toutefois que ces sortes de révélations ne se font qu'aux hommes d'élite, qui, se servant de l'ivresse comme un moyen, épurent continuellement, dans le commerce de la vie, leur corps sidéral, en donnant au MENS, par leurs habitudes laborieuses, l'omnipotence sur le corps. Le corps sidéral, ainsi dégagé de ses vapeurs impures, les met en communication sympathique avec ce que la nature a de plus noble et de plus beau, tandis que les hommes que l'instinct domine se mettront en rapport avec les parties les plus abjectes : les uns verront des paysages sublimes, les autres verront du fumier et de la boue.

Ainsi toujours et partout notre destinée dépend de nous-même.

La respiration du mens sera-t-elle plus ou moins forte que la respiration matérielle? Là est toute la question; là est notre bon et notre mauvais ange, paradis ou enfer!

Toutefois, lorsque les trois corps respirent également, il y a équilibre et harmonie, et par conséquent sagesse, raison et santé!

Mais cela est-il toujours possible dans notre vie de combats et d'épreuves?

Tout excès, même dans le bien, est un désordre : telle est la loi humaine.

Uti non abuti.

Les brahmes, les anachorètes, qui annihilent à l'aide des mortifications les instincts matériels appellent en eux, par les élans d'un pieux enthousiasme, une sura-bondance de lumière astrale épurée qui enivre leur *mens*, l'exalte et les jette dans des extases délicieuses, remplies d'un ineffable bonheur; mais le corps s'étiole, devient faible et maladif, parce qu'il n'est pas fait pour supporter les joies du ciel, et qu'il s'y brise, comme éclate un vase d'argile sous l'effervescence d'une trop généreuse liqueur.

Si les corps matériels sont plus puissants que le mens, si au moyen de la débauche et de l'orgie, ils accumulent un foyer de lumière astrale qu'ils *pervertissent* par leur contact, l'ivresse qui en résulte, agit sur le mens par l'action du grand sympathique, l'endort, le paralyse, et une fois maîtres, les esclaves en arrivent à des hallucinations, non pas pures et heureuses comme les extases, mais irritantes et douloureuses ; et de cette ivresse furieuse naissent les colères, les haines, les jalousies, les rires altérés de sang, et les superstitions dégradantes et ridicules comme celles des joueurs qui attachent leur réussite à telle ou telle momerie, à telle pratique ridicule qu'un fou seul pourrait concevoir.

En bien ou en mal, l'enivrement de la lumière peut conduire à l'exaltation ou à la folie.

Car le feu éclaire, mais il brûle aussi.

Et maintenant, est-ce pour conserver cet équilibre que la Providence donne souvent, dans un temps de leur vie, à ceux qu'elle destine à devenir de profonds penseurs, des occasions de jeter une pâture de plaisirs des sens à leurs corps matériels, comme le Virgile du Dante pour arriver aux Champs-Élysées, jette des poignées de terre à dévorer aux gueules béantes de Cerbère?

CHIROMANCIE

De tous temps la main a été regardée comme un symbole de force et de puissance. Virgile se sert du mot *manus* pour désigner la troupe armée, les guerriers.

Hic manus ob patriam pugnando vulnera passi.

(Là étaient ces braves guerriers qui avaient été blessés en combattant pour la patrie.)

Χείρ, *main*, vient de χειρόω : dompter, subjuguer.

Pour les anciens, la main était l'intermédiaire entre l'homme et le ciel, entre l'homme et les esprits infernaux. Χειροτεσία, χειροτονία, signifient invocation, évocation, imprécation, en étendant la main, de χείρ, *main*, et de τεσις et τείνω, étendre. Χειρομαντεία, χειροσκόπος, indiquent l'art de deviner par l'inspection de la main.

Χείρων, d'où vient Chiron, veut dire magicien, magique, et par induction, médecin guérissant par les sciences occultes comme le Centaure Chiron.

La main est un pantacle. Pantacle vient de *Pantaculum* (qui contient toutes choses).

La nature est un pantacle ; l'univers est un pantacle ; l'homme est le résumé de l'univers puisque l'homme est un petit monde (un microcosme). La main est le résumé de l'homme, son microcosme actif.

Or, les analogies étant exactes entre les idées et les formes, de degré en degré, du grand au petit, de la nature à l'univers, de l'univers à l'homme, de l'homme à la main, celle-ci contient donc, au dire des kabbalistes, les caractères de la science universelle aussi bien que l'univers ; et la main étant le pantacle de l'univers, et la destinée de l'homme étant fatalement analogue à l'harmonie universelle, la main doit porter les signes de cette harmonie à laquelle elle appartient aussi.

Et comme dans la nature telle force ou telle influence est supérieure à telle ou telle autre, de même dans la main tel signe en correspondance-véhémente avec telle planète, peut en dominer un autre en correspondance moins active avec un autre astre.

On nous fera observer sans doute que les planètes ont depuis longtemps, dans leur nombre, dépassé le septenaire, et qu'on en découvre encore de nouvelles. Nous répondrons que si on les découvre avec tant de peine, c'est qu'elles sont peu visibles, soit par leur éloignement, soit par leur petitesse, et qu'elles ne peuvent alors avoir qu'une influence secondaire.

Mercure, Vénus, Mars, Jupiter, Saturne, sont toujours les planètes les plus importantes. Uranus par son immense distance du soleil, perd son influence sur nous. Quant à Vesta, Junon, Cérès, Pallas, si petites qu'on les

regarde comme les débris d'une planète brisée, leur in-
fluence si elles en ont, est complétement annihilée par
celle des corps célestes plus importants qui nous entou-
rent. La force de résistance d'un pygmée serait-elle sen-
sible contre la force d'attraction d'un géant?

La lune, malgré sa petitesse, a sur nous l'action la plus
vive en raison de sa proximité. Quant au soleil, per-
sonne ne contestera la puissance de cet astre.

Tant que l'on ne nous aura pas clairement démontré
que la lune n'a aucune influence sur les marées de notre
globe, et sur les personnes nerveuses que le bon sens
public appelle LUNATIQUES, nous persisterons dans nos
convictions; si la lune a de l'influence, les autres astres
en ont aussi.

L'on trouve dans la main :

Le ternaire représenté par les trois mondes du pouce.

La croix représentée par le quaternaire : les quatre
doigts.

Le duodénaire dans le quaternaire représenté par les
quatre grands doigts divisés en douze phalanges.

Tout ce qui s'accomplit dans le temps est marqué au
nombre douze. Douze mois dans l'année, douze heures
dans le jour, quatre âges dans la vie, quatre saisons dans
l'année. Quatre, multiplié par trois, nombre sacré, donne
le duodénaire.

Dans la main, vous trouvez aussi le septenaire : *les sept
planètes* représentées par les monticules.

Nous avons vu que chaque doigt de la main est divisé
en trois mondes ; la paume de la main doit l'être aussi,

car la paume de la main a bien plus d'importance que les doigts qui viennent s'y attacher, et lui apporter comme des canaux, les fluides des corps célestes. Parmi les doigts, le pouce seul traverse la main tout entière dont il occupe une partie; il en est le roi, puisqu'il réunit la volonté, la logique, et l'amour, source de la vie.

Les anciens chiromanciens, nous l'avons vu, consacraient le pouce à Mars et à Vénus; ainsi compris, le pouce est la vie entière : l'amour et la lutte. Et la nature nous l'indique par analogie, en ensanglantant le premier combat d'amour.

Nous reviendrons tout à l'heure aux trois mondes.

A la racine de chaque doigt, dans la paume de la main, se trouve un monticule.

Chaque monticule correspond à une planète, de laquelle il reçoit une influence favorable ou funeste, selon que son développement est plus ou moins parfait, ou que les signes qui s'y trouvent sont plus ou moins heureux.

Le pouce représente la création. Rappelant par sa forme, non pas par un caprice de la nature, mais par une sage analogie, le jod kabbalistique, le phallus des anciens, il réunit à lui seul, nous l'avons dit : *la génération, la raison* et *la réalisation ou la volonté* (ce qui est un en magie).

Le pouce donc c'est la vie, c'est l'être, c'est l'homme tout seul entouré d'influences dont il doit pétrir son bien ou son mal, selon la direction qu'il donnera à son intelligence, à sa volonté.

Les influences qui l'entourent, et qu'il doit utiliser ou combattre, sont la noble ambition ou l'orgueil fou : *Jupiter;* la fatalité bonne ou mauvaise : *Saturne;* l'amour de l'art ou de la richesse : *Apollon;* la ruse ou l'étude de la science : *Mercure;* la domination de soi-même ou la cruauté : *Mars;* l'imagination ou la folie : *la Lune;* l'amour ou la débauche : *Vénus.*

Lorsque ces monts sont bien à leur place, bien unis, bien pleins, ils donnent les qualités qui appartiennent à la planète qu'ils représentent, et dont nous allons rendre compte.

Si les monts sont peu saillants dans les mains, ils annoncent le manque de ces qualités.

Si les monts sont remplacés par une cavité, ils donnent les défauts qui correspondent aux qualités; s'ils sont hors de leur place, ils participent des défauts ou qualités des monts vers lesquels ils se dirigent.

Des lignes que nous décrirons plus tard viennent modifier encore la signification de ces monts.

L'ampleur excessive d'un mont annonce l'excès dans la qualité, ce qui est toujours un défaut.

Nous classerons donc nos explications en qualités, excès des monts, absence des monts.

MONTS — JUPITER.

Jupiter était le roi des dieux païens; Jupiter, c'est la plus grande, la plus belle des planètes connues; Jupiter commandait dans le ciel.

Le mont de Jupiter se trouve sous l'*index* le premier grand doigt, celui qui ordonne, qui menace, qui montre.

QUALITÉS.

Jupiter donne la religion fervente, l'ambition noble, les honneurs, la gaîté (jovial vient de *Jovis*), l'amour de la nature, les mariages heureux, les unions d'amour.

EXCÈS DU MONT.

Donne la superstition, l'orgueil excessif, l'amour de la domination quand même, le désir de briller.

ABSENCE DU MONT.

Cause : La paresse, l'égoïsme, l'irréligion, le manque de dignité, le défaut de noblesse, les tendances vulgaires.

SATURNE.

Le mont de Saturne se trouve sous le médium, le doigt du milieu. Saturne est triste ; c'est le roi déchu du ciel, c'est le Temps qui dévore, après douze mois, son enfant, l'année.

C'est le Temps, chargé d'exécuter les œuvres du Destin.

Saturne c'est la fatalité.

QUALITÉS.

Saturne donne, quand il sourit, la prudence, la sagesse, la réussite quand même.

(Mais il donne aussi la plus extrême infortune, et ces deux alternatives sont indiquées par des lignes particulières.)

EXCÈS.

Donne la taciturnité, la tristesse, l'amour de la solitude, la religion rigide, la crainte d'une seconde vie vengeresse, l'ascétisme, le remords et souvent le goût du suicide.

ABSENCE DU MONT.

Malheur ou vie insignifiante.

APOLLON, OU LE SOLEIL.

Le mont d'Apollon se trouve sous l'annulaire, le doigt où l'on passe les bagues d'or.

Apollon est *beau, noble.* Apollon est le dieu des arts.

QUALITÉS.

Apollon donne le goût des arts (littérature, poésie, musique, peinture), le succès, la gloire, l'intelligence, la célébrité, le génie, la lumière, tout ce qui brille et fait briller; il donne l'espoir, la conviction d'un nom immortel, il donne le calme de l'âme, la beauté qui fait aimer, la grâce qui charme le cœur, il donne la religion aimable, tolérante, la gloire, la célébrité, la richesse.

EXCÈS.

Il donne aussi l'amour de l'or, du faste, de la dépense, le goût des riches étoffes, de la célébrité à tout prix, et par suite de la modification apportée par les lignes, il donne la curiosité, la misère, la honte, l'entêtement dans l'insuccès, la fatuité, la légèreté, le bavardage, le persiflage, l'envie basse, le sophisme et le paradoxe menteur.

ABSENCE DU MONT.

Si le mont manque, c'est existence matérielle, insouciance pour les arts, vie nulle et monotone comme un jour sans soleil.

MERCURE.

Le mont de Mercure se trouve sous l'auriculaire (le petit doigt).

Mercure, c'est le beau, l'élégant messager des Dieux; c'est lui qui communique avec les hommes et leur porte les avis du ciel. Les serpents de son caducée sont l'emblème du grand agent magique, de la lumière astrale qui descend sans cesse comme le messager Mercure, du ciel à la terre, et remonte de la terre vers le ciel. Une chaîne d'or sort de sa bouche. Mercure, c'est Hermès.

QUALITÉS.

Mercure donne la science, l'intelligence d'un monde supérieur, les travaux d'esprit, l'éloquence entraînante, le commerce, la spéculation intelligente, honorable, la fortune glorieuse, l'industrie, les inventions, la promptitude dans l'action et la pensée, l'agilité, l'amour du travail, l'aptitude aux sciences occultes, à l'alchimie, à. tout ce qui est au delà de l'humanité.

EXCÈS.

Mais Mercure est le dieu des voleurs, il donne aussi le vol, la ruse, le mensonge, la perfidie, l'agiotage effronté, la banqueroute, le discrédit, l'ignorance prétentieuse.

ABSENCE.

L'absence du mont de Mercure, c'est : défaut d'aptitude pour tout ce qui est science ou commerce, vie négative.

LIGNES. -

Les monts dont nous venons de parler sont limités à leur base par une première ligne, qui part ordinairement, soit du sommet, soit du pied du mont de Jupiter, soit du sommet ou du pied du mont de Saturne, pour traverser horizontalement la main et entourer complétement le mont de Mercure.

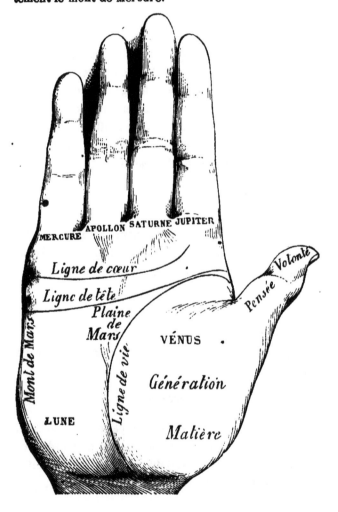

Cette première ligne est nommée ligne de cœur et enclôt ce que nous appellerons *le monde divin* dans la paume de la main.

La ligne qui la suit, et qui prend sa naissance entre Jupiter et le pouce pour s'étendre plus ou moins à gauche, se nomme *la ligne de tête*.

C'est, comme on le voit déjà, celle qui doit représenter *le monde naturel*, et comme elle doit représenter *le monde naturel*, c'est-à-dire la vie humaine, éclairée par la raison, puisque la ligne de tête représente la raison, elle traverse *la plaine et le mont de Mars*, dont la réunion signifie la lutte dans la vie, sur les montagnes et dans les vallées, sur le trône et dans les plus humbles degrés de la société. La lutte partout; car la lutte est la vie elle-même et la nature ne cesse de nous en avertir. C'est pour cela que Mars *seul* est représenté deux fois dans la main : une fois pour la lutte, une fois pour la résistance à la lutte (toujours Jokin et Bohas). En admettant l'opinion des anciens chiromanciens qui donnait à Mars ou à ses influences le haut du mont de Vénus, où commencent la ligne de tête et la ligne de vie, Mars occuperait horizontalemens *tout* le milieu de la main, le monde naturel, le nôtre.

Ici le *mont* de Mars représente les qualités de Mars, puisqu'il représente la résistance; l'excès du mont de Mars, qui est la lutte active, est représenté par la plaine de Mars dans la vole de la main (*le creux de la paume*).

MARS.

Mars, c'est le dieu de la guerre.

QUALITÉS DU MONT.

Mars donne le courage, le calme, le sang-froid dans le danger, la résignation, la domination de soi-même, la noble fierté, le dévouement, la résolution, la force de résistance, l'impétuosité à temps opportun ; l'excès même de ce mont est favorable.

EXCÈS

représenté par la plaine de Mars avec des lignes fatales.

Mars donne aussi la brusquerie, la colère, l'injustice, l'insolence, la violence, la rixe, la cruauté, la soif du sang, la tyrannie, l'insulte, le défi.

ABSENCE DU MONT.

C'est : Lâcheté, puérilité, manque de sang-froid.

A la hauteur où le triangle de Mars cesse dans la main, et tout à fait inhérent au mont de Mars, se présente le mont de la Lune qui termine ainsi la paume de la main du côté opposé à la racine du pouce[1].

1. Voir la gravure, page 203.

LUNE.

La Lune, c'est la chaste Diane, Phébé à l'arc d'argent. La Lune, en chiromancie, c'est aussi la mer (type du caprice).

QUALITÉS.

La Lune donne l'imagination, la douce mélancolie, la chasteté, la poésie sentimentale, l'élégie, l'amour du mystère de la solitude et du silence, les rêveries, les vagues désirs, les méditations, *l'harmonie* en musique, les aspirations vers un autre monde.

EXCÈS.

Donne les caprices, l'imagination déréglée, une irritation incessante, et avec des lignes qui en augmentent l'effet, des désespoirs sans cause, un mécontentement continuel, une mobilité excessive, des désirs incessants, la tristesse, la superstition, le fanatisme, l'erreur, les vapeurs, les migraines.

ABSENCE DU MONT.

C'est : Manque d'idées, de poésie, sécheresse, positivisme.

Le mont de Vénus occupe avec le mont de la Lune, la moitié de la paume de la main. Ainsi réunis ils forment le *monde matériel.*

Ainsi la paume de la main est divisée en trois zones :

Le monde matériel, qui en occupe tout le bas ;

Le monde naturel, qui en occupe tout le milieu ;

Le monde divin, qui en occupe toute la partie supérieure.

VÉNUS

Le mont de Vénus est formé de la racine du pouce ; il est comme cerclé, comme enclavé par une grande ligne. On dirait un ruisseau qui court au bas d'une colline :

Cette ligne, c'est *la ligne de vie*[1].

Car c'est de Vénus, c'est de l'amour que procède la vie.

Vénus, c'est la déesse de la beauté, la mère de l'amour.

QUALITÉS.

Vénus donne la beauté, la grâce, l'amour des belles formes, la *mélodie* en musique, la danse élégante, la galanterie, le désir de plaire, le besoin d'aimer, la bienveillance pour tous, la charité, la tendresse ; elle porte aux plaisirs des sens.

Si le mont est déprimé, vous avez le manque de ces qualités. Pour en avoir les vices il faut que d'autres signes viennent s'y joindre.

1. Voir la gravure, page 203.

EXCÈS.

La débauche, l'effronterie, la licence, le dévergondage, la coquetterie, la vanité, l'esprit léger, l'inconstance et la paresse.

ABSENCE DU MONT.

C'est : Froideur, égoïsme, manque d'énergie, de tendresse, manque d'action et d'âme dans les arts.

Les monts, dans les circonstances favorables que nous avons indiqués, donnent toujours sinon toutes les qualités qu'ils représentent, au moins une partie de ces qualités, et ils rendent aptes aux autres.

Mais si un mont est plus fort que tous les autres, tous les autres rapportent leurs qualités au profit de ce mont seul dont ils deviennent en quelque sorte les sujets, ils ne vivent que par lui et pour lui.

Ainsi, si le mont de Jupiter, siége de l'ambition, est beaucoup plus apparent que tous les autres, il deviendra orgueil excessif, ambition démesurée ; et absorbés par lui les autres monts le serviront exclusivement chacun à sa manière.

Mercure donnera ce dont il dispose de ruse ou d'éloquence, Apollon les arts agréables, la séduction par les formes, Mars l'audace ; Vénus, le désir de plaire ; la Lune, l'imagination, toujours selon les aptitudes de chacun.

Saturne c'est la destinée ; si Saturne lui est favorable,

aussi puissamment secondé, la réussite est certaine.

Nous dirons tout à l'heure comment Saturne rend ses oracles.

Voici la première partie de la chiromancie; elle est bien simple, elle pourrait suffire sans aucun doute, et les calculs en seraient faciles, si la puissance des monts n'était très-souvent combattue et quelquefois annulée par les lignes qui sillonnent la paume de la main.

Nous avons indiqué les lignes mères :

La ligne de cœur, — la ligne de tête, — la ligne de vie. On les connaît.

Nous allons entrer dans les nombreuses modifications apportées à la puissance des monts par ces lignes, et aussi par une foule d'autres lignes accidentelles; mais, par le moyen des trois mondes, nous rendrons cette étude si hérissée de détails et jusqu'à présent presque inintelligible, nous la rendrons claire et facile.

Pour éviter la confusion en publiant notre dessin, au lieu d'écrire de nouveau sur chaque mont de la main les noms qui les distinguent comme nous l'avons fait dans la figure qui précède, nous y avons tracé le signe qui représente ces mêmes noms en kabbale; d'ailleurs ces signes sont connus et se trouvent expliqués partout, même dans les almanachs les plus vulgaires.

Le lecteur, par leur place même, pourra facilement les comparer. Mais avant, orientons la main. Il y a dans la main le nord et le midi, l'est et l'ouest. La main est aussi mâle et femelle.

MALE ET FEMELLE

La main est donc partagée en deux parties : la partie mâle et la partie femelle.

La partie mâle se trouve au nord. La partie femelle au midi.

La ligne de tête forme la séparation entre le mâle et la femelle, le nord et le midi.

Les peuples du nord sont fatalement condamnés au travail, et c'est fatalement aussi que leur vient le progrès, enfant du travail ; s'ils restaient inactifs, les intempéries des saisons, le froid, la faim les auraient bientôt anéantis. Leur appétit est double. Quand ils veulent s'arrêter, le besoin les flagelle.

Les peuples du midi ont à peine besoin d'un abri, ils ne souffrent pas du froid, et leur faim indolente est facilement apaisée. Il leur faut double vertu pour le travail. Le ciel est si beau, la mer est si bleue, l'air si parfumé, la contemplation si douce! Et la contemplation berce l'imagination et éveille l'amour sensuel qui charme et énerve.

Et voyez : les peuples du nord ont l'industrie, *Mercure*; — l'art basé sur la science, *Apollon;* — l'ambition qui leur défend la paresse, *Jupiter.*

Tout ce qui est mâle.

Les peuples du midi ont l'amour sensuel, l'imagination.

Tout ce qui est femelle.

Les hommes du midi sont assujettis par les hommes du nord.

L'orient c'est le commencement, c'est le lever du so-

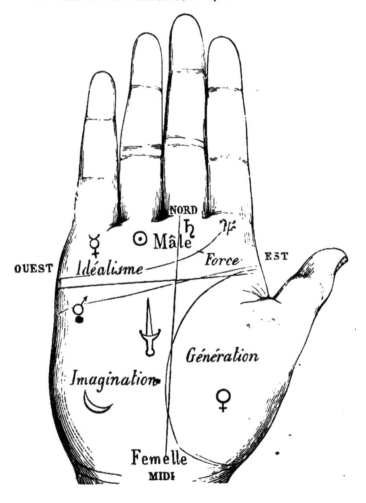

leil, c'est le point de départ de toutes choses; l'Orient donne la vie, le jour, la religion, la science, l'art, mais sans rien retenir. L'orient donne le germe et s'endort, c'est le voluptueux dans son sérail.

L'orient a donné la lumière aux gens du midi, et ceux-ci l'ont trouvée belle, et ils l'ont fait rayonner splendide par les arts, la gloire, la guerre, la civilisation; et en l'activant sans cesse, à l'aide de l'enthousiasme de leur nature nerveuse, ils en ont fait une lueur éblouissante semblable à la clarté du soleil; et puis ils ont laissé s'affaiblir cette lumière, parce qu'elle leur fatiguait les yeux à la longue, et elle est devenue une torche qu'ils ont accrochée aux murs de leurs salles de débauche, et ils se sont endormis dans l'ivresse.

Et la lumière s'est éteinte.

Le pouce est tourné vers l'orient pour recevoir les aspirations et les faire mûrir par la volonté; la ligne de vie, la ligne de tête, la ligne de cœur partent de là.

Le cœur et l'idée vont à l'occident : au couchant, à l'ouest, elles vont y mourir.

L'Amérique est à l'ouest.

Dans la main, ce qui regarde l'ouest, c'est Mercure (le commerce); Mars (la lutte), la Lune (le caprice); l'imagination n'est imagination que lorsqu'elle est éclairée par l'art; autrement elle dort, comme le feu dort dans le caillou et dans l'acier, attendant le choc pour en jaillir; jusque-là elle n'est qu'erreur.

Ce qui vient du commerce est utile à l'Amérique; elle vit par là, sa puissance s'est formée par la lutte, elle lutte contre ses forêts, contre la mer, elle s'agrandit, mais elle ne reçoit, bien qu'elle fasse, que les dernières lueurs de la civilisation. Elle peut faire luire le feu des machines, mais elle n'éclairera jamais le monde. C'est le tombeau des arts.

C'est le pays de l'égoïsme, et l'égoïsme c'est la mort du cœur.

Et quand le cœur ne bat plus, le corps, s'il continue d'agir n'est plus qu'un cadavre galvanisé.

Ce n'est pas l'avenir qui est à l'ouest, c'est la fin.

Et si l'Amérique, avec le temps, amenait la nuit sur le monde, l'Orient enverrait un nouveau jour qui dissiperait la nuit.

Et le Midi se réveillerait régénéré, mais par les vertus féminines, l'imagination et l'amour. Et de nouveau, il éclairerait le Nord, qui retrouverait sa vertu mâle, la nécessité.

On a dit la jeune Amérique!

Où est sa jeunesse? où est sa naïveté, son élan, sa tendresse? Qu'a-t-elle de jeune? elle a pris tout d'un coup les cheveux blancs de la civilisation : la corruption! Elle a tous les vices du vieillard sceptique et desséché, et elle aspire à commander le monde. Allons donc! c'est la tête qui commande, parfois c'est le cœur, mais ce n'est jamais le bras.

LIGNE DE CŒUR.

Nous avons vu les monts donner aux hommes des qualités diverses plus ou moins grandes, selon leur développement plus ou moins fort. C'est le système suivi en phrénologie, il en sera de même des lignes, car il n'y a qu'une règle partout; les qualités qu'elles apporteront, seront en rapport avec le plus ou moins de perfection de leurs formes; avec leur parcours plus ou moins grand, avec leur couleur plus ou moins favorable. Le lecteur nous suivra facilement, il ne s'agit plus que de lui faire connaître quelques signatures de la nature qu'elle imprime partout, surtout dans le ciel, et qui, du ciel, se reflètent sur l'homme, et conséquemment dans la main. Ces signatures modifient le sens des lignes, mais elles sont peu nombreuses et peuvent toujours s'expliquer par l'analogie.

Toutefois, l'expérience de bien des siècles, car l'art de la chiromancie a commencé avec le monde, a consacré des observations que nous avons reconnues vraies par l'usage, mais qui demanderaient de trop longues dissertations pour être expliquées par notre méthode. Pour les éviter, nous donnerons ces observations en ajoutant le mot *tradition* indiquant leur source.

En général, toute ligne pâle et large annonce le défaut ou si l'on veut, l'opposé de la qualité attribuée à cette ligne.

Nous le savons déjà, la ligne de cœur est la première

ligne posée horizontalement au sommet de la paume,
c'est celle qui court au pied des monts.

Elle doit être nette, bien colorée, et aller jusqu'à la
percussion de la main, en partant du mont de Jupiter;
elle signifie alors: bon cœur, affection forte et heureuse.

Percussion vient du mot *percutere*, frapper; c'est le
côté, l'ourlet de la main qui porte, lorsque l'on frappe
sur une table; c'est le dehors de la main, l'*hypothenar*
en chiromancie.

De la longueur plus ou moins grande de la ligne de
cœur, vous jugerez de la force ou de la faiblesse de l'at-
tachement. Si elle manque par le haut, si au lieu, par
exemple, de commencer sur le mont de Jupiter, elle ne
commence qu'à la hauteur du mont de Saturne, alors on
aimera plutôt *sensuellement* que de cœur. L'on pourra
s'attacher, mais à cause des plaisirs sensuels.

La ligne ira du côté de Mercure, et Mercure c'est le
dieu messager, le porteur de la lumière astrale qui com-
munique avec la matière, tandis que Jupiter, c'est l'i-
déal suprême.

Mais si votre ligne part de Jupiter et n'arrive pas jus-
qu'à Mercure, alors vous n'aimerez que de cœur, alors
votre passion sera noble, éthérée, pure, mais peu maté-
rielle. Le haut de la ligne, c'est l'amour idéal; le bas,
c'est l'amour sensuel.

On voit souvent des lignes de cœur qui barrent la
main tout entière; elles partent en quelque sorte du
dos de la main au-dessous de Jupiter, et vont au delà de
Mercure à la percussion.

Ces grandes lignes annoncent trop de tendresse, excès et par conséquent, désordre dans les affections.

Ceux qui ont de pareilles lignes de cœur peuvent être heureux par là, mais ils doivent aussi s'attendre à de grandes et inévitables souffrances.

L'excès d'affection amène la tyrannie dans l'affection, la jalousie ! et la jalousie fait souffrir celui qui aime, et celui qui est aimé.

Une ligne de cœur brisée en plusieurs fragments, c'est inconstance en amour et en amitié, mépris des femmes pouvant aller jusqu'à l'insulte.

Ce sont des liaisons qui se forment et se rompent à chaque instant comme la ligne de cœur elle-même.

Une rupture est toujours un signe de faiblesse : une chaîne se brise, parce qu'elle n'est pas assez forte; si elle se rompt par secousses, la cause de sa rupture sera indiquée par le mont sous lequel elle se rompra, mais cette cause se rapportera toujours à la mauvaise influence du mont, car la faiblesse c'est l'erreur.

Si elle se brise sous Saturne, c'est fatalité. Entre Saturne et le soleil, c'est sottise ; sous le soleil, c'est fatuité, orgueil ; entre le soleil et Mercure, bêtise et avarice; sous Mercure, avarice et ignorance, incapacité.

Si la ligne de cœur est faite en chaîne ou hérissée de petites lignes qui suivent son cours, c'est aussi inconstance en amour, amourettes nombreuses.

Une ligne de cœur d'un rouge vif : amour ardent jusqu'à la violence (tradition).

Ligne de cœur pâle, large, c'est débauche froide, manque

de cœur, homme blasé. Pâle, c'est manque de force et de vie; large, c'est un lit trop grand pour le fluide qui circule, c'est le fleuve sans eau qui se traîne sur un fond de boue.

Lorsqu'à son point de départ la ligne de cœur tourne autour de l'index en forme de bague et s'y termine intérieurement en épis, c'est (ce que les chiromanciens appellent l'anneau de Salomon) le signe de l'initiation aux sciences occultes.

Si la ligne de cœur s'unit entre le pouce et l'index, avec la ligne de tête et la ligne de vie, c'est un signe funeste; présage d'une mort violente, si le signe se trouve dans les deux mains. C'est la tête et le cœur qui se laissent entraîner par la vie, l'instinct; c'est l'homme qui se met un bandeau sur les yeux en passant près des précipices; c'est l'abnégation du libre arbitre.

Si la ligne, partout ailleurs dans son parcours, s'abaisse vers la ligne de tête qui s'étend au-dessous d'elle, c'est un signe de disposition au crime si d'autres lignes sont fatales, ou au moins à l'avarice; en un mot, c'est le cœur mené par la tête. Si la ligne de cœur vient se joindre à la ligne de tête au-dessous du doigt de Saturne, c'est-à-dire dans sa direction, c'est signe de mort violente. Saturne est la fatalité.

Si la ligne de cœur est traversée par des lignes autres que les lignes principales, on doit s'attendre à autant de déceptions et de malheurs en affections qu'il s'y trouvera de coupures.

Des points rouges et enfoncés sur la ligne du cœur,

13

annoncent autant de blessures au cœur, soit physiques, soit morales.

La ligne nue et sans rameaux, c'est : sécheresse de cœur et pauvreté.

Si elle jette des rameaux vers le mont de Jupiter, surtout au nombre de trois, c'est : richesse et honneurs probables. L'influence modérée de Jupiter est toujours bonne.

Si la mensale[1] est coupée par une ligne partie de la vitale (ou la ligne de vie) et se dirigeant vers le médius, c'est : danger en couches pour les femmes; et pour les femmes et les hommes, c'est aussi menace de mort violente si cette ligne se trouve dans les deux mains.

Nous dirons une fois pour toutes, qu'une ligne brisée ou toute autre menace de ce genre n'est fatalement mauvaise que lorsqu'elle se trouve répétée dans les deux mains; dans le cas contraire, une main corrige presque toujours la funeste influence de l'autre.

Remarquons donc ici pour ne plus l'oublier, qu'un seul signe défavorable ne suffit pas pour annoncer une catastrophe : il faut le concours de plusieurs autres signes funestes; un signe fatal isolé est une présomption mauvaise, c'est l'avertissement d'un danger qui se présentera, mais qui pourra être évité en en consultant les causes toujours indiquées dans la main par l'excès de tel ou tel mont, la forme de telle ou telle ligne ou d'autres marques, telles que des raies en travers, des croix, des étoiles à des placés ou leur influence devient pernicieuse. Lors même que toutes les lignes concourraient

1. Voir page 226.

pour annoncer un danger, ce danger pourra être encore, sinon évité, du moins rendu moins terrible par la volonté et la prudence mise au service de la volonté. C'est en cela surtout que la chiromancie est utile. N'oublions pas, et nous ne saurions trop le répéter, que la vie est une arène où nous devons tous paraître aujourd'hui comme spectateurs, demain comme gladiateurs, triomphants ou victimes. C'est déjà beaucoup que de connaître son ennemi d'avance, c'est souvent la victoire.

Si, à son origine, la ligne de cœur est bifurquée et qu'une branche s'élève vers Jupiter, c'est: bonheur. Et si l'autre rameau s'arrête *entre* l'index et le médius, c'est : bonheur et vie tranquille; c'est une vie passée entre la fatalité et les grandeurs, mais sans être touchée ni par l'une ni par les autres. Il est bien entendu que la ligne continue son parcours.

Si la ligne de cœur commence sous le mont de Saturne brusquement et *sans rameaux*, c'est : menace de mort violente et vie courte.

Si elle se divise en deux branches, dont l'une s'élève vers Saturne et l'autre descend vers la ligne de tête, c'est : double manière de sentir, fatales l'une et l'autre. L'homme qui a ces lignes marquées dans sa main, se trompera souvent et éprouvera des pertes nombreuses.

Des points blancs sur la ligne du cœur annoncent des conquêtes amoureuses (tradition).

. Une main sans ligne de cœur, c'est mauvaise foi, méchanceté, aptitude au mal, volonté de fer, mort prématurée.

LIGNE DE TÊTE.

La ligne de tête prend naisssance entre le pouce et l'index ; elle est ordinairement réunie à son départ à la ligne de vie, qu'elle quitte presque aussitôt pour s'avancer plus ou moins horizontalement, tandis que sa compagne descend en contournant le mont de Vénus.

La ligne de tête droite, longue, signifie : jugement sain, esprit lucide, et aussi *volonté forte*, car elle traverse la plaine de Mars et va finir sur le mont de Mars ; elle s'avance donc toujours forte, toujours calme, à travers les luttes de la vie, sans les éviter, sans les craindre, sachant au contraire s'en faire un auxiliaire pour parvenir.

Une pareille ligne donnera donc les qualités utiles pour la lutte : l'énergie, la circonspection, la constance et le sang-froid, si le mont de Mars est développé, cela s'entend, car si le mont de Mars est peu apparent, les qualités nécessaires à la lutte seront moins grandes ou moins intenses.

Toutefois, la ligne de tête très-longue et droite, c'est : avarice ou au moins économie extrême, parce que c'est : excès de raison, excès de calcul ; le premier sentiment de l'avare, c'est la crainte de manquer ; avec l'habitude ce sentiment dégénère en amour de l'argent *quand même.*

Si la ligne de tête, après avoir traversé la plaine de Mars, descend du côté du mont de la Lune qui est *l'imagination*, *l'idéalisme*, alors on jugera moins sainement la vie, on la verra en artiste; la tête recevra des influences qui feront souvent voltiger des chimères devant la réalité, et les qualités positives devront en souffrir. On verra la vie comme elle est probablement dans la Lune, mais comme elle n'est certainement pas ici-bas.

Le mont de la Lune représente l'imagination, mais l'imagination confuse, non encore épurée par le raisonnement ou la science (Hermès ou Apollon) qui doivent la compléter. Autrement, lorsqu'elle arrive à l'excès, sans guide, elle devient, nous l'avons dit, superstition, erreur, divagation romantique.

Si la ligne de tête descend très-bas dans le mont de la Lune, on tombera dans le mysticisme. On peut en arriver jusqu'à la folie mystique, si les autres organes sont faibles et incomplets, et surtout s'il se trouve sur le mont de la Lune une grande croix formée par la ligne de tête, et l'hépatique dont nous parlerons tout à l'heure, mais seulement si cette croix se trouve dans *les deux mains.*

Si au contraire la ligne de tête se redresse et se dirige du côté des monts, elle menace d'un dommage dont la nature est ordinairement indiquée par le mont vers lequel elle tend; si c'est vers Mercure, c'est dans le commerce; vers le Soleil, dans la réputation, la célébrité ou la richesse, selon le monde où l'on vit; mais si la ligne est plus écrite, plus directe, si elle s'élève plus haut, elle peut signifier la folie, mais c'est encore la folie caractérisée par le mont vers lequel elle ira se diriger.

Si c'est vers Mercure, folie de sciences occultes; si

c'est vers Apollon, folie d'art; si c'est entre Apollon et
Saturne, folie d'idéalité religieuse, extases; et cela, parce
que ce n'est pas avec la tête, mais avec le cœur que l'on
communique avec les régions supérieures.

Aussi dans la main, la ligne de cœur vient-elle avant
la ligne de tête, comme pour lui barrer le chemin.

La ligne de tête pâle et large indique le défaut d'intel-
ligence et de circonspection.

Lorsque la ligne de tête ne s'avance que jusqu'au mi-
lieu de la main :

Elle annonce des idées de peu de portée, de la fai-
blesse de volonté, de l'indécision, et souvent un manque
d'esprit. Si elle s'arrête dans la plaine de Mars, à la hau-
teur du mont de Saturne, c'est pronostic de mort vio-
lente et vie courte (c'est encore Saturne qui menace).

La ligne de tête faite en chaîne :

C'est le défaut de fixité dans les idées.

Pâle et peu colorée, c'est manque de parti pris, fluc-
tuation.

La ligne de tête coupée au bout :

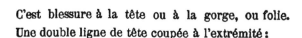

C'est blessure à la tête ou à la gorge, ou folie.

Une double ligne de tête coupée à l'extrémité :

Mort sur l'échafaud.

Surtout s'il se trouve au pouce une ligne circulaire au-
dessous de la première jointure.

Si des nœuds ronds se trouvent sur la ligne de tête, c'est homicide. Autant de nœuds, autant de meurtres commis ou à commettre, parce que la ligne est placée soit dans la plaine, soit sur le mont de Mars, et que Mars c'est la guerre. Si ces nœuds sont pâles, ces meurtres ont été commis; s'ils sont rouges, ils se commettront.

Des points rouges sur la ligne annoncent des blessures à la tête.

Des points blancs annoncent des découvertes que l'on doit faire dans la science (tradition).

Une ligne de tête bifurquée à la fin, continuant directement par une branche, et descendant vers le mont de la Lune par l'autre, indique des tendances à la vérité et des laisser-aller vers l'erreur, et par conséquent au mensonge.

Celui qui les a est un homme sujet à se tromper et à tromper les autres. C'est un des signes qui font reconnaître le menteur, et parfois l'homme double, l'hypocrite.

Une ligne de tête commençant sur le mont de Saturne et s'étendant jusque sur le mont de Mars, lorsque surtout la ligne de cœur est peu importante et peu visible, indique un homme qui prendra la tête pour le cœur, et qui croira, en obéissant à sa volonté ou à son entêtement, céder aux conseils du cœur. Cette ligne de tête influencée par *Saturne* et *Mars* lui annonce des luttes, suivies de chagrins ou de malheurs, survenues par entêtement ou faux calcul. A moins que la saturnienne[1] ne

1. Voir page 239.

soit assez belle pour diminuer la fatalité de ces pronostics.

Lorsqu'une ligne de tête est brisée en deux morceaux dans une main, c'est menace de folie par suite d'une passion quelconque contrariée, lors même que la ligne de tête serait très-belle dans l'autre main, ce qui diminuerait toutefois le danger.

Il est à remarquer que toute ligne transversale qui n'est pas en deçà ou en delà de la verticale du médius, mais qui part de la hauteur de cette verticale ou s'y termine, est toujours funeste, parce qu'elle reçoit indirectement l'influence de Saturne.

Ainsi la ligne de tête courte, profonde sur les bords, et ne dépassant pas, dans la paume, une verticale tirée de l'axe du médius (doigt de Saturne), indique un homme malveillant, destiné a mourir jeune. La ligne de cœur ou la ligne de tête, commençant à cette verticale, annonce aussi une vie de peu de durée.

Si la ligne de tête est longue, mince, peu apparente, c'est : infidélité, trahison, mauvaise foi.

Si vers la fin elle remonte vers la ligne de cœur et la touche, c'est : mort dans la jeunesse; elle a la même signification si elle est courte; selon quelques chiromanciens, c'est aussi envie et mauvaise fortune

Si elle s'élève vers la mensale, tortueuse et circulaire, elle annonce sottise, effusion de sang et dangers de mort.

Si une croix se forme au milieu de la ligne de tête, c'est : mort prochaine ou blessure mortelle.

La ligne de tête, coupée dans le commencement, c'est : maladie des jambes, chutes, ou blessures à la tête ; si elle est coupée de plusieurs lignes accidentelles, c'est : vie courte ou maladies.

Si elle se recourbe et remonte *entre* le medius et l'annulaire, c'est : apoplexie (tradition).

Si la ligne de tête est accompagnée d'une sœur (double ligne) qui la suit dans tout son parcours, c'est : héritage et un présage très-heureux.

La ligne de tête se rapprochant par trop de la ligne de cœur, c'est : palpitations et syncopes.

Finissant au milieu du mont de Saturne et grosse à la fin, sans rameaux : coup à la tête, suivi de mort.

La ligne de tête tortueuse, inégale et de diverses couleurs, c'est : mauvais esprit, mauvaise disposition du foie ; c'est aussi : présomption, avarice, vol.

Lorsque la ligne de tête n'est pas jointe à la vitale, c'est : cerveau léger, fantastique ; c'est aussi : colère, jalousie et mensonge.

Disjointe, mais s'unissant à elle par des rameaux qui se croisent, c'est : colère, caprice et bêtise, et souvent aussi malheur.

Si elle descend jusqu'au bas du mont de la Lune, c'est : pauvreté et danger de submersion. La Lune règne sur l'eau.

Si elle revient vers le pouce, c'est : infortune (causée par l'amour).

Si elle monte vers la mensale : étourderie, manque de tête.

13.

Si elle est trop mince, c'est : foie malade, vapeurs allant de l'estomac à la tête.

Il nous arrivera souvent, pour éviter des répétitions disgracieuses et malsonnantes, de donner à la ligne de cœur le nom de *mensale* (de *mens*), qui est le nom adopté par les chiromanciens ; nous désignerons parfois aussi par le même motif la ligne de tête par la *naturelle* qui est aussi son vrai nom. Nous prions le lecteur d'en prendre note. Ainsi :

La ligne de cœur c'est : la mensale.

La ligne de vie se nomme aussi la *vitale*, mais cela se comprend facilement.

LIGNE DE VIE

> Wo wilst du kühner fremdling hin,
> was suchst du hier in Heiligthum.
> *Zaubere flôte.*

> Où vas-tu, téméraire profane ? que
> cherches-tu dans ce sanctuaire ?
> *Flûte enchantée.*

Ici commence le côté pénible de la science, ici déjà nous commençons à mordre dans la pomme du bien et du mal. Ici nous apprenons à lire dans la main des personnes que nous aimons : mort prochaine ou vie maladive, existence pénible, perte des yeux. Nous supputons dans la nôtre combien d'années encore nous réserve l'avenir, et si le pronostic nous menace, nous disons: la science est menteuse. Mais l'idée reste et tourmente.

On peut aux gens qui vous consultent dans le monde ne pas tout dire. On peut ne pas leur révéler les choses pénibles lorsque, marquées du sceau de la fatalité absolue, elles sont inévitables même par les efforts réunis de la volonté et de l'intelligence.

Ici nous ne devons rien cacher, mais nous devons dire aussi que la volonté, si elle ne peut éviter une fatalité, peut tout modifier, même la fatalité indiquée par la ligne de vie.

On ne peut nier l'influence du moral sur le physique. Les chagrins, s'ils ne tuent pas, abrègent évidemment les jours.

Un désir de mourir très-sincère est un lent suicide. Un désir de vivre bien ardent prolonge l'existence, surtout si la foi s'en mêle.

Nous indiquerons un jour dans un autre volume, car aujourd'hui nous expérimentons encore, le germe morbide que chacun apporte en venant au monde et qui se trouve nécessairement écrit dans la main; et ceux qui seront menacés par la chiromancie, pourront alors savoir comment ils sont menacés, éviter tout ce qui pourrait favoriser les progrès du mal, et chercher avec le secours des gens de l'art les moyens, non pas de guérir la maladie, mais de la prévenir ou au moins de l'atténuer. Et pour y parvenir mieux encore nous pourrons facilement indiquer les penchants qui concourent à la perte, et que l'on aura sans doute, car la nature donne tou-

jours, quand elle veut accélérer une œuvre, soit de crois-
sance, soit de destruction, toutes les facilités, toutes les
passions, en un mot, toutes les aptitudes nécessaires à
son but.

On connaîtra la partie faible de son être, et l'on pourra
en réformer les défauts physiques, comme on corrige les
défauts du caractère.

On a dit, et cela est très-probable, que le docteur
Portal, né phthisique, et instruit de son état par la méde-
cine, a su prolonger sa vie au delà de 80 ans.

Il serait plus facile encore de changer la nature des
enfants, qui, par sa fraîcheur, sa souplesse, se prête si
merveilleusement à toute amélioration.

Car, à l'exception des étoiles dans la main qui annon-
cent des fatalités *inévitables*, mais dont il est permis à
l'homme de faire des fatalités heureuses, à l'aide de son
intelligence, toutes les lignes peuvent s'agrandir ou di-
minuer et même disparaître à la longue.

Il s'en forme même de nouvelles, tous les chiroman-
ciens l'affirment, et nous l'avons expérimenté par nous
même.

Selon nous, les lignes natales seraient tracées par l'in-
fluence des astres, mais elles peuvent être contrôlées,
et par conséquent modifiées par le cerveau auquel elles
soumettent ces influences qu'il adopte ou rejette, selon
son bon plaisir.

La volonté qui, à chaque minute, à chaque instant se
trouve en communication directe avec la main, son mi-
nistre, son esclave, comme un gentilhomme avec son

valet fidèle, y creuse à son tour ses impressions, ses désirs, comme l'eau qui tombe goutte à goutte, et sans cesse creuse le rocher, et altère ou perfectionne la forme première que lui avait donnée la création.

Ainsi la Providence, tout en indiquant les limites de notre vie, nous a donné le pouvoir de les porter plus loin par un travail constant de notre vouloir.

Et pour que nous ne puissions en douter, elle nous en fournit chaque jour la preuve en nous montrant que tout s'acquiert par un travail assidu.

Labor omnia vincit improbus

a dit le grand initié Virgile.

La ligne de vie, on le sait déjà, est celle qui contourne le mont du pouce.

Lorsqu'elle est longue, bien formée, doucement colorée, entourant complétement le mont du pouce, c'est l'annonce d'une vie longue, heureuse, exempte de maladies graves ; c'est aussi le signe d'un bon caractère.

Lorsque la ligne de vie est pâle et *large*, elle annonce une mauvaise santé, des instincts méchants, et de la disposition à l'envie en général ; les lignes *larges* et pâles donnent toujours l'influence mauvaise des lignes, c'est-à-dire le contraire des qualités apportées par les lignes longues et bien colorées.

Si la ligne de vie est courte : c'est une vie de peu de durée.

Si la ligne de vie est rompue dans une main et faible dans l'autre : maladie grave.

Lorsque vous voyez dans une main cette ligne brisée et que dans l'autre main la ligne de vie continue, vous pouvez, en toute assurance, dire à la personne qui vous consulte qu'elle a eu une maladie qui l'a mise à deux doigts de la mort. Ce signe ne trompe jamais. Il est bien entendu que la maladie passée n'offre plus aucun danger, ne fait aucune menace pour l'avenir. C'est un fait *accompli* gravé dans la main et qui ne s'effacera qu'avec le temps.

Si la branche inférieure de la ligne coupée se recourbe vers le mont du pouce, c'est mort inévitable, et sans rémission ; si elle se recourbe vers la paume de la main, il y a quelque espoir de prolonger la vie.

Si la ligne est rompue dans les deux mains, c'est : mort.

Si la ligne de vie est double, c'est luxe d'existence.

Ligne de vie mal formée, faite en chaîne : vie pénible, maladive.

La ligne de vie, large et d'un rouge foncé : homme violent et brutal.

Livide, mêlée de quelques rougeurs : homme colère jusqu'à la furie.

Lorsque la ligne de vie, au lieu de partir du dos de la main, entre le mont de Jupiter et le mont de Vénus, entre l'index et le pouce, jette une grande ligne ou des ramaux sur le mont de Jupiter, de sorte qu'elle semble

partir de ce mont, c'est : ambition ; puisque toute l'éner-
gie de la vie se tourne vers le mont de l'orgueil, mais
c'est aussi presque toujours réussite, comme : conquête
d'honneurs, de rubans, de décorations, de hautes dignités.

Si la vitale est coupée par une multitude de petites
lignes, c'est : maladies nombreuses, ou au moins maux
de tête si les lignes sont capillaires.

La vitale jetant des rameaux vers la rascette, en
bas vers le poignet, c'est : pauvreté, perte d'argent.

La rascette se trace sur le poignet vers la partie ma-
térielle de la main, et pour cette raison les lignes qui se
dirigent vers elle signifient : déchéance.

Si la ligne de vie se réunit avec la ligne de cœur et la
ligne de tête, c'est : malheur et presque toujours mort
violente. La vie est en péril quand la tête et le cœur sont
dominés et entraînés par la puissance de l'instinct vital
qui marche en aveugle vers tout ce qui est danger.

Lorsque la vitale ne se joint pas avec la ligne de tête
et qu'il existe un grand espace entre les deux lignes,
c'est : sottise, envie, vanité, mensonge, et souvent perte
de ses biens, c'est la vie qui accomplit son cours sans
être éclairée par l'intelligence.

Lorsque la ligne de vie est séparée de la ligne de tête
par un grand espace vide, et surtout lorsque ces deux
lignes sont *larges et rouges*, c'est signe de cruauté, de
vanité, d'amour de l'argent et d'entêtement, c'est aussi
un signe de mort violente. Cette fois la tête n'est plus
absorbée, elle ne donne plus de conseil et l'instinct n'en
demande plus, l'un et l'autre agissent selon leur vouloir.

Nous dirons encore, et nous ne saurions trop le répéter, qu'un signe isolé ne suffit pas pour établir une opinion défavorable en chiromancie; c'est une forte présomption, surtout lorsque les pronostics viennent de la ligne de vie ou de la saturnienne, mais d'autres lignes favorables peuvent en diminuer ou même en détruire l'effet. Un chiromancien doit, avant de rien décider, étudier la main tout entière et baser ses assertions sur le résultat de ses calculs.

Si l'espace dont nous venons de parler est occupé par de petites lignes, c'est : bêtise et infortune, envie.

Des lignes partant des deux côtés de la ligne de vie (intérieur et extérieur) et tendant vers le haut, c'est : richesses et dignités; c'est l'aspiration de la vie vers les choses élevées.

Une ligne inégale de forme, c'est-à-dire plus creuse dans un endroit que dans un autre, annonce la colère et la véhémence des passions, c'est : humeur inégale. Bifurquée à son point de départ, près du pouce, la vitale annonce un homme vain; c'est une existence indécise, deux branches signifient antagonisme et immobilité; c'est impuissance et par conséquence naturelle : vanité.

Si la ligne de vie est très-rouge à son point de départ, c'est un signe de perversité d'esprit, c'est : violence qui aveugle.

La ligne de vie longue, mais très-mince, c'est : mauvaise santé, et si elle est mal colorée, mal formée et entrecoupée, c'est : vie courte.

La ligne de vie discontinue, indique des infirmités naturelles ; s'il se trouve un creux au milieu, suivi de plusieurs points, c'est : mort subite.

Lorsqu'elle est rompue, elle annonce un grand danger à l'âge où elle correspond sur la ligne de vie[1].

Si la ligne de vie est grosse partout, c'est : colère allant jusqu'à la bestialité ; creusée profondément, c'est : brusquerie, brutalité.

Si elle est longue, mais grêle, c'est : mélancolie, envie, caractère soupçonneux.

Les rides sur la ligne de vie indiquent des maladies : la place où elles se trouvent sur la ligne de vie indiquent l'âge où elles doivent arriver.

La ligne de Mars, sœur de la vitale, forme une seconde ligne de vie, et elle suit intérieurement la première dans le parcours du mont du pouce, et en répare les ruptures et les défectuosités.

Elle annonce des succès dans la carrière des armes, si elle est surtout claire et rougeâtre ; et comme elle apporte un excès de force vitale, elle donne ordinairement l'amour des femmes et l'intempérance.

Si cette ligne est longue et accompagne la ligne de vie jusqu'au bout, c'est signe de richesses jusqu'à la fin de la vie.

Lorsque les lignes sont mauvaises, elles sont réparées par les lignes doubles que l'on appelle sœurs ; mais si ces dernières sont mauvaises aussi, c'est-à-dire, malfaites, contournées ou brisées, le mal est double, et par con-

1. Voir page 238.

tre, si les deux lignes sont également bonnes, le bien qu'elles annoncent est doublé.

Une vie courte, une morte su-bite sont indiquées par une ligne courte avec deux lignes adja-centes parallèles.

La ligne de vie traversée par des lignes : maladies, ou acci-dents, changements de position.

Une ligne de vie peu colorée,

étroite : mauvaise santé.

Cercles sur la ligne de vie : occasions de meurtres.

Un rond sur la ligne de vie : perte d'un œil.

Deux ronds sur la ligne de vie : perte des deux yeux.

Rameaux qui partent de la li-gne de vie et vont vers le bas, c'est : déchéance, perte de santé.

Des rameaux qui partent de cette ligne et vont vers le haut, c'est : violence de désirs, exu-bérance.

Si des rameaux plus forts par-tent du mont de Vénus en tra-versant la ligne de vie et les au-tres lignes principales, c'est : amours qui détruisent la destinée.

S'il se trouve un point profond sur la vitale : mort violente.

Une croix sur la ligne de vie, lorsque les rameaux coupent cette ligne, c'est : infirmité mortelle ; si les rameaux de cette croix creusent des sillons dans la ligne de vie : mort à l'époque indiquée par la place où se trouve la croix.

Une croix à la fin de la vitale : homme bon et capable, mais menacé de la perte de ses biens (tradition).

De petits trous noirs ou des figures carrées au commencement de la vitale : homme porté au meurtre.

La ligne de vie envoyant des rameaux vers le milieu de la ligne de tête, c'est : honneurs et richesses.

Si ces rameaux s'étendent sur la plaine de Mars, c'est : richesses et honneurs après de longues épreuves.

Les lignes qui, partant du creux de la main, montent vers la ligne de vie, la traversent et continuent sur le mont du pouce, sont d'un funeste présage ; elles signifient blessures.

Les plus belles lignes ont des rameaux en haut et en bas.

Lorsque la ligne de vie se bifurque en arrivant vers la rascette, c'est : changement dans l'existence à une certaine époque de la vie, et si alors une des branches de la ligne de vie va vers le mont de la Lune, c'est : disposition à la folie ou exaltation.

Une ligne de vie qui se bifurque dans le bas annonce un dédoublement possible de l'existence à la fin de la carrière, c'est-à-dire des dispositions à l'impuissance

d'esprit, souvent causée par l'excès du travail de tête.
Cette ligne assez commune chez les hommes de lettres et
les artistes, leur conseille de ne pas forcer leur travail,
et de l'abandonner lorsque l'extrême fatigue arrive, sous
peine d'être frappés d'impuissance de cinquante à soixante
ans; en se reposant à temps, on annule cette menace.

Les anciens kabbalistes partageaient la ligne de vie en
sept ou dix compartiments représentant dix années, et ils
vous annonçaient ainsi à quelles époques devaient arriver
les maladies, les blessures, en examinant dans quelle
cases les signes qui les représentent se trouvaient pla-
cés. Il suffit, pour faire un calcul semblable, de partager
également la ligne de vie en sept ou dix compartiments
représentant chacun dix années d'existence

Toutefois les chiromanciens opéraient ainsi cette di-
vision.

Ils plaçaient la pointe fixe d'une branche de compas
sur la racine de l'index, et la pointe de l'autre branche,
au milieu du mont du Soleil, et en formant ainsi un
cercle la pointe passait à travers la ligne de vie en lais-
sant un espace qui représentait les dix premières années
de la vie. Pour former le second cercle, ils plaçaient la
pointe du compas *destinée à tracer les cercles* entre
l'annulaire et l'auriculaire, et complétaient le cercle en
passant encore sur la ligne de vie; ils traçaient ainsi le
second compartiment des dizaines représentant 20 an-
nées, puis ils plaçaient la *pointe agissante du compas*
sur le mont de Mercure, et traçaient, en complétant le
cercle, le troisième compartiment sur la ligne de vie

donnant 30 années. La pointe active de l'instrument passait ainsi sur l'extérieur du doigt auriculaire à la racine de la troisième phalange; ce qui donnait 40 ans. Si la ligne se prolongeait encore, on faisait, en conservant les mêmes distances, passer la pointe du compas sur la ligne de cœur, à l'endroit où elle vient se tracer sur la percussion de la main, ce qui donnait 50 ans. Chaque cercle, on le sait, représentait 10 années; arrivé au septième cercle (70 ans), on diminuait d'un tiers la distance d'un cercle à l'autre; pour 80 ans on diminuait cette distance d'un tiers encore, et l'on continuait ainsi jusqu'à cent ou cent dix ans s'il y avait lieu.

Les anciens chiromanciens faisaient partir la vie, comme on le voit, de Jupiter (la divinité), et du Soleil (la lumière). Jusqu'à 10 ans, l'homme appartient à la fatalité pure, puisque la raison ne le guide pas encore. L'être se forme, s'agite pour croître; l'espace des dix premières années est plus grand, et comme il appartient à la fatalité, il se trouve coïncider sur la ligne de vie avec une ligne tirée de l'axe du médius (Saturne). Les années vont en espaces égaux jusqu'à 60 ans. Alors la force vitale rétrograde, les fluides se dessèchent et s'évaporent, la ligne suivante se rétrécit d'un tiers. A 80 ans, par des raisons semblables, elle se rétrécit d'un tiers encore et continue ainsi jusqu'à la fin de l'existence qui devient ou inerte par le corps, ou inerte par l'esprit.

Nous donnons ici la gravure d'une main ainsi distancée; chacun peut faire un semblable travail sur sa main, savoir, en examinant avec soin, la ligne de vie, les épo-

ques où la santé sera menacée et en chercher les causes
dans les autres lignes.

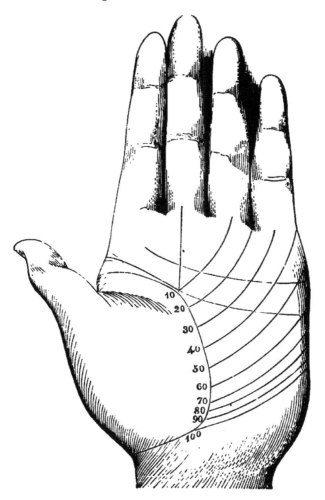

Une ligne de vie qui annonce cent ans d'existence ne donne qu'une possibilité d'atteindre cet âge; il faut encore, on le comprendra, le concours *heureux* des autres lignes principales; toutefois, c'est une présomption très-favorable.

LIGNE SATURNIENNE.

Ligne *saturnienne* : Destinée, fatalité.

Elle monte sur le mont de Saturne, et le traverse jusqu'à la racine du medius.

La saturnienne a quatre points de départ: sur la ligne de vie, sur la plaine de Mars, sur la rascette, sur le mont de la Lune. Dans le premier cas, elle participe des qualités de la ligne de vie, selon qu'elle est plus ou moins longue, plus ou moins colorée, plus ou moins tranquille dans son parcours.

Dans le second cas, lorsqu'elle part de la plaine de Mars (la lutte), elle annonce une vie pénible, et cela d'autant plus qu'elle pénètre plus avant dans le doigt du milieu.

Lorsqu'elle part de la rascette et monte en ligne droite au mont de Saturne, si elle s'élève toujours directe, trace un profond sillon dans ce mont et s'arrête à la première jointure, c'est un bonheur luxuriant.

Si elle a racine et épis, le bonheur est, s'il se peut, plus grand encore.

C'est une destinée fatalement heureuse. Le chiromancien trouvera presque toujours dans la main la cause de ce bonheur, soit dans les passions bonnes et nobles, dirigées par l'intelligence, soit parfois dans les mauvaises, utilisées par l'énergie.

Il y en a peu qui soient heureuses sans un motif, sans une cause indiquée par d'autres signes; il y en a cependant.

Un grand bonheur est toujours une grande fatalité.

Si la ligne pénètre davantage, si elle coupe la racine du médius et s'avance sur la troisième phalange, alors c'est une fatalité excessive, c'est une grande destinée en bien ou en mal.

En ce cas, si le mont de Saturne est ridé, et si une ligne principale profonde et rouge le sillonne, et montant plus haut se termine à la troisième jointure par une étoile, c'est un crime fatal, inévitable, qui doit fatalement et inévitablement conduire à l'échafaud.

Si la saturnienne part du mont de la Lune pour aller se rendre directement à Saturne, c'est bonheur parti d'un caprice (la Lune, c'est le caprice), et par conséquent d'une protection de femme ou d'homme, selon le sexe.

Si la saturnienne partie du mont de la Lune (le mont de la fantaisie, du caprice), s'élève droite et nette jusqu'à la ligne de cœur où elle vient se perdre, et que cette ligne de cœur tende vers Jupiter, c'est le signe d'un bonheur parti d'un caprice suivi d'un amour favorable, d'un riche mariage par exemple, comme l'annonce la fusion avec la ligne du cœur, bonheur qui doit être certain par la tendance vers Jupiter qui est toujours d'un heureux présage.

Si la saturnienne est droite et chargée de rameaux qui s'élèvent en haut comme des branches, c'est : passage successif de la pauvreté à la richesse.

Chaque rameau forme un échelle pour monter.

Si la saturnienne part de la vitale, c'est un bonheur acquis par le mérite propre.

Dans ce cas aussi, elle annonce un cœur généreux.

A la fin de la saturnienne, des lignes rassemblées ou qui la coupent, annoncent un bonheur suivi d'infortune.

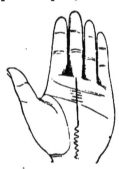 Si la ligne se contourne en forme de vis dans le bas, et que le haut en soit droit et pur, c'est un grand malheur suivi de fortune.

Il est bien entendu que dès que la saturnienne entre dans la racine du doigt, elle annonce la mauvaise influence de Saturne, et toujours de plus en plus fatale à mesure qu'elle s'élève ; cette influence est de même mauvaise si elle coupe la rascette, c'est-à-dire si elle va plus loin que le bas de la main, et se trace sur la jointure en empiétant sur le poignet : alors il y a excès encore, et c'est un signe de prison et de tribulations de toute sorte.

Si la saturnienne part du bas de la main plus ou moins haut, qu'elle s'arrête à la ligne de cœur et s'y interrompe brusquement, c'est un bonheur brisé par une affaire de cœur ou une maladie de cœur.

14

Si la saturnienne s'arrête brusquement à la ligne de tête, c'est : une chance arrêtée par une affaire de tête, un faux calcul, ou bien une maladie du cerveau.

Si la saturnienne part de la ligne de tête et monte en se contournant au mont de Saturne, c'est : travaux, peines et maladies, c'est l'intelligence attachée à la fatalité en brisant le cœur. Si cette ligne est belle, c'est : bonheur *tardif* donné par l'intelligence, *surtout si la ligne de tête est pure et bien tracée.*

Si la saturnienne part du quadrangle (espace entre les lignes de la tête et du cœur) et s'arrête *sur le doigt* de Saturne, c'est : tristesse et mort dans les prisons (tradition).

Une double ligne saturnienne dans la paume de la main, tortueuse et subtile, annonce une grande corruption et des infirmités graves, ayant leur source dans l'abus des plaisirs matériels. La saturnienne droite, et colorée à la fin, annonce le bonheur dans la vieillesse, invention de sciences nouvelles ; elle donne les goûts qu'apporte le mont de Saturne, de la bâtisse, du jardinage ; elle donne aussi l'habileté en architecture, l'aptitude à l'agriculture.

A la fin de la saturnienne, des lignes amassées, coupées et tortues, annoncent le malheur après une vie heureuse.

Si la saturnienne est brisée, coupée, rattachée à chaque instant, c'est une vie dont les chances arrivent par saccade, et n'ont pas de durée. Il y a des mains qui n'ont pas de saturnienne ; c'est alors le signe d'une existence insignifiante.

Les Esquimaux, pour la plupart, n'ont pas de saturnienne, c'est : vie végétative, comme elle doit être en effet dans leur dur climat.

Si une ligne part de la ligne de tête, et s'élève droite sur le mont de Jupiter, le traverse et coupe la racine de l'index, c'est un orgueil excessif; mais si cette même ligne se termine sur l'index par une étoile, c'est une réussite phénoménale; si elle se termine par une croix, c'est : calamité égale à l'orgueil.

Si la saturnienne décline vers cette ligne d'orgueil et va s'y perdre, on deviendra fou de vanité.

La saturnienne peut conserver son nom et ses influences sans se diriger spécialement vers le mont de Saturne; sa direction vers tel ou tel mont modifie les genres de bonheur qu'elle peut donner : si elle se dirige vers Mercure, c'est réussite par le commerce, la science, ou l'éloquence; vers Apollon, c'est bonheur obtenu par les arts, ou par la richesse, selon celui des trois mondes où vit l'homme qui a le signe dans la main (comme nous le verrons plus tard). Si la saturnienne se dirige vers Jupiter, c'est bonheur obtenu par l'ambition ou satisfaction d'orgueil.

Mais ce bonheur sera toujours subordonné au plus ou moins de rectitude, à la pureté plus ou moins grande de la ligne, de son point de départ à l'arrivée au mont. Si la saturnienne se brise en passant dans la plaine de Mars (la lutte); si elle est coupée, tourmentée, rattachée en cet endroit, on doit s'attendre à des luttes, soit physiques, soit morales.

Il y a des gens qui sont *fatalement* heureux, et nous en sommes resté convaincu en examinant les mains de nos camarades *arrivés;* mais ils ont tous en même temps les signes d'une volonté ferme et les qualités nécessaires pour parvenir, comme l'amour des arts et la prudence, et leur ligne de bonheur n'exclut pas la lutte.

Nous avons vu des lignes de bonheur se former après coup, comme aussi les organes du crâne se diminuer et s'augmenter selon l'exercice plus ou moins grand des facultés qu'ils représentent; un moulage pris sur nous même, nous en a fourni la preuve. M. d'Arpentigny prétend, de son côté, que les nœuds se développent sur les doigts ou tendent à se diminuer, et il en donne pour exemple·la main de Mme Sand, dont les doigts d'abord très-lisses ont pris des nœuds à la première phalange dès qu'elle s'est occupée de philosophie et de littérature sérieuse. Or, si les mains qui contiennent la destinée peuvent se modifier par la direction que donne la volonté, la destinée doit nécessairement se modifier aussi, et n'est pas irrévocable.

LIGNE HÉPATIQUE OU LIGNE DU FOIE.

Cette ligne part de la rascette, près de la ligne de vie, et va directement au mont de Mercure; si elle est longue, bien colorée, droite, assez large sans l'être trop, elle dénote une bonne santé, un sang riche, de l'harmonie dans les fluides, une grande mémoire, une bonne conscience et de la probité, réussite en affaires.

Si elle est tortueuse et ondulée, elle annonce de la propension aux maladies de bile et une probité douteuse.

Quelquefois elle commence à la plaine de Mars ; quelquefois elle part de la ligne de vie, et s'étend à travers le milieu de la paume, vers la percussion de la main ; quelquefois elle cesse à la ligne de tête ; quelquefois elle s'élève jusqu'aux monts des doigts ; quelquefois elle manque dans la main, ce qui signifie alors : finesse de la peau, agilité corporelle, vivacité à parler, amour du bon vin (tradition).

Séparée de la ligne de vie, elle promet une vie longue ; quand elle se joint avec elle, elle annonce la faiblesse du cœur, à cause de l'abondance du sang qui s'y porte.

Si un trait coupe l'hépatique en formant une croix, c'est : signe de maladie prochaine, ou au moins future.

Si l'hépatique s'élève jusqu'aux monts des doigts, mais toujours bien formée et dans ses meilleures apparences, elle donne la santé jusque dans la vieillesse.

Si la saturnienne, l'hépatique et la ligne de tête forment un triangle, elles indiquent des aptitudes à la magie naturelle, à l'étude de la nature, et elles donnent le don de l'intuition divine, et quelquefois la seconde vue.

La ligne hépatique épaisse et coupée annonce une maladie dans la vieillesse.

Si elle est inégalement colorée, et par places très-rouges, en arrivant à la ligne de tête, c'est un signe de douleurs de tête, causées par l'affluence du sang ; si elle est mince et rouge seulement au milieu, c'est : disposition aux fièvres. C'est papitations de cœur, lorsqu'elle

14.

est rouge dans son principe, surtout près de la vitale.

Si elle va du côté de la percussion de la main, en traversant le mont de la Lune, elle dénote un caractère capricieux comme la mer, ou voyages sur mer, (la mer, on le sait, est dans les attributs de la Lune).

Si elle est droite et creuse, c'est : raideur.

Si elle est entrecoupée, discontinue, brisée, c'est : maladie d'estomac, digestion pénible.

Si, en arrivant à la ligne de tête, elle devient fourchue de manière à former un triangle avec cette dernière ligne, c'est un signe d'avidité de biens et d'honneurs, que l'on voudra satisfaire par tous les moyens possibles (tradition).

Lorsque cette ligne est très-colorée, c'est brutalité, orgueil; si elle est tortue et de diverses couleurs, elle annonce des maladies de foie, des faiblesses, des syncopes et des palpitations.

Si elle est bien colorée, elle signifie joie, bonté, esprit jovial et subtil.

Rompue et rouge : colère, maladies bilieuses.

La ligne hépatique est quelquefois, mais rarement, accompagnée d'une ligne sœur que l'on appelle la VOIE LACTÉE; quand partie de la rascette, cette ligne s'élève jusqu'au mont de Mercure, c'est signe d'un bonheur constant dans la vie. Cette ligne donne de l'ardeur en amour, car on l'appelle aussi *via lasciva;* plusieurs chiromanciens la désignent sous le nom de sœur de l'hépatique, *soror hepaticæ.*

ANNEAU DE VÉNUS.

L'anneau de Vénus est une ligne qui prend naissance entre Jupiter et Saturne, et va, en formant un demi-cercle, se perdre entre l'annulaire et l'auriculaire.

L'anneau de Vénus enferme, comme dans une île, Saturne et Apollon, la fatalité et la lumière, et laisse sans guides et sans conseils les instincts de l'ambition démesurée, du mensonge, du libertinage et du caprice; instincts mauvais de Jupiter, de Mercure, de Vénus et de la Lune, du moment où ils ne sont plus éclairés et ennoblis par le soleil Apollon. L'anneau de Vénus, en outre, embrasse et met en lutte directe Saturne et le Soleil, la tristesse fatale et la lumière, dont le combat continuel cause un continuel désordre.

L'anneau de Vénus indique ses tendances par son nom même; c'est l'amour effréné, aveugle, sans frein, c'est la débauche. Dans la Fable, Junon emprunte à Vénus sa ceinture pour charmer Jupiter et lui inspirer des désirs lascifs.

Si cette ligne semi-circulaire est brisée dans l'une et l'autre main et faite comme de débris posés l'un auprès de l'autre, c'est un signe d'une passion monstrueuse, c'est la sodomie ou au moins le goût des amours dépravés.

Si elle est double, triple, mal tracée, mais toujours brisée, c'est goût ou habitude des plaisirs solitaires, attraction vers tous les dévergondages obscènes, et si ces lignes sont profondes, c'est l'impureté poussée aux dernières limites.

Quelquefois l'anneau de Vénus, au lieu de se fermer en remontant entre l'annulaire et l'auriculaire, vient se perdre sur le mont de Mercure, et reste ouvert; alors, la science et le travail viennent combattre et annuler ces terribles instincts de la luxure, et y puisent même une énergie plus grande, car les passions qui sont une surabondance de vie, ne perdent jamais leur force active; seulement, bien dirigées, elles augmentent les qualités

en les douant de leur impétuosité : c'est comme le torrent dévastateur qui, entouré de digues et habilement conduit, vient vivifier une usine.

Mais si, au contraire, l'anneau de Vénus venait se fermer à la racine du doigt de Mercure, il indiquerait une passion terrible qui emploierait pour s'assouvir la ruse, le mensonge et le vol.

LIGNE DU SOLEIL

La ligne du Soleil part, ou de la ligne de vie ou du mont de la Lune, et va tracer un sillon dans le mont du Soleil (de l'annulaire).

Elle signifie : gloire, célébrité, amour de l'art.

Elle signifie aussi : richesse, faveur.

Elle signifie encore : mérite, réussite par le travail, selon celui des trois mondes qu'elle représente.

Si elle est droite, bien creuse, bien nette, longue, si elle ouvre le mont du Soleil comme le soc de la charrue ouvre la terre, elle signifie : célébrité dans l'art, mérite, richesse ou amour de l'or, selon les aptitudes plus ou moins élevées.

Ceux-là même qui ne seront pas artistes recevront de cette ligne le désir des belles choses, des riches étoffes ; ils auront l'œil artiste, s'ils n'en ont ni le goût, ni l'âme, s'ils appartiennent au monde *matériel*.

Si la ligne du Soleil se subdivise en plusieurs petites lignes en arrivant au mont, c'est une séve trop abondante, une trop grande furie dans l'art, un trop grand désir d'effets ; c'est une flèche lancée avec trop de force, qui dépasse le but et se perd sans utilité dans l'espace.

Si les lignes sont placées en travers sur le mont, c'est obstacle dans l'art qui annule tous les efforts.

Si deux ou trois lignes de même force s'élèvent, mais toujours inégales et un peu tortueuses ; c'est le goût ou la culture de plusieurs branches de l'art qui dissémine les forces et empêche une réussite complète.

Si d'un seul faisceau d'une seule ligne partent, en arrivant au haut du mont, deux branches qui s'en vont à droite et à gauche, en forme de V, c'est la force neutralisée par la division. Ce sont des efforts qui se contre-balancent et s'annulent en tirant chacun en sens inverse, c'est l'immobilité dans l'art, causée par les efforts mêmes que l'on fait pour marcher en avant. C'est un désir de célébrité sans réalisation.

Lorsque trois branches s'échappent d'un seul faisceau ce sont des désirs de gloire, de richesse et de talent, mais qui en se combattant restent à l'état de désir, ou donnent seulement la richesse, qui forme ici le troisième monde.

Lorsqu'au contraire la ligne du Soleil forme trois branches qui se réunissent en un seul canal au moment de traverser le mont, à partir de la ligne de cœur, alors elle annonce fortune par la branche qui vient du côté de Mercure, gloire par la branche directe, mérite par la branche qui vient du côté de Saturne.

Mais si trois lignes de même grandeur, de même profondeur, tout à fait de même forme, montent vers l'annulaire en ouvrant sur le mont du Soleil *trois sillons égàux*, c'est un signe de gloire et de célébrité *universelles*.

La ligne du Soleil bien profonde, bien nette, donne aussi la faveur des grands.

Lorsque la ligne s'élève, mais accompagnée de lignes qui la barrent sans la couper entièrement, c'est : obstacles à la gloire élevés par l'envie, ou la mauvaise volonté des puissants du monde.

Nous avons parlé jusqu'à présent de tous les monts de la paume de la main et des qualités qu'ils inspirent par leurs influences.

Nous avons parlé des lignes principales :

La ligne du cœur, de tête, de vie, du Soleil, de fatalité, de l'anneau de Vénus qui rentre aussi dans la fatalité.

D'autres signes, dont il nous reste à parler, viendront changer les qualités en défauts ou en vices.

Le lecteur aura remarqué la simplicité du système. Jusqu'à présent tout est indiqué par la forme même des lignes en suivant les lois de l'analogie.

La ligne de vie est courte, la vie est courte ; elle est longue, la vie est longue ; elle est formée en chaînes, l'existence est pénible ; elle est pâle, mal formée, la santé est frêle, languissante, et ainsi de suite. Tout est basé sur les calculs les plus simples, et cela doit être. La nature ne donne rien sans peine : elle cache, mais elle cache comme une mère cache à son enfant le jouet qu'elle veut qu'il trouve. Elle met tout auprès de nous, elle nous enseigne tout par l'analogie.

Aux premiers jours, elle offrait aux hommes le modèle d'un canot, en faisant voguer une coquille de noix vide sur un étang. Un arbre renversé sur un torrent, donnait l'idée d'un pont, et les hommes l'écoutaient alors, parce qu'ils étaient simples et qu'elle leur montrait clairement ce qui était utile. Plus tard elle indiquait aussi les découvertes plus importantes ; elle expliquait tous les jours dans la marmite de la ménagère l'énigme de la vapeur. Mais alors on fermait les yeux.

Quand on se croit savant et habile, on ne veut jamais voir ce qui est trop simple, on trouve que c'est indigne de ce qu'on appelle le génie. Et quand un homme a trouvé, on dit : mais c'était si facile ! et l'on conteste la gloire. Quand Christophe Colomb eut découvert l'Amérique, les envieux rabaissaient son mérite. Qu'avait-il fait, après tout ! On lui avait donné une flotte, de braves matelots, et il avait toujours été droit devant lui ; la belle affaire ! Il ne fallait que de la patience, et il en avait eu. Qui de vous fera tenir un œuf en équilibre sur sa pointe, leur dit Colomb? et tous d'essayer, mais en vain.

Faites-le donc lui crièrent-ils. Colomb prend l'œuf, en écrase le bout sur la table et l'œuf reste droit.

Ah ! voilà qui est bien difficile, s'écrièrent-ils tous à la fois !

Pourquoi ne l'avez vous pas fait, répondit Colomb?

Lorsque Newton trouva les lois de l'attraction et de la pesanteur dans la chute d'une poire, combien de poires n'étaient-elles pas tombées devant les savants de son époque et ceux qui l'avaient précédé?

Mais il faut bien en convenir , il n'y a que les grands hommes qui cherchent la vérité avec un cœur naïf. Plus on devient fort et plus la manière se fait simple partout, même en littérature et en art. Chateaubriand a commencé par le romantisme, et il en est venu à écrire le *Génie du christianisme* et le *Voyage à Jérusalem*, parce qu'il est devenu fort ; Molière était la simplicité même et la vérité ; La Fontaine, le plus fort de tous, est aussi le plus vrai et le plus simple de tous. Et

en effet, il faut qu'un homme se sente puissant et riche
en lui-même, pour laisser tous les faux brillants du style
et se contenter du langage naturel et lucide de la saine
raison. Il ne croit jamais être assez clair, parce qu'il
veut que son idée soit comprise, et c'est de l'amour pa-
ternel ; mais celui dont le mérite repose sur des mots se
garderait bien d'agir ainsi : d'abord, parce qu'il ne pour-
rait expliquer ce qu'il ne comprend pas lui-même, et
ensuite parce qu'il sent qu'il ne lui resterait plus rien
du moment où il jetterait tambour, trompette, et quit-
terait ses brillants oripeaux.

Voyez nos grands peintres : Titien, Paul Véronèse. Dans
leurs tableaux, pas de tours de force ; rien n'est maniéré,
ni dans le faire ni dans la pose, ni dans l'expression ;
ils cherchent d'abord la forme, le sentiment, l'âme, la
couleur, la vérité enfin qui passe avant toutes choses, et
puis ils sont adroits, parce que la nature est adroite, et
comme à leur corps défendant; mais aussi quelle adresse !
Ce n'est pas du clinquant, c'est de la perfection. Aujour-
d'hui ce sont les escamoteurs en peinture qui enlèvent
tous les suffrages, et cela se conçoit. *Le faire* est ce qui
embarrasse le plus les amateurs, et ils trépignent d'aise
en voyant les peintures *enlevées*. Que cela soit juste ou
non, peu importe ; leur éducation artistique ne va pas
si loin, car alors ils seraient peintres et non amateurs.
C'est brillant, c'est facile, donc l'homme est fort. Et
il en est de même partout. Un bavard, aux grandes pé-
riodes éclatantes, réussit toujours dans une assemblée

composée de gens ignorants, et même de gens intel-
ligents, mais qui doutent d'eux-mêmes.

Ainsi la chiromancie fille de la magie, la chiromancie
ancienne comme le monde, cultivée, perfectionnée par
les hommes les plus éminents, les génies les plus su-
blimes, la chiromancie est si simple, qu'un enfant pour-
rait l'apprendre en quelques jours.

SIGNES QUI MODIFIENT L'EFFET DES MONTS
ET DES LIGNES.

L'ÉTOILE. Une étoile indique un événement en de-
hors de notre libre arbitre, elle est ordinairement
placée sur les monts de la paume et sur les lignes ; elle
annonce presque toujours un danger, et en tout cas
une *fatalité*; mais il arrive aussi qu'une fatalité tourne
à l'avantage de celui qu'elle semble frapper rigoureu-
sement tout d'abord. Quelquefois même cette fatalité
est complétement heureuse, ou elle peut amener un grand
bien, si l'on sait profiter de la perturbation qu'elle ap-
porte dans la vie.

Ainsi une étoile sur le mont de *Jupiter*, c'est : bonne
fatalité, ambition satisfaite, honneur, amour heureux,
prédestination à de grandes choses, élévation inatten-
due. Jupiter est toujours favorable.

Une étoile sur la première phalange intérieure des
doigts, que l'on nomme le bout du doigt, rentre dans le
monde divin et placée surtout sur le médius *Saturne*
annonce un événement en delà des prévisions de l'hu-

manité, une gloire comme celle de Napoléon, ou folie.

Sous le mont de Saturne une étoile est cependant tout à fait fatale.

Une étoile sur le mont de Saturne, c'est : assassinat, meurtre ; probabilité de mort sur l'échafaud, si les autres lignes y concourent.

Une étoile sur la troisième phalange du doigt du milieu, celle d'en bas, c'est : assassinat, ou mort par assassinat ; si ces deux étoiles se trouvent dans une main et à ces places, c'est : assassinat et mort sur l'échafaud ; mais si la ligne saturnienne vient s'y joindre en pénétrant *dans la* troisième phalange, c'est : mort funeste et déshonorante sans qu'il soit possible de l'éviter ; ces marques peuvent se former pendant l'existence, et être une conséquence des vices.

Étoile sur le mont du Soleil ou d'Apollon : richesses malheureuses, célébrité donnée par le hasard, mais souvent fatale comme celle de madame Manson, dans le procès Fualdès.

Une ligne et une étoile : célébrité forcée, mais accompagnée du talent.

Plusieurs lignes et une étoile, c'est : richesse.

Étoile sur le mont de *Mercure*, c'est : fourberie, déshonneur ; sur le mont de Mars, c'est meurtre.

Une étoile sur le mont de la Lune : hypocrisie, trahison, perfidie, dissimulation, homme à éviter ; c'est aussi malheur causé par l'imagination. Danger de submersion.

Une étoile au bas du mont de Vénus, c'est : malheur causé par les femmes.

Une étoile placée latéralement au bas de la seconde phalange du pouce et au-dessus de la ligne qui sépare cette phalange du mont, c'est encore : malheur causé par les femmes.

LE CARRÉ dans la main annonce la puissance, l'énergie de l'organe où il se trouve : il donne le bon sens, la justesse, le coup d'œil, l'énergie froide.

Mais un carré sur le mont de Vénus, c'est : prison, cou·vent; ce carré doit alors être placé près de la ligne de vie.

UN POINT dans les lignes annonce une blessure, ou attaque de folie sur la ligne de tête.

Un point *blanc* dans la ligne de cœur, c'est signe de *conquêtes amoureuses*; c'est signe de découvertes scientifiques ou autres, dans la ligne de tête.

UN ROND sur les monts est une auréole : il annonce gloire et succès, placé surtout sur le mont du Soleil; mais dans les lignes, il devient un signe mauvais. Un rond dans la ligne de vie, comme aussi dans la ligne de tête, c'est la perte d'un œil; deux ronds, c'est la perte des deux yeux.

UNE ILE dans les *lignes* est quelquefois une chose honteuse, plus souvent une maladie héréditaire.

—————◆————— Sur la ligne du cœur, c'est adultère; sur l'hépatique qui va à Mercure, c'est vol, banqueroute frauduleuse ou maladie de foie.

Sur la ligne de vie, c'est mystère dans la naissance.

Sur la ligne de tête en traversant la plaine de Mars : assassinat ou projet de meurtres, pensées sanguinaires.

Sur la ligne de tête en dehors de la plaine de Mars : pensées honteuses, projets infâmes.

Une île dans la saturnienne ou ligne de chance annonce si la ligne est, du reste, belle et directe : bonheur par l'adultère. Si cette ligne est brisée ou que l'île soit mal faite, c'est chagrins ou malheurs survenus ou à survenir à la suite d'un adultère. Les lignes qui se trouvent tracées en travers sur la percussion de la main, entre la racine de l'annulaire et la ligne de cœur, annoncent le nombre de mariages ou de liaisons (semblables à des mariages par leur durée) que l'on doit former dans la vie. Si ces lignes, qui suivent la direction de la ligne de cœur, prennent la forme d'îles, c'est : mariage ou liaison contractés avec de proches parents.

Nous avons longtemps hésité avant de donner ces indications, mais nous le répétons encore, les lignes sont formées par les astres dès la naissance puisqu'on les trouve bien ou mal tracées chez les enfants et que nous avons vu des îles dans leurs mains. Ces îles sont un avertissement, elles disent que l'occasion se présentera de faire telle ou telle chose funeste ou honteuse, mais elles ne disent pas que la chose s'accomplira; elles ne sont nullement une nécessité et le danger peut être évité par la volonté, qui modifie ou annihile toute destinée. Nous avons cru qu'il valait mieux avertir pour mettre en garde contre un péril qui est souvent la suite de l'ignorance, mais qui reste sans effet quand il est prévu. La défiance est la mère de la sûreté.

LE TRIANGLE annonce l'aptitude aux sciences[1].

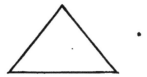

Sur le mont de MERCURE : politique habile, sciences hermétiques: Talleyrand.

Sur le mont de JUPITER : science diplomatique, mais à grandes idées : Napoléon.

Sur le mont de SATURNE: science ténébreuse basée sur la crainte de l'enfer, sur la tristesse, magie noire, sacrifices humains.

Ainsi une étoile sur la première phalange du doigt du milieu et un triangle sur le mont de Saturne indiqueraient un homme adonné à la goëtie (magie noire), et par le triangle et par l'étoile destiné fatalement au crime.

Et s'il s'y joignait l'anneau de Vénus, cet homme sacrifierait des enfants aux démons après s'être livré aux plus infâmes débauches : selon la tradition, Gilles de Retz, maréchal de France en 1440.

Un triangle sur le mont du SOLEIL : science dans les arts : Léonard de Vinci, Michel-Ange.

Un triangle sur le mont de MARS : habiles calculs en guerre; art militaire : Turenne, Villars.

Sur le mont de la LUNE : raison, sagesse dans le mysticisme : Paracelse.

---

1. Il n'est pas besoin de faire remarquer que tous ces signes sont plus ou moins exagérés dans leur dimension. Notre but, nous le répétons encore, est de nous faire comprendre avant tout.

Sur le mont de Vénus : calculs en amour : Mme de Maintenon.

Une CROIX. Les croix sont ordinairement des signes peu favorables. Toutefois, une croix sur le mont de Jupiter, c'est : mariage d'amour, souvent mariage heureux.

Une croix au centre de la main dans l'espace que l'on nomme le quadrangle entre la ligne de cœur et la ligne de tête, c'est mysticisme, religion, souvent même superstition, s'il y a excès ; c'est aussi aptitude aux sciences occultes. Si la saturnienne s'y rattache, c'est bonheur donné par la religion.

Une croix sur le mont de Saturne, c'est : mysticisme funeste ou véhémente influence de Saturne.

Une croix sous l'annulaire (au mont du Soleil), c'est essor arrêté dans les arts, ou dans la richesse, parce que le soleil est la lumière, et que la lumière jetée hors de sa direction devient erreur.

Une croix sur le mont de Mercure, c'est disposition au vol.

Une croix dans la plaine de Mars annonce un caractère dangereux, un homme batailleur et capable de tout.

Une croix dans le bas du triangle de la plaine de Mars entre le bas du mont de Vénus et du mont de la Lune signifie un événement important résultant de la force, ou une lutte qui tiendra une place particulière dans la vie, presque toujours un changement de position.

Une croix sur le mont de la Lune : menteur, ou homme qui s'abuse lui-même, qui se ment à lui-même, si les autres lignes parlent dans ce sens.

Si la croix est petite, c'est : mysticisme, rêveries religieuses. Si elle est grande c'est superstition, bigotisme, menace d'hallucinations; si elle se trouve dans les deux mains, c'est folie déterminée par le mont le plus développé de la main; comme Jupiter, folie d'ambition, d'orgueil ; Saturne, folie de misanthropie, tristesse ; Apollon, folie de renommée, manie, folie de science ou plus souvent de richesse ; Vénus, folie érotique. Les lignes donnent des indications pareilles et confirment le calcul.

Une croix sur le mont de Vénus, c'est : amour unique et fatal, à moins qu'il ne se trouve une autre croix sur Jupiter qui, par son heureuse influence, en fasse un amour unique et heureux.

Toutefois lorsque les croix sont bien faites et que les bras qui les forment sont d'égale grandeur, elles sont plutôt favorables que nuisibles, et ajoutent aux qualités du mont où elles se trouvent ; elles sont surtout mauvaises lorsqu'elles sont mal faites, inégales ou mal formées.

RAMEAUX. Les rameaux sur toutes les lignes annoncent richesse, exubérance dans la qualité, qui sont du domaine de la ligne où elles se trouvent :

Sur la ligne de cœur : cœur chaud, dévoué;
Sur la ligne de tête : tête saine, intelligente ;
Sur la ligne de vie : exubérance de vigueur et de santé;
Sur la saturnienne : bonheur complet.

Les rameaux se trouvent surtout au commencement et à la fin des lignes; il n'est pas besoin de rappeler que ceux qui vont en montant sont les seuls favorables.

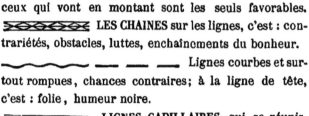 LES CHAINES sur les lignes, c'est : contrariétés, obstacles, luttes, enchaînements du bonheur.

——————— ___ ___ ___ Lignes courbes et surtout rompues, chances contraires; à la ligne de tête, c'est : folie, humeur noire.

LIGNES CAPILLAIRES, qui se réunissent pour faire une seule ligne, sont un empêchement par l'excès même de séve dans la qualité; elle s'éparpille en trop de branches pour en faire une force; c'est comme un fleuve qui perd inutilement dans une foule de canaux ses eaux abondantes, qui, réunies, feraient la richesse d'une contrée Ordinairement avec des lignes capillaires, on se donne trop de mal pour parvenir; on dépasse le but.

Lorsqu'il y a beaucoup de ces lignes sur un mont, c'est surtout abondance dans la qualité, de manière à gêner son action, et la rendre impuissante.

Les personnes qui ont des raies et des sillons sur le mont de la Lune, sont plus sujettes aux pressentiments, aux rêves prophétiques, aux visions même, que les autres. Le fluide arrivant en surabondance développe la sensibilité de l'organe, et le met en rapport plus direct avec la lune, qui est une des planètes qui projette avec le plus de véhémence le fluide astral, puisqu'elle est la plus proche de nous.

Des GRILLES sont des obstacles ; cependant elles ont des significations particulières.

Des grilles donnent ordinairement les défauts des monts.

Ainsi des grilles sur le mont de Jupiter, c'est : enchaî-
nement complet des qualités apportées par ce mont;
penchant vers la superstition, l'égoïsme, le désir de bril-
ler, l'orgueil, la domination.

Des grilles sur le mont de Saturne : malheur.

Des grilles sur le mont du Soleil : folie, vanité, désir de
fausse gloire, bavardage, impuissance, erreur.

Des grilles sur le mont de Mercure annoncent un pen-
chant au vol, à la ruse, au mensonge ou le mauvais
emploi de la science.

Une grille sur le mont de Mars, c'est : mort vio-
lente.

Des grilles sur le mont de la Lune, c'est : tris-
tesse, inquiétude, mécontentement continuel, spasmes,
imagination envisageant toujours le côté chagrin des
choses.

Les personnes qui ont ces grilles sur la lune, et encore
plus lorsque toute la main est couverte de petites lignes,

s'agitent sans cesse, même quand
tout est calme autour d'elles; elles
sont en cela semblables aux peu-
pliers et aux trembles, dont les
feuilles frémissent au moindre
souffle qui passe en laissant la
forêt silencieuse et tranquille.

Des grilles sur le mont de Vé-
nus : lasciveté, amours obscènes.

Qu'est-ce qu'une grille? C'est un obstacle.

La grille s'oppose à l'absorption du fluide généreux,

et conserve et emprisonne les fluides de la matière.

Sur les monts, *des raies en travers* sont aussi des obs-
tacles.

La plus belle ligne du soleil ne donnera pas de gloire
si elle est coupée en travers et comme biffée par une
raie.

Il y aura désir violent, puissance peut-être, mais in-
succès.

Et ainsi de la ligne hépatique allant à Mercure; ainsi,
de la saturnienne allant à Saturne, ou de toute ligne fa-
vorable allant à Jupiter. Des raies en travers paralysent
leurs effets ou les annulent lorsque la raie est plus pro-
fonde et plus large que la ligne.

LES TRAITS OU LIGNES. Les traits ou lignes allant en
haut sur les lignes principales, sont bonnes et avanta-
geuses pour la ligne qu'elles accompagnent.

Lorsque ces traits ou lignes vont en bas, ils apportent
une mauvaise influence.

Le mont de Jupiter uni et saillant, c'est : bonheur, vie
aisée, calme, plaisir. Une ligne droite et nette sur le
mont, c'est réussite.

Le mont de Saturne uni, plein : destinée tranquille sans
peine ni plaisirs.

Avec une ligne bien droite : grand bonheur. Avec une
multitude de lignes : malheur.

Le mont du Soleil est-il uni, tout uni; ce sont des joies
intimes, c'est le bonheur intérieur, le calme dans la vie
mais sans gloire.

Avec une ligne, nous l'avons vu, c'est talent et gloire.

Avec deux lignes, si les lignes se croisent, talent et chute ; si plusieurs lignes sur le mont du Soleil prennent la forme d'un caducée, c'est : science extrême dans l'art.

Le caducée sur Mercure donne la science profonde, l'aptitude à toute science.

Le mont de Mercure plein, uni : intelligence, perspicacité. Avec une ligne : chance de fortune.

Le mont de Mercure rayé fortement : mauvaise influence de Mercure, propension au vol.

Trop de lignes sur le mont de Mercure annoncent aussi un homme astucieux, parce que cette multitude de lignes dénote une trop grande véhémence de flux de la planète.

Alors il y a excès, et l'excès produit toujours un mal ; et ici il entraîne plutôt vers les défauts de l'organe que vers les qualités.

Une ligne partie du mont de Mercure, au dehors de la main, et tendant directement au mont du Soleil, annonce un homme qui parle beaucoup de sciences qu'il n'a pas, et principalement de sciences occultes, et qui cherche à tirer parti de la crédulité des autres. Si la ligne est crochue, il se servira de sa science feinte pour favoriser des escroqueries (tradition).

Le mont de Mars uni, plein : c'est force de domination sur soi-même, sang-froid.

Le mont de Mars rayé *fortement :* dispositions à l'emportement.

Le mont de la Lune, sans rides, annonce une imagination calme. Si puissant que soit le mont, avec une seule ligne, on est déjà tourmenté de pressentiments ; avec plusieurs lignes, on s'inquiète.

Sur le mont de la Lune un angle formé de deux lignes fortement accusées annonce un danger de submersion.

Un croissant placé sur le mont de la Lune, c'est imagination fatale, influence des femmes ; la lune représente le ☾ téis[1].

Les raies partant horizontalement du mont de la Lune sur l'ourlet de la main en dehors, la percussion, et se dirigeant vers le dos de la main, indiquent les voyages plus ou moins longs, suivant l'importance des lignes.

Le mont de Vénus uni, presque sans lignes annonce la chasteté, la froideur, le calme en amour, mais souvent aussi existence courte ; la séve d'amour est aussi la séve de la vie.

Le mont de Vénus sillonné de lignes annonce tout le contraire ; et plus les lignes ou les raies sont nombreuses, profondes, colorées, plus les passions sont fortes et vives.

Ainsi donc, en résumé :

Les monts bien à leur place, bien saillants, bien unis : signe de bonheur.

.Une seule ligne : bonheur, réussite.

Deux lignes : malheur, si elles croisent.

Trois lignes à égale distance et de même grandeur : grand bonheur, grand succès, grande gloire.

1. Voir page 73.

Ces mêmes lignes tortues, inégales et croisées : grand malheur.

Une multitude de lignes : enchaînement complet de la qualité en question.

Les lignes droites et bien faites allant en haut sont toujours favorables.

Lorsqu'une ligne bien droite part du mont de Vénus et va directement au mont de Mercure, pure, nette, sans obstacles, c'est un heureux signe ; c'est l'union de Mercure et de Vénus : amour et fortune.

Il est vrai que dans une main inintelligente et matérielle cette ligne signifierait un double amour, permis peut-être dans l'ancienne Grèce, mais infâme chez nous. (Tradition.)

TRIANGLE.

Le triangle enclôt la paume de la main, appelée en chiromancie plaine de Mars. Il est formé, d'une part, de la réunion de la ligne de tête avec la ligne de vie sous l'index, et de l'autre de la réunion de la ligne de l'hépatique partie de la rascette avec la ligne de tête. Il est divisé en ANGLE SUPRÊME, ANGLE DROIT et ANGLE GAUCHE, dont nous parlerons tout à l'heure. Le triangle conserve toujours son nom, même lorsque la forme ne se voit qu'imparfaitement dans la main (lorsque la ligne de tête ne se joint pas à la ligne de vie), ou même lorsqu'il ne s'y voit pas du tout par l'absence de l'hépatique.

Bien tracé, bien coloré, c'est un signe de bonheur, de santé et de longue vie.

S'il est spacieux et large, il annonce de l'audace et des vues grandes, de la générosité, un caractère noble, surtout si les lignes ne sont pas trop rouges.

S'il est petit, c'est : petitesse d'esprit, crainte, mesquinerie, avarice, tenacité, pusillanimité.

Si dans l'espace du triangle la peau est rude, c'est : sécheresse des nerfs.

Une figure circulaire (attribut de la lune) annonce dans le triangle (plaine de Mars) un homme capricieux, querelleur et brutal. On sait qu'une croix dans le milieu du triangle (plaine de Mars), c'est : méchanceté, instinct de la rixe.

Beaucoup de croix dans le triangle sont fatales, elles annoncent la décollation (tradition).

Une figure semi-circulaire attachée à la ligne de tête, mais au-dessous de cette ligne, et dans le triangle par conséquent, menace d'une fin violente, causée par votre propre faute (la lune est le caprice). Dans la plaine de Mars elle devient menaçante, et s'attachant à la tête, elle pronostique un malheur venu d'une imprudence, d'un entêtement ou d'un faux calcul.

Le demi-cercle, c'est ici une fatalité venue de la tête, qui retourne à la tête comme fatalité, ou menace de mort par la faute de la personne même.

Si ce signe se trouve sur l'hépatique, mais en dedans du côté intérieur du triangle, il est de bon augure, parce qu'il tire ses vertus de l'hépatique, cause de chaleur naturelle ; il annonce alors un caractère mâle, énergique, apte à perfectionner sa propre nature (tradition).

ANGLE SUPRÊME.

L'angle suprême, c'est l'angle formé au-dessous de l'index et au-dessus du pouce par la ligne de tête et la ligne de vie.

Lorsque l'angle est net, bien fait, aigu, bien tracé, c'est : bonne disposition, délicatesse d'esprit, nature noble.

S'il est obtus, c'est : intelligence lourde.

Si l'angle suprême commence sous la verticale du doigt de Saturne, son influence menace d'une vie misérable, tourmentée par l'avarice, et souvent même destinée à la captivité (tradition).

Lorsque la ligne de tête va rejoindre la ligne de vie plus bas, à la hauteur de la plaine de Mars, c'est : vie misérable, captivité de l'âme, avarice, sollicitude pour son argent.

ANGLE DROIT.

L'angle droit est formé par la jonction de l'hépatique et de la ligne de vie, ou de la saturnienne (selon les mains), près du mont de la Lune.

Si l'angle est bien formé, apparent, bien coloré, c'est : bonne santé et bon cœur.

S'il est trop aigu, c'est : avarice, santé débile.

S'il est lourd, empâté, composé de lignes peu nettes, c'est : mauvaise nature, rudesse, paresse et somnolence.

ANGLE GAUCHE.

L'angle gauche est formé par l'hépatique et l'extrémité de la ligne de tête, vers le haut du mont de la Lune et le bas du mont de Mars. Bien fait, bien tracé, bien coloré, il promet une longue vie, de l'intelligence et bon cœur.

Si l'angle est très-aigu, c'est : méchanceté, tempérament nerveux, agacé.

S'il est obtus, c'est : lourdeur d'esprit et inconstance.

On remarquera sans doute que la position des lignes qui forment le triangle suffirait pour expliquer ce que nous venons de dire, sous les titres de *triangle, angle suprême, angle droit, angle gauche;* mais il est de notre devoir de rapporter ici tout ce qui est accepté en chiromancie, et ce dont nous avons reconnu l'exactitude. Le lecteur nous pardonnera des répétitions qui sont faites avec connaissance de cause et dans le but d'élucider, autant qu'il est en notre pouvoir, la science dont nous nous occupons ici.

QUADRANGLE.

Le quadrangle est l'espace placé dans la main, entre la ligne de tête et la ligne de cœur. On l'appelle aussi la table de la main.

Le quadrangle large au milieu, plus large du côté du

pouce et très-large du côté de la percussion de la main, annonce une bonne complexion et un homme loyal, heureux et fidèle, parce qu'il signifie égalité et tempérance de la chaleur naturelle.

Étroit au milieu, il signifie oppression de la chaleur naturelle, et par conséquent dispositions à l'injustice, à la malignité et à la tromperie ; quelques chiromanciens disent aussi que c'est : exil.

Sillonné de lignes nombreuses, c'est : tête faible.

Une croix bien faite dans le quadrangle, et surtout sous le doigt de Saturne, c'est : disposition au mysticisme : si elle est très-distincte et très-creuse, c'est : superstition (ce signe ne trompe jamais.)

Une croix mal faite et mal colorée dans le quadrangle est de mauvais présage ; elle peut indiquer grande exaltation.

Une étoile bien colorée dans le quadrangle annonce un homme bon, vrai, qui pourra devenir le jouet de la femme qu'il aimera, et par laquelle son bon naturel pourra être perverti.

Toutefois, cet homme, s'il perd sa fortune, sera apte à la refaire par son propre mérite (tradition).

Une croix bien écrite dans le quadrangle, placée près du mont de Mars et tendant vers le mont de la Lune, signifie : pérégrinations qui peuvent conduire à la fortune (tradition).

Si le quadrangle manque dans une main, c'est signe de méchanceté et de malheur.

RESTREINTE OU RASCETTE.

La rascette est une ligne tracée sur la jointure du poignet à la main (le carpe), elle forme comme une espèce de bracelet, elle est souvent double ou triple.

Ces lignes en chiromancie indiquent trente années d'existence chaque.

Trois belles lignes unies forment ce que l'on appelle le *bracelet royal* ou *triple bracelet magique*, c'est : santé et richesse.

L'espace occupé par la rascette doit être sans rugosités. Si la ligne est continue, entière, apparente et profonde, elle signifie bonheur, calme.

Les lignes de la restreinte faites en chaîne, principalement la première, signifient vie laborieuse, mais atteignant à la fin la fortune par le travail, si un signe favorable partout ailleurs lui vient en aide. S'il se trouve une croix au milieu de la restreinte, c'est le cadenas du bracelet, c'est une vie destinée au travail, mais embellie à la fin par un héritage ou un gain inattendu.

Lorsque des lignes parties de la restreinte vont se terminer sur le mont de la Lune, cela dénote de nombreux voyages.

S'il part une ligne de la restreinte qui traverse toute la plaine de Mars et arrive au mont du Soleil, cette ligne présage des richesses et des honneurs, venus de la faveur inespérée d'un roi ou d'un grand.

Une ligne qui, partant de la restreinte, près de la *per-*

cussion de la main, et escaladant le mont de la Lune, se dirige vers l'hépatique, annonce des tribulations et adversités, surtout si cette ligne est inégale.

Une ligne partie de la rascette et montant directement vers l'index, annonce de longs voyages (tradition).

Quatre lignes à la restreinte semblables et bien colorées et placées en forme de bracelet, annoncent quatrevingts à cent ans d'existence.

Si deux petits rameaux forment un angle aigu dans la rascette, ils annoncent un homme destiné a de riches héritages, honoré dans sa vieillesse, et cela plus encore, s'il se trouve une étoile ou une croix dans cet angle. Il sera en outre peu sujet aux maladies (tradition).

Nous donnons ci-contre l'exemple d'une MAIN HEUREUSE. •

a. Double ligne de vie.

b. Bonheur absolu (saturnienne directe).

c. Luxe en amour et en bonté (rameaux au commencement et à la fin).

d. Union d'amour.

e. Anneau de Vénus.

f. Génie complet avec racines.

g. Réussite dans les arts, renommée.

h. Union de Mercure et de Vénus, perspicacité en affaires, amour et fortune.

i. Bon tempérament.

j. Triple bracelet magique, longue vie.

k. Amour unique.

MAIN HEUREUSE.

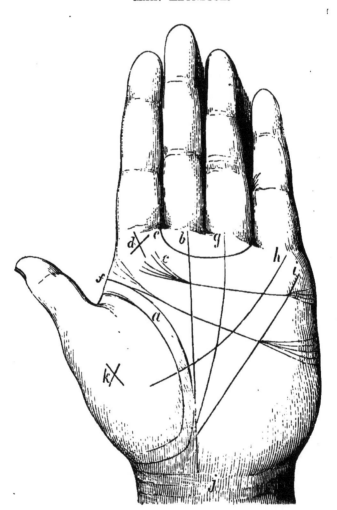

L'anneau de Vénus se trouve ici dans une main heureuse parce que cette main est tellement bien organisée, si riche sous les rapports de l'intelligence et de la destinée que l'anneau de Vénus ne sert qu'à donner plus de véhémence à ses plaisirs sagement dirigés. C'est une énergie de plus dont elle n'abusera certainement pas. Quand l'homme sait s'arrêter à temps, quand il ne prend des plaisirs de la terre que ce que son organisation lui permet d'en prendre, il est bien que celle-ci soit riche et puissante.

Mais il faut une perfection d'organes semblable à celle que représente cette main, pour que l'anneau de Vénus ne soit pas un danger; s'il se trouve dans les deux mains l'attrait vers la débauche en amour est presque irrésistible. Nous avons dit que son influence porte à tous les excès et les dérèglements en amour.

Quand cet anneau est complet et qu'il se trouve coupé par une ligne profonde sur le mont du Soleil (où se place la signification de la richesse pour la main du troisième monde clairement déterminé, on le sait, par la forme des doigts et les lignes principales), il dénote une perte de fortune survenue par suite d'excès de ce genre. S'il est coupé par une ligne placée sous le doigt de Saturne (la fatalité), cela signifie, selon le chiromancien Belot, que la personne sera assassinée dans la compagnie de femmes de mauvaise vie, ou à cause d'elles. Toutefois, si cet anneau n'est coupé que par la saturnienne, celle-ci doit alors entrer dans la racine du doigt pour avoir la même signification.

LE SYSTÈME DE M. D'ARPENTIGNY ENRICHI
PAR LA KABBALE.

Nous avons développé le système de M. d'Arpentigny en y ajoutant le résultat de nos observations particulières; mais, tout en l'expliquant à l'aide des trois mondes, qui appartiennent à la kabbale, nous n'avons pu expliquer aussi les modifications que l'influence des planètes apportait à ce système [puisqu'il aurait fallu appliquer à la chirognomonie, qui a été trouvée sans l'aide de la kabbale, un système qui appartient entièrement à la chiromancie. Nous avions déjà à démontrer trop de choses à la fois pour ne pas craindre de nous rendre obscur en compliquant encore les études. Maintenant que le lecteur connaît l'influence des planètes sur les monts et sur les lignes nous pouvons, sûr d'être facilement compris cette fois, revenir sur la *chirognomonie*, pour en enrichir le système et le compléter.

M. d'Arpentigny attribue, on le sait, des qualités diverses aux doigts pointus, — carrés, — spatulés et mixtes. Mais M. d'Arpentigny, en les classant par catégories, n'a pas remarqué que tous les doigts d'une main n'adoptent jamais un type exclusif et qu'une main carrée peut avoir un ou deux doigts spatulés ou un doigt pointu, et un autre spatulé, et ainsi des autres types. S'il a remarqué ces différences, il les a regardées comme des exceptions, sans chercher à s'en rendre compte, et sans penser qu'il n'y a pas d'exceptions dans la nature, qui, toujours sage et harmonieuse, ne fait jamais rien en vain.

La kabbale seule pouvait lui venir en aide, mais la kabbale au temps où M. d'Arpentigny écrivait son livre était inconnue ou méprisée.

Chaque doigt, nous l'avons vu, prend le nom d'une planète, et en prenant son nom, elle en prend aussi les qualités attribuées à son influence.

L'INDEX, on le sait, c'est Jupiter; — le grand doigt (medius), c'est Saturne; — l'annulaire, c'est le Soleil; — l'auriculaire, c'est Mercure.

L'INDEX (Jupiter), le doigt divin, est pointu chez les gens d'intuition, ou portés par instinct à la contemplation de la nature.

Si le mont de Jupiter est en même temps développé, et si les doigts sont lisses, l'amour de la contemplation s'exercera dans la religion et s'élèvera jusqu'aux extases, au mysticisme pur.

Jupiter peut être pointu avec les autres doigts carrés ou spatulés, et il leur donne la contemplation en rapport avec leurs instincts.

Il est de même évident que le doigt pointu reçoit aussi une influence des autres doigts lorsque le type est écrit.

L'index carré donnera la recherche de la vérité, basée sur la nature; l'aptitude chez un peintre, chez un paysagiste, par exemple, à saisir le côté vrai de la nature, plutôt que le côté d'arrangement. Avec le mont développé, l'index donnera le goût de la religion tolérante.

Si Jupiter était spatulé (cette forme est très-rare) il annoncerait, surtout si la main était molle, ce qui en serait une conséquence presque forcée, le mysticisme exagéré, le mouvement dans les choses spirituelles, mais pouvant précipiter dans l'erreur.

LE GRAND DOIGT, le medius, le doigt de Saturne, est rarement pointu. Saturne est triste, mais s'il est pointu ou mixte, l'influence de Saturne sera diminuée; il y aura insouciance, peu d'amour de la gravité, frivolité même s'il y a excès, et si le pouce est court.

Si le doigt est carré, on prendra un caractère plus grave à mesure que le doigt prendra plus d'ampleur; mais si le doigt s'élargit tout à fait par le haut, s'il se gonfle en quelque sorte, alors le caractère de Saturne domine, alors on est triste, porté aux idées lugubres, et l'on a (et ceci est toujours vrai) l'horrible amour de la mort, on se complaît dans les idées funèbres, l'on veut connaître les secrets de l'autre vie, et l'on sent une attraction vertigineuse à se délivrer, pour arriver à ce but, des entraves de l'existence. Si Saturne est plutôt spatulé que gonflé et que la forme soit bien écrite (et cette forme exige ordinairement des mains molles), c'est : activité dans le lugubre, c'est le peintre des tombeaux, c'est le dramaturge échevelé, et jouant aux boules avec des crânes humains; c'est le poëte anglais Young, pleurant éternellement la mort de sa fille et passant ses nuits sur

16

son tombeau ; c'est surtout le nécromant exerçant la magie noire : l'homme porté vers la goëtie.

Le doigt d'Apollon, l'annulaire pointu, c'est l'art apte à recevoir des intuitions ; si les autres doigts s'y opposent, c'est la légèreté, le bavardage.

Apollon carré, c'est l'art positif, la recherche de vérité, la raison dans l'art et dans la vie.

Si la main appartient au troisième monde, c'est l'amour de la richesse.

Apollon mixte annonce souvent, lorsqu'il est seul de cette forme, positivisme, et, par suite, aptitude au commerce.

Apollon spatulé, c'est le mouvement dans l'art, la peinture de batailles, le mouvement dans le style, le mouvement dans les idées, souvent le don de la couleur. Beaucoup d'acteurs ont Apollon spatulé ; c'est l'art qui chez eux a besoin du mouvement du théâtre pour faire comme explosion ; c'est l'art qui marche, qui parle, qui se traduit par la voix et par les gestes.

Mercure, l'auriculaire pointu, c'est intuition hermétique, aptitude à comprendre les sciences mystiques, comme la kabbale, ou toute étude appliquée du côté divin ; c'est aussi perspicacité, finesse et ruse en prenant du côté matériel ; c'est encore l'éloquence naturelle.

Mercure carré, c'est la raison dans la science, l'amour des recherches, de l'étude, l'aptitude aux découvertes abstraites, basées sur la logique, c'est facilité à s'exprimer clairement, c'est le doigt du professeur, de l'anatomiste, du physiologiste, du médecin, de l'avocat logique, du commerçant aux vues saines.

Mercure spatulé, c'est le mouvement dans la science, c'est l'éloquence mouvementée, la mécanique, les machines, ou la science traitée d'une manière fantastique. Mercure spatulé peut dans son acception mauvaise, si les autres lignes indiquent le troisième monde, conduire au vol.

Nous avons, on le sait, expliqué déjà les tendances du pouce qui, lui, n'adopte aucune forme significative.

Ainsi, la même main peut recevoir de la forme de ses doigts, des tendances bien marquées et diverses.

La Fontaine avait évidemment Jupiter très-pointu, puisqu'il recevait de la contemplation ses intuitions admirables. Le doigt de Saturne, chez lui, était mixte, puisqu'il était grave et insouciant à la fois, celui du soleil était carré, épousant la forme spatulée, puisque l'art était chez lui basé sur la vérité, mais qu'il y mettait le mouvement des fables. Mercure était carré, puisque son éloquence était vraie, naïve ; en somme sa main devait avoir un aspect carré ; mais Jupiter devait être très-pointu, et cela absolument.

La longueur des doigts et ensuite la longueur des phalanges apportent encore des modifications.

Ainsi, les hommes peu contemplateurs ont Jupiter rond et plutôt court que long. Chez les gens très-tristes, Saturne prend des dimensions plus grandes. Apollon est grand ou petit selon les aptitudes artistiques ou les appétits de richesse, et Mercure chez les savants est quelquefois assez long pour se trouver presque de niveau avec l'annulaire. Nous avons reconnu une fois un savant à la seule longueur de son auriculaire (doigt de Mercure.)

Maintenant, selon que les doigts s'avancent ou se re-
culent, ils apportent des significations diverses. Ainsi,
nous avons vu une cantatrice dont l'annulaire se trou-
vait tout à fait en retraite sur les autres doigts, et nous
avons été à même de savoir que chez elle l'amour de
l'art venait après l'ambition, la ruse, et l'amour matériel.

Si Jupiter est en avant de tous les autres doigts, c'est
l'ambition ou la religion qui dominera la vie.

Si c'est Saturne, c'est la fatalité.

Si c'est le Soleil, c'est l'art ou la richesse, selon les
lignes.

Si c'est Mercure, c'est la science ou la ruse.

Si le Soleil, si Mercure sont plus en avant que Saturne,
c'est l'art, c'est la science triomphant de la fatalité, et
ainsi de suite des autres.

Mais les phalanges jouent aussi un rôle important selon
leur longueur plus ou moins grande.

On sait déjà que les doigts sont divisés en trois pha-
langes qui représentent les trois mondes. Ces phalanges
sont aussi inégales dans les doigts et ont leur significa-
tion particulière.

On sait que la première représente le monde divin ; la
seconde, le monde naturel ; la troisième, le monde
matériel, au dedans comme au dehors de la main.

Ainsi donc si l'index Jupiter a la première phalange
longue relativement, on sera apte au côté divin de Ju-
piter : intuitions, religion.

Si la seconde est plus longue, c'est l'ambition, le côté
positif de Jupiter.

La troisième phalange plus développée, plus forte, plus longue, indiquera le désir d'arriver aux honneurs par l'orgueil, le désir de dominer.

La première phalange de Saturne longue et large donnera, nous venons de le dire, la tristesse, la superstition, et si elle est très-forte le désir de la mort.

La seconde donnera, selon ses dimensions plus ou moins grandes, le goût de l'agriculture, des sciences exactes, si les doigts sont noueux ; et si les doigts sont lisses, l'aptitude aux sciences occultes déterminée par es lignes.

La troisième phalange longue indique l'avarice.

La première phalange d'Apollon plus longue donnera le goût noble des arts ;

La seconde, la partie utile dans l'art, la logique, la raison dans l'art, le désir raisonnable d'arriver par le travail

La troisième, l'art matériel, l'amour de la forme sans pensée, le désir de briller, la vanité de paraître, l'appétit vers la richesse.

La première phalange de Mercure longue indiquera l'amour de la science, pour la science elle-même, l'éloquence ;

La seconde, l'industrie, le commerce, la partie raisonnable de Mercure ;

La troisième, la partie matérielle, la ruse, l'adresse, l'éloquence mal dirigée, allant jusqu'au mensonge.

Ainsi, les savants auront la première phalange relativement longue.

Chez les commerçants, les mécaniciens, les industriels, ce sera la seconde ; la troisième chez les gens matériels.

16.

La signification de ces phalanges est encore augmentée par des signes qui s'y tracent, et dont nous parlerons tout à l'heure. Disons, en attendant, que les anciens chiromanciens et les médecins avec eux, Hippocrate en tête, ont prétendu que le doigt Jupiter était en sympathie avec le foie, le grand doigt Saturne, celui surtout de la main gauche, avec la rate, l'annulaire avec le cœur. Il est évident que l'auriculaire et le pouce ont aussi leurs sympathies correspondantes. Nous ne pouvons nous appuyer sur le témoignage d'aucun médecin; nous attendrons donc. Ajoutons, toutefois, que de Lachambre dit :

« La lune a sous sa direction, selon l'astrologie, le cerveau, l'estomac, les intestins, la vessie, la matrice, qui sont les plus considérables cavités du corps. » (*L'Art de connoître les hommes*, page 45, 1ʳᵉ partie.)

Disons aussi que d'autres chiromanciens mettent l'index (Jupiter) en sympathie avec les poumons, le médius (Saturne) avec le foie, l'annulaire (le Soleil) avec le cœur, et l'auriculaire (Mercure) avec la rate.

Ceci posé, voyons ce qu'écrivait en 1662, au sujet de ces relations étranges, le docteur de Lachambre, premier médecin du roi Louis XIV :

SYMPATHIES DE L'INDEX, DU DOIGT DE SATURNE ET DE L'ANNULAIRE AVEC LE FOIE ET LA POITRINE, LA RATE ET LE CŒUR.

« La médecine nous apprend que *la Ladrerie* a sa source et son siége principal dans le foye, et qu'un des premiers signes qu'elle donne pour se faire reconnaître paraît à l'index ; car lorsque les muscles de la main et de tout le corps même sont pleins et succulents, ceux qui servent au mouvement de ce doigt se flétrissent et se dessèchent, principalement celuy qui est dans le Thenos, c'est-à-dire dans l'espace qui est entre luy et le poulce, où tout ce qui est de charneux se consume, et où il ne reste que la peau et les fibres qui sont applaties contre l'os. Or, cela ne peut arriver de la sorte qu'il n'y ait quelqu'analogie et quelque secret commerce entre le foye et cette partie, puisque c'est une des premières qui ressent l'altération qui se fait dans la substance, etc. [1] »

Selon lui, cette maladie est appelée le cancer universel du foie et de la masse du sang.

Tous les médecins, nous l'avons dit page 56, reconnaissent la phthisie et la scrofule *innées* à la forme que prend alors le doigt *index*. Sa première phalange devient courte, large, arrondie en massue, tandis que l'ongle bascule pour ainsi dire et se recourbe au point d'entrer parfois dans les chairs.

Phthisici ungues adunci, a dit Hippocrate.

Ce fait est acquis à la médecine moderne. M. Trousseau et M. Guitton ont écrit à ce sujet, l'un un mémoire très-remarquable, et l'autre une thèse très-savante publiée en 1843.

De Lachambre dit du doigt médius (Saturne) :

« Je pourrois adjouster pour vne obseruation qui feroit voir la sympathie de la rate avec le grand doigt, les mer-

---

1. De Lachambre, page 379. *L'Art de connoître les hommes*, t. IV.

veilleux effets que l'ouverture de la saluatelle produit
dans les maladies de la rate ; car cette veine coulant or-
dinairement entre le grand doigt et le troisième, comme
dit Hippocrate, ou entre celuy-cy et le petit, enuoyant
quelque rameau au grand doigt, on peut très-probable-
ment croire que la vertu de la rate se porte par cette
veine à ce doigt-là, et que le troisième doigt étant occupé
par l'influence du cœur, il ne peut recevoir celle de la
rate, s'il est vrai que les vertus ne se confondent point
comme nous avons démontré [1]. »

Il ajoute plus loin, et après de nombreuses disserta-
tions scientifiques [2] :

« Je connois un homme qui est sujet aux maux de rate,
lequel n'en est jamais attaqué que le grand doigt de la
main gauche ne devienne froid, stupide et pasle, comme
s'il estoit privé de vie. »

Il dit à propos de la sympathie du doigt annulaire avec
le cœur :

« Cette observation est pour montrer que le cœur a
aussi communication particulière et amitié secrète avec
le trosième doigt que l'on appelle l'annulaire ; car c'est
une chose merveilleuse que lorsque la goute tombe sur
les mains, ce doigt en est toujours le dernier attaqué, et
Leuinus rapporte qu'en tous ceux qu'il a veus travaillez
de ce mal, le troisième doigt de la main gauche s'est
toûjours trouué libre, pendant que les autres étoient
cruellement affligez d'enflammation et de douleur [3]. »

1. De Lachambre, page 384, t. IV. *L'Art de connoître les hommes.*
2. Id., page 387, ibid.
3. Id., page 381, ibid.

Il en conclut que ce doigt renferme plus de chaleur
naturelle que les autres, et que, par conséquent, il est
en communication plus directe avec le cœur, qui est le
principe de cette chaleur [1]. »

« Cette sympathie, reprend de Lachambre, n'a pas été
ignorée de l'antiquité ; et l'histoire nous apprend que les
anciens médecins ont cru que ce doigt avoit quelque
vertu *cordiale*, s'en servant priuatiuement à tous les au-
tres pour mesler les médicaments qui entroient dans
leurs antidotes. D'où vient qu'ils lui ont donné le nom de
doigt médical, que la langue latine lui conserve encore [2]. »

SIGNES SUR LES PHALANGES ET LEURS SIGNIFICATIONS.

La signification des signes écrits sur les doigts vient
de la tradition ; elle est ordinairement basée sur l'astro-
logie. Les douze phalanges représentent, nous le verrons
à l'instant, les douze mois de l'année, et, par conséquent,
reflètent des influences diverses. On comprendra que
nous nous contentions de donner *la signification tradi-
tionnelle* de ces signes, sans chercher à les expliquer ici.

1. Il est évident pour nous que si le doigt du Soleil reçoit du cœur (grand
sympathique) une chaleur plus grande que les autres, il doit aussi recevoir
une énergie plus grande du cerveau, où il répond nécessairement aux nerfs
cérébraux qui font vibrer les qualités les plus nobles, et c'est pour cela
qu'il explique, en chiromancie, la célébrité, le talent, la gloire, comme
il pourrait expliquer par ses correspondances véhémentes avec le cœur : la
richesse. Les lignes qui annoncent la gloire sont les mêmes qui annoncent la
fortune ; c'est toujours l'or, seulement c'est l'or spirituel ou positif : c'est au
chiromancien à faire la différence par l'étude des autres aptitudes pour ar-
river à la vérité au moyen des mondes.

2. De Lachambre, page 382, t. IV, *l'Art de connoître les hommes.*

DOIGT DE JUPITER.

Une seule ligne allant du mont à la seconde phalange du doigt, en traversant la troisième, c'est la matière utilisée par la pensée, c'est aussi : audace, noblesse de cœur.

Des croix sur la seconde phalange de ce doigt annoncent l'amitié des grands et des chefs.

Plusieurs lignes transversales sur la troisième phalange signifient : héritages.

Mais si les mêmes signes se remarquent sur la seconde phalange, c'est envie et mensonge ; et si dans cette même phalange il se trouve une étoile accompagnée d'un demi-cercle, c'est signe de méchanceté et d'impudicité. Mais si cette étoile est accompagnée de lignes droites qui vont au delà de la jointure de la première phalange, c'est chasteté et pudeur.

Une étoile sur la troisième phalange d'une femme, c'est : impudeur, lasciveté.

SIGNES SUR LE DOIGT DU MILIEU : SATURNE.

Une seule ligne bien droite et bien tracée traversant toute la troisième phalange, sans partir du mont, c'est : prospérité dans les armes et les dignités guerrières.

Si cette même ligne est oblique, c'est : menace de mort à la guerre.

Un triangle sur la même phalange annonce un homme méchant et menacé par le sort.

Sur la même phalange, des lignes tortueuses annoncent des contrariétés et des obstacles.

Une croix dans la troisième phalange d'une femme, c'est : stérilité.

Des lignes parties de la racine du mont et entrant dans le doigt, c'est, on le sait : cruauté, disposition à verser le sang ; mais les lignes sur les phalanges du médius indiquent un caractère porté à la mélancolie.

Une ligne traversant toutes les jointures et pénétrant jusqu'à la première phalange, c'est : sottise et folie.

Des lignes égales et parallèles et régulières dans le doigt promettent la fortune dans l'exploitation des mines, ou l'étude des minéraux.

DOIGT ANNULAIRE : SOLEIL OU APOLLON.

Une ligne partant de la racine du doigt et s'arrêtant après avoir traversé toutes les jointures, c'est : grande renommée.

Des lignes droites sur la troisième phalange sont favorables et promettent une existence heureuse.

Un demi-cercle sur la troisième phalange annonce un homme destiné à être malheureux.

Si une ligne s'élève, coupe la jointure, et pénètre dans la seconde phalange bien droite, bien colorée, c'est : sagesse, adresse, grandeur d'âme, et à plus forte raison si la ligne est double.

Plusieurs lignes partant de la racine du doigt et s'élo-
vant à travers les jointures jusqu'à la première phalange,
c'est : perte par les femmes.

AURICULAIRE : MERCURE.

Trois lignes allant de la racine du doigt et s'élevant,
en traversant les jointures, jusqu'à la première phalange,
c'est : recherches de sciences indécouvrables et chimé-
riques, esprit tendu vers les impossibilités.

S'il n'y a qu'une seule ligne, c'est : réussite dans les
sciences.

Une seule ligne tortueuse allant de la troisième à la
deuxième phalange, en traçant un sillon sur la jointure,
c'est : finesse et même astuce, surtout dans la défense.
Mais si cette ligne est droite et nette, c'est la matière
utilisée par l'intelligence, c'est réussite, c'est aussi élo-
quence.

Si la ligne part du mon un peu en biais et s'élève
directement ensuite sur la troisième et la seconde pha-
lange, c'est : prospérité.

Des lignes sur la troisième phalange, semblables à des
cicatrices non pas pures, mais mal dessinées et confuses,
c'est : vol.

S'il s'y trouve un rond ou demi-cercle, c'est un homme
porté au vol, mais qui s'en abstient.

Une grosse ligne semblable à une incision dans la troi-
sième phalange, c'est : vol.

Deux lignes en croix signifient la même chose.

Une ligne partant de la racine du mont et entrant dans la troisième phalange, en traçant une ligne sur la jointure, c'est : noblesse d'esprit, intelligence.

Sur la même phalange, des lignes obliques, courtes et grosses, c'est : vol.

Une étoile sur la troisième phalange, c'est : esprit et éloquence.

Signes confus sur la seconde phalange : vol et mensonge.

Des lignes semblables à des crevasses sur la première phalange intérieure (le bout du doigt), c'est : faiblesse d'organisation, santé débile.

Les signes se trouvent rarement sur le bout du doigt (première phalange intérieure). Une étoile à cette place sur l'index (Jupiter) ou sur le médius (Saturne) annonce de grandes fatalités, heureuses ou funestes, mais plutôt heureuses sur Jupiter, et plutôt funestes sur Saturne.

Partout ailleurs, les lignes sur la première phalange intérieure sont de mauvais présage ; elles annoncent presque toujours folie indiquée par les aptitudes du doigt où elles se trouvent, ou du moins une santé faible. A cette place, le signe du Verseau menace d'un danger de submersion, surtout si le signe est répété sur tous les doigts et s'il se trouve sur le mont de la lune deux lignes qui forment un angle.

Des lignes sinueuses sur la même phalange menacent de submersion, comme le signe du verseau.

Une seule ligne courte et verticale répétée sur les jointures intérieures de tous les doigts : mort subite.

17

Il nous reste peu de chose à dire sur la chiromancie. Nous chercherons maintenant à faire l'application de ce que nous avons démontré, et nous en donnerons des exemples.

Nous combinerons ensemble la chiromancie et la chirognomonie, qui se prêtent un mutuel secours, mais toujours en expliquant leurs significations combinées, car la chiromancie ne doit rien avancer sans motif.

Pour augmenter ces richesses ou du moins pour les utiliser, nous serons obligé d'employer encore la classification des *trois mondes*, car la chiromancie comme la chirognomonie, comme toutes les sciences occultes basées sur le principe : *ce qui est en haut est comme ce qui est en bas*, embrasse à la fois le monde divin, le monde naturel ou abstractif et le monde matériel.

Et en appliquant ce qui est divin à ce qui est abstractif ou matériel, et *vice versâ*, on s'exposerait à de lourdes erreurs.

Nous l'avons dit et nous le répétons encore, la nature écrit ses avertissements partout, mais surtout dans la main, où elle a réuni toutes les images de la science.

Si elle a mis dans le bas l'imagination encore confuse et par conséquent déréglée, et l'amour matériel, instinctif, et si elle a placé en haut tout ce qui peut ennoblir et diviniser ces deux instincts grossiers, elle a complétement séparé le haut du bas par la plaine et le mont de Mars, qui représentent la lutte, pour apprendre aux hommes que c'est par la lutte seule que le soleil de l'art, de la poésie, et la science, peuvent animer l'imagination,

et que la religion, les inspirations, l'ambition même, vien-
dront prendre un noble mobile dans l'amour dont ils
pourront au besoin tirer la charité sublime. Ainsi la lutte
met en action constante l'ambition, l'art, la science,
qui veulent le mouvement, avec l'imagination et l'amour
sensuel, qui sont la paresse et veulent le repos ; c'est tou-
jours le grand arcane de l'action et de la résistance.

Mais, si la main nous donne ici, comme partout, l'image
de la lutte et des trois mondes, elle nous donne aussi
dans le duodenaire, résumé par le quaternaire, l'image
des quatre âges de la vie, représentés par les quatre sai-
sons de l'année divisées elles-mêmes en douze mois.

LES QUATRE AGES DE LA VIE, LES QUATRE SAISONS DE L'ANNÉE.

Le pouce forme à la fois le nombre ternaire, et par
ses trois phalanges représente les trois mondes, comme
nous l'avons vu déjà.

Les autres *quatre doigts*, divisés en *douze phalanges*,
donnent, nous le répétons encore, le duodenaire dans le
quaternaire, et se divisent de la manière suivante :

L'indicateur, *Jupiter*, c'est : la création, le printemps,
l'enfance.

L'annulaire, *le soleil*, c'est : l'été, la jeunesse.

L'auriculaire, *Mercure*, c'est : l'automne, l'âge viril.

Le médius, *Saturne*, c'est : la tristesse, la désillusion,
le froid dans la vie, c'est la vieillesse, c'est l'hiver.

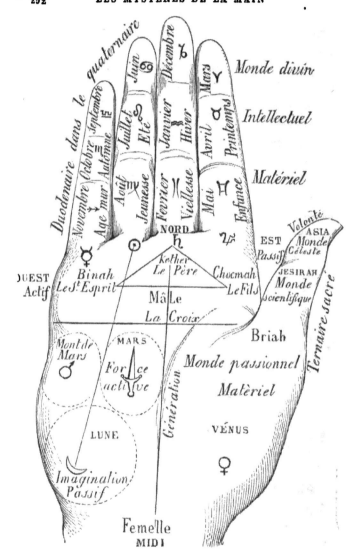

Les mois se placent ainsi :

Ils partent de la seconde phalange de Saturne, ou médius.

Médius, deuxième phalange, janvier ; — troisième phalange, février.

Index, première phalange, mars. — Deuxième phalange, avril. — Troisième phalange, mai.

Annulaire, première phalange, juin. — Deuxième phalange, juillet. — Troisième phalange, août.

Auriculaire, première phalange, septembre. — Deuxième phalange, octobre. — Troisième phalange, novembre.

Décembre revient sur la première phalange du médius et complète ainsi les trois mois d'hiver.

Nous en donnons ici un exemple, en y ajoutant aux noms des mois les signes qui les représentent.

Le grand doigt qui domine toute la main, c'est la fatalité, le sort inconnu.

Ainsi, comme tout est analogie :

L'année part de Saturne, la fatalité, le sort inconnu.

Les deux premiers mois, janvier, février, sont sans vie, sans force ; c'est l'enfant au berceau. A Mars commence le printemps. Mars est comme le premier mois de l'existence réelle, et Mars, c'est la lutte, le mois des tempêtes, des grêles et des ouragans, le *bélier* armé pour le combat.

Puis vient avril. *April* qui ouvre la source de la sève universelle.

C'est le *taureau* qui trace le sillon, c'est l'enfance qui

ouvre le sillon de la vie, où la main puissante du grand moissonneur va jeter les germes d'un avenir heureux ou funeste.

L'été est placé sur le doigt du soleil ; *c'est le lion*, la force de l'âge, la fougue, le temps où les passions rugissent.

C'est *la vierge*, la poésie, c'est la jeunesse.

L'automne est placé sur le doigt de Mercure ; c'est le temps de la récolte et des fruits, l'âge viril, le temps de la richesse et de la science.

Puis, le dernier mois de l'année, la vieillesse de l'année. Décembre vient prendre place sur Saturne : la fatalité. Janvier était parti de Saturne : le sort inconnu.

Ainsi, comme la vie, l'année commence à la fatalité et finit par la fatalité. L'inconnu au commencement, l'inconnu à la fin.

Et l'année meurt pour renaître.

L'analogie se continue-t-elle encore?

En observant la marche de la nature, il n'est guère permis d'en douter.

Écoutez ce que dit Herder [1] :

« Les plantes ont pour destinée de conduire les particules grossières à une condition plus parfaite; elles prennent les sels, l'huile, le soufre, se les assimilent et les purifient, car tout leur mécanisme consiste à élever des substances inférieures à un état supérieur.

« La croissance d'une créature n'est que son effort

---

1. *Idées sur la philosophie de l'histoire de l'humanité*, t. I, page 266 et suivantes. Paris, 1827.

répété pour céder à la nature de nouveaux pouvoirs organiques, et les pouvoirs organiques tendent incessamment à revêtir de nouvelles formes.

« Tous les êtres inférieurs semblent se diriger par leur marche vers la forme humaine.

« L'homme peut-il donc rétrograder ?

« Tout se lie dans la nature. Si l'homme est l'anneau le plus élevé de la chaîne de l'organisation terrestre, il doit commencer une chaîne d'un ordre supérieur dont il est le plus infime anneau. »

La kabbale même, en nous montrant les âmes coupables condamnées à habiter de nouveaux corps, n'admet chaque transformation de ce corps que comme une épreuve pour arriver par degrés à la purification, en passant, s'il le faut, par la douleur.

Jupiter et Mercure, *l'index et l'auriculaire*, représentent deux saisons de température, également douces, *le printemps et l'automne*. Les deux premières phalanges correspondent aux mois des équinoxes, mars et septembre.

Apollon et Saturne ont également en leurs premiers mois juin et décembre : les deux solstices d'été et d'hiver.

Ce sont toujours les deux colonnes : Jakin et Bohas.

La main renferme aussi les dix séphirotes dont nous n'avons donné que les trois premiers : Kether, Binah et Chocmah, pour ne pas surcharger notre dessin déjà trop confus. Nous croyons de notre devoir de les expliquer ici et de désigner leur place dans la paume.

— Le tableau des séphirotes est le pantacle des trois mondes métaphysiques figurés par trois triangles, descendant successivement de la lumière créatrice, de l'être inneffable, que nulle pensée humaine ne peut concevoir jusqu'à notre monde terrestre.

Les kabbalistes reconnaissaient trois soleils.

Le nôtre, le soleil terrestre, ne serait que le pâle reflet des deux autres. Les séphirotes sont l'emblème de ces mondes supérieurs placés *en pendants*, en antagonisme et *en reflets* du haut vers le bas comme le reflet dans l'eau.

Ainsi *Kether* l'Être suprême a pour reflet *Typhereth* la beauté, et le reflet de la beauté, c'est la vérité *Jésod*.

La sagesse *Chocmah* résiste à *Binah* la liberté qui porte en avant; c'est l'emblème de Jakin et Bohas.

Mais la sagesse (Chocmah) est reflétée par l'idéal de la bonté (Gédulah), Dieu, amour.

La sagesse qui résiste, c'est la bonté qui désire le bien.

Et la liberté (Binah) a pour reflet la rigueur (Géburah) en antagonisme avec (Gédulah) l'amour. Ainsi c'est la liberté elle-même qui appelle la rigueur et la justice.

L'idéal de la bonté, en se reflétant, devient *Netzah,* la victoire, qui fait triompher le progrès et l'utilise.

La rigueur en se reflétant devient *Hod,* l'ordre éternel, parce que la rigueur régularise la liberté et utilise pour le bien son principe actif.

Malchut, c'est le résultat, la forme, le royaume.

Malchut, c'est le monde d'où nous partons pour remonter à Dieu. Malchut, c'est l'univers, la création tout entière, l'œuvre et le miroir de Dieu.

SÉPHIROTH.

1

KETHER,

La couronne,
le pouvoir suprême.

3   **2**

BINAH,   **CHOCMAH,**

La liberté,   La sagesse,
la puissance motrice,   l'idéal de la souveraine
l'initiative.   raison.

Premier monde reflété par :

5   **4**

GÉBURAH,   **GÉDULAH,.**
             6
La force,   Idéal
la rigueur,   **TYPHERETH,**   de la magnificence
l'idéal de la justice.   et de la bonté.
        Idéal de la beauté,
        reflet de Kether.

Second monde reflété par :

7   **8**

HOD,   **NETZAH,**

L'ordre éternel,   La victoire,
contre-poids du progrès,   récompense du progrès,
triomphe de la raison.   loi de rénovation.
          9

JÉSOD,

La vérité,
la base de toute raison,
reflet de Typhereth.

Troisième monde touchant à :

10

MALCHUT,

La forme,
l'objet extérieur,
le royaume,
le monde.

17.

Les séphirotes sont ainsi indiqués dans la main :

Kéther est placé sous la fatalité, la volonté inconnue : *Saturne*.

Chocmah (*passif*), la sagesse qui résiste, est placé sous Jupiter.

Binah, le mouvement, la liberté, est placé sur le mont de Mercure (actif), l'activité, la science, le commerce, la découverte.

Gédulah, l'amour (mais l'amour céleste), est placé sur le mont de Vénus qui, même sur notre terre, représente aussi la charité.

Géburah, *la rigueur*, est en antagonisme avec la charité, et prend place sur le mont de Mars.

Typhereth, la beauté, c'est Apollon, *le soleil*.

Netsah ou la victoire est placé au bas de la troisième phalange du pouce, c'est le triomphe du progrès sur la matière qu'elle subjugue et dirige.

Hod est placé au-dessous de la force : mars; au-dessus de la lune : l'imagination ; c'est la rigueur qui domine la fantaisie, c'est la science du bien et du mal.

Jesod est placé au-dessous de la lune, en communication avec le soleil (voir la gravure); c'est l'imagination qui devient intelligence suprême, et vérité lorsqu'elle est illuminée par le soleil, source de la nature.

Malchut est placé à l'attache de la main : èntre le bras, la matière, et la main, l'intelligence.

La plaine de Mars au milieu de la main, c'est le centre de l'action au service des qualités pensantes, c'est là que les passions bonnes ou mauvaises vont puiser leur énergie, leur action.

Les nombres jouent un rôle important dans la kabbale, on pourrait même dire qu'ils sont la kabbale tout entière, et nous nous trouvons entraîné par la description des séphirotes à donner à nos lecteurs une idée de ce système. Dans notre vif désir d'éclairer notre méthode, nous croyons, en faisant cela, ne pas entrer dans une digression inutile, mais obéir à une nécessité.

Les lecteurs qui ne voudraient s'occuper que de chiromancie peuvent, quitte à revenir plus tard aux nombres, passer tout de suite à la page 318, au chapitre intitulé : *Les Trois Mondes.*

NOMBRES.

Le système des nombres enseigné par Pythagore, qui le tenait évidemment des prêtres d'Égypte, fut propagé par ses élèves.

« L'essence divine, disaient-ils, étant inaccessible aux sens, employons pour la caractériser, non le langage des sens, mais celui de l'esprit ; donnons à l'intelligence ou au principe *actif* de l'univers le nom de monade ou d'unité, parce qu'il est toujours le même ; à la matière ou au principe *passif* celui de dyade ou de multiplicité, parce qu'il est sujet à toutes sortes de changements; au monde enfin celui de triade, parce qu'il est le résultat de l'intelligence et de la matière [1]. »

1. *Voyage d'Anacharsis* t. III, p. 181. Paris, 1809.

Quelle que soit la manière dont le système est présenté,
c'est toujours Kether, Binah et Chocmah.

C'est toujours la lutte du principe actif et du prin-
cipe passif donnant le mouvement, source de la vie.

Le sens des leçons de Pythagore sur les nombres est
que les nombres contiennent les éléments de toutes les
choses et même de toutes les sciences. Pythagore appli-
qua le système des nombres au monde des esprits et
résolut des problèmes parfaitement inconnus à notre
arithmétique actuelle. Voici ce qu'a dit un savant à ce
sujet, il y a plus de deux siècles :

« Le grand système du monde repose sur certaines
bases d'harmonie, dont l'être, la forme et l'action de
toutes choses, aussi bien spéciales que générales, sont
une suite naturelle. Ces bases d'harmonie sont appelées
nombres. Celui qui les connaît connaît les lois par les-
quelles la nature existe, la comparaison de ses rapports,
le genre et la mesure de leur effet, le lien de toutes les
choses et de tous les faits, la physique et la mécanique
du monde. Les nombres sont les vases invisibles des
êtres, comme leurs corps en sont les vases visibles, c'est-à-
dire qu'il existe un double caractère des choses, un vi-
sible, et l'autre invisible. Le visible est la forme visible :
le corps; la forme invisible, c'est le nombre. Et tout ce
qui se présente ou se manifeste est le résultat d'une éner-
gie intérieure, et cet énergie est le dégorgement d'une
force. Les forces plus ou moins grandes proviennent
des nombres réels, et l'énergie plus ou moins grande des
nombres *virtuels.*

«Il y a évidemment des enveloppes invisibles, car chaque
être a un principe et une forme : mais le principe et la
forme sont deux extrêmes qui ne peuvent jamais s'unir
sans un certain lien qui les attache; c'est là la fonction
du nombre. Comme les lois et les qualités des êtres sont
écrites sur leur extérieur, les lois et les qualités des choses
invisibles sont écrites sur les nombres invisibles; ou, puis-
que l'on reçoit des impressions de la sensibilité de la pen-
sée par le moyen des sens, de même notre esprit reçoit des
idées lucides de la position et de la destination invisible des
choses aussitôt qu'il peut les saisir. Car l'idéal a, comme
le physique, nombre, mesure et poids, dont la position
n'est visible qu'à l'intelligence. Les véritables nombres
du monde sont, il est vrai, infinis, mais leur marche est
simple et directe, car tout repose sur les nombres fon-
damentaux de un à dix. Leur infinité repose sur le nombre
infini et indéterminé des êtres en soi, et cela d'autant
plus que les mêmes êtres ont plusieurs sortes de quali-
tés. Il y a donc des nombres pour le fond et la substance
des êtres, leur effet, leur durée, et les degrés de leurs
progrès (la progression). Toutes ces choses sont autant
de stations où les rayons de la lumière divine s'arrêtent
et jettent des reflets en arrière, tantôt pour représenter
leur propre image, tantôt pour puiser dans ce même
coup d'œil rétrograde une nouvelle vie, une nouvelle
mesure, un nouveau poids. Il y a aussi des nombres réu-
nis pour exprimer les différents rapports et les différentes
positions des êtres, leur action et leur effet. Ainsi il y a
des nombres centraux et des nombres de circonférence;

il y a aussi des nombres faux et des nombres impurs.
Malgré leur réunion infinie, l'idée en est très-simple,
car tout monte du premier chiffre fondamental jusqu'à
dix et les nombres simples; et ceux-ci reposent de nou-
veau dans les *quatre* premiers nombres fondamentaux
dont *la réunion* (l'addition) donne 10, d'où résulte aussi-
tôt brillamment la force inestimable du quaterne qui pa-
raît folie aux gens de nos jours, parce qu'ils ne peuvent
rien y comprendre. Nous voyons ici, en quelque sorte,
pourquoi le nombre 10 était si hautement sacré pour les
Pythagoriciens, c'était leur nombre le plus révéré, un
véritable ἄῤῥητόν. Ils juraient par le nombre 4, et un ser-
ment par le saint τετράκτος était le plus sacré que l'on
pût imaginer. En lui étaient toutes les symphonies et les
forces de la nature. Dix était le nombre du monde, ou
le Pan (πᾶν) absolu. Selon Pythagore, les nombres sont
la base de l'esprit divin, et le moyen unique par lequel
les choses elle-mêmes se montrent; l'union de tous les
nombres réunis des mondes, ou la base de l'accord des
êtres et de leurs effets, forme l'harmonie du grand tout.
C'est pourquoi Pythagore regardait l'astrologie et l'as-
tronomie comme des branches étroitement enlacées d'une
seule et même science [1]. »

« Pythagore fait aussi une différence entre les nombres
et les chiffres qui peuvent être comptés; les premiers
sont des destinations (terminationes, ὁροἴ) et consistent
seulement sur des grandeurs spirituelles; les seconds, au

---

1. *Thionis Smyrnoi eorum quæ in mathemat. ad Platonis lectionem
utilia sunt expositio*, lib. I, cap. I, p. 7. Paris, 1646.

contraire, ont pour objet des choses corporelles et sont l'expression visible de l'invisible. Tous les chiffres spirituels sont, d'après Pythagore, des rayons, des reflets (emanationes) de l'unité, comme *un* ou *l'unité* est le commencement des chiffres qui peuvent être comptés. Un est aussi le nom et le caractère du plus haut, du grand principe, du seul, de l'infini. Un est le centre de tout, le fond de chaque être, et de toutes les unités particulières qui ne sont pas absolues et nécessaires, mais qui sont des rayons médiats ou immédiats de l'unité absolue. Dix unités forment unité de dizaine jusqu'à cent; dix dizaines sont l'unité de cent, et ainsi de suite ; toutes les grandes unités contiennent les petites, avec la conséquence que les petites sont contenues dans les grandes, et ainsi se produit l'assemblage mutuel. Et il en est de même dans la nature. Chaque monde supérieur contient toutes les unités subordonnées où les mondes inférieurs, et les plus petits prennent réciproquement part aux mondes, sphères, figures ou créatures supérieures, étant en qualité de subordonnés contenus en eux. Dans les centaines, par exemple, sont contenus tous les nombres depuis un jusqu'à cent, et dans la catégorie de l'*animal* tous les animaux de la création ; et comme tous les nombres de un à cent se rapprochent de plus en plus, alors les animaux même les plus bas placés montent de leur degré en se levant et en croissant toujours, jusqu'à ce que leurs membres les plus distingués viennent se joindre à l'homme, sans cependant pouvoir atteindre à sa hauteur.

«La déviation infinie des races d'animaux en descendant

de l'une à l'autre exprime également les rapports du
nombre dans le sens de l'unité éclatant en une infinité
de débris. Cette méthode lumineuse venue de l'Orient
correspond à celle selon laquelle les ordres les plus bas
sortent des plus hauts, qui les contiennent en eux, et
les pénètrent [1]. »

« Non-seulement les plus fameux philosophes, mais
même les docteurs catholiques, entre autres : saint Jé-
rôme, saint Augustin, Origène, saint Ambroise, saint
Grégoire de Nazianze, saint Athanase, saint Basile, saint
Hilaire, Rabanus, Bède et plusieurs autres, assurent qu'il
y a une vertu admirable et efficace cachée dans les
nombres [2]. »

« Séverin Boëce dit que tout ce que la nature a fait d'a-
bord semble avoir été formé par le moyen des nombres,
car ç'a été le principe modèle dans l'esprit du Créateur ;
de là est venue la quantité des éléments, de là les révolu-
tions des temps ; c'est de là que subsistent le mouvement
des astres, le changement du ciel et l'état des nombres.
Il ne faut pas s'étonner, puisqu'il y a de si grandes vertus
occultes et en si grand nombre dans les choses naturelles,
qu'il y en ait dans les nombres de bien plus grandes, de
plus cachées, plus merveilleuses, plus efficaces, parce
qu'ils sont plus formels, plus parfaits, et qu'ils se trouvent
dans les corps célestes [3]. »

1. *Geschichte der magie*, von Joseph Ennemoser, p. 548. Leipzig, 1844.
(*Traduction inédite.*)
2. *La Philosophie occulte* de Cornelius Agrippa. La Haye, liv. 2,
p. 215. 1727.
3. Idem, p. 213 et 214.

« Tout ce qui se fait subsiste par les nombres et en tire sa vertu, car le temps est composé de nombres, et tout mouvement et action et tout ce qui est sujet au temps et au mouvement : les concerts et les voix sont aussi composés de nombres et de proportions et n'ont de force que par eux. Enfin toutes les espèces de ce qu'il y a dans la nature et au-dessus d'elle dépendent de certains nombres, ce qui a fait dire à Pythagore que tout est composé du nombre et qu'il distribue les vertus à toutes choses [1]. »

Agrippa, saint Martin, se sont occupés des nombres ; et saint Martin d'une manière spéciale.

Saint Martin et l'abbé Joachim sont-ils arrivés jusqu'à la prophétie au moyen des nombres ? c'est ce que nous n'avons pas à examiner.

Nous ne chercherons pas à donner ici une idée de la méthode des nombres de saint Martin, puisqu'elle est toute mystique, obscure par conséquent, et demanderait par cela même de trop grands détails. Nous citerons seulement, et sans commentaires, ce qu'il dit du nombre *un;* nous citerons Agrippa après lui.

« L'UNITÉ, dit saint Martin, multipliée par elle-même, ne rend jamais qu'UN parce qu'elle ne peut sortir d'elle-même.

« Un germe végétal qui a produit ses fruits annuels conformément au nombre d'actions qui sont comprises dans ses puissances n'en produit plus et entre dans son principe.

1. *Philosophie occulte* d'Agrippa, liv. 2, p. 214. La Haye, 1727.

« Chaque pensée qui sort de nous est le produit d'une action de puissance qui y est relative, et qui en étant comme le germe se termine avec la pensée particulière qui l'a produite comme ayant rempli son cours.

« Quoique la Divinité soit la source infinie, unique et éternelle de ce qui a reçu l'être, chaque acte de ses facultés opératrices et productrices est employé à une seule œuvre et s'en tient là sans les répéter, puisque cet acte est rempli et comme consommé. Ainsi chaque opération étant une et chaque racine de cette opération étant neuve, il est probable que cette· racine qui a agi dans son action créatrice n'agit plus que dans son action conservatrice dès qu'elle a produit son œuvre, quoique les œuvres qui en résultent soient permanentes et immortelles, parce que les racines ne sont que comme les organes et les canaux par où l'unité manifeste et réalise au dehors d'elle· même l'expression de ses facultés. Or dans toutes les philosophies possibles les moyens ne sont que passagers et la fin stable [1]. »

Voici ce que dit Agrippa :

« Le nombre n'est que la répétition de l'unité. L'unité pénètre le plus simplement tous les nombres, et étant la mesure commune de tous les nombres, leur source et leur origine, elle les contient tous étant joints uniquement, demeurant incapable de multitude, toujours la même et sans changement : c'est ce qui fait qu'étant multipliée elle ne produit rien qu'elle-même. Un est le prin-

---

[1]. *Nombres*, par S. Martin, édition autographiée, p. 80, 81, 82. Paris, 1843.

cipe de toutes choses et toutes vont jusqu'à un, et après lui il n'y a rien, et tout ce qu'il y a demande un, parce que tout est venu d'un. Pour que toutes choses soient les mêmes, il faut qu'elles participent d'un, et de même que toutes choses sont allées à plusieurs par un, ainsi il faut que tout ce qui veut retourner à un quitte la multitude. Un se rapporte donc à Dieu qui, étant un et innombrable, crée cependant quantité de choses et les contient dans soi.

«Il y a donc *un* Dieu, *un* monde qui est à Dieu, *un* soleil pour *un* monde, *un* phénix dans le monde, *un* roi parmi les abeilles, *un* chef dans les troupeaux, *un* commandant dans une armée. Il y a *un* élément qui surpasse et pénètre tout, qui est le feu; il y a *une* chose créée de Dieu qui est le sujet de toute admiration, qui est en la terre et dans les cieux; c'est actuellement *l'âme végétante et minérale qui se trouve partout,, que l'on ne connaît guère, que personne n'appelle par son nom,* mais qui est cachée sous des nombres, des figures et des énigmes, sans laquelle l'alchimie ni la magie naturelle ne peuvent avoir leurs succès. [1] »

L'UNITÉ, c'est le principe de tout : mais l'unité lumière ne peut rester une lumière sans ombre, l'unité voix ne peut rester une voix sans écho. Un est un principe sans comparaison; le nombre, c'est l'harmonie, et sans harmonie rien n'est possible; l'unité est nécessairement active, et son besoin d'action la fait se répéter elle-même;

---

1. *La Philosophie occulte.* Cornelius Agrippa, l. 2, p. 218. La Haye, 1727

elle se partage, ou plutôt elle se multiplie pour produire
deux. Mais DEUX, c'est l'antagonisme, c'est l'immobilité mo-
mentanée lorsque les forces sont égales, mais c'est la lutte,
le principe du mouvement. Saint Martin, en désignant
le nombre deux comme mauvais et funeste, a prouvé qu'il
ne connaissait pas un des plus grands arcanes de la ma-
gie. La terre est évidemment un lieu de passage et d'é-
preuves : le nombre deux est donc une nécessité, puisqu'il
représente la vie qui n'est que par l'action, par la lutte,
et ne cesse d'être que par le repos. Deux, c'est donc l'an-
tagonisme, mais TROIS, c'est l'existence. Avec trois, la vie
est trouvée. Trois, c'est le pendule qui va tantôt à droite,
tantôt à gauche, pour équilibrer et faire mouvoir.

Trois utilise ainsi la lutte du binaire et en tire le
mouvement qui est la vie.

« Trois, dit Balzac dans *Louis Lambert,* est la formule
des mondes créés, il est le signe *spirituel* de la création
comme il est le signe *matériel* de la circonférence. »

Trois, c'est Dieu.

Nous ne pouvons résister au plaisir de citer quelques
phrases des *Harmonies de l'être, exprimées par les nom-
bres,* livre éminemment profond et remarquable.

L'auteur a lu dans l'Évangile de saint Jean trois mots :

Vita, verbum, lux. Vie, Verbe, lumière. Il y voit la
Trinité, examine la profondeur, la signification de ces
trois mots dans plusieurs pages, et se résume ainsi :

« Disons que le Père est vie et par conséquent puis-
sance et force, et que le caractère de cette vie, c'est
l'expansion.

« Que sera le Fils? Tout le monde le sait, il est le Verbe ou la parole: mais que faut-il entendre par le Verbe ou la parole? Tous les philosophes s'accordent à le dire : c'est *la forme.* Il nous reste donc la lumière. Comment le Saint-Esprit sera-t-il la lumière? Essayons de le comprendre.

« La lumière n'est ni la substance ni l'intelligence, mais elle résulte de leur union; elle n'est pas un composé des deux, elle n'est pas moitié substance, moitié intelligence; elle est quelque chose de différent de l'un et de l'autre, mais qui procède de l'un et de l'autre, qui n'en procède pas par composition, mais qui est simple en soi-même et indivisible, qui n'est ni moindre ni plus grand que l'un et l'autre, car la lumière est partout, et seulement où l'intelligence survit à la vie, et si la vie et l'intelligence sont infinies, la lumière aussi le sera. Donc la lumière différente de la vie et de l'intelligence, une, indivisible, infinie, sera une troisième personne, elle sera le Saint-Esprit [1]. »

« La Sagesse, qu'on a toujours regardée comme *le Verbe divin*, fils de Dieu, parle ainsi dans les Proverbes:

« Quand il préparait les cieux, j'étais là; quand il donnait aux abîmes une loi et une limite, quand il établissait le firmament et qu'il distribuait avec mesure les sources des eaux, quand il mettait un frein à la mer et posait une loi aux flots, afin qu'ils ne dépassassent pas leurs limites, quand il posait les fondements de la terre,

---

1. *Harmonies de l'être*, t. I, pages 37 et 38, par Lacuria. Paris 1847.

j'étais avec lui, arrangeant toutes choses, je me délectais chaque jour, me jouant devant lui, en tout temps jouant dans l'univers, et mes délices seront d'être avec les enfants des hommes.

« N'est-ce pas la variété et la distinction des êtres [1] ? »
On se rappelle que le Verbe, c'est la forme.

« Quant à l'Esprit saint, lorsqu'il apparaît, c'est pour éclairer, c'est lui qui inspire les prophètes, qui dévoile l'avenir, ôte le bandeau de l'obscurité de devant les yeux. Lorsque Dieu promit l'effusion de son Esprit saint, voici les effets qu'il annonce devoir suivre : «Vos fils et vos filles prophétiseront, vos vieillards auront des songes et vos jeunes gens des visions : *Et prophetabunt filii vestri et filiæ vestræ, senes vestri somnia somniabunt, et juvenes vestri visiones videbunt* (Joël)[2]. »

Le nombre trois, c'est le mouvement qui fait équilibre en passant successivement d'un point à un autre; le nombre QUATRE, c'est l'équilibre parfait, c'est le carré, le positivisme, le réalisme.

QUATRE, en magie, c'est le cube; le carré. C'est l'image de la terre; le quaternaire est la conséquence du ternaire; le ternaire, c'est l'esprit, le mouvement, la résistance, qui amènent naturellement le quaternaire : la stabilité, l'harmonie.

Pour les anciens kabbalistes, le nombre quatre renfermait les quatre éléments.

« Les quatre points cardinaux astronomiques sont, re-

---

1. *Harmonies de l'être*, t. I, p. 40.
2. Ibid., p. 41, t. I.

lativement à nous, le oui et le non de la lumière : l'orient
et l'occident, le oui et le non de la chaleur : le midi et
le nord, » disent les kabbalistes.

Le nombre quatre, c'est la croix.

Les disciples de Pythagore ont cherché dans les nom-
bres des propriétés dont la connaissance les pût élever à
celle de la nature : propriétés qui leur semblaient indi-
quées dans les phénomènes des corps sonores.

«Tendez une corde, disaient-ils, divisez-la successive-
ment en deux, trois, quatre parties, vous aurez dans
chaque moitié l'octave de la corde totale ; dans les trois
quarts, la quarte ; dans les deux tiers, la quinte : l'octave
sera donc comme 1 à 2 ; la quarte, comme 3 à 4 ; la quinte,
comme 2 à 3. L'importance de cette observation fit donner
aux nombres 1, 2, 3, 4, le nom de *sacré quaternaire*. D'a-
près ces découvertes, il fut aisé de conclure que les lois de
l'harmonie sont invariables, et que la nature a fixé d'une
manière irrévocable la valeur et les intervalles des
tons [1]. »

Mais comme tout est dans tout, comme la nature n'a
qu'une seule loi dans le système général de l'univers,
comme elle est tout harmonie et simplicité, on en vint
à conclure avec raison que les lois diverses qui régis-
sent l'univers devaient se découvrir en cherchant leur
rapport avec celles de l'harmonie.

« Bientôt dans les nombres 1, 2, 3, 4, on découvrit
non-seulement un des principes du système musical,
mais encore ceux de la physique et de la morale, tout

---

1. *Voyage d Anacharsis*, t. III, p. 183. Paris, 1809.

devint proportion et harmonie ; le temps, la justice, l'amitié, l'intelligence, ne furent que des rapports de nombres, et comme les nombres qui composent le sacré quaternaire produisent en se réunissant (*en s'additionnant ensemble*) le nombre dix, le nombre quatre fut regardé comme le plus parfait de tous par cette réunion même.[1]»

Nous avons dit que le nombre quatre représente les quatre éléments reconnus par les anciens kabbalistes : quatre, c'est donc la terre, la forme ; un est le principe de vie, l'esprit : par conséquent cinq, c'est quatre et un, cinq, c'est donc l'esprit dominant les éléments, c'est la

 quintessence. Aussi le pentagramme (étoile à cinq pointes) exprimait-il cette domination. Aussi le pentagramme à cinq pointes est-il le nombre de Jésus, dont le nom a cinq lettres, c'est le fils de Dieu se faisant homme, c'est Jehova incarné.

C'est à l'aide du signe du pentagramme que les kabbalistes prétendent enchaîner les démons de l'air, les salamandres, les ondins et les gnomes.

Le pentagramme, c'est l'étoile flamboyante des écoles gnostiques, mais c'est aussi selon que l'esprit sera plus ou moins pur pour diriger la matière, le bien ou le mal, le jour ou la nuit.

CINQ, c'est l'esprit et ses formes.

La magie noire se sert du pentagramme, en mettant

---

1. Aristotelis opera omnia quæ exstant grece et latine, *Métaph.*, t. **IV**, liv. 1, chap. **v**, page 269. Parisiis, 1539.

en l'air deux de ses pointes, qui représentent l'antago-
nisme du bien et du mal, l'immobilité et l'ignorance par
conséquent, puisque, le pentagramme étant ainsi placé,
ces deux cornes dominent le ternaire qui, représentant
l'influence de l'esprit divin, se trouve renversé.

Cinq devient ainsi un nombre funeste, un nombre mau-
vais placé sous le nom de Géburah, qui est le nombre de
l'antagonisme, de l'autonomie, de la liberté excessive, et
dont l'antagonisme provoque la rigueur.

Le pentagramme représente le corps humain, dont la
pointe supérieure forme la tête; si la tête est en bas,
c'est le signe de la folie.

La main, qui est un petit monde, donne aussi l'explica-
tion du nombre cinq : le pouce représente l'intelligence
qui domine la matière représentée à son tour par les
quatre doigts qui, sans le pouce, deviendraient presque
inutiles. Le pouce positif s'oppose aux doigts négatifs. Le
pouce, c'est donc l'esprit, c'est l'intelligence *humaine*,
donnant une valeur, une utilité aux *quatre* doigts, qui
représentent la matière.

Les quatre membres qui font l'organisation de l'homme
si complète sont régis par la tête comme les doigts par
le pouce, c'est toujours l'esprit et ses formes; maintenant
la tête peut donner une direction bonne et mauvaise.
Nous n'avons pas besoin d'en dire davantage pour ex-
pliquer le nombre cinq.

Nous croyons devoir laisser ici une note écrite en
marge, en corrigeant les épreuves, par notre éditeur,

18

M. Dentu. Nous sommes heureux en voyant des réflexions de cette valeur surgir de la lecture de notre livre. Dieu veuille qu'elle puisse en éveiller de semblables chez tous nos lecteurs ! Voici cette note :

« La lecture de ce livre ouvre à la pensée de vastes horizons. Ainsi, d'après ce qui est dit ici, en élevant d'un degré, c'est-à-dire en plaçant au premier monde les qualités attribuées au pouce, ces qualités, devenues divines, représenteront la volonté, *la foi;* la logique, *l'espérance* fondée sur la raison, et l'amour, *la charité.* Tandis que les qualités données par les autres doigts, même en les plaçant au premier monde, donneront des qualités humaines, c'est-à-dire d'une valeur presque nulle aux yeux de l'Éternel.

« Ainsi, la religion, la prudence, l'art, la science, dont on fait grand cas sur terre, et qui rendent illustres, seront effacés dans le ciel par les trois vertus théologales, qui sont seulement *estimées* dans le commerce de la vie. »

Le nombre SIX représente deux fois trois : c'est l'image des rapports du ciel et de la terre, c'est le triangle céleste dont le triangle terrestre est le reflet à rebours, comme le reflet d'un objet dans l'eau ; c'est l'axiome gravé sur la table d'Émeraude : ce qui est en haut est comme ce qui est en bas ; c'est la preuve de notre correspondance avec le ciel, c'est le nombre de la liberté et du travail divin : la liberté est en haut, le travail est en bas, il faut passer par tous les échelons du travail pour arriver à la liberté.

« Le nombre six est si parfait de lui-même qu'il résulte le même nombre de l'assemblage de ses parties[1]. »

Le septenaire est le nombre universel et absolu, puisqu'il contient le quaternaire, le ternaire, le quinaire et le binaire.

Le nombre SEPT est le nombre sacré dans tous les symboles, parce qu'il est composé du ternaire et du quaternaire. Le nombre sept représente le pouvoir magique dans toute sa force, c'est : l'esprit assisté de toutes les puissances élémentaires, c'est, comme cinq, l'esprit dominant la matière: mais ici l'esprit n'est plus représenté par *un*, qui signifie l'esprit humain, mais par *trois*, qui représente Dieu, l'esprit de Dieu.

« Si le nombre sept n'était que dans l'arc-en-ciel, on pourrait le négliger peut-être, mais n'est-il pas partout, là principalement où il y a du mystère? Dieu l'a placé dans les sept jours de la création, et a fait aux hommes un commandement absolu d'en garder le souvenir dans la semaine; le nombre sept est dans l'arc-en-ciel, il est dans l'échelle musicale, dans les sacrements, dans les dons de l'Esprit saint, dans les vertus et dans les vices, c'est le nombre privilégié des prophètes; il remplit l'Apocalypse, c'est un nombre mystérieux, et le mystère qu'il renferme est donc d'une grande importance, puisque Dieu nous le remet si souvent devant les yeux[2]. »

1. *La Philosophie occulte* d'Agrippa, liv 2, p. 238. La Haye, 1727.
2. *Harmonies de l'être*, page 216, t. I.

« Le nombre sept, comme le remarque Bossuet, d'après les saints Pères, dans le langage mystérieux des Prophètes, le nombre sept est le synonyme de complet [1]. »

Le nombre HUIT l'*octaire*, c'est : le binaire du quaternaire, c'est la balance universelle des choses, c'est l'harmonie dans l'analogie des contraires.

«Les Pythagoriciens appellent le nombre huit le nombre de justice et de plénitude, premièrement parce qu'il se divise le premier en nombre également égaux, savoir : en 4, et il y a une division dans ces quatre, et c'est par cette égalité de division qu'il a nom de justice. Il a pris son autre nom de plénitude à cause de sa solidité corporelle [2]. »

Le nombre NEUF, trois fois trois, c'est : le triangle du ternaire, l'image la plus complète des trois mondes, c'est la base de toute raison, le sens parfait de tout verbe, la raison d'être de toutes les formes ; le nombre neuf est celui des reflets divins, il exprime l'idée divine dans toute la puissance abstraite.

« Le nombre DIX est appelé nombre universel, et le nombre complet marquant le plein cours de la vie, car l'on ne compte plus depuis ce nombre que par réplique, et il contient en soi tous les nombres ou il les explique par les siens en les multipliant. C'est pourquoi on le tient comme le nombre des diverses religions.

---

1. *Harmonies de l'être*, p. 218.
2. *Philosophie occulte*, liv. 2, p. 253.

« Il n'y a point de nombre au-dessus, et tout ce qui est dixième ou un nombre de dix a quelque chose de divin [1]. »

« Le chiffre DIX est composé de l'unité qui signifie l'être et du zéro qui exprime le non-être : il renferme donc Dieu et la création, l'esprit et la matière ; il est le nec plus ultra de l'intelligence humaine qui compte tout par ce nombre [2]. »

L'emblème du nombre dix, c'est : un serpent montant après une borne, le mouvement et l'immobilité, l'idée et la matière.

Ainsi, on trouve dans la main : le ternaire dans les trois phalanges du pouce, le quaternaire et le duodenaire dans les doigts, le septenaire dans le triangle placé sous les monts et très-souvent la croix qui représente le quaternaire, formée par la ligne de tête et la saturnienne.

On y trouve aussi, par les séphirotes, le nombre dix, nombre de la synthèse universelle.

La main renferme donc tous les nombres sacrés, et, comme les nombres sacrés correspondent à tout ce qui existe, la main renferme tout.

Nous laisserons momentanément *les nombres* pour ne pas détourner l'attention du lecteur de notre but principal : la chiromancie, mais nous en parlerons encore à la fin de ce chapitre avant de commencer nos études sur la phrénologie ; nous ferons alors quelques applications

1. *Philosophie occulte* d'Agrippa, liv. 2, p. 259 et 261. La Haye, 172/
2. *Harmonies de l'être*, t. II, page 234.

18.

remarquables, et nous avons la conviction que l'on nous en saura gré.

LES TROIS MONDES.

En chiromancie, les indications sont faciles, et nous en donnerons, nous l'avons dit, plusieurs exemples, mais, nous le répétons, ce qui peut causer de l'hésitation, c'est l'application juste de la qualité représentée dans la main par un mont quelconque.

Ainsi, Jupiter donne la religion, l'ambition, l'orgueil, ou le désir de briller quand même.

Saturne donne la prudence, la tristesse, la superstition.

Apollon donne la gloire, la célébrité, la richesse.

Mercure donne les hautes sciences, l'éloquence, le vol et la ruse.

Mars donne la résignation, le courage et la férocité.

Vénus donne la charité, l'amour, la passion brutale.

La lune donne le mysticisme, l'imagination, les erreurs.

Un homme a le mont de Jupiter très-développé. Vous lui supposez de la religion, il n'est pas religieux le moins du monde, mais il est plein d'orgueil.

Vous voyez une ligne de soleil bien tracée, vous croyez voir un homme dévoué à l'art, et cet homme n'est pas né pour les arts, mais pour la richesse, il attirera magnétiquement l'argent, l'or, il aimera tout ce qui brille, tout ce qui est luxe et splendeur.

Vous croyez voir, en consultant le mont de Mercure, un homme de science, et vous avez affaire à un homme rusé et au besoin un peu voleur.

Il nous faut donc ne conjecturer qu'avec la plus grande circonspection et appeler à notre aide tous les moyens qui peuvent nous éclairer.

La chirognomonie est pour cela d'un utile secours, on le sait déjà.

Les doigts pointus représentent le monde divin.

Les doigts carrés : le monde naturel.

Les doigts spatulés : le monde matériel.

Ainsi, pour le mont de Jupiter, les doigts pointus indiquent la religion.

Les doigts carrés : l'ambition ; les doigts spatulés : l'orgueil.

Pour celui d'Apollon, les doigts pointus représentent : désir de la gloire.

Les doigts carrés : désir de célébrité.

Les doigts spatulés : désir de richesse.

Et ainsi de suite pour les autres doigts.

Les lignes modifient les aptitudes des monts. Ainsi, une ligne de tête bien droite, une ligne de cœur assez faible, des nœuds aux doigts, un pouce long par la première phalange, peuvent donner à la ligne du soleil la signification d'amour de la richesse au lieu de l'amour des arts. Et, au contraire, une ligne de tête descendant vers l'imagination, des doigts lisses et pointus et un pouce court, indiqueront l'artiste. Une ligne de soleil profondément biffée par une barre, ou bien enfermée sous une grille, avec un mont de Jupiter très-développé, montrera toute la vanité de l'artiste sans espoir de talent, surtout si la paresse vient y joindre ses mains molles.

Il est moins difficile, lorsque le mont de Mércure est développé, de lui donner la signification véritable, relativement à la personne dont on voit la main ; si le mont de Mercure incline vers le mont du soleil, s'il s'y penche, pour ainsi dire, c'est la science et l'éloquence ; s'il incline vers le dehors de la main (la percussion), c'est le côté positif, c'est le commerce, l'industrie ; s'il est excessif, c'est la ruse.

Il y a donc un travail continuel à faire, et l'on ne saurait trouver assez d'auxiliaires pour le faciliter et le rendre utile.

TEMPÉRAMENTS.

Ainsi l'étude des tempéraments par la couleur des lignes peut aussi aider puissamment. •

Une ligne pâle indique un tempérament flegmatique et lymphatique, par conséquent.

Une ligne rouge indique l'homme sanguin, colère.

Une ligne jaune annonce un tempérament bilieux.

Une ligne livide est le signe du tempérament mélancolique.

En kabbale, le rouge, c'est : l'idéal, la force.

Le blanc, c'est : la raison, le calme.

Le livide, c'est : la matière, le mal, le désordre.

Les chiromanciens attachent une grande importance à la couleur des lignes.

La phrénologie, où nous retrouverons les trois mondes de l'aveu même des phrénologues qui y reconnaissent :

Les facultés, les sentiments et les instincts,

La phrénologie, disons-nous, facilitera aussi les classements de la chiromancie.

Ainsi une tête développée dans sa partie frontale nous montrera, surtout si elle l'est du côté de l'idéalité, les penchants nobles ;

Le derrière de la tête développé : les sentiments,

Et la tête développée au-dessous des tempes et autour des oreilles : le monde matériel.

La physionomie nous aidera encore. Si un beau front indique les nobles penchants, une mâchoire large dénotera infailliblement l'égoïsme et les instincts matériels.

 Une tête en forme 'de poire indiquera *toujours, toujours!* la prédominance des instincts et des besoins matériels sur l'intelligence. Une tête en poire n'a, phrénologiquement, ni poésie ni idéalité. Tout est porté du côté de la bouche, des organes de la gourmandise et des amours matériels. Aussi une tête en poire est toujours portée à l'égoïsme et au positivisme le plus désolant.

Des épaules larges, hautes, rondes, appartiennent encore à la matière, chez la femme surtout.

Les seins proéminents sont le type de la femme *véri-*

table, c'est-à-dire ayant le caractère de la femme ; des épaules larges avec des seins peu apparents annoncent, au contraire, une femme homme ayant l'ambition, la colère, l'avidité, les instincts des hommes, mais les mauvais instincts, car il n'y a pas d'heureuse transition d'un sexe à l'autre ; c'est toujours déchéance ou monstruosité.

Les yeux donnent aussi des indications précieuses ; les yeux brillent par l'intelligence, le génie, l'avidité, le désir d'acquérir, la luxure, la débauche. L'œil noir, dont le blanc est bleu-obscur, l'œil qui jette des éclairs, comme l'œil des femmes du Midi, n'est pas toujours le signe de l'intelligence : le regard d'ailleurs n'est plus le même, le plus souvent il exprime l'avidité, surtout quand la figure est pâle. C'est, en un mot, l'œil des Bohémiens. Un œil vif, mais limpide, qui sourit comme un diamant, (comme l'œil de Dumas père, par exemple), celui-là est bon, mais l'œil tout noir (blanc de l'œil et prunelle), qui brille comme un charbon ardent, indique une personne cupide et malicieuse dont il faut se défier.

Défiez-vous des femmes pâles, a dit Balzac. Il aurait pu ajouter : Défiez-vous des yeux sombres et brillants à la fois.

Mais. ce qui donne les indications les plus précises, c'est la bouche qui, dans la division des trois mondes en physionomie, représente le monde matériel. Et, comme chaque monde a ses degrés, la bouche représente la fermeté, la bonté, la noblesse, la gourmandise, la volupté et l'avilissement moral.

Un proverbe chinois dit :

« Regarde le front d'un homme pour savoir ce qu'il deviendra ; regarde sa bouche à l'état de repos pour savoir ce qu'il est devenu. »

Les bouches à lèvres épaisses sont gourmandes et matérielles.

Les lèvres inférieures, plus charnues d'un côté que de l'autre, sont voluptueuses, mais une bouche dont les coins s'affaissent annoncent un homme dégradé. Il y a dans la bouche une expression qui ne trompe jamais.

On trouve aussi des indications dans les différentes formes des doigts de la même main. On peut trouver l'index pointu : religion ; l'annulaire spatulé : activité dans l'art, toutes les idées portées de ce côté-là ; et l'auriculaire carré : bon sens, positivisme dans les recherches de la science.

Les raies sur l'intérieur des doigts ont aussi leurs significations particulières : on sait que les doigts sont divisés en trois mondes. Eh bien! si entre la troisième phalange, celle qui touche la paume, et la seconde phalange du même doigt, il se trouve sur la jointure une ligne profonde qui passe ainsi d'un monde à l'autre, une ligne pour ainsi dire à cheval sur les deux mondes, c'est la matière illuminée par le moral selon la qualité.

Une pareille ligne ainsi placée sur Jupiter signifierait un motif brut d'ambition qui viendrait chercher l'appui de la logique.

Ce serait donc une probabilité de réalisation considérée selon l'état du monde. Ce serait la matière et l'in-

térêt s'unissant au raisonnement. Et ce serait, par con-
séquent, force, et par suite nécessaire : réussite.

Ainsi une ligne de ce genre sur le doigt de Mercure
pronostiquerait une affaire d'abord vague, mais qui, mûrie
par le raisonnement, devrait nécessairement réussir ;
cette ligne prise dans le sens du premier monde signi-
fierait aussi : éloquence.

La première phalange représente l'idéal ; une raie sur
cette phalange donnerait excès dans l'idéal et par con-
séquent folie dans la qualité annoncée par le mont du
doigt.

Une étoile sur le bout du doigt, surtout sur Jupiter et
Saturne, annonce toujours un événement extraordinaire,
souvent en bien sur Jupiter, mais presque toujours fatal
sur Saturne.

Pour le moment nous en avons assez dit sur la chiroman-
cie pour que l'on puisse, au moyen des analogies et des
conséquences, connaître parfaitement le caractère des

hommes, et, par suite, leur destinée, qui doit toujours suivre la pente formée par leurs penchants, leur plus ou moins d'intelligence, et surtout par leur activité et par leur appétit plus ou moins grand de fortune ou de gloire. Donnez-nous une main d'artiste de talent, et sans avoir jamais vu sa peinture, nous dirons s'il aime la forme ou la couleur, s'il soigne les détails ou se contente des masses, s'il travaille par réflexion ou par inspiration, s'il préfère l'imitation de la nature ou les œuvres d'imagination. Et selon le goût du moment, selon son plus ou moins de tenue, selon sa conviction et surtout sa logique plus ou moins forte, et en nous basant d'ailleurs, en dernier ressort, comme pour faire la preuve, sur sa ligne saturnienne, nous lui prédirons un succès plus ou moins long, et aussi une célébrité plus ou moins contestée, en consultant la ligne du soleil.

Nous dirons à un médecin, comme nous avons déjà fait mainte fois, et toujours sans erreurs, comment il traite ses malades, quelle est sa manière de discerner une maladie, ce qui est le point important en médecine, soit par inspiration, soit par réflexion, soit en remontant des effets aux causes, et nous dirons à coup sûr : Voici un médecin habile qui ne fera jamais d'imprudence ; et si sa volonté est aussi forte que sa science et sa logique, nous ajouterons : Il doit réussir, et nous pourrons lui prédire le succès à coup sûr, toujours si la saturnienne et le soleil le favorisent.

Balzac a dit :

« Si Dieu a imprimé pour certains yeux clairvoyants

19

la destinée de chaque homme dans la physionomie, en prenant ce mot comme l'expression totale du corps, pourquoi la main ne résumerait-elle pas la physionomie, puisque la main est l'action humaine tout entière et son seul moyen de manifestation [1] ?

« De là, la chiromancie.

« La société n'imite-t-elle pas Dieu ? Prédire à un homme les événements de sa vie, à l'aspect de sa main, n'est pas un fait plus extraordinaire, chez celui qui aura les qualités du voyant, que le fait de dire à un soldat qu'il se battra, à un cordonnier qu'il fera des souliers ou des bottes, à un cultivateur qu'il fumera la terre et la labourera. »

Nous ferons remarquer que l'on peut pousser très-loin la divination par les indications les plus simples : ainsi, une personne a une étoile dans la main : une étoile est toujours une fatalité, un accident inévitable. Si la saturnienne est belle et pure, la fatalité sera évidemment favorable, ce sera un événement important sans doute dans la vie, mais suivi d'heureux résultats. Si, avec cette étoile, la plaine de Mars est ridée, sillonnée, cette fatalité amènera des luttes qui conquerront un bien, si la saturnienne est belle, ou causeront un mal, si elle est coupée ou brisée. Si elle se brise à la ligne de tête, le malheur aura lieu par un mauvais calcul, un entêtement, un coup de tête. Si elle se brise à la ligne de cœur, ce sera par suite d'un amour mal placé, d'une affection trop

---

1. *Le Cousin Pons*, p. 128. 1856.

vive à laquelle l'on devra faire des sacrifices, surtout si la ligne de cœur trop longue indique un complet dévouement allant jusqu'à l'abnégation. Mais nous laisserons là ces calculs que tout le monde pourra faire, pour publier quelques applications sans ordre, sans suite, parce qu'elles n'ont besoin ni d'ordre ni de suite, et sont le résultat d'observations de chaque jour.

.OBSERVATIONS ET APPLICATIONS.

Le nœud *philosophique* (de la causalité) est sans doute un avantage, parce qu'il porte à tout considérer, et à se rendre compte de tout: quand ce nœud est très-développé, il peut faire un homme remarquable, si la phalange de la logique est longue et forte; mais si cette phalange est courte et mince, le besoin de raisonner existant toujours, on raisonnera sans logique, on trouvera des causes, mais fausses, et l'on tombera nécessairement dans le *paradoxe*. Si les doigts sont pointus, l'erreur sera plus grande encore. Des hommes ainsi doués sont funestes aux jeunes gens. Chez ces gens-là la ligne de tête descend presque toujours du côté du mont de la lune; si ce mont est développé, ils chercheront et trouveront fatalement des causes dans leur imagination.

Chez eux, Jupiter est souvent développé, parce qu'ils éprouvent le besoin de briller et de se parer de leur vaine science.

La croix mystique. avec le mont de Jupiter très-développé et les doigts pointus donnera l'exaltation dans la religion jusqu'à l'extase, et parfois jusqu'au fanatisme. La croix mystique avec les doigts carrés donne la religion raisonnable.

Le doigt de Jupiter effilé, lorsque les autres sont carrés, donne la contemplation sérieuse, l'amour de la nature, avec des inspirations vers l'art, surtout s'il y a une ligne du soleil.

Une ligne de cœur barrant toute la main avec un mont de la lune très-sillonné donnera nécessairement une affection très-vive, trop vive, et par suite la jalousie.

Le mont de la lune sillonné de toutes parts éveille un besoin de tourments continuels et sans motif ; si la ligne de cœur est la ligne la plus importante de la main, les tourments viendront du cœur. Il est bien entendu que si *Jupiter* domine la main, les tracas viendront d'ambitieux désirs ; si c'est *Mercure*, de craintes pour les affaires, et ainsi de suite.

Toutefois les doigts carrés et la causalité aidés de la *logique* peuvent combattre et apaiser les inquiétudes données par le mont de la lune.

Le mont de Mars développé les empêche de naître ou les réprime : c'est le sang-froid, la résignation, et par suite le calme.

Le mont de Vénus peut, de passion amoureuse, dégénérer ou se perfectionner en tendresse. Avec de bons instincts, le mont de Vénus est une qualité. *Sans mont de Vénus toutes les autres passions sont sèches et égoïstes.*

La lettre M que nous avons dans la main indique aussi les trois mondes.

La première, la ligne de vie, entoure la création, l'amour, le monde matériel.

La seconde, la ligne de tête, s'étend au milieu du monde naturel, elle occupe et traverse la plaine et le mont de Mars; c'est la lutte qui donne la force et la raison dans la vie.

· La troisième, celle du cœur, enclôt le monde divin représenté par les monts placés à la racine des doigts, qui les font, comme des canaux, communiquer avec la lumière astrale; elle enveloppe l'ambition ou la religion, la fatalité, la passion de l'art, la science hermétique, qui toutes viennent des astres.

Les compositeurs de musique *savante* et les mathématiciens ont la même main noueuse et carrée; pour les distinguer, il faut consulter la ligne du soleil, qui est plus écrite chez l'artiste. Les uns et les autres n'arrivent au succès que par le calcul.

Un homme avec un mont de Mercure développé et des doigts lisses peut être un bon avocat, il plaidera d'inspiration et avec éloquence, mais son genre de talent sera subordonné à la forme de ses doigts ; il sera brillant avec des doigts pointus, logique et clair avec des doigts carrés ; il aura de la fougue et du mouvement avec les doigts spatulés ; si ces doigts sont longs, il se complaira dans les détails ; si la main est courte, il sera sobre de fioritures et verra avant tout la masse l'ensemble.

Les mains très-molles ou très-dures sont portées à la superstition.

Les mains très-molles par la paresse physique qui laisse le champ libre à l'imagination sont toujours prêtes à aller trop loin et à exagérer, quand les doigts sont pointus : *idéalistes*, ou spatulés : *amis du mouvement quand même*.

Les mains très-dures (et par conséquent presque toujours élémentaires) par une paresse d'intelligence étouffée par la matière, et sentant d'ailleurs leur infériorité, se laissent subjuguer par tout ce qu'elles ne peuvent comprendre et qu'elles croient dès lors surnaturel. Il faut toutefois que le pouce soit court et les doigts pointus et lisses ; c'est par suite de cette conformation que les Bretons sont superstitieux, leur pouce les livre sans défense à l'imagination représentée par le développement du mont de la lune ; à cause de la lourdeur d'intelligence de la main élémentaire, ils en restent à l'imagination brute, c'est-à-dire à la superstition.

Les ouvriers à profession sédentaire ont, par cela même qu'ils sont inactifs de corps, une grande vivacité d'imagination : ainsi les tailleurs ont presque tous les mains molles, les doigts spatulés, aussi sont-ils pour la plupart républicains, communistes, utopistes ; les laboureurs, les gens de fatigue, ne sont jamais républicains, chez eux le corps travaille et l'esprit se repose.

Ne comptez ni sur l'amitié, ni sur la constance ou la fidélité au parti (en politique), des pouces dont la première phalange est courte. Ils pourront avoir des accès de dévouement, être capables d'un acte d'héroïsme, mais *instantanément*. S'il leur faut persévérer dans leurs inspirations parfois sublimes, l'haleine leur manque, ils ne donneront pas de suite deux coups de collier; ils en reviendront bientôt à leur état naturel, l'incertitude et l'insouciance.

Soyez sûr que toute personne que les monts et les lignes signalent comme rusée se servira de sa ruse : par nécessité, si cette personne est faible ; si elle est forte, par goût, par plaisir.

Le mont de Mars, bien plein et exubérant, donne au pouce court la force de résistance calme, la résignation, surtout si le mont ou la plaine de Mars ne sont pas sillonnés de lignes, s'il s'y trouve des carrés.

Il y a dans la main, nous l'avons dit, le mont de Mars et la plaine de Mars : le mont de Mars, c'est *la lutte de résistance ;* la plaine de Mars, c'est *la lutte d'action.* Ainsi l'homme qui possède le mont de Mars développé est apte à conserver son sang-froid dans toutes les épreuves de la vie, et à résister conséquemment à ses passions. Il peut dompter sa colère et rester toujours maître de lui, surtout si un grand pouce lui donne la volonté. La force de la résistance est la Minerve des anciens qui porte le bouclier, mais il ne faut pas oublier qu'elle porte aussi la lance.

La plaine de Mars ridée, tourmentée, et surtout avec une croix, indique l'homme qui cherche la lutte par instinct et par plaisir, c'est le batailleur quand même, encore plus si les ongles sont courts.

Toute ligne principale qui, par son étendue, tout mont qui, par son développement, commande la main déterminera le goût, qui devra dominer la vie. Là sera la source de tous les plaisirs et de toutes les peines, là sera le pivot sur lequel tournera l'existence entière.

Le mont de la lune trop développé veut qu'un travail excessif d'imagination lui soit donné en pâture, sinon il tourmente, il inquiète, il voit partout des causes de peine ou d'inquiétude, et trouve dans le chagrin qui le distrait et l'occupe, à défaut de créations riantes, un sauvage plaisir; en un mot, c'est une source de joies ineffables ou de dévorantes tristesses. Les doigts pointus sont heureux lorsque, chez eux, le mont de la lune est excessif; les doigts carrés qui résistent à l'imagination extrême font les hommes très-malheureux, à moins qu'une riche ligne du soleil ne vienne à leur secours, en leur donnant le goût des beaux-arts. Mais, si les doigts sont carrés à l'excès et longs, il restera toujours un mécontentement, parce que l'artiste sera tourmenté par la convention et l'amour des détails qui viendront mettre obstacle aux élans de la fantaisie.

Une ligne partant de la lune est déjà une fatalité, *un caprice.* Une autre ligne partant du mont de Vénus est une autre fatalité, une passion violente ; si ces deux lignes se réunissent dans la plaine *de Mars* à la ligne de fatalité dite la saturnienne, c'est : réussite appuyée sur une imagination déréglée et la passion amoureuse, si la

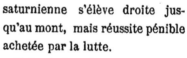

saturnienne s'élève droite jusqu'au mont, mais réussite pénible achetée par la lutte.

Mais, si alors la saturnienne est brisée, c'est : issue fatale à une intrigue causée par le caprice et l'amour.

Le mont de la lune, très-développé, est toujours signe d'une imagination très-grande, mais, quand il est excessif, il inspire de la tristesse, car la lune est triste ou au moins mélancolique. On est alors disposé à l'élégie, surtout si la ligne de tête baisse du côté de la lune.

Si alors la ligne de tête est courte, si la main est molle et s'il s'y trouve la croix mystique, on est porté à la superstition, mais l'homme qui aura le mont de la lune rayé et les doigts pointus, la croix mystique et de plus l'organe de l'idéalité développé sur le crâne, pourra devenir un voyant.

La force vitale est une émanation des astres.

Le soleil se trouve en rapport avec le cœur, — la lune

avec le cerveau, — Mars avec la bile, — Jupiter avec les poumons, — Vénus avec les reins et les organes de la génération, — Saturne avec le foie, — Mercure avec la rate.

Une main dure et par conséquent active, si elle annonce par sa forme le goût du plaisir et si le mont de Vénus est développé, cherchera à cause des penchants aimables du mont de Vénus à plaire par sa *gentillesse active*. Cette main appartiendra à un homme amusant et gracieux.

Les doigts spatulés inspirent une grande confiance en soi, ils donnent l'enthousiasme et le désir de briller, surtout aux artistes ayant des doigts lisses.

Les doigts très-spatulés annoncent toujours une certaine brusquerie, surtout si la ligne de vie est creuse et rouge ; mais, si alors la ligne de cœur est grande, c'est bon cœur et brusquerie.

Des nœuds philosophiques avec des doigts trop spatulés et un pouce court peuvent se trouver chez des inventeurs intelligents, mais incapables de perfectionner, à cause de la spatule, qui par son excès ne permet de s'arrêter à rien, et du pouce court, qui n'a pas la volonté nécessaire pour dominer les instincts changeants de la spatule.

Une ligne de tête qui remonte et va se joindre à la ligne du cœur et s'y perdre annonce un homme qui laissera dominer sa raison par l'amour; et si cette ligne de tête est fourchue et que la seconde branche descende vers la lune, c'est un homme qui s'abuse en sacrifiant tout à une affection quelle qu'elle soit.

Si, joint à cela, la saturnienne (ligne du bonheur) s'arrête à la ligne de cœur, une passion violente et aveugle détruira, à coup sûr, son bonheur et son avenir.

Un homme dont la ligne de tête partie du dehors de la main au-dessous de l'index remonte brusquement vers la ligne du cœur sous le mont de Saturne pour aller reprendre son cours habituel est un homme auquel les affections doivent être fatales; d'abord aveuglé par elles et malheureux par elles, il pourra devenir un jour fou.

Une ligne qui, partie de la naissance de la ligne de vie (de l'enfance), traverse le mont de Jupiter et, se doublant sur ce mont en le sillonnant en travers, va aboutir au mont de Saturne, indique une personne née avec des dispositions au fanatisme, si elle se fût donnée à la religion; et comme les lignes ne montent pas, mais vont en travers sur le mont, ce qui est un mauvais signe, cette personne aurait cherché à se faire remarquer en religion, comme elle doit chercher à se mettre toujours en avant.

Si une ligne partie du mont de la lune va rejoindre la saturnienne et la coupe au lieu de se réunir à elle, elle annonce une influence fatale de l'imagination, capable de conduire à un coup de tête, à une folie.

Si une grande ligne de cœur s'unissant à la ligne de tête et à la ligne de vie (signe fatal) a une branche qui part du mont de Jupiter, et si la ligne de tête se divise en deux branches dont l'une va droit et l'autre descend vers la lune, c'est une passion aveugle caractérisée par la bran-

che de la ligne de tête, qui descend vers la lune, pouvant conduire à la mort (par la réunion des trois lignes), et qui la causerait certainement sans la ligne partie du mont de Jupiter, dont l'influence est toujours favorable.

La ligne de tête fourchue annonce l'erreur, une manière de voir complétement fausse, une imagination qui se nourrit de chimères.

Si une ligne part du mont de Mars au-dessous de la ligne de cœur, coupe celle-ci et se dirige vers le mont du soleil, c'est : désir de briller à tout prix, même par

la lutte, détermination à tout pour arriver à se faire remarquer.

Une ligne partant du mont de Vénus, traversant la ligne de vie, et de là se dirigeant vers Mercure, c'est : habileté donnée par la passion et qui peut conduire au mensonge et au vol pour la satisfaire.

Dans une main bien douée, au contraire, c'est : habileté donnée par l'amour.

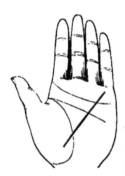

La forme des doigts se trouve parfaitement en rapport avec les noms qui leur ont été donnés en chiromancie.

Ainsi, le pouce, qui a la forme du Phallus, est dédié à Vénus.

L'index qui commande, qui domine, qui menace, c'est Jupiter, le roi de l'Olympe.

Le doigt du milieu, qui *s'élève au-dessus des autres*, c'est la fatalité qui *domine* la vie.

Les docteurs en médecine, Broc et Cruveilhier, en considérant la main comme un organe symétrique dont l'*axe* est représenté par le doigt médius, le doigt de *Saturne*, sont en parfait rapport avec la chiromancie, qui regarde Saturne comme le symbole magique de l'*axe* de la vie, la destinée.

L'annulaire est le doigt où l'on passe les bagues, l'or ; c'est Apollon, c'est le soleil, et Apollon, c'est aussi la richesse.

L'auriculaire est toujours en jeu lorsque l'on fait une chose qui exige de l'adresse; il se tient en l'air, s'agite gracieusement et aide à l'exécution; c'est Mercure, le dieu de l'habileté.

Chaque signe représentant une des sept planètes, lorsqu'il se trouve figuré par les lignes sur un autre mont, ajoute à ce mont une signification nouvelle. Ainsi le signe de Mercure sur le mont de Jupiter, c'est une éloquence supérieure, un talent hors ligne; le signe de la lune (le croissant), sur le même mont, c'est le mysticisme conduisant à l'erreur ; le signe de Mercure, sur le soleil, c'est la science et l'éloquence appelées à la plus haute célébrité et au plus haut point de l'art, et ainsi des autres.

En général, toutes les lignes droites et bien colorées indiquent une bonne complexion et sont favorables, mais, lors même que les lignes sont favorables et bien tracées, si les monts sont faibles et peu apparents, surtout s'ils rentrent en dedans, leur influence est diminuée et souvent sans force.

Une quantité de petites lignes sur la ligne de vie, c'est : maladies peu graves, mais nombreuses.

Sur la ligne de tête, c'est : signe de migraines fréquentes ou de maux de tête presque continuels.

En quelques occasions la paresse devient vertu, elle sauve souvent d'un vice ; s'il ne vient pas la chercher, elle n'a souvent pas assez de force pour aller au-devant de lui.

Le pouce court, grand ennemi de la vertu des femmes, sauve souvent leur vertu par l'insouciance, si l'occasion est une fois perdue.

Lorsqu'à l'auriculaire le nœud d'en haut (monde divin) est très-développé, c'est recherche dans la science ; lorsque le second (ordre matériel) est marqué, c'est recherche commerciale, habileté dans les affaires d'intérêt. Il en est ainsi des autres doigts selon les qualités qu'ils représentent.

L'*excès* de développement du nœud philosophique, lorsqu'il se trouve confirmé par le manque de vénération en phrénologie, et accompagné de doigts longs, le pouce surtout, peut donner le talent, mais en ôtant la foi, et l'âme par conséquent. Un artiste ainsi organisé peut avoir beaucoup de science et de théorie, mais il ne touche pas, et n'entraîne personne. Il sera moins sec avec un pouce court, mais il restera toujours raisonneur.

Le fluide universel nous quitte à la mort, et aussi en mourant on ferme la main.

On ferme les mains à la mort, la communication avec les astres cesse, et on les ouvre en venant au monde comme pour saisir le fluide avec lequel on entre en communication ; en dormant on ferme ou on courbe les mains (le peuple dit : dormir à poings fermés), parce que la communication fluidique se fait alors par le nombril et les parties génitales, qui communiquent directement avec le corps astral ; le *mens* se repose.

Les doigts pointus inventent par inspiration. Les doigts carrés trouvent par les conséquences en remontant des effets aux causes. Cuvier avait les doigts carrés à coup sûr, naturellement accompagnés de la causalité et de la logique.

Les républicains à mains molles seront parleurs et orateurs de carrefour.

Les républicains à mains dures sont les hommes d'action.

Comme il y a trois mondes, il y a trois religions, parce que chaque goût s'est fait la sienne : une religion pour chaque monde.

Catholique et juive : l'idéalité avec les chants, les tableaux, les symboles et les extases.

Protestante : le réalisme, les prêches, les sermons, la tristesse, le manque de poésie, toutes choses positives.

Musulmane : le matérialisme, la religion fondée sur les plaisirs des sens, le paradis des houris.

Nous avons remarqué que presque tous les douteurs, les incrédules (avec le nœud philosophique très-développé), ont la croix *mystique* dans la main, et sont superstitieux par conséquent, comme pour rendre hommage à leur manière à l'éternelle puissance qui régit la nature, seulement, au lieu d'être sujets, ils sont esclaves.

L'éducation peut faire naître des nœuds dans les doigts, et leur donner la forme spatulée, mais les doigts à nœuds ne deviennent jamais lisses, et les doigts spatulés ne peuvent devenir pointus. Il est plus facile de se matérialiser que d'aller de la matière à l'idéal.

Quand la nature donne à un mont un développement remarquable, on peut être sûr qu'elle donnera aussi l'occasion d'exercer les qualités attachées à ce mont: ainsi ceux qui ont le mont de Mars très-fort peuvent s'attendre à des luttes nombreuses et énergiques.

Le bas de la main représente la matière, l'effet là est toujours matériel; l'excès du mont de la lune, surtout lorsqu'il est rayé, donne la supériorité de la matière sur notre être, et par conséquent la suprématie de la lumière astrale : aussi les gens qui ont cette conformation sont-ils plus hypocondres et ont-ils plus de pressentiments que les autres.

Le pouce court donne la naïveté, parce qu'il résiste moins aux instincts qui sont la communication avec la nature par le moyen du corps astral; plus le pouce de-

vient long, plus il se rapproche de la volonté et s'é-
loigne de l'universalité de la création [1].

Le mont de Vénus très-développé ôte à Saturne, lors-
qu'il domine, beaucoup de sa tristesse ; souvent même il
l'égaie et le rend aimable.

Toutes les lignes principales bifurquées annoncent la
duplicité d'esprit ; quelquefois cependant elles peuvent
être prises en bien. Ainsi la ligne de vie bifurquée à son
origine est favorable, c'est justice et fidélité, mais bi-
furquée à la fin de la vie, c'est faiblesse et pauvreté. Au
départ, la vie s'enrichit en aspirant par deux branches,
à l'arrivée elle s'épuise en donnant par deux canaux
sa séve appauvrie. Les lignes qui coupent la vitale ont
des significations différentes. Oblongues, c'est : blessures
par le fer ; grandes et circulaires, c'est : blessures par
coups ; celles-là sont moins dangereuses ; si ce n'est pas
un creux carré ou oblong, mais une espèce de point très-
rouge, c'est blessure à la tête, ou mort.

Une foule de lignes sur un mont annoncent (bonnes
ou mauvaises, mais plutôt mauvaises que bonnes) que
ce mont correspond avec votre planète principale.

Les lignes livides dans la main annoncent l'esprit de
rancune et de vengeance, surtout si les doigts sont très-

1. Voir page 190.

longs, ce qui dénote une grande susceptibilité, et si le pouce est fait en forme de bille.

Les doigts pointus, sans nœud philosophique, inspirent -la crédulité, principalement pour ce qui tient au merveilleux.

Les vrais libertins en amour sont ceux qui ont le mont de Vénus faible, mais très-rayé, surtout s'ils ont aussi l'anneau de Vénus, parce qu'ils ont plus de désirs que de puissance, et qu'ils changent sans cesse de maîtresses, pour se donner par l'attrait de la nouveauté un appétit factice.

Dans les mains, les lignes qui descendent en partant des lignes principales sont des branches mortes, celles qui montent sont des rameaux pleins de vie.

Les ongles courts, qui donnent l'amour de la bataille, donnent avec une main paresseuse la lutte tranquille, l'ironie, la taquinerie, la critique.

Le mont de Mars, qui donne la force de résistance, donne aussi le goût militaire, surtout si les ongles sont courts.

Le nœud philosophique très-développé peut donner l'aptitude à la mécanique et aux sciences exactes, même avec des doigts lisses, seulement le mécanicien inventera et perfectionnera par intuition et sans calculs, sou-

vent en regardant fonctionner une machine : Napoléon
avait évidemment la main ainsi faite, il trouvait par l'in-
tuition instantanée, sans calculs, ces combinaisons prime-
sautières qui ont fait sa force sur le champ de bataille.
Il n'avait pas peut-être le chiffre des mathématiques que
lui refusent les phrénologues, mais il a suffisamment
prouvé qu'il en avait le génie.

Il n'y a qu'une limite bien faible entre le génie et la
folie, et cette limite est souvent franchie. Le Tasse nous
en donne la preuve. Lorsque toute l'harmonie d'un homme
se divinise, lorsque toutes ses pensées sont nobles, que
toutes ses actions sont pures, qu'il est plus près du ciel
que de la terre, l'âme, qui aspire toujours à prendre son
essor, ne se sentant plus retenue par la chaîne astrale
depuis longtemps brisée, part un jour avant le temps
pour un monde supérieur, en laissant l'enveloppe ma-
térielle livrée au corps sidéral, et alors l'homme de gé-
nie devient un homme d'instinct, son MENS est parti,
mais, comme le vase qui a renfermé un parfum précieux
en conserve encore longtemps les arômes, ainsi l'enve-
loppe matérielle a comme une vague souvenance de sa
noblesse passée, et la folie n'est jamais dégradante.

Toute main couverte de raies indique toujours une
personne dont la vie est très-agitée, ou qui se créera
elle-même des sujets continuels d'inquiétudes; si la main
en outre est molle et spatulée, alors les agitations vien-
dront de l'imagination. On se tourmentera de tout, on

cherchera partout des sujets d'alarmes, et surtout dans la conservation de la santé, si la personne n'est plus jeune.

Les actes humains ne s'écrivent pas seulement dans la lumière astrale, ils laissent aussi leur trace sur le visage, ils modifient le port, la démarche, la physionomie, ils changent l'accent de la voix. Chaque homme porte avec lui l'histoire de sa vie lisible pour l'initié. La nature, pour nous indiquer le méchant, ne cesse de nous donner le même avis sous mille formes différentes, semblable en cela au diamant, dont les facettes jettent mille lueurs diverses qui partent toutes de la même pierre.

Un littérateur qui a les doigts longs fatigue le lecteur ou le spectateur par le soin qu'il met à chaque détail, et il nuit ainsi à l'ensemble. Il faut des repos en littérature comme partout.

On sait que les mains molles et les doigts spatulés se trouvent chez les hommes à projets, surtout si le nœud philosophique vient s'y joindre.

La magie, c'est la comparaison d'un monde dans l'autre.
Toute comparaison faite du physique au moral est toujours juste, parce que la nature est si harmonieuse, qu'elle se reflète partout et toujours dans les trois mondes.

La lumière jaillit d'un choc, l'intelligence jaillit du choc des passions contraires; sans ce choc, les grandes qualités dorment souvent et restent inaperçues. Sans le choc, le mouvement ne deviendrait pas lumière.

Un point à la ligne de cœur indique toujours un grand chagrin de cœur. Sous le doigt du soleil, c'est un chagrin de cœur causé par un artiste, ou une affaire de cœur (une passion fatale, par exemple), pouvant nuire au succès dans l'art.

Un point au cœur sous Mercure (l'auriculaire), c'est un chagrin de cœur causé par un médecin ou un avocat, et pouvant nuire aux intérêts ou au commerce. Si les instincts sont bas, ce point sur la ligne de cœur peut être occasionné par une passion monstrueuse pour un voleur.

Les chansonniers ont les doigts lisses par l'inspiration et la base des doigts gras, qui les rendent aptes aux joies de la table et aux plaisirs sensuels; ils ont surtout très-développés le mont de Vénus, qui donne la mélodie et par conséquent la chanson, et le mont de Jupiter, qui donne le goût des fêtes et des repas.

Une ligne montant directement de la ligne de tête à Mercure, bien droite et bien distincte, c'est gain dans le commerce; si la ligne vient aboutir entre les deux doigts, l'auriculaire et l'annulaire, c'est gain par un art quelconque éclairé par la science.

Plus un mont est développé, et plus son influence est favorable, mais, si les lignes le rendent contraire, il donne le mal avec une violence d'autant plus grande.

Le nombre des enfants que l'on a eus ou que l'on doit avoir se trouve marqué sur la percussion de la main à la hauteur du mont de Mercure. Ces lignes sont placées en long dans la direction du doigt auriculaire et sur le dehors de la main dans l'espace qui se trouve entre la racine du doigt et la ligne de cœur ; si elles sont bien droites, bien longues, bien écrites, ce sont des garçons ; si ce sont des filles, les lignes sont tortueuses ; les lignes qui sont faibles et courtes, et un peu effacées, signifient les enfants qui ne doivent pas vivre, ou qui n'ont pas encore vécu.

A la même place, mais en travers, c'est-à-dire dans la direction de la ligne de cœur, des lignes bien écrites et longues, donnent le nombre des femmes légitimes ou des maîtresses qui serviront de compagnes dans une partie de votre existence.

Une seule ligne annonce un seul mariage, une seule affection. Ces cas sont rares.

Lorsque la lune, par le développement extrême du mont et les raies qui s'y trouvent, indique qu'elle est planète principale d'un homme et que les mains de cet homme sont dures, alors son imagination sera agissante par le fait plutôt que par l'esprit, et elle le portera à des étourderies, à des coups de tête dangereux pour lui et pour les autres.

Les Italiens opposent aux jettatores le doigt de Jupiter (chocmah, la force qui résiste), et Mercure (binah, la force active qui projette le fluide) par opposition au fluide projeté.

Ils cachent le pouce, qui représente la volonté, pour éviter toute influence pernicieuse sur elle ; ils cachent aussi le doigt de Saturne, qui représente la fatalité, et Apollon, la lumière de l'âme, parce qu'elle pourrait être obscurcie par les vapeurs impures émanées du mauvais vouloir.

Chez les jettatores, c'est *Saturne* qui amasse le fluide et *Mercure* qui le projette.

En examinant la forme d'une ombre projetée, on peut deviner celle de l'objet éclairé qui la projette. Ainsi, en examinant l'ombre de la vérité, on devine la vérité elle-même.

C'est par l'erreur qui plaît à l'ignorance que les grandes vérités sont conservées.

Jupiter pointu (lorsque la forme des doigts et des grandes lignes indique le second monde, le monde abstractif) donne le reflet de la contemplation, c'est-à-dire le goût de la lecture ; la contemplation nous arrive alors présentée par l'intelligence d'un autre, qui lui donne une enveloppe humaine ; par reflet, pour ainsi dire.

Nous avons dit, et rien n'est plus vrai, que les doigts lisses donnent l'intuition momentanée, la perception spontanée, subite, l'aptitude à juger au premier coup d'œil.

Chez les gens bien organisés, c'est-à-dire dont la main indique le bon sens, même sans une intelligence supérieure, la première idée avec les doigts lisses est toujours la meilleure. Mais, par la même raison, les gens dont les mains indiquent la propension à l'erreur par la déviation de la ligne de tête, le manque de logique indiqué par le peu de développement de la seconde phalange du pouce, le mont de la lune trop intense, ces gens-là, disons-nous, devront ne pas suivre leur première impulsion, qui sera probablement fausse, mais attendre et réfléchir, et surtout consulter avant d'agir.

Nous répéterons encore que l'excès de développement d'un mont, lorsque les autres ne sont pas en rapport avec lui, ne devient pas une force, mais une fièvre dans la qualité donnée par ce mont. Cet excès peut même conduire à une monomanie, si la ligne de tête et la logique sont faibles.

Si l'on veut rester convaincu de l'aspir et du respir de l'électricité par les doigts, on en obtiendra la preuve dès le commencement de l'exercice de la chiromancie. A peine aura-t-on examiné quelques minutes une main, fût-ce la main la plus jolie, la plus coquette, la plus élégante, la main soignée de la femme la plus charmante, la plus jeune, la plus fraîche, que l'on sentira une

20

odeur de phosphore, une légère odeur de marée, qui s'en exhale évidemment.

Or, tous les chimistes vous diront que l'électricité a une odeur de phosphore, et que les os surtout de notre corps en sont remplis. C'est le respir électrique qui se dirige vers vous, attiré par le courant de votre volonté, alors fixée sur l'étude de la chiromancie. Nous avons longtemps cru nous tromper, mais, comme le même phénomème se représentait infailliblement à chaque expérience, nous avons dû nous rendre à l'évidence.

Nous aurions pu en chiromancie entrer dans beaucoup plus de détails ; nous aurions pu, et c'était notre première idée, donner un résumé des divers systèmes chiromanciques avancés par Bélot, Goglenius, la Chambre, Indagine, et surtout Taisnier, qui les résume tous, mais nous n'aurions fait que rendre la science plus difficile et plus obscure pour le lecteur. Tout est dit, selon nous, ou à peu près. Cependant nous pouvons conseiller aux personnes avides d'érudition quand même de consulter les auteurs dont nous venons de citer les noms, à la condition de n'en accepter que les signes qui pourront s'expliquer par la logique, en prenant pour base notre point de départ. On trouvera chez ces auteurs des systèmes consacrés par la tradition, et admissibles par cela même ; mais leurs livres renferment aussi beaucoup d'erreurs, et leurs innombrables complications, rarement motivées, surchargeraient inutilement la mémoire.

Toutefois nous croirions avoir donné incomplétement

les éléments de la science, si nous ne parlions pas ici des
signes fournis par les lettres de l'alphabet hébreu, qui
forment une chiromancie à part en dehors de la natu-
relle.

ALPHABET HÉBREU.

Gaffarel prétend que les lettres hébraïques furent in-
ventées par les premiers astronomes, qui tracèrent leur
forme d'après les constellations, et il essaie d'en donner
la preuve dans son planisphère kabbalistique.

Rien n'est plus probable, et, si cela était et cela doit
être, l'alphabet kabbalistique serait un résumé du ciel, et
les lettres pourraient par conséquent avec des significa-
tions particulières (et modifiées par la place où elles se
trouvent) être rangées parmi les autres signes tracés
dans les mains par l'influence des astres.

L'alphabet hébreu fut d'abord l'alphabet sacré connu
des prêtres seuls. Le peuple avait un alphabet à part,
mais pendant la Captivité il avait adopté l'alphabet et
même en grande partie le langage des Assyriens. Les
prêtres s'efforcèrent de bannir de la langue les mots
étrangers qui la dénaturaient, et, pour y arriver d'une
manière plus efficace, ils communiquèrent au peuple
l'alphabet sacré qui fut alors adopté par tous. Chacune
de ces lettres avait une signification qui a été conservée
par les vingt-deux premières figures symboliques du
Taro, aussi ancien qu'elles et auxquelles elles corres-
pondent.

Les lettres, au nombre de vingt-deux, étaient gravées sur le rational du grand-prêtre, et contribuaient aux sens des oracles lorsque le grand-prêtre consultait le Seigneur.

Le rational était composé de douze pierres précieuses portant chacune le nom d'une tribu ; elles étaient taillées à six facettes. Chaque pierre avait ses vertus et représentait une idée, et sur chacune de ces facettes se trouvaient gravés trois des soixante-douze noms du Seigneur, ayant aussi chacun leur signification particulière.

Le grand-prêtre s'approchait du tabernacle, détachait de sa poitrine le rational, et en priant, et les yeux fermés, il le tournait dans les mains, et le posait au hasard sur la table d'or, au centre de l'arche sainte, entre les chérubs ou sphinx à corps de taureau et ailes d'aigle. Les deux onyx qui servaient d'agrafes aux chaînettes du rational signifiaient, celui de droite *Gedulah* ou *miséricorde*, et celui de gauche *Geburah*, *rigueur*, ou oui et non.

Les figures des chérubs venaient se refléter dans telle ou telle facette des pierres précieuses, et, d'après la signification des noms des lettres et des chiffres tracés sur les différentes facettes qui recevaient les reflets, on lisait l'oracle qui se trouvait modifié en Gedulah ou en Geburah, en miséricorde ou en rigueur, selon la place des onyx.

C'était, comme on voit, *la lumière* qui annonçait les volontés du Très-Haut, les ordres de Jehovah.

Nous donnons ici les lettres de l'alphabet sacré.

Chaque lettre a une signification dans les trois mondes : divin, intellectuel, naturel.

DIEU, L'ESPRIT, L'HOMME.

La lettre

1 Aleph א c'est la domination de soi-même, l'austérité, l'adresse, l'avarice.

2 Beth ב c'est la pensée, la science, l'ambition, l'envie.

3 Ghimel ג tendresse, le besoin de jouir, luxure.

4 Daleth ד sagesse, pouvoir, orgueil.

5 Hé ה rêverie mystique, désir de repos, paresse.

6 Vau ו appétit de l'âme, liberté, gourmandise.

7 Zaïn ז triomphe, désir de vaincre, royauté, colère.

8 Heth ח justice, attrait et répulsion, promesse et menaces.

9 Teth ט prudence, sagesse, peur.

10 Jod י la foi, instruction aux hautes sciences, virilité, rudesse.

11 Caph כ la force, le travail, la main, la violence.

12 Lamed ל la patience, la science morale, l'épreuve, l'insouciance.

13 Mem מ espérance, amour, destruction.

14 Nun נ tempérance, mouvement, mobilité,

15 Sameck ס science occulte, éloquence, fatalité.

16 Aïn ע crainte de Dieu, superstition, chute.

17 Pe פ immortalité, imagination, beauté, sagesse.

20.

18 Tsade ‫צ‬ le monde visible, reflets, erreur du vulgaire.

19 Coph ‫ק‬ religion, gloire, raison.

20 Resch ‫ר‬ la vie éternelle, la vertu génératrice de la terre, le végétatif.

21 Schin ‫ש‬ la vie matérielle, le sensitif, le fou.

22 Thau ‫ת‬ l'absolu, la vérité, réussite complète.

Ces signes, moins rares qu'on ne le pense, dans les mains, compléteront ces sciences; c'est, du reste, en mêlant les cartes qui représentent ces signes, que les bohémiens disent encore la bonne aventure.

Les signes menaçants sont le He renversé, cinquième lettre, parce qu'il forme alors des cornes.

Le Samech, quinzième lettre, c'est le démon.

La seizième lettre, le Aïn, et surtout la treizième lettre, le Mem, c'est la mort, mais c'est aussi la renaissance, et ce signe est favorable lorsque le mont et la ligne du soleil sont bien dessinés.

La vingt-unième lettre, le Schin, c'est la lumière astrale, le signe du Bouc.

Les cornes sont toujours un mauvais signe dans la main.

Le classement de ces signes dans un des trois mondes en donne la signification véritable, et ce classement se fait par l'aspect général de la main indiquant de préférence tel ou tel goût, telles ou telles inclinations, bonnes, incertaines ou mauvaises.

Nous l'avons dit et nous le répétons, il est impossible

en chiromancie de rien généraliser, parce que la nature peut quelquefois, par une seule ligne, renverser toutes vos combinaisons, tous vos calculs. Il n'y a pas un seul être dans la création qui ressemble exactement et parfaitement à un autre, et la différence la moins sensible en apparence peut modifier complétement l'organisation. En donnant donc ici les réunions des signes qui, selon nous, indiquent les sept péchés capitaux, nous annonçons d'avance que ces classifications, que nous croyons vraies et basées sur l'observation, peuvent toutes être modifiées. Ce sont de fortes présomptions, mais elles n'ont rien d'absolu.

LES SEPT PÉCHÉS CAPITAUX.

ORGUEIL EXCESSIF.

Chirognomonie. — Doigts longs : mesquinerie, petitesse.

Doigts secs et noueux : égoïsme, domination.

Première phalange du pouce très-longue : volonté excessive, confiance en soi, mépris des autres.

Seconde phalange du pouce courte : manque de logique.

Nœud philosophique : qui fait douter de tout.

Doigts pointus, surtout l'index, qui est consacré à l'ambition (au troisième monde) : manière de voir fausse.

La chiromancie explique d'une manière positive ce que la chirognomonie ne donne que d'une manière vague.

Ainsi, en *chiromancie* :

Le mont de Jupiter *très-développé*, c'est : orgueil excessif. Ce signe, qui peut s'augmenter encore par quelques complications que nous allons indiquer, est infaillible ; c'est aussi le signe de la dévotion. Le lecteur en tirera les conséquences qu'il voudra, pour nous, nous nous contenterons de signaler un fait.

Une raie partie de la ligne de vie, montant en ligne droite et surmontée d'une étoile sur le mont, c'est : orgueil allant jusqu'à la folie.

Avec un orgueil déraisonnable, la ligne de tête est nécessairement courte (intelligence faible), et le mont du soleil est couvert de lignes barrées qui annoncent le désir de célébrité et l'impuissance.

Il est bien entendu qu'il ne faut pas confondre le vice, l'orgueil, avec l'ambition, qui est presque une vertu. L'ambition agit, l'orgueil rêve.

Toutes les fois qu'un homme de talent ou de génie passe de l'ambition à l'orgueil, c'est que son talent décline.

Teint frais, coloré, voix bruyante, calvitie au sommet de la tête, tête rejetée en arrière.

LUXURE.

L'amour est l'âme de la vie, la luxure est le tombeau de l'amour, c'est la mort de l'âme.

Chirognomonie. — Mains courtes, grasses, lisses, molles, à fossettes, doigts larges à la base, ce qui indique, on l'a vu, le goût du plaisir ou le troisième monde.

Première phalange du pouce courte : laisser-aller, insouciance.

Seconde phalange peu développée : manque de logique.

Doigts pointus : impressionnabilité à saisir tout ce qui offre un plaisir.

Paume très-molle : paresse.

Mont de Vénus très-développé : puissance amoureuse.

Chiromancie. — Anneau de Vénus : luxure sans bornes et irrésistible.

Ou anneau de Vénus brisé, et c'est alors : sodomie, débauches froides et infâmes. — Double ou triple anneau de Vénus : débauche plus horrible encore.

Mont de la lune très-développé : imagination venant en aide au goût dominant.

Un mont de la lune peu développé, mais chargé de rides, c'est : inquiétude, caprice, et par conséquent curiosité lascive, parce que toute la constitution est portée nerveusement, sans énergie véritable, vers les plaisirs sensuels.

Ligne du cœur large et pâle : débauche froide.

Ligne du cœur faite en chaîne ou composée de plusieurs lignes entremêlées : multitude d'affections, luxure.

Ligne de vie tortueuse comme un serpent, et d'une couleur rouge ou livide : luxure.

Une croix sur la troisième phalange du doigt indicateur (monde matériel) : luxure.

Des lignes profondes et nombreuses allant de la racine du pouce à la ligne de vie : luxure.

Une étoile sur le dos du pouce, près de l'ongle : luxure extrême.

COLÈRE.

Chirognomonie. — Première phalange du pouce très-courte, et ayant la forme d'une bille.

Doigts spatulés et lisses.

Mains très-dures tirant sur le vert.

Ongles courts et durs.

Chiromancie. — Ligne de vie large, creuse et rouge : colère et brutalité.

Plaine de Mars rayée et une croix au milieu : colère et rixe. Mont de Mars plat et rayé : emportements. Toute la main couverte de raies : agitation, irritabilité extrêmes.

PARESSE.

Chirognomonie. — Mains grasses et surtout mains très-molles.

Première phalange du pouce très-courte : insouciance.

Doigts pointus : vie en dehors du monde réel ; vie contemplative, mais sans réflexion.

Doigts lisses : manque d'ordre et de causalité et de réflexion.

Chiromancie. — Ligne de tête courte : intelligence obtuse.

Mont de Jupiter nul : pas d'ambition.

Mont de Vénus calme, sans raies, et peu développé : peu d'amour.

Plaine de Mars unie, mont de Mars assez fort : résignation.

Mont de Mercure plat et sans rides : nul goût pour la science.

Mont du soleil plat, lignes en travers : absence d'idées d'art et d'amour des richesses.

Ligne de vie pâle, mince, et peu profonde : peu de séve vitale.

AVARICE.

Chirognomonie. — Le pouce de travers et incliné vers les doigts et les doigts inclinés vers le pouce.

Doigts carrés à l'excès ou pointus, main très-dure.

Doigts longs très-maigres, noueux, secs, peau du dos de la main dure, sèche et ridée.

Doigts joints ensemble et à travers lesquels il n'y a pas de transparence.

Chiromancie. — Une ligne de téte très-droite et allant jusqu'à la percussion de la main.

Pas de mont de la lune : manque d'imagination.

Mont de Vénus plat et faible.

Mont de Mercure très-développé : ruse et vol.

Grilles sur le mont de Mercure : disposition au vol.

Une large ligne allant directement de la ligne de cœur à l'auriculaire : folie d'avarice.

Ligne de cœur très-courte et sans rameaux, et surtout tortueuse au milieu : avarice et usure.

La ligne de tête allant joindre la ligne de cœur, de manière à former un angle,

C'est la tête qui vient empiéter sur le cœur et le dominer.

ENVIE.

Chirognomonie. — Mains longues, sèches, osseuses : sécheresse.

Première phalange du pouce longue : domination, volonté quand même.

Seconde phalange courte : manque de logique.

Ongles très-courts : mécontentement, humeur batailleuse.

Ligne du cœur mince très-courte : égoïsme.

Chiromancie. — Mont de Jupiter très-développé, mais rayé en travers : orgueil immense.

Mont du soleil chargé de lignes barrées en travers : désirs de célébrité de tout genre, de gloire, de richesse, et impuissance.

Mont de la lune développé et rayé : imagination qui se tourmente sans cesse.

Nœud philosophique développé *à l'excès* : le nœud philosophique exagéré donne l'indépendance suprême. L'indépendant n'admet aucune supériorité; il conteste tout mérite éclatant et cherche à le rabaisser à son niveau. De là : l'envie.

Très-souvent les mains molles et spatulées : paresse et activité d'imagination. La ligne de tête et la ligne de vie séparées, et l'espace resté entre elles rempli de lignes croisées.

GOURMANDISE.

Chirognomonie. — La gourmandise rentre dans la main de plaisir.

Main gonflée extérieurement grasse, luisante, épaisse, courte, doigts très-forts, très-épais à la troisième phalange (monde matériel).

Paume plus longue que les doigts : sensualité, matérialisme.

Pouce très-court : insouciance, abandon complet aux appétits.

Chiromancie. — Mont de Jupiter développé : amour de la table (troisième monde).

Mont de la lune peu développé et sans rides : absence de tracas.

Mont de Vénus moyen, mais lisse : calme en amour.

Main molle ou élastique : paresse, ou au moins jouissance du *far niente.*

Ligne de tête courte : gourmandise brutale.

Ligne de tête fine et longue : gourmandise raffinée.

Ligne de cœur courte et sans rameaux : égoïsme.

Couleur des lignes : rouges, surtout dans la jeunesse.

GENS A ÉVITER.

On rencontre dans la vie des personnes trop faibles pour résister à des instincts qui les rendent dangereuses pour les autres. Elles remplissent parmi les hommes l'office que

21

remplissent chez les animaux les tigres et les vautours.
La Providence a imposé à tout être nuisible un type par-
ticulier : nous croyons utile de signaler quelques-uns de
ces types à nos lecteurs.

Nous rangerons dans la catégorie des personnes à éviter
les femmes débauchées, avides et artificieuses, les assas-
sins, ou au moins les hommes portés par instinct au meur-
tre; les voleurs et les menteurs. On sait déjà que nous ne
prétendons donner que des généralités. Tout homme qui
voudra étudier sérieusement la chiromancie trouvera fa-
cilement de lui-même les exceptions, les modifications et
les palliatifs.

Parmi les femmes faciles, il y a plusieurs catégories :
nous choisirons les deux principales, celles qui se livrent
par amour, et celles qui se livrent par intérêt.

Nous avons déjà parlé à l'article LUXURE, des femmes
de plaisir : au pouce court, aux mains grasses, molles,
potelées, sillonnées par l'anneau de Vénus. Nous ajoute-
rons ici ces autres signatures : — une double ligne de
vie (ligne de Mars) longue et rouge; — des points rouges
sur la racine du doigt auriculaire ; — la ligne de la voie
lactée (via lasciva) dans les deux mains; — le mont de
Vénus très-élevé, très-bombé et très-rayé ; — la ligne de
cœur bifurquée au départ; — des lignes nombreuses
dans la plaine de Mars. Les femmes, avec des mains
grosses, grasses et ressemblant à des mains d'hommes,
et les femmes à peau blanche, avec des veines bleues, et
aux formes développées, peuvent être rangées dans cette
catégorie; mais seulement si elles ont dans les mains

quelques-uns des signes que nous venons d'indiquer, ou le pouce court et l'*anneau de Vénus.*

Les femmes avides et artificieuses sont assez grandes ou de taille moyenne, elles ont la peau noire, les cheveux noirs, collés sur les tempes, sans ondulations, et les yeux brillants et venimeux, le teint pâle, les épaules hautes, les sourcils noirs, presque joints, le front bas et le crâne déprimé, les reins droits, le nez pointu et les narines un peu ouvertes ; des dents très-blanches dans la ·jeunesse, mais qui se gâtent avec facilité ; des formes masculines, bien que souvent maigres, la mâchoire large, les pommettes saillantes. Leurs mains sont ordinairement longues, sèches, noueuses, et la ligne de cœur est sans rameaux ; *la ligne de tête est longue et droite.* Leurs mains peuvent aussi prendre les signatures de la luxure, car elles peuvent réunir la passion matérielle à l'avidité.

Les gens *portés au meurtre*, ou les *assassins* sont ou très-rouges de peau, ou verts. Les gens à peau rouge seront portés au meurtre par la colère ou la débauche ; les autres par l'instinct du mal. Les premiers auront les yeux brillants, rudes et *fixes* en parlant; les autres auront les yeux ternes, secs et cruels. Les uns et les autres auront des mains mal faites, aux doigts tordus, au pouce en bille, surtout si la main est ferme. On distinguera dans leurs mains, sinon tous, au moins quelques-uns des signes qui suivent : des lignes peu creuses, mais de couleur obscure sur la phalange *matérielle* du doigt de Mercure ; — une ligne sœur de la vitale, mais seulement dans le bas;—la ligne de tête très-grosse, très-profonde, avec de petites lignes de couleur foncée ; — la ligne de tête accompagnée d'un cercle ou de deux cercles ; — la ligne de tête faisant angle avec la ligne de cœur, et séparée de la vitale ; — des ongles *très-courts* et recourbés.

La ligne de vie enflée au départ entre le pouce et l'index — des points rouges ou des granulations rouges placés sans ordre sur la ligne de vie ; — la ligne de tête, rouge, profonde, tortueuse (homicide par suite de colère) ; — deux figures demi-circulaires dans la plaine de mars ; — la ligne de vie très-épaisse dans tout son parcours ; — la ligne de cœur recourbée à son point de départ et descendant en formant un demi-cercle dans la ligne de tête où elle se perd avant d'arriver à la ligne de vie. — Une croix dans la plaine de mars indique aussi un homme batailleur et ardent à la rixe.

Quant aux voleurs, ils ont les doigts longs, maigres, secs, noueux et spatulés ou pointus : chicane et mauvaise foi ; la chirognomonie ne va pas plus loin sur ce point.

La chiromancie leur donne : Des grilles sur le mont de Mercure. La ligne de tête tortueuse, brisée et de diverses couleurs : De grosses lignes rouges partant de l'auriculaire, et sillonnant le mont de Mercure : Une grosse ligne comme une incision dans le doigt auriculaire, 3ᵉ phalange : Des lignes en rameaux ou en croix sur l'auriculaire, 3ᵉ phalange : Une croix sur le mont de Mercure. Une croix dont l'extrémité des branches se recourbe en dehors, sur la troisième phalange de l'auriculaire indiquera le voleur qui ne reculera pas devant l'assassinat.

Les voleurs ont ordinairement des yeux TRÈS-MOBILES, le regard incertain, les paupières à demi closes, le menton pointu, les reins droits, les épaules rondes, les cheveux souvent rudes et crépus, blonds ou rouges, avec des sourcils très-blonds ; le teint couleur de miel et changeant ; les voleurs capables de tuer ont la peau rouge.

Les menteurs ont souvent le mont de la lune très-développé, les doigts pointus, le pouce court, la ligne de tête *bifurquée* près de la percussion de la main — les doigts mal joints et l'intérieur des doigts creux — la ligne de tête courte et discontinue, — la ligne de tête séparée de la ligne de vie et l'intervalle laissé entre les deux lignes rempli par des grilles.

MANIÈRE D'APPLIQUER LA CHIROGNOMONIE ET LA CHIROMANCIE.

On peut, dans l'étude de la chiromancie, suivre la marche que l'on préfère. Toutefois, nous croyons devoir donner ici notre manière de procéder, adoptée à la suite de nombreuses expériences.

Nous commençons d'abord par le système d'Arpentigny et nous interrogeons de suite le grand mobile de la vie, la volonté, représentée par la première phalange du pouce ; nous passons à la logique, qui est représentée par la seconde. Cela fait, nous examinons l'extrémité des doigts : carrés, pointus, spatulés ou mixtes. Nous étudions avec soin leur forme, soit lisse, soit modifiée par les nœuds philosophiques ou d'ordre matériel. Nous

regardons à leur base si les goûts matériels dominent;
puis nous voyons si les doigts sont plus longs que la
paume, si la paume l'emporte en longueur sur les
doigts, ou si les doigts et la paume sont d'égale longueur.
Nous tâtons la main pour savoir si elle est molle ou
dure, paresseuse ou active.

Alors nous consultons la chiromancie dans la paume
de la main.

Nous examinons d'abord les monts, et nous regardons
celui qui l'emporte sur les autres par son développement
relatif.

Au premier coup d'œil nous avons appris que la
passion dominante est, soit l'amour, soit l'imagination,
soit l'ambition, l'art, la science ou le commerce.

Pour savoir si ce goût principal est énergiquement
protégé, nous interrogeons les trois lignes principales,
le cœur, la tête et la santé.

Puis, pour connaître les probabilités de succès de son
action pour le bonheur ou du moins pour la réussite de
l'homme dans la vie, nous suivons la ligne de chance
dans son parcours et nous notons les places où elle s'ar-
rête et se brise, soit dans la plaine de Mars, soit à la ligne
de tête, soit à la ligne de cœur; si la ligne de chance
creuse à travers tous ces obstacles un sillon triomphant
et va s'arrêter à la première jointure du doigt de Sa-
turne, nous pouvons répondre du bonheur ou de la
réussite. Mais si elle s'avance un peu plus, si elle pénètre
dans la première phalange, c'est un grand malheur.
L'excès en tout est un mal.

Si la ligne de chance est brisée, arrêtée, tortueuse, nous regardons les monts l'un après l'autre, Jupiter d'abord. A-t-il des croix, des étoiles, des lignes? tout est bon si ces lignes ne sont pas en travers ; Jupiter nous protégera. Une ligne de soleil prenant du bas de la main peut aussi remplacer ou corriger la saturnienne ; Mercure, s'il se penche vers le soleil, donnera la science, l'éloquence, et ces qualités compenseront la chance mauvaise ; mais si le mont de Mars est plein, sans rides, et si, ce qui arrive presque toujours alors, le mont de la lune est aussi plein et uni, nous respirons à notre aise, nous voyons la résignation, et le calme d'esprit triompher de toutes les misères de la vie.

Salut à la résignation sainte, la première de toutes les vertus dans la lutte; avec elle Diogène brise son écuelle ; avec elle Socrate se prépare, en souriant, à la mort; avec elle le pauvre est roi ; sans elle, le riche est esclave et tremblant.

Avec la résignation et le calme, toute passion développée dans la main et bien employée peut remplacer la saturnienne et se creuser un nouveau bonheur.

Nous étudions la forme des doigts selon les données astrologiques. Jupiter pointu nous donnera la contemplation importante pour un artiste; Saturne, large et enflé à la phalange onglée, nous indiquera la tristesse, le dégoût de la vie, la tentation horrible du suicide, le goût des opérations magiques, des croyances superstitieuses, l'idée de trouver des trésors cachés ; l'annulaire spatulé, un peu gonflé à la phalange philosophique, indiquera un vif goût pour les arts; Mercure, avec un nœud à la première phalange, indiquera le savant, le chercheur.

Pour terminer notre travail, nous examinons les points, les croix, les étoiles, les carrés, les ronds, les rameaux, les lignes courbes ou brisées et leur couleur, les îles, les chaînes, les grilles, les triangles, toujours en ayant soin de les modifier selon la place où elles se trouvent, sur Mars, Jupiter, le soleil, etc.

Puis nous faisons un résumé du tout ; les instincts les mieux secondés l'emportent sur les autres et les dévorent; le bien l'emporte sur le mal; le mal l'emporte sur le bien; nous calculons la force d'action et la résistance, nous comparons ; et d'après les instincts généraux plus ou moins nobles, nous classons nos mondes : le premier monde du soleil, par exemple, sera la gloire basée sur l'aspiration vers le beau ; le second, la célébrité basée sur l'ambition; le troisième, la fortune, et ainsi des autres monts.

Le travail terminé, nous faisons notre calcul et nous disons religieusement ce que nous dicte notre conscience.

Ce travail lent et un peu difficultueux, dans les premiers temps, se fait ensuite avec une grande rapidité, c'est le même effet que dans l'étude de la lecture. Il faut balbutier l'alphabet, épeler les mots, et puis l'on sait lire.

MAIN DE M. CONSTANT.

La main de M. Constant, que nous donnons avec l'explication chirognomonique des formes et chiromancique des lignes, explique non-seulement son caractère, mais

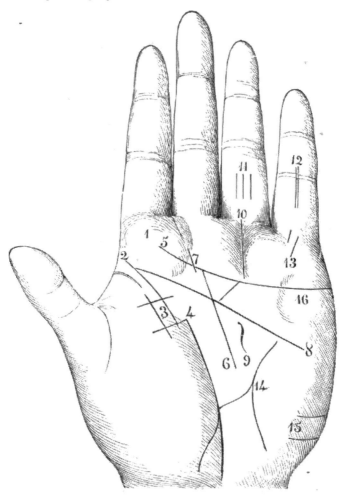

sa vie tout entière; nous y retrouvons son enfance

21.

maladive, ses exaltations religieuses, ses doutes, ses
scrupules qui l'ont porté à quitter la carrière sacerdo-
tale au moment de s'engager irrévocablement; ses en-
traînements irrésistibles vers le plaisir sensuel, suivis
le lendemain de désirs d'ascétisme; ses alternatives d'or-
gueil, bien légitimes sans doute, et de l'insouciance la plus
complète; et cette fatalité qui, pendant toute son exis-
tence, le pousse vers les sciences occultes pour lesquelles
il a été créé et dont il porte tous les signes, en lui enle-
vant coup sur coup tout ce qui pouvait l'attacher à la
vie réelle, et en dernier ses affections les plus chères.

Chirognomonie. — MAIN COURTE, ÉPAISSE ET GRASSE :
aptitude aux plaisirs des sens, disposition à la synthèse
plutôt qu'à l'analyse, conception de l'ensemble.

POUCE TRÈS-COURT : irrésolution, manque de persévé-
rance, enthousiasme, découragement, insouciance.

DOIGTS LISSES : impressionnabilité, spontanéité de
jugement, sens artistique.

DOIGTS POINTUS : amour du merveilleux, tendances a
vivre de la vie d'imagination plutôt que de la vie réelle,
exaltation, extases.

NŒUD PHILOSOPHIQUE : causalité, doute, combat entre
les entraînements de la foi et le besoin de se rendre
compte et de demander des preuves à la foi, épanche-
ments à cause du pouce court, tantôt dans un sens, tan-
tôt dans un autre; à cause du nœud philosophique,
amour de l'indépendance, plus de logique que de volonté,
indiquée par les deux premières phalanges du pouce.

Nous pourrions pousser plus loin cette étude chirogno-

monique, mais M. Constant, en sa qualité de chiroman-
cien, doit être surtout jugé par la chiromancie.

Examinons-la sous ce point de vue.

Chiromancie. — 1. Mont de Jupiter très-développé,
mont important de la main : orgueil très-grand, ambi-
tion tournée vers la royauté scientifique, comme l'indi-
quent toutes les lignes très-remarquables de la main ;
exaltation religieuse, mais par accès et combattue par
le nœud philosophique des doigts

2. Ligne de vie brisée à sa naissance : enfance mala-
dive, danger de mort, maladie continuelle dans le bas âge.

3. Triangle, sceau de Salomon qui vient rattacher et
briser de nouveau la ligne de vie, conservée par la ligne de
l'autre main : vie consacrée dès le début à l'étude des
sciences occultes. Le compas et l'équerre ! entraînement
fatal et irrisistible vers les sciences magiques.

4. Existence changée, vie nouvelle, partant du trian-
gle : fluxion de poitrine, maladie mortelle, grand danger
de mort.

5. Ligne de cœur longue et riche : épanchements, dis-
position à aimer, élans d'affections ; elle vient du mont
de Jupiter, ce qui est signe d'ambition, d'orgueil.

6. Saturnienne, ligne de bonheur, s'arrêtant à la ligne
de cœur : bonheur brisé par une affection.

7. Une coupure sur la ligne du cœur : blessure morale,
souffrance de cœur.

8. Ligne de tête longue et descendant un peu vers la
lune : jugement sain, mais nfluencé parfois par l'imagi-
nation.

9. Triangle sacré à cause du jod qui se trouve au milieu du triangle : initiation aux hautes sciences, à la kabbale.

10. Ligne du soleil : poésie, réputation, mérite scientifique, mais poésie fatale, parce que le mont de Saturne ou la fatalité va se jeter sur le mont du Soleil, tandis que de l'autre côté le mont de Mercure, qui, à cause du sceau de Salomon et du triangle sacré signifie ici la science hermétique, vient aussi envahir le mont du Soleil qui se trouve ainsi occupé par la fatalité et la science.

11. Ternaire sur le doigt du soleil, à la phalange matérielle : réalisation, c'est-à-dire vague sentiment poétique éveillé par la science et développé par la science.

12. Ligne allant de la troisième phalange de l'auriculaire à la seconde, en traversant les jointures ; c'est : science en germe éclairée par la logique, ou : éloquence pour exprimer la science.

13. Deux lignes sur Mercure : petites occasions de gain.

14. Ligne partant de la ligne de vie et du mont de la Lune et s'arrêtant à la ligne de tête : caractère fantasque, capricieux, mais corrigé par l'initiation puisque la ligne s'arrête au triangle sacré.

15. Voyages par eau, mais peu marqués et de peu d'importance.

16. Mont de Mars développé : aptitude à la lutte, force de résistance, même par l'insouciance et l'inertie, et surtout excitée par l'orgueil, puisque Jupiter domine toute la main. L'autre main n'offre de différence qu'une

ligne de cœur qui, en tournant autour de l'indicateur (Jupiter), forme ce qu'on appelle l'anneau de Salomon, c'est-à-dire divination dans les sciences hermétiques; initiation aux sciences occultes, même sans en recevoir les notions. C'est une confirmation nouvelle de ce qu'on peut appeler une destinée irrévocable.

Nous aurions pu, dans le courant de notre ouvrage, donner des fragments des œuvres d'Agrippa, de Paracelse, d'Hermès, et d'une foule de kabbalistes, à l'appui de nos assertions. Si nous avons cité le livre de M. Constant, c'est parce que nous avons été convaincu, après de nombreuses études, qu'il était un résumé de tous les autres. Nous avons voulu épargner au lecteur des recherches laborieuses et qui demandent la plupart du temps, pour ne pas dire toujours, la connaissance de la langue latine. On le sait, nous nous adressons à tous : *Sinite parvulos venire ad me,* a dit Jésus-Christ, et Jésus-Christ c'est la science, la verité, la lumière.

ENCORE LES NOMBRES.

Dieu est l'ordre suprême ; le désordre, c'est la négation de Dieu, c'est le mal.

Et comme il est l'ordre suprême, Dieu a tout classé, tout disposé en série; il a attaché un nombre à toutes choses.

Les hommes, les animaux, les plantes, les minéraux, tous les êtres de la création, sont divisés en grandes catégories subdivisées à l'infini par des chiffres de spécialité.

Chacun porte d'abord le nombre d'un astre dont il su-
bit l'influence avec une grande partie de la terre, puis le
nombre d'une partie du monde, d'une nation, d'une fa-
mille et d'une individualité.

Tous ces nombres, variés à l'infini, partent de *un* d'a-
bord, comme les trois couleurs primitives partent d'un
unique faisceau de lumière, comme le son surgit ternaire
(tonique, tierce et quinte) d'une seule corde mise en vi-
bration, pour se multiplier, sons et couleurs, en une
quantité innombrable de variétés, à l'aide des accords,
des affinités, des contrastes, des répulsions et des sym-
pathies.

En obéissant à cette loi divine, tout homme qui veut
apprendre, tout homme qui veut fonder, établir, divise
nécessairement, forcément, ce qu'il étudie, ou ce qu'il
veut fonder, en catégories.

Les savants classent la nature en trois règnes, puis
le naturaliste classe les animaux entre eux et arrive
au dernier degré de l'animalité, où vient le joindre le
botaniste, qui classe les plantes et les conduit jusqu'aux
dernières limites de la végétation, qui touche à la pre-
mière du monde minéral, et de cette dernière limite part
le géologue pour classer les minéraux ; et le travail s'ar-
rête aux yeux impuissants de l'homme, pour se continuer
aux yeux de l'Éternel, car le nombre ne finit jamais.

Le microscope nous a découvert des champs immenses
dont les horizons se perdent dans le défaut de puissance
du verre.

Un jour peut-être, quand Dieu l'aura permis et sous

l'influence d'une nouvelle étoile encore dans la brume, viendra un *macroscope*. Au rebours du microscope, qui nous découvre des infiniment petits, le *macroscope* nous découvrira les infiniment grands qui, maintenant invisibles, planent dans les immenses espaces des cieux et forment une transition sublime entre l'homme et les anges.

Outre son nombre de forme et de détail, chaque animal a un nombre dans sa voix, depuis le cri de l'insecte jusqu'au glapissement de l'épagneul, jusqu'au rugissement de lion ; chaque feuillage a un nombre dans son bruit, depuis le roseau qui siffle sur le bord d'un étang tranquille, jusqu'à la mélodie régulière et calme du peuplier, jusqu'à la voix mugissante du sapin du Nord. Le taillis a sa voix, comme la forêt a la sienne, comme l'animal et la plante ont la leur ; le tonnerre a sa voix, comme la mer a la sienne, voix majestueuses l'une et l'autre, qui semblent causer ensemble pendant la tempête. Et, de toutes ces voix diverses, résultent des harmonies différentes, de magiques accords, qui lient ensemble l'homme l'animal et la plante, la terre et les cieux.

Tel nombre, comme nous l'indiquerons tout à l'heure, est lié à la destinée de tel ou tel être et joue un rôle important dans son existence, soit à sa naissance, soit dans le cours de sa vie, soit à sa mort. Il n'y a pas d'homme qui n'ait remarqué que telle ou telle date lui est favorable ou funeste, et le plus grand génie des temps modernes, Napoléon, le pressentit à coup sûr. On retrouve les dates partout, même dans les événements les plus ordinaires

de la vie. Les nombres se divisent, se subdivisent, s'as-
semblent par groupes, comme la lumière, parce qu'il
n'y a qu'une loi et qu'ils doivent surtout la suivre, puis-
qu'ils représentent l'harmonie.

Chaque homme a donc ses bons et ses mauvais nom-
bres ; chaque homme rassemble autour de lui des groupes
favoris, comme chaque artiste a ses couleurs et ses mo-
dulations favorites. Chaque grand coloriste, qu'il s'ap-
pelle Rembrandt, Rubens, Titien, Paul Véronèse, adopte
une gamme de tons dont il ne sort plus ; chaque musi-
cien, qu'il s'appelle Mozart, Beethowen ou Rossini, adopte
à son tour un mode de composition, et c'est à cette
gamme, à ce mode, qui devient une signature, que l'on
reconnaît tel ou tel maître.

Les nombres ou les chiffres qui les représentent sont
pour les hommes ce que sont les tons et les modes pour
les peintres et les musiciens ; ils sont incrustés dans leur
existence, ils sont eux.

Un instinct secret porte les personnes sensitives à atta-
cher tel privilége, telle vertu à tel ou tel chiffre sympa-
thique ou redouté.

Les diseurs de bonne aventure ne font que consulter
les nombres qui, attirés par l'action magnétique de leur
invocation (car c'en est une), se rendent visibles et jail-
lissent à leurs yeux comme jaillissent les étincelles en
frappant la bûche du foyer.

Chaque carte représente un nombre, et l'explication
de ce nombre est donnée par la figure gravée sur la carte
du Taro, qui n'est autre chose qu'une série de pantacles

dont chacun correspond à une lettre de l'alphabet
sacré.

Croyez-vous que les joueurs montreraient tant de per-
sévérance, s'ils n'avaient pas comme un pressentiment
secret de l'harmonie des nombres, dont ils cherchent in-
cessamment la clef; car, il ne faut pas s'y tromper, les
vrais joueurs ne sont pas des gens légers : leurs mains,
que nous avons été étudier jusque dans les cercles de
Bade et de Hombourg, appartiennent à des calculateurs
exagérés, poussant même le calcul jusqu'au fanatisme.
Ils pressentent un ordre dans ce jeu de hasard; ils in-
ventent des combinaisons, des séries, des marches, qui
pourraient les conduire à la découverte *brute, instinc-*
tive, d'une grande vérité, si leur infaillibilité dans le
calcul, qui ne doit pas être mise en défaut une minute,
une seconde! n'était pas humaine, c'est-à-dire sujette à
l'erreur, et surtout si leurs efforts n'avaient pas un but
intéressé et personnel.

Si l'on arrive un jour à de semblables résultats, à des
découvertes si singulières, ce ne sera pas par le *fait*, qui
laisse toujours un vague quand il manque d'un point de
départ réel, mais bien par le raisonnement qui, basé
sur les harmonies de la nature, s'appuiera sur les nom-
bres par nécessité et devinera leurs séries sympathiques
en cherchant quelque autre découverte utile à l'huma-
nité.

Les joueurs ne trouveront jamais, parce que ce n'est
pas par le troisième monde qu'on arrive aux révélations
supérieures, mais par le premier. Celui qui trouvera, et

cela arrivera un jour ou l'autre, *quand le temps sera venu*, celui-là ne cherchera pas la fortune basée sur la ruine d'autrui, il marchera les yeux fixés sur la lumière, et, tout en marchant, il jettera cette pâture aux appétits matériels, mais sans y attacher d'importance, et, comme l'on dit, par-dessus le marché.

Une foule de savants ont fait de l'étude des nombres l'occupation de toute leur vie; les pères de l'Église eux-mêmes, par suite de leurs attractions mystiques, en ont fait l'objet de leurs méditations.

« Non-seulement, dit Cornélius Agrippa[1], les plus fameux philosophes, mais même les docteurs catholiques, entre autres saint Jérôme, saint Augustin, Origène, saint Ambroise, saint Grégoire de Nazianze, saint Anasthase, saint Basile, saint Hilaire, Rabanus, Bède et plusieurs autres, assurent qu'il y a une vertu admirable et efficace cachée dans les nombres. C'est pourquoi saint Hilaire, dans ses commentaires sur les Psaumes, dit que les Septante ont mis les Psaumes en ordre par l'efficacité des nombres. »

Nous croyons devoir donner ici la signification de certains chiffres dans leur sens heureux ou funeste accepté par les savants et les kabbalistes, tout en faisant remarquer qu'il ne peut y avoir, selon nous, de généralités absolues en rien, puisque toutes les lois de la nature sont modifiées dans leur application par le tempérament de

---

1. *Philosophie occulte*, livre II, p. 215. La Haye, 1627.

chaque individualité, et que c'est de la diversité seule
que résulte l'harmonie.

Nous partirons du nombre 10, où nous nous sommes
arrêté. Le nombre 10, on le sait, c'est le nombre parfait.

Toutes les dizaines sont bonnes, selon saint Martin.

« Les nombres unis à la décade, dit-il, ne représentent
jamais l'image de la corruption et de la difformité. 2 et
5 même, les deux qui divisent le dénaire, ne sont mau-
vais que lorsqu'ils sont isolés. Unis au dénaire, ils per-
dent leur caractère mauvais et difforme [1]. »

Selon saint Augustin, le nombre 11 est mauvais. La loi
c'est 10 ; 11 c'est la transgression de la loi, c'est un chiffre
en dehors de la loi, c'est le péché ; 11 est le nombre de
la révolte, 11 est composé de deux colonnes qui repré-
sentent l'antagonisme, et l'antagonisme, la lutte après la
loi, c'est la révolte.

11 en kabbale représente le grand agent magique, la
force occulte et aveugle lorsqu'elle n'est pas dirigée.

Agrippa le dit aussi [2].

Le douzième nombre est divin, parce qu'il sert à me-
surer les corps célestes et qu'il aide au gouvernement
des esprits. 12 en kabbale est le nombre de la pierre
philosophale.

Le nombre 13 n'a pas, chez les kabbalistes, la signifi-
cation funeste qu'on lui attribue. Saint Martin ne l'exa-
mine pas sous ce point de vue.

1. *Nombres*, par saint Martin, édition autographiée. Paris, 1843
2. *Philosophie occulte*, livre II, p. 264.

Selon Agrippa, le nombre 13 marque le mystère de l'apparition de Jésus-Christ aux nations; car le treizième jour après sa naissance, elle fut déclarée par l'étoile miraculeuse qui conduisit les Mages[1].

13, dans le Taro, représente la Mort qui fauche des ossements, tandis que des mains vivantes sortent de la terre : c'est la renaissance ou l'immortalité.

13 est le nombre des évocations magiques.

« Le nombre 14 représente la figure de Jésus-Christ, qui fut immolé *pour nous* la quatorzième lune du premier mois, et, à pareil jour, les enfants d'Israël eurent ordre de célébrer la *phase* à la gloire du Seigneur, c'est-à-dire la reconnaissance du passage de la mer Rouge[2]. »

14 en kabbale est regardé comme le nombre des transmutations et des métamorphoses.

14, comme septenaire, est en outre regardé comme très-heureux par les kabbalistes.

15 est le symbole des ascensions spirituelles; le quinzième jour du septième mois était en vénération et sanctifié.

Le 15, pour les kabbalistes, représente le génie du mal.

16, composé d'un carré parfait et renfermant le dixième, est appelé nombre heureux par les pythagoriciens.

Les théologiens disent que les nombres 18 et 20, contrairement à l'avis de saint Martin, sont malheureux, car

1. *Philosophie occulte* d'Agrippa, livre ii, p. 269.
2. Ibid.

le peuple d'Israël fut 18 ans en captivité sous Egon, roi de Moab.

18, en kabbale, est le nombre des philtres et des sorts ; c'est aussi le nombre de la superstition et de l'erreur.

En kabbale, le nombre 19 est bon et favorable, puisqu'il est composé de 1 et 9, deux nombres heureux qui, réunis, donnent 10, nombre parfait, le nombre de la loi ; 19 est le nombre du soleil, le nombre de l'or ; c'est aussi le nombre de la pierre philosophale.

20, kabbalistiquement, est le nombre de la vérité, de la foi et de la santé.

21 est bon comme septenaire.

Trois fois 7, c'est aussi le nombre de la divination.

Le nombre 22 est bon et marque un grand fond de sagesse, puisqu'il y a 22 lettres hébraïques et que l'Ancien-Testament renferme autant de livres.

22 C'est la raison suprême en kabbale.

28 annonce la faveur de la lune, car son mouvement, différent du cours des autres astres, est comme le seul qui s'accomplisse en 28 jours.

« Le nombre 30 est remarquable par plusieurs mystères. Notre Seigneur Jésus-Christ a été apprécié 30 deniers ; ç'a été à son âge de 30 ans qu'il fut baptisé, qu'il commença à faire des miracles et à enseigner le royaume de Dieu ; et Jean-Baptiste avait 30 ans quand il commença à prêcher dans le désert.

« Les docteurs hébreux attribuent le trente-deuxième nombre à la sagesse ; car Abraham a mis par ordre autant de voies de sagesse. Mais les pythagoriciens l'appellent, le nombre de justice parce qu'il se peut diviser en parties égales à l'unité.

« Les anciens observaient fort le nombre de 40, duquel il célébraient la fête appelée *Tessecacosson ;* le nombre de 40 est significatif d'expiation, de pénitence et de plusieurs grands mystères. Les saints ont sanctifié ce nombre de jours par leurs jeûnes parce que Moïse, Élie et Jésus-Christ ont jeûné pendant 40 jours ; la pluie du déluge a duré 40 jours ; Moïse est resté 40 jours sur le Sinaï ; les Israélites 40 ans dans le désert ; Élie resta 40 jours sans manger pour arriver au pied du mont Horeb. Jésus-Christ a prêché publiquement pendant 40 mois ; il a été caché dans le sépulcre pendant 40 heures ; il est monté aux cieux 40 jours après sa résurrection, et aussi après sa résurrection il a instruit ses disciples 40 jours [1]. »

« Selon saint Augustin le nombre 40 exprime notre pèlerinage vers la vérité, notre chemin vers le ciel. Les anges vont et viennent dans ce chemin pour nous montrer la route et soutenir nos pas. Ils montent et descendent le long de cette mystérieuse échelle dont celle de Jacob n'était que le symbole, et Jacob a du y compter aussi 40 degrés, lorsqu'il la voyait si belle, si lumineuse, unir le ciel et la terre [2]. »

Le nombre 50 signifie la remission des péchés, de la

---

1. *Philosophie occulte.* livre II, p. 271 et 272.
2. *Les Harmonies de l'être exprimées par les nombres,* t. II, p. 351, par **Lacuria.**

servitude et la liberté ; car 50 jours après que le peuple d'Israël fut sorti d'Égypte la loi fut donnée à Moïse sur le mont Sinaï. Cinquante jours après la résurrection le Saint-Esprit descendit sur les apôtres sur le mont Sion, d'où vient que ce nombre est un nombre de grâce et est attribué au Saint-Esprit.

Le nombre 60 pareillement était sacré chez les Égyptiens.

Le nombre 72 a une grande conformité avec le nombre 12 ; le Seigneur est invoqué sous soixante-douze noms.

Le nombre 100 marque une perfection complète.

Le nombre 1000 contient la perfection de toutes sortes de nombres, et est le cube du nombre dénaire, ce qui signifie une perfection consommée et absolue.

Selon plusieurs kabbalistes :

Les nombres simples représentent les choses divines.

Les dixaines, les choses célestes.

Les centièmes, les choses terrestres.

Les millièmes, les choses du siècle à venir.

Sans nous avancer plus avant, sans chercher à deviner les hautes fonctions des nombres, nous donnerons des résultats singuliers de leur assemblage, de leurs mélanges, empruntés à un ouvrage publié en 1852 sans nom d'auteur sous le titre : *Recherches sur les fonctions providentielles des dates et des noms dans les annales de tous les peuples.*

Dans ce volume l'auteur prouve par une foule d'exemples de tout genre qu'il existe un rapport constant entre le nom des rois d'une dynastie et la somme des chiffres de la première ou de la dernière date, ou de ces deux dates réunies.

Comme par exemple pour les Mérovingiens qui partent de Clodion en 427 et s'arrêtent à Childeric II en 670. En additionnant ensemble les chiffres 427 on trouve 13 ; en additionnant ensemble *l'un sous l'autre* les chiffres 670, on trouve 6 et 7 qui font 13, et l'on compte 13 rois de Clodion I⁰ʳ à Childeric II, dernier des Mérovingiens.

Autre genre de combinaison : Valois XIII.

Premier Valois : Philippe. . . . .   8 lettres ⎫ Ensemble
Dernier Valois : Henri.   5   ⎬ 13 lettres.
                                              ——————
                                              13

Henri de Valois. . . . . .   13 lettres.
     5   2   6

Mais l'auteur ne s'arrête pas à une combinaison unique, il manie les chiffres de toutes les manières, et obtient sans cesse les plus étonnants résultats.

« Chaque année génératrice, dit-il, n'est-elle pas en effet grosse de l'avenir puisque l'ordonnance et la valeur de tous les caractères qui l'expriment sont éminemment prophétiques ?

« Pour multiplier le miracle de ses allusions, cette année merveilleuse, comparable au Protée de la fable, se transforme avec la plus étonnante facilité. Qu'on double ses chiffres, qu'on les dédouble, qu'on les renverse ou qu'on les transpose, qu'ils soient additionnés, multipliés, divisés, pris tantôt suivant leur quantité absolue, tantôt suivant leur puissance de position ; qu'on interroge le rang de chacun, qu'on fasse l'addition, soit partielle, soit totale des signes du millésime; ou bien encore qu'à la somme de ces signes on ajoute le millésime lui-même, de cette diversité de combinaisons de phases et de métamorphoses se dégagent des faisceaux de rayons qui, traversant avec la rapidité de la pensée de vastes milieux séculaires, vont frapper juste comme dans un but, de lointains événements, pour les signaler avec une incroyable précision [1]. »

Nous pourrions multiplier les exemples variés à l'infini qui remplissent tout un gros livre, nous nous contenterons de citer ceux qui touchent en quelque sorte à l'époque où nous vivons.

« Ainsi, la distance entre la naissance de saint Louis et celle de Louis XVI est de 539 ans. En ajoutant ces 539 ans à chacun des événements remarquables de la vie de saint Louis, on trouve un événement remarquable correspondant dans la vie de Louis XVI [2]. »

---

1. *Recherches sur les fonctions providentielles des dates et des noms dans les annales de tous les peuples,* p. 267 et 268. Paris, Dentu, 1852.
2. Id., p. 253.

1.

Naissance de saint Louis : 23 avril............................ 1215
       Ajoutez................ 539
Naissance de Louis XVI : 23 août............................ 1754

2.

Naissance d'Isabelle, sœur de saint Louis..................... 1225
       Ajoutez................ 539
Naissance d'Élisabeth, sœur de Louis XVI................... 1764

3.

Mort de Louis VIII, père de saint Louis...................... 1226
       Ajoutez............... 539
Mort de Louis (dauphin), père de Louis XVI................. 1765

4.

Minorité de saint Louis, comme roi, commence en.............. 1226
       Ajoutez................ 539
Minorité de Louis XVI, comme dauphin...................... 1765

5.

Mariage de saint Louis (premières démarches)................ 1231
       Ajoutez................ 539
Mariage de Louis XVI....................................... 1770

6.

Majorité et gouvernement personnel du saint roi.............. 1235
       Ajoutez................ 539
Avénement de Louis XVI..................................... 1774

7.

Saint Louis, victorieux, conclut une paix avec Henri III........ 1243
                                    Ajoutez................   539

Louis XVI, victorieux, arrête les préliminaires de la paix avec
Georges III... 1782

8.

Un prince d'Orient annonce à saint Louis, par une ambassade, le
désir de se faire chrétien.................................. 1249
                                    Ajoutez.............   539

Un prince d'Orient envoie une ambassade à Louis XVI pour lui
annoncer les mêmes dispositions............................. 1788

9.

Captivité de saint Louis.................................... 1250
                                    Ajoutez..............   539

Captivité de Louis XVI : 5 et 6 octobre..................... 1789

10.

Saint Louis, captif, est abandonné des siens................ 1250
                                    Ajoutez..............   539

Louis XVI, captif, est abandonné des siens (les princes s'éloignent
et l'émigration commence)................................... 1789

11.

Naissance de Tristan au moment de la captivité de son père... 1250
                                    Ajoutez................   539

OPPOSITION.

Mort du premier dauphin dans l'année de la captivité de son
père... 1789

12.

Commencement des pastoureaux. dont l'apostat Jacob était le chef...   1250

Ajoutez.................   539

Commencement des jacobins en...........................   1789 .

Nota. — Ce fut un prêtre apostat, Jacob, curé de Saint-Louis, à Versailles, qui, en 1789, mit lui-même son église à la disposition des Pastoureaux du tiers, et provoqua la première profanation des choses saintes.

13.

Mort d'Isabelle d'Angoulême.................................   1250

Ajoutez.................   539

OPPOSITION.

Naissance d'Isabelle d'Angoulême..........................   1789

14.

Mort de la reine Blanche, mère de saint Louis. — Année de la mort, 1252. — Nouvelle de la mort............................   1253

Ajoutez.................   539

Destruction du royaume des Lis, ou mort de la monarchie Blanche, qui était la reine des monarchies catholiques et la mère du roi martyr...   1792

15.

Saint Louis veut quitter le monde pour se faire jacobin.........   1254

Ajoutez.................   539

Louis XVI quitte le monde et la vie, parce qu'il s'est livré aux jacobins..   1793

16.

Au retour de sa captivité, saint Louis visite la Madeleine en Provence...   1254

Ajoutez.................   339

La captivité du roi martyr se termine, à sa mort, sur un échafaud, et à son inhumation dans le cimetière de la Madeleine, où l'ont conduit des Provençaux dits Marseillais.....................   1793

17.

Canonisation de saint Louis sous Philippe IV...................	1297
Ajoutez................	539
Mort du frère de Louis XVI (Charles X)........	1836

On remarquera que le nombre 1297, année de la canonisation, reproduit entièrement 1792, année de la fin de la royauté de Louis XVI... 1792

En additionnant par une combinaison pareille la date de l'avénement de Louis XVI au trône, arrivé en......................... 1774
et le nombre 19, produit de l'addition des chiffres de cette date, mis les uns au-dessus des autres............................... 19

on trouve la date de sa mort sur l'échafaud.................... 1793

Et en additionnant la date de la chute de Louis XVI.......... 1789
et le nombre 25 produit par l'addition des chiffres de cette date.... 25

on trouve celle de la Restauration............................ 1814

Il existe, en outre, une affinité non moins positive que mystérieuse entre l'âge et la vie d'un personnage donné et la date de sa naissance et de sa mort.

Quelques exemples pourront donner une idée de rapport singulier.

Il suffit, pour faire ce calcul, de compter le nombre des lettres de chaque mot, d'additionner les chiffres des époques, et de réunir tous ces divers chiffres ensemble :

Charles VII, mort à l'âge de 58 ans.

Charles VII, né en février 1403 mort en juillet 1461.
7   7 2 2   7   8   4 2 7   12

TOTAL.......... 58

22.

Louis XII, mort à 54 ans.

Louis XII, né en juin 1462, mort en janvier 1515.
5   2   2   2   4   13   4   2   7   12

TOTAL.......... 54

François Ier, mort à 54 ans.

François Ier, né en 1471, mort en 1547,
8   1   2   2   13   4   2   17

TOTAL.......... 54

Louis XIV, mort à 76 ans.

Louis XIV, né le 5 septembre 1638, mort le 1er septembre 1715
5   5   2   2   5   9   18   4   2   1   9   14

TOTAL.......... 76

Louis XV, mort à 65 ans.

Louis XV, né le 5 février 1710, mort le 10 mai 1774.
5   6   2   2   5   7   9   4   2   1   3   19

TOTAL.......... 65

Nous ferons remarquer ici que Chateaubriand a fait une observation qui trouve naturellement sa place à la suite de ces singuliers calculs. Ainsi :

Charlemagne est mort le............................ 31 mars 814
et Napoléon a perdu sa puissance à la reddition de Paris le 31 mars 1814
1000 ans après, jour pour jour.

PHRÉNOLOGIE

Selon les Indiens, la destinée de chaque homme est écrite sur son cerveau, dont les lignes délicates représentent les lettres du destin

Les signes que trace dans les mains l'influence des astres sont, nous l'avons dit (page 228), modifiés par l'action du cerveau qui, dans son incessante communication avec elles, représente notre personnalité. La phrénologie, à cause de ses harmonieuses correspondances avec la chiromancie et la chirognomonie, occupe une place importante dans LES MYSTÈRES DE LA MAIN.

La phrénologie a pour but spécial de découvrir, par l'inspection des inégalités du crâne, les qualités et les instincts communiqués à l'homme par l'action du cerveau. Or, le cerveau c'est le siége de l'âme, puisque c'est là que viennent aboutir les cinq sens conducteurs des sensations.

« Pour en revenir à notre âme, a dit Montaigne : ce que Platon a mis la raison au cerveau l'ire au cœur, et la cupidité au foie; il est vraysemblable que ç'a été plutôt une interprétation des mouvements de l'âme qu'une division et séparation qu'il en ait voulu faire comme d'un corps en plusieurs membres, et la plus vraysemblable de leurs opinions est que c'est toujours une âme qui, par sa faculté, ratrocine, se souvient, comprend, juge et désire, etc., et qu'elle loge au cerveau, ce qui appert de ce que les bleceures et les accidents qui touchent cette partie affectent les facultés de l'âme ; de là il n'est pas inconvénient qu'elle s'écoule par le reste du corps ; comme le soleil espand du ciel en hors sa lumière et ses puissances et en remplit le monde. »

A ces charmantes phrases de Montaigne, nous ajouterons quelques réflexions sur le même sujet empruntées à un homme compétent en phrénologie, M. Béraud.

Voici ce que M. Béraud dit dans son remarquable journal intitulé *la Phrénologie*. Nous en citons seulement quelques passages sans ordre et incomplets, parce que l'espace nous manque et aussi parce que les idées avancées par M. Béraud sont aujourd'hui tellement prouvées par les faits que les arguments puissants qu'il avance, très-bien à leur place dans un journal où l'on doit prouver trois fois pour une, nous paraissent moins nécessaires ici.

« L'observation démontre, dit-il, l'anatomie prouve que l'âme réside au cerveau, Galien, de l'école d'Alexandrie, le premier a constaté ce fait, et après lui tous les physiologistes l'ont reconnu. Par conséquent la pensée n'agit que par la sensation qui vient exciter le cerveau...

« C'est donc au cerveau que réside l'intelligence... mais il y a plus, tous les philosophes, tous les physiologistes ont considéré le cerveau comme l'instrument de l'âme, mais ils sont restés là sans oser aller plus avant.

« Eh ! qu'est-ce donc en définitive que le cerveau? une nappe fibreuse, admirable de structure, de substance grise et blanche, partagée en deux hémisphères dont chaque partie est reliée à l'autre par des fibres nerveuses transversales, appelées commissures; une masse reployée sur elle-même par circonvolutions dont la surface présente des lobes, des sinuosités séparant distinctement chaque lobe, et enveloppée ensuite de méninges sur lesquelles le crâne est moulé.

« Mais il est étrange que les philosophes en aient fait le siége de l'âme et de ses facultés; c'est en vain que nous cherchons dans chaque pli, dans chaque lobe, leur principe d'existence, nous ne trouvons que la substance cérébrale.

« C'est que anatomistes et philosophes ont de tout temps compris qu'on n'avance pas seulement par le scalpel dans l'usage de la nature... c'est qu'ils savaient que dans tous les secrets de la nature le principe échappe à nos sens et ne nous laisse, ne nous montre que le résultat.

« Ainsi donc, l'âme est reconnue au cerveau, et ses organes, ses instruments ne s'y trouveraient pas ! Mais ce serait un oubli de la Divinité ! Lorsque dans la nature il n'y a pas deux corps différents qui n'aient des qualités, des propriétés opposées; lorsque dans notre organisme entier il n'est pas deux organes, deux parties qui aient la même destination; lorsque le cœur est pour la circulation du sang, les reins pour les urines, les pou-

mons pour la respiration, etc... lorsqu'enfin chaque partie
a une propriété, et que cette propriété se subdivise en
plusieurs autres, toutes les parties distinctes du cerveau,
toute cette admirable texture fibreuse seraient sans des-
tination?... N'est-ce pas que là, dans chaque circonvolu-
tion se trouve un organe de faculté et que l'âme placée
dans cet admirable clavier n'a besoin que de la sensation
pour faire vibrer la pensée, et de ces notes diverses, de
ces organes multiples produire et mettre en jeu *les sen-
timents, les passions et l'intelligence?*

« Chaque partie du cerveau possède une faculté, c'est
toute la phrénologie. Et si nous analysons les règles de
la nappe fibreuse du cerveau, nous verrons à chaque cir-
convolution, à chaque lobe, un système fibreux particu-
lier en rapport avec le système nerveux général. Or,
puisque la sensation est le résultat des impressions sur
le système nerveux, et que chaque système nerveux
produit une sensation particulière et distincte, chaque
partie du cerveau a donc une destination évidente et une
sensation appropriée à une faculté, et de même qu'il y a
un système nerveux spécial pour chacun de nos sens, il
y a un organe nerveux pour chaque faculté, de sorte que
plus la faculté est forte, plus l'organe nerveux est déve-
loppé, et plus la saillie est apparente sur le crâne...

« Si le crâne, substance dure et osseuse, se moule sur
le cerveau, et cède constamment à ses efforts, la boîte
osseuse sera l'image du cerveau.

« *Le crâne se moule sur le cerveau; malgré sa dureté
l'os cède aux efforts incessants d'une substance molle et*

fibreuse, car il renferme entre ses deux lames *le diploé*, *substance spongieuse* qui reçoit une alimentation du cœur et rend le crâne animé, Galien le reconnaît; Dufaurens, célèbre anatomiste, le démontre; Firscher, au XVIIIᵉ siècle, l'a répété, et dernièrement encore, Cuvier l'a confirmé. C'est un fait admis. D'ailleurs ne voit-on pas tous les jours le crâne céder constamment aux efforts du cerveau, la tête des enfants se développer chaque année ?

« L'observation et l'anatomie ont divisé l'âme en trois grandes parties. Ce sont les INSTINCTS, les SENTIMENTS et l'INTELLIGENCE. Les *instincts*, c'est-à-dire les passions, occupent les parties latérales postéro-inférieures, et sont communes *à l'homme et aux animaux*. Ils satisfont à ses besoins de conservation, d'amour de possession, de reproduction. Les *sentiments* sont placés sur la partie postérieure de la tête, au sommet; ce sont des facultés d'imagination, de tendresse, de devoir, de droit, de volonté et d'aptitude, ainsi que de conscience; ce n'est pas encore l'intelligence, mais *c'est plus quelquefois*. Enfin l'intelligence, ce signe suprême de l'homme, réside au front, dans les parties antérieures, où se groupent pressés, les aptitudes, les arts, les sciences, que la pensée vient échauffer de ses rayons. »

Cette longue citation nous a paru nécessaire ; nous avons besoin, pour appuyer notre système, d'emprunter les arguments d'un artiste, d'un maître en phrénologie, avec lequel certes nous ne nous sommes pas entendus.

Or, il appert de cette citation que, selon les phrénologues, le crâne se moule sur le cerveau et qu'il renferme, entre ses deux lames, le *diploé*, substance *spongieuse*.

Et puis•il en ressort aussi ce que nous attendions à coup sûr, que la phrénologie divise le crâne *en trois mondes*. C'est, comme on le voit, rentrer tout à fait dans notre système, c'est-à-dire dans l'harmonie générale qui régit toute la nature et par suite tout le corps humain. Seulement nous ne sommes pas tout à fait d'accord avec le phrénologue qui, du reste, par ces mots : ce n'est pas encore l'intelligence, *c'est plus quelquefois*, semble vouloir nous donner involontairement raison.

Selon nous, phrénologiquement parlant :

Les sentiments représentent *le monde divin*.

L'intelligence représente *le monde abstractif ou du raisonnement*.

Les instincts représentent *le monde matériel*.

En regardant une tête de profil tournée *du côté de l'est*, point de départ de la lumière, les sentiments, *le monde divin*, occupent le haut de la tête, la partie qui regarde le ciel.

Les instincts occupent le derrière de la tête tout près et au-dessus de la colonne vertébrale, qui est au service des passions matérielles ou physiques, et en rapport immédiat avec elles.

L'intelligence occupe le devant de la tête, et a pour esclaves intelligents les yeux, le nez et la bouche, chargés de percevoir et d'exprimer l'idée. C'est toujours la lutte de Jackin et Bohas, équilibrés par le libre arbitre, *la volonté*, placée parmi les sentiments, qui domine toute la tête. C'est toujours le triangle sacré.

Volonté, libre arbitre.

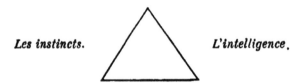

Les instincts.   *L'intelligence.*

Les sentiments, *le monde divin*, sont représentés par la VOLONTÉ d'abord, ensuite par la vénération ou religion, la bienveillance, la conscience, l'espérance, la merveillosité, *l'idéalité*, l'imitativité ; et, bordant la ligne des instincts, et se fondant en quelque sorte avec eux par une douce transition : la gaieté, l'estime de soi, l'approbativité, la circonspection.

Qu'on nous permette de faire remarquer ici que *la volonté* est placée au sommet de la tête et domine ainsi tout le corps, de même que, dans la chiromancie, le doigt de Saturne, *la fatalité*, dépasse les autres doigts. Ainsi *la volonté* et *la fatalité* dominent l'être ; seulement la volonté placée au point culminant du crâne peut faire obéir la fatalité, comme le cerveau commande à la main.

Nous ferons remarquer encore qu'elle est tellement destinée à être le guide de l'homme sur la terre, que l'organe qui la représente est placé avant la vénération (*la religion*) et avant la bienveillance (*la charité*), qui, après la religion, est ce qu'il y a de plus divin sur terre.

Selon nous, le docteur Duval est tout à fait dans l'er-

23

reur lorsqu'il s'étonne, dans un article publié dans le journal *la Phrénologie*, de voir la bienveillance placée parmi les sentiments. Il voudrait la trouver parmi les instincts.

Mais la bienveillance, c'est la charité, la troisième des vertus divines: *la foi*, *l'espérance* et *la charité*, représentées sur le crâne par la religion, l'espérance et la bienveillance.

« Aimez-vous les uns les autres, » a dit le Christ.

Et saint Paul a dit dans son épître aux Corinthiens: « Et si habuero omnem fidem, ita ut montes transferam, « caritatem autem non habeo, nihil sum. »

« Et lors même que j'aurais toute la foi possible jusqu'à transporter des montagnes, si je n'ai pas la charité, je ne suis rien. »

L'INTELLIGENCE, *le monde abstractif*, est représentée sur le crâne par la causalité et la comparaison, bases de toute science véritable, puis par la mémoire des faits, la localité, le temps, les tons, l'ordre, le coloris, la pesanteur, l'étendue, la configuration, le langage.

C'est-à-dire la science humaine, et par conséquent la raison, la FORCE DE RÉSISTANCE.

LES INSTINCTS, *le monde matériel*, sont représentés par l'acquisivité, la sécrétivité, la destructivité, la combativité, instincts mauvais, mais utiles dans la lutte, compensés par l'affectionnivité, l'habitativité, la philogéniture et l'amativité; c'est, en un mot, *la force active*.

Maintenant que l'on nous permette de reprendre ici l'explication complète de notre système, que nous ne pouvions jusqu'à présent présenter dans tous ses détails.

Nous avons dit que les trois êtres qui sont en nous respiraient ainsi la lumière astrale : le mens, par les yeux, les cheveux, les pieds et les mains ; le corps sidéral, par le nombril, les parties génitales ; et le corps matériel, par l'appareil réspiratoire ; nous chercherons ici à en donner sinon des preuves, du moins des probabilités.

PROBABILITÉS DE L'ASPIR ET DU RESPIR ASTRAL.

A l'aide du magnétisme, les somnambules débarrassés du *mens* voient dans la lumière astrale : non pas par leurs yeux, mais par l'estomac ou par *le nombril.* C'est par le nombril que les enfants tiennent à la mère, et en reçoivent la vie ; c'est par le nombril que celle-ci communique directement avec la lumière astrale ; les cauchemars, les figures informes qui nagent dans la lumière astrale, nous apparaissent dans nos songes, lorsqu'une digestion pénible tourmente l'appareil digestif lié au grand sympathique, et, selon nous, le corps astral aspire et respire par le nombril et par les parties génitales.

Le mens plus parfait respire la lumière par les mains, par les pieds, par les yeux, par les cheveux qui semblent tout exprès renfermer un tube qui doit avoir un but, car la nature ne crée rien en vain.

« Lambert, dit Balzac, enfant de six ans, couché dans un grand berceau près du lit maternel, mais n'y dormant pas toujours, vit quelques étincelles électriques jaillissant

de la chevelure de sa mère, au moment où elle se pei-
gnait. »

Il dit plus loin : « Lambert ajouta plusieurs problèmes·
à résoudre, beaux défis jetés à la science et desquels il
se proposait de rechercher les solutions, se demandant à
lui-même si le principe constituant de l'électricité n'en-
trait pas comme base dans le fluide particulier d'où s'é-
lançaient nos idées et nos volitions; si la chevelure, qui
se décolore s'éclaircit tombe et disparaît selon les divers
degrés de déperdition ou de cristallisation des pensées,
ne constituait pas un système de capillarité, *soit absor-
bante, soit exhalante,* tout électrique ; si les phénomènes
fluides de notre volonté, substance procréée en nous, et si
spontanément réactive au gré de conditions encore inob-
servées, étaient plus extraordinaires que ceux du fluide
invisible, intangible, et produits par la pile voltaïque sur
le système nerveux d'un homme mort. »

Les yeux absorbent et rejettent visiblement la lumière.
Lorsqu'on regarde avec attention, on absorbe en quelque
sorte l'image, le reflet de l'objet; on dit *dévorer des yeux,*
et comme ces locutions adoptées sont admises par cela
même qu'elles sont la vérité, on dit aussi : *les yeux lan-
cent des éclairs ;* voilà donc *l'aspir* et *le respir* des yeux
consacrés par la sagesse des nations.

Et d'ailleurs cet aspir et ce respir ne sont-ils pas patents
dans l'acte du magnétisme? le magnétiseur ne jette-t-il
pas de ses yeux des rayons fluidiques qui sont absorbés
par les yeux du magnétisé, qui se voilent peu à peu,
jusqu'au point de devenir complétement ternes? Ce sont

de ces expériences que tout le monde a vues et que l'on
voit tous les jours.

Dernièrement, après un travail fatigant, nous avons vu
des flammes jaillir à chaque instant de nos yeux ; le méde-
cin consulté nous dit que c'était l'électricité, qui, dévoyée
par l'irritation d'un travail trop actif, jaillissait par des
voies inaccoutumées ; mais si c'est l'électricité, elle jail-
lit donc des yeux, puisque sa voie ordinaire étant engor-
gée, elle s'élançait par d'autres canaux, et se faisait
visible en étincelles de feu !

Elle a donc une communication avec l'extérieur. C'est
évidemment cette électricité plus ou moins abondante,
qui fait briller les yeux des gens intelligents et qui laisse
ternes et vagues, par son absence, les prunelles des im-
béciles ; mais lorsqu'on se recueille pour penser, les
yeux deviennent aussi vagues et ternes, parce que l'on
amasse tout le fluide électrique du cerveau, que l'on
ne projette plus rien au dehors, comme on retient sa
respiration pour faire une chose matériellement dif-
ficile.

Lorsque l'on reçoit un coup violent sur l'œil, on voit
des milliers d'étincelles. N'est-ce pas, nous le deman-
dons, une surabondance d'électricité troublée dans son
cours et dispersée par un choc violent, comme l'eau jail-
lit quand on frappe avec un bâton dans une source ? Les
magnétiseurs ne sentent-ils pas, nous en avons fait nous-
même l'expérience, le fluide ou la vibration se dégager
comme en petillant de leurs mains ; et ne secouent-ils
pas leurs doigts pour se débarrasser du fluide du som-

nambule qu'ils aspirent, pour le remplacer par le leur, qu'ils respirent avec leurs mains?

Les ongles ne sont-ils pas aussi le fluide solidifié à l'air, les intermédiaires entre le fluide et la carnation?

« En pensant, dit Balzac dans *Louis Lambert*, que la ligne où finit notre chair et où l'ongle commence contient l'inexplicable et invisible mystère de la transformation constante de nos *fluides en corne*, il faut reconnaître que rien n'est impossible dans les merveilleuses modifications de la substance humaine. »

Dans le compte rendu des séances publiques de l'Académie des sciences, à la date du 14 mars 1858, nous voyons que M. Flourens a lu un Mémoire tendant à prouver une *circulation nerveuse* existant dans le corps humain.

Il divise cette circulation en *sensibilité récurrente* et en *action réflexe*. Dans l'impossibilité de suivre le savant académicien dans ses explications, nous citerons seulement le résumé de son Mémoire :

« *L'action réflexe*, dit-il, est le complément de *l'action récurrente* ; elle fait le retour par les extrémités des nerfs, comme *l'action récurrente* le fait pour la moelle épinière. »

Les deux demi-circuits *récurrents* et *réflexes* font le circuit complet, la circulation entière.

Pour nous, pour tout le monde, la circulation nerveuse c'est le parcours de la lumière (aspir et respir). Le magnétisme a depuis longtemps prouvé que cette circulation agit au dehors et reçoit des impressions du dehors.

Le mouvement n'est pas concentré dans l'homme, il est dans la nature entière. C'est la vie universelle, le lien de l'humanité.

Nous remercions humblement la science qui nous apporte de nouvelles preuves.

LE CRANE PEUT-IL CÉDER A L'ACTION CONSTANTE DE LA VOLONTÉ?

Pour nous, cela ne fait pas de doute.

Au moyen de cet aspir et de ce respir continuels, l'électricité attirée par les pointes des cheveux et des cils, et pénétrant par les tubes capillaires et la *porosité du diploé*, peut, lorsqu'elle est appelée plus spécialement sur un organe ou le lobe qui le représente, par la volonté qui est le principal mobile, la force la plus efficace du corps humain, faire céder le crâne à cette action continuelle et puissante ; car si l'on peut nier la force d'impulsion du cerveau, il est impossible de nier celle de l'électricité dont nous avons la preuve tous les jours.

Et alors se trouve expliqué le développement de certaines parties du crâne excitées par l'exercice ; développement naturel, et que l'on remarque dans les muscles du bras exercés par un travail manuel de tous les jours. Nous concevons que le cerveau ne prenne pas un développement comme les muscles qui sont destinés à agir.

Que l'électricité, attirée plus fréquemment vers un point du crâne, laisse, en le développant, des traces de son passage continuel, cela peut et cela doit être ;

la matière doit agir, mais le cerveau qui est le siége de
l'âme, partie immatérielle de l'homme, ne subit pas les
mêmes lois : l'intelligence n'agit pas, elle fait agir ; elle
ne s'use pas, c'est le corps qui s'use ; elle pense et laisse
à ses agents le soin d'exécuter sa pensée ; elle reste en-
tière, calme, immuable ; et c'est ainsi que nous devons
nous représenter la puissance divine dont elle est un re-
flet, une image.

Seulement, selon les décisions mystérieuses de la Pro-
vidence, elle rayonne plus ou moins, et de ces rayonne-
ments divers jaillissent des aptitudes inégales, qui occa-
sionnent un appel plus ou moins abondant du fluide
céleste, et l'aptitude est plus ou moins grande, selon que
le fluide se précipite avec plus ou moins d'énergie.

Les adversaires de la phrénologie et des sciences oc-
cultes ont beau faire, ils perdent du terrain chaque jour.
Ils ont pour eux les paradoxes, et Dieu sait s'ils en usent;
mais ils ont contre eux la preuve. Une science plus
ou moins clairement expliquée est incontestable, lors-
qu'elle s'appuie sur des faits sans cesse renouvelés, et la
phrénologie en est là maintenant; mais les douteurs
quand même sont nécessaires. Ils sont ce que l'ombre
est au soleil. Par cela même qu'elle ne la reçoit pas, elle
prouve la lumière.

SYSTÈME PHRÉNOLOGIQUE DU DOCTEUR CARUS.
ARGUMENTS DE M. LUCAS.

Le docteur Carus développe, pour expliquer la forme
extérieure du crâne en harmonie avec la forme intérieure,

un système qui nous paraît ingénieux, sinon convaincant, et nous nous faisons un devoir d'en donner ici un résumé.

Selon lui, les objets cachés se révèlent toujours à la surface par des similitudes. La nature possède une immense variété de moyens pour écrire en lettres symboliques, faciles à déchiffrer pour le savant, les choses dont l'intérieur serait destiné à rester caché.

Ainsi la division extérieure du crâne humain en trois zones distinctes : partie antérieure, partie du milieu, partie postérieure, indique merveilleusement les trois principales divisions du cerveau placées justement ainsi à l'intérieur. Il en serait de même de l'enveloppe osseuse du crâne, qui offrirait la ressemblance parfaite du développement intérieur du cerveau dont elle épouserait les formes. « On comprendrait facilement alors[1], dit M. Carus, que la signature des trois parties du crâne gardât son importance supérieure, et que sa superficie, par un travail, un perfectionnement quelconque, pût se hausser ou se creuser en bosses ou en cavités, et l'on pourrait, en partant de là, facilement admettre que la signification psychique des protubérances du front soit en rapport plus direct avec les modifications de l'intelligence comme celles du milieu de la tête avec les sentiments, et celles de la partie postérieure avec les volontés et les désirs. »

Tout ceci est fort ingénieux, mais si l'expérience a prouvé et prouve encore tous les jours que telles ou telles passions, telles ou telles études modifient la forme du crâne, et si les médecins d'un autre côté (et il faut

---

1. *Symbolik der Menschlichen gestalt* (traduction inédite).

pourtant tenir compte de leur manière de voir) s'accordent à reconnaître que le cerveau, protégé par ses enveloppes, est aussi indépendant du crâne que l'œuf l'est de sa coquille et ne subit, par conséquent, aucune des modifications qui se font remarquer à l'extérieur ; que deviendra le système de M. Carus ? Il nous semble que l'influence fluidique dont nous venons de parler, en expliquant à la fois les protubérances du crâne et l'immobilité du cerveau, mettrait tout le monde d'accord.

Quelques adversaires de la phrénologie, M. Lucas entre autres dans sa *Chimie nouvelle*, donnent des raisons qui méritent la peine d'être discutées, et qui pourraient, loin de nuire à la phrénologie, lui faire faire un pas en avant.

« Lorsque les phrénologues, dit-il, venant à localiser, ajoutèrent que le plus gros lobe, *le plus vaste*, était aussi celui qui dominait l'organisme, ils tombèrent dans le complexe, même dans la contradiction physiologique ; car il est avéré également en physiologie qu'un organe plus long que ne le comporterait une certaine harmonie relative, est frappé de défaillance, au moins de faiblesse comparative. On cite à l'appui de cette opinion si vulgaire les longs cous, les longs bras, les longues jambes, tandis qu'un homme dit trapu est l'expression pour exprimer une force qui a son principe dans la condensation musculaire [1]. »

Et il ajoute un peu plus loin :

1. P. 492. *Chimie nouvelle.*

« Nous pourrions conclure pour l'homme ce que l'on doit conclure dans le reste de la nature pour les animaux, les végétaux et les sels : c'est qu'une distension *comparative* est toujours un signe de dispersion de mouvement [1]. »

Un argument de cette sorte prend, par l'analogie, c'est-à-dire eu égard à l'harmonie des lois naturelles, qui ne trompe jamais, une importance que l'on ne peut se dissimuler. Et nous adopterons l'idée de M. Lucas, en partie du moins.

Nous croyons comme lui, et c'est, il nous semble, ainsi que procèdent les phrénologues les plus habiles, que la condensation des organes indique une plus grande énergie que leur extension ; nous croyons que les organes en forte saillie (ou trapus si vous voulez) sont ceux qui démontrent le plus certainement la qualité indiquée ou découverte par les longues et laborieuses observations des maîtres. Mais il est évident que les organes en extension ont aussi leur qualité particulière, et ceci est un champ ouvert aux observations des phrénologues. Ne trouverait-on pas là encore la division, la force active et la force passive, Jakin et Bohas comme partout et toujours ? C'est une nouvelle étude à faire, mais cela n'infirme en rien la science. Si l'on vient nous dire que souvent de beaux fronts, selon la phrénologie, ne tiennent pas tout ce qu'ils promettent, nous admettrons sans discussion un fait qui serait peut-être difficile à prouver d'une manière positive. Nous l'admettrons si l'on se con-

---

1. *Chimie nouvelle*, p. 494.

tente de juger tous les hommes au point de vue d'une seule et même intelligence. Nous ferons seulement observer que ce ne serait pas suivre alors les lois de la nature, dont le but est la variété.

Si l'on divisait la phrénologie en trois mondes, et si, après avoir consulté la généralité de ses instincts, on jugeait chaque individu en le plaçant dans le monde auquel il appartient, on trouverait peut-être que tel homme dont le crâne annonce une haute intelligence, et qui n'a qu'un esprit ordinaire ou même au-dessous de l'ordinaire, se trouverait être un homme d'une haute conception dans le monde qui lui est propre et pour lequel il a été spécialement créé.

Spécialement ! spécialement ! avec défense d'en sortir. On nous parlait d'un mécanicien, et le fait n'est pas rare, qui a trouvé des inventions magnifiques, et qui, dans la conversation, et même dans l'énoncé de ses idées, reste au-dessous de l'homme ordinaire et se rapproche de l'idiot.

Jugez cet homme d'après les apparences phrénologiques et faites-le causer, et vous rirez de bon cœur de la vanité de la science. Cependant vous serez complétement dans votre tort. Ce sont les apparences qui sont si funestes au progrès, surtout dans un pays comme le nôtre, disposé à l'incrédulité et à la raillerie.

M. Lucas dit que beaucoup de fronts fuyants sont des types d'imagination, et en cela il a raison, — et *la phrénologie aussi.* — Les fronts fuyants ont fatalement les qualités perceptibles, celles qui font briller, très-développées ; ils peuvent avoir, s'il le faut, les organes de l'idéalité et la merveillosité énormes ; il n'en faut pas davantage pour étinceler d'imagination ; il leur manque seulement la causalité et la comparaison qui les gêneraient infiniment, et détruiraient leurs aspirations merveilleuses, car alors il y aurait combat entre la raison et la poésie.

Ajoutons que souvent la calvitie, qui étale un grand luxe de crâne, donne parfois une apparence intelligente aux gens les plus ordinaires.

Les cheveux plantés très-bas dissimulent aussi l'ampleur des organes.

En résumé, on peut dire aux adversaires de la phrénologie qui l'attaquent sans se donner la peine d'avancer des arguments de la valeur de ceux de M. Lucas : Victor Hugo a-t-il un front énorme ? — Oui. — N'a-t-il pas une admirable organisation ? — Oui.

Voici qui prouve en faveur du système. Eh bien ! montrez-nous un homme de génie avec le front déprimé d'un crétin, et nous vous donnerons gain de cause ; mais tant que vous ne nous aurez pas donné cette preuve, et nous vous mettons au défi, vous nous permettrez de croire que ce n'est pas la phrénologie qui est sujette à l'erreur, mais que c'est vous qui ne comprenez pas la phrénologie.

LA CHIROMANCIE PLUS FACILE A EXERCER A PREMIÈRE VUE QUE LA PHRÉNOLOGIE.

Qu'y a-t-il d'étonnant que l'électricité allant des mains au cerveau et du cerveau à la main par la communication des nerfs, écrive dans son passage continuel d'un côté la fatalité qui vient des astres, et de l'autre les volontés qui viennent du cerveau, et les passions qui réagissent sur le cerveau?

Pourquoi chaque organe de la tête n'aurait-il pas son représentant dans la main, comme l'affirme la chiromancie et comme le prouve la parfaite entente des deux systèmes? Et ceci admis, et ceci est incontestable, la science des mains, chirognomonie ou chiromancie, serait bien plus facile à exercer et partant bien plus utile que la phrénologie. De l'aveu des phrénologues, il faut plusieurs heures pour étudier les organes d'une tête, et par conséquent profiter de la connaissance des qualités ou des défauts des personnnes dont on veut étudier les instincts. Il faut donc que l'on se prête complaisamment à cette expérience; et il est rare qu'on le permette, surtout lorsque, ce qui arrive toujours dans le commerce guerroyant de la vie, on a intérêt, pour l'attaque ou pour la défense, à dissimuler sa pensée.

Pour la chirognomonie, il faut une seconde, un clin d'œil pour savoir à qui l'on a affaire. Il faut, il est vrai, pour la *chiromancie*, voir la main ouverte, mais quelques moments suffisent.

Et ce n'est pas tout encore: en chiromancie, l'erreur, quant aux places, n'est pas possible,

Les monts, les lignes sont tracés de manière à ne pouvoir s'y méprendre. La moindre déviation, la moindre rupture se remarquent au premier coup d'œil. On peut comparer, étudier facilement, à son aise, lire comme dans un livre.

Il n'en est pas ainsi de la phrénologie.

Outre les difficultés dont nous avons parlé déjà, il faut pour être un véritable phrénologue, et je le tiens des adeptes eux-mêmes, un sens exquis de toucher, qu'ils appellent la *tactilité* et que M. Béraud possède à un haut degré ; mais tout le monde n'est pas M. Béraud, et il arrive souvent à des gens moins habiles de prendre un organe pour un autre, ou d'avoir à choisir entre un lobe ou la sinuosité qui le borde, et de commettre des erreurs qui pourraient compromettre la science phrénologique, si elle n'était pas maintenant prouvée d'une manière irrécusable.

Toutes ces sciences se tiennent, se confirment l'une par l'autre, et se prêtent appui, mais de toutes, la chirognomonie est évidemment la plus nécessaire dans le commerce de la vie.

Disons-le cependant, si la phrénologie est difficile à exercer dans ses détails, il en est tout autrement lorsque l'on consulte les masses : ainsi le front haut, large et saillant annonce toujours de l'intelligence ; le dessus de la tête bombé, c'est bienveillance et religion, et si elle s'élève en pointe au milieu, c'est fermeté ou volonté ; le derrière de la tête développé annonce un homme affectueux, aimant son pays, ses enfants, ses amis, et quelquefois ses maîtresses ; et si le derrière de la tête est plat, sans importance, c'est un signe certain d'égoïsme. Une tête large sur les côtés, au-dessus des oreilles, doit inspirer de la méfiance, car c'est là que siégent le vol, le mensonge et l'assassinat ; ou, lorsque le développement est moindre, le désir d'acquérir, la dissimulation, la colère. Cette forme de crâne appartient surtout aux gens qui ont le *savoir-faire.*

On peut presque juger une personne en regardant la forme intérieure de son chapeau : les chapeaux dont l'intérieur est en long appartiennent aux gens de *savoir* et d'affection, les chapeaux en large appartiennent aux gens de *savoir-faire.*

Il est bien entendu que l'on peut avoir aussi la tête longue et large à la fois, ronde, par conséquent, en cir-conférence : ce qui donne la science et le savoir-faire réunis.

Toutefois, la tête large sur les côtés *au-dessus des tempes* annonce l'idéalité et la merveillosité.

Quant au front, sur lequel il est très-facile de lire, s'il est bombé en haut, c'est causalité et comparaison (l'esprit philosophique); s'il est bombé au milieu, c'est le sens historique, la mémoire des faits ; s'il est bombé en bas, au-dessus des sourcils, c'est localité, amour des voyages, placé à la racine des sourcils; puis viennent, en suivant l'arc des sourcils : la pesanteur, le coloris, l'ordre, et près des tempes la mesure et les tons, l'organe musical.

Entre les deux sourcils, à la racine du nez, c'est l'organe de l'individualité ou de la *curiosité ;* au-dessous est la configuration ou l'amour de la forme.

Des yeux saillants donnent infailliblement la mémoire des mots.

Nous n'avons pas la prétention, et ce ne fut jamais

notre but, de faire un cours de phrénologie ; nous n'irons donc pas plus loin.

Nous terminerons cet article par des réflexions pleines de justesse encore empruntées au docteur Carus, un des savants les plus remarquables de la studieuse Allemagne.

« Les organes les plus importants[1] viennent se serrer l'un près de l'autre sur le devant de la tête, et les expressions vulgaires, un front vide, un front plein, avaient déjà désigné l'importance de ces organes avant qu'il fût question de la physiognomonie du cerveau. Gall, dans les vingt-sept organes qu'il établit, en comptait quinze sur le devant de la tête, tandis qu'il n'en trouvait que neuf au milieu et deux derrière.

« Quant aux protubérances que l'on trouve sur le bord des cavités des yeux et près des tempes, leur place auprès de ces deux grands organes de notre vie intellectuelle, la vue et l'ouïe, prouve suffisamment leur importance psychique. La configuration, l'étendue, le coloris, l'ordre, le calcul, sont des conséquences de la vue.

« L'organe des sons est sur la limite du front et de la plaine des tempes, au-dessus de *l'ordre*, et se trouve naturellement dans le voisinage de l'oreille.

« La bosse de la circonspection est aussi dans son voisinage, car l'oreille est l'organe de la crainte ; les animaux qui entendent le mieux sont les plus timides, comme ceux qui voient le mieux sont les plus courageux.

« Une large part sur le crâne a été affectée à cet or-

---

1. *Symbolik der Menschlichen gestalt* (traduction inédite).

gane destiné à éveiller la prudence et la crainte dans
une mauvaise position d'esprit, et à inviter l'homme à une
inquiète précaution. Les personnes craintives ont la tête
large en voûte derrière les oreilles et au-dessous (le peuple
appelle tête de linotte ceux qui n'ont pas de prudence).

« Gall a mis la férocité au-dessus de l'oreille, parce que
sur les animaux féroces les muscles des mâchoires don-
nent de la largeur à cette place sur le crâne. »

En effet, un homme en colère serre les dents comme
la bête féroce et fait alors saillir ces muscles.

Nous répéterons seulement, pour la phrénologie, ce que
nous avons dit pour la chiromancie :

Un organe, si merveilleux qu'il soit, devient nuisible
lorsqu'il est trop développé, et surtout en trop grande
disproportion avec d'autres organes qui doivent le secon-
der et lui donner de la valeur. Il reste alors impuissant,
comme un excellent général sans armée. Ainsi l'idéalité
poussée à l'excès devient folie, la merveillosité devient
superstition, la bienveillance devient faiblesse. La cau-
salité elle-même, cette perle de l'intelligence, la causalité
qui mène, selon Balzac, du monde intellectuel au monde
céleste, la causalité, lorsqu'elle n'est pas accompagnée
de la comparaison qui l'éclaire, conduit à l'athéisme, à
la désillusion, au désespoir. On a vu, toutefois, un seul
organe merveilleusement développé donner à certains
hommes une supériorité immense, mais sur un seul point,
tandis que dans tous les autres ils restaient au-dessous
de l'intelligence ordinaire.

Il existe cependant des nuances presque insaisissables

qui assurent la supériorité d'intelligence probablement
par la parfaite harmonie de leurs rapports. En phrénolo-
gie deux hommes peuvent se trouver posséder les mêmes
organes, d'une capacité égale, et cependant, de ces deux
hommes, l'un sera ce que l'on appelle *un génie*, l'autre
aura seulement toutes les aptitudes pour le devenir, et
restera malgré tout un homme ordinaire. Il y aura sans
aucun doute chez l'un des deux une harmonie de rap-
ports inappréciable, mais qui amènera la perfection. En
cela la chiromancie pourra être d'un grand aide à la
phrénologie, sa sœur. Chez ces deux hommes la ligne
du soleil et la ligne de tête ne seront certainement pas
semblables, et, en consultant les monts, on pourrait pla-
cer chacun d'eux dans leur monde et donner le pourquoi
de cette singulière inégalité.

Les gens complets ont la tête ronde sans organes ap-
parents, par la raison qu'ils les ont tous au même de-
gré : ainsi Napoléon, ainsi Walter Scott. Mais un homme
eût-il tous les organes qui font l'homme supérieur, il
pourrait rester impuissant et inconnu s'il lui manquait
ce qui donne la force en magie : LA VOLONTÉ !

PHYSIOGNOMONIE.

Le nombre trois, le quaternaire, et le septenaire com-
posé de trois et de quatre, se retrouvent partout en kab-
bale, ainsi que le duodenaire qui complète les nombres
sacrés.

La vertu du septenaire est absolue en magie, car le nombre est décisif en toutes choses.

En physiognomonie, nous retrouvons le ternaire, et le septenaire que nous venons de trouver aussi dans la paume de la main.

La face se divise d'abord en trois mondes :

Le front, *monde divin*, inconnu, *fermé*, où germent les pensées par un travail occulte ;

Le *monde physique*, le nez et les yeux formant le triangle avec le front et la bouche, *le monde matériel* formant un triangle en sens inverse avec la mâchoire et le menton.

Et puis nous retrouvons le septenaire.

Selon Hermès, Jupiter préside à l'oreille droite, Saturne à l'oreille gauche ; le soleil à l'œil droit, la lune à l'œil gauche. Saturne pervertit parfois l'influence de la lune ; l'œil gauche devient alors l'*œil du gettator*, le *mauvais œil*.

Ne vous laissez pas embrasser sur l'œil gauche, dit la sagesse des nations.

L'aile gauche du nez est consacrée à Vénus.

L'aile droite du nez est consacrée à Mars.

La colère et l'amour font également dilater les narines.

La bouche et le menton sont consacrés à Mercure, dieu de l'éloquence et du mensonge.

Vénus, en métoscopie, occupe l'espace qui se trouve entre les deux sourcils, où l'on place, en phrénologie, l'organe de la curiosité ; d'autres kabbalistes donnent cet organe à la lune. La curiosité est le premier mobile de la science; elle demande la lumière à l'intelligence pour en faire rayonner le reflet.

Lavater a fait de l'étude de la physionomie une science que nous nous efforcerons d'expliquer le plus clairement possible à notre point de vue, mais qui se trouve, et nous en faisons chaque jour l'expérience, en parfait accord avec la chiromancie, la chirognomnoie et la phrénologie, et il serait difficile qu'il en fût autrement.

La physionomie peut être étudiée sous deux aspects différents, et c'est aussi sous ces deux aspects que l'a étudiée Lavater :

Sous le rapport de la forme des organes, et sous le rapport de l'expression.

Le nerf facial joue dans le système de la physiognomonie le rôle principal.

Nous dirons, pour généraliser, que « son domaine comprend tous les muscles de la face et de l'oreille jusqu'à l'occipital [1]. » « Il anime non-seulement les muscles constricteurs et dilatateurs des orifices nasal et buccal, mais encore ceux qui dilatent et resserrent l'orifice bucco-pharyngien [2]. »

Il est évident que, dans les muscles comme dans les organes, où tout se tient et se ressemble, plus le développement en est considérable, et plus le muscle ou l'organe a de puissance dans sa qualité. Il peut même, comme nous l'avons vu déjà, en arriver à l'excès.

---

1. *Manuel de Physiologie* de Müller, traduit par Jourdan; Paris, 1845; t. I, p. 674.
2. Ibid. Note du traducteur.

Nous reconnaîtrons tout à l'heure que Lavater a suivi ce système.

Le muscle facial dépend du cerveau et obéit en effet aux volontés du cerveau.

Il n'en est pas moins vrai que les muscles du visage se contractent aussi sous les impressions émanées de l'être organique.

« Les passions[1] peuvent (nous l'avons vu déjà) agir sympathiquement, ou sur le cerveau en totalité, ou sur quelques-unes de ses parties, dont la réaction sur les muscles qui en reçoivent des nerfs y détermine les mouvements qu'on observe alors. Dans la production de ces mouvements, l'organe est donc, pour ainsi dire, passif, tandis qu'il est actif lorsque la volonté préside à ses efforts.

« Les mouvements de la face n'agissent alors que par sympathie. »

Il en est de même des gestes, qui sont la *physionomie active* du corps et qui, obéissant aux mêmes causes, donnent des effets analogues.

Du reste, les observations des principaux médecins ont établi que la face, à la longue, et par la répétition des mêmes idées, des mêmes passions et affections, et conséquemment des mêmes mouvements des muscles et de la peau des différentes parties qui la composent, conserve ordinairement une expression particulière assez régulièrement la même chez les différents individus.

1. Bichat. *Recherches physiologiques sur la vie et la mort*, 3e édition, 1805, p. 61-62.

Ainsi, plus un homme se vulgarise, plus il se dégrade moralement, et plus il cherche instinctivement à s'enlaidir. Ses gestes deviennent communs, sa démarche ignoble, sa voix hargneuse ; son visage se contracte en hideuses grimaces, et il se complaît en tout ceci parce qu'il obéit sans le savoir à la grande loi de la nature qui veut une harmonie, quelle qu'elle soit, entre l'âme et le corps, et c'est sur ce principe symbolique que sont basés tous les systèmes de divination. A mesure que le corps astral domine le mens, à mesure que l'*homme s'abrutit*, c'est le mot populaire (et le langage populaire est rempli d'images justes et magiques), l'homme, en abandonnant sa part de l'étincelle divine, adopte de plus en plus les allures, la ressemblance et les instincts de l'animal dont il porte en lui l'image.

L'expression de la physionomie est donc l'effet des passions dont la phrénologie indique les causes matérielles, et la magie les causes célestes.

Lavater a remonté de l'effet aux causes ; Gall a descendu de la cause à l'effet. Là est toute la différence, et il est évident que Lavater a été à Gall d'une utilité immense, en lui donnant des points de comparaison, et peut-être même un point de départ.

Il est certain que la physionomie n'est que le reflet de nos impressions, et par cela même elle semble destinée à expliquer les instincts et les qualités dont le secret est caché en phrénologie sous les cheveux ou la coiffure. C'est par la physionomie que l'étude du caractère humain a dû se faire tout d'abord, et on ne peut nier que les gens doués de causalité, et ayant des doigts lisses, ne deviennent assez souvent par intuition, et sans autres études, le caractère des personnes qu'elles voient pour la première fois.

Cependant la physionomie, bien qu'elle puisse être mue par les passions, dépend du cerveau, et est par cela même esclave de la volonté. Le front et la main se montrent tels qu'ils sont; mais la physionomie obéit, s'il le faut, aux injonctions de la ruse, et elle sait se faire trompeuse, en maîtrisant les expressions jusqu'au moment où le vice, débordant pour ainsi dire, vient y imprimer le cachet du corps organique, tirer en bas tous les muscles de la face, hébéter les yeux, changer la beauté native en repoussante laideur, et avertir à l'insu de l'hypocrite. Mais jusque-là on se trompe souvent lorsqu'on se fie à son instinct pour lire sur la physionomie les intentions d'un adversaire.

La bête féroce qui attaque a une énergie bien plus grande que l'homme qui cherche à se défendre; c'est la force active qui s'augmente par le mouvement, par l'action, tandis que la force passive a le désavantage de l'immobilité. Pour résister à un choc, il faut une double puissance. La ruse met souvent en défaut la perspicacité, et pour savoir à quoi s'en tenir, il faut avoir recours aux données de la science, que l'on est toujours à même de confirmer par l'observation. Il est vrai que les hommes les plus forts se lassent de porter un masque, et qu'ils sont forcés de se reposer, ne fût-ce qu'un moment, et alors un éclair fauve qui sillonne l'œil, un pli imperceptible qui se forme au coin de la bouche, peuvent dévoiler le tigre; mais pour voir cela il faut être bien habile et bien sur ses gardes.

Relativement à la face, le front forme, nous l'avons vu, le *monde divin*, puisque sous les parois du crâne se trouve le cerveau, d'où jaillissent les pensées qui illuminent la physionomie en agissant sur les muscles du visage. La partie solide du front, dit un proverbe chinois, indique la mesure interne de nos facultés; la partie mobile, l'usage que nous en faisons.

Le nez, les yeux et les oreilles sont au service de la raison, pour avertir du danger par la vue, par l'ouïe, par le flair, qualités développées surtout chez les sauvages qui vivent en guerre et par la guerre.

Ces organes forment le *monde abstractif.*

La bouche sensuelle et voluptueuse, le menton qui forme en quelque sorte la base de la face, la mâchoire destinée à broyer les aliments qui doivent nourrir le corps, appartiennent au *monde matériel.*

Le milieu du front, le nez, le menton, sont, puisqu'ils viennent en avant, les organes destinés à représenter les penchants ou les instincts de chacun des mondes auxquels ils appartiennent.

Ces divers organes ont été, en effet, plus spécialement examinés par Lavater, qui leur attribue une puissante influence sur le caractère, relative à la diversité de leurs formes.

Nous en serons bientôt convaincus.

24

Examinons maintenant comment se font les transitions d'un monde à l'autre.

L'arcade sourcilière correspond, selon.nous, au *nœud philosophique* de la chirognomonie. Placée, comme dans la chirognomonie, entre le monde divin et le monde abstractif, elle participe de l'un et de l'autre.

Les sourcils forment la frontière entre la région du cerveau et la région des sens.

Selon Lavater, les sourcils droits, et tracés horizontalement, annoncent un caractère mâle et sage.

Or, un caractère mâle et sage n'agit qu'à bon escient et sans se laisser aller aux influences venues du dehors ; il ne prend un parti qu'après avoir raisonné avec lui d'abord, avec les autres ensuite. Il a confiance en sa force, et doute un peu de celle des autres, qu'il n'admet qu'après la preuve.

C'est donc, si nous ne nous trompons, le *nœud philosophique* indépendant et douteur.

Et puis, pour que les sourcils soient droits, il faut nécessairement que l'arcade sourcilière soit égale et bien remplie, surtout à la place de l'ordre qui forme l'angle externe de l'œil devant les tempes.

Or, un homme qui réunit la localité, c'est-à-dire la connaissance des lieux ou de l'espace, la géométrie par conséquent, à l'étendue, à la pesanteur, au coloris et à l'ordre, doit avoir nécessairement un nœud philosophique très-développé à la première phalange des doigts.

Le fluide, en descendant du front, se trouve barré par

le sourcil; et notez bien que les penseurs, lorsqu'ils travaillent ou réfléchissent, froncent le sourcil comme pour fermer le passage au fluide et le concentrer au cerveau. Et en effet, dans ces moments, la face reste inerte et comme immobile.

Le fluide passe évidemment par la racine du nez.

Si la racine du nez est large, le fluide descend facilement et sans obstacle.

« Courbé ou non, dit Lavater, un nez dont la racine est large annonce toujours des qualités supérieures. Cette forme, ajoute-t-il, est rare, même chez les hommes célèbres; mais son infaillibilité est incontestable[1]. »

Nous continuerons nos citations.

« Des nez qui se courbent au haut de la racine conviennent aux caractères impérieux, fermes dans leurs projets et ardents à les poursuivre[2]. »

Aux *dominateurs*, par conséquent. Lavater se rapproche de M. d'Arpentigny : *phalange du pouce longue.*

Continuons :

« Les nez perpendiculaires ou qui approchent de cette forme supposent une âme qui sait agir et souffrir tranquillement et avec énergie[3]. »

C'est le pouce moyen, *force de résistance.*

« Un nez camard[4] annonce de la facilité à recevoir les

---

1. *Études sur la physionomie*, par Lavater, 1783, t. III, p. 300.
2. Ibid.
3. Ibid.
4. Ibid.

impressions des sens, quelquefois de la légèreté et de l'insouciance. »

C'est le pouce court de M. d'Arpentigny.

Allons toujours :

« Un nez creusé à la racine est un signe infaillible de faiblesse ou de mollesse [1]. »

Pouce très-court de M. d'Arpentigny.

Maintenant arrivons aux excès :

« Une légère bosse sur le nez est signe de poésie [2]. »

La poésie est déjà un excès d'imagination.

« Lorsque la voûte du nez est exagérée et trop prolongée, et qu'elle est en disproportion avec l'ensemble général, il faut s'attendre à quelque dérangement dans l'esprit [3]. »

Nous en arrivons ainsi logiquement au degré qui suit immédiatement la poésie.

La poésie est sublime; elle tient le milieu entre l'homme et l'ange.

Si l'excitation va plus loin, l'homme ne pouvant arriver à l'ange, il lui faut alors dépouiller son enveloppe matérielle par un violent effort; l'esprit, le mens part seul, le cadavre reste. Il n'est pas rare de voir des poëtes perdre la raison.

On plaignait le Tasse fou; on avait tort : son âme, étincelle divine, rayonnait dans un monde supérieur.

Lavater vient donc appuyer notre système.

1. Lavater, t. III, p. 72.
2. Ibid., p. 300.
3. Ibid., p. 301.

Ainsi nous voyons qu'un nez creusé à la racine, où le fluide circule mal, **est** faible et sans énergie ;

Qu'un nez **camus,** où il circule avec peine, est insouciant et léger ;

Qu'un nez droit, où le fluide circule mieux, est énergique dans la souffrance, et a une fermeté calme ;

Qu'un nez aquilin, où le fluide circule facilement et arrive avec abondance, est énergique et dominateur, ce qui annonce déjà une exubérance de vie. S'il s'élève un arc sur le milieu du nez, c'est-à-dire s'il y a excès, c'est : poésie.

Et si la voûte du nez est exagérée, si le fluide arrive en trop grande abondance, c'est folie ou désordre.

« Ainsi, selon le docteur Carus, un nez gros, épais et en chair annonce l'amour du vin et de la bonne chère, et peut être la conséquence de ces excès.

« Les boissons fortes, dont l'effet s'éprouve au cerveau, et qui devraient aussi affecter le crâne, n'y produisent cependant d'autre changement que de faire tomber les cheveux par suite de l'irritation de la peau ; mais dans le nez, qui est *la continuation du crâne*, elles produisent des congestions sanguines. De là, le nez rouge des ivrognes [1]. »

Et remarquez que partout, en chirognomonie, en chiromancie et surtout en phrénologie, base plus certaine que le système de Lavater, tout organe trop développé, et où par conséquent le fluide est en trop grande abon-

---

1. Carus. *Symbolik der Menschlichen gestalt* (traduction inédite).

24.

dance, mène infailliblement au désordre et à une folie,
qualifiée par les spécialités de l'organe. Le système de
Lavater suit partout les mêmes données, et peut ainsi
continuellement s'expliquer par induction.

Ainsi un nez qui s'abaisse sur les lèvres est un signe
de sensualité, parce qu'il tend à s'abaisser vers le
monde de la matière, représenté par la bouche et le
menton.

Toute matérielle qu'elle soit, la bouche a ses degrés
et ses trois mondes.

« Une lèvre de dessus qui déborde annonce la bonté, »
dit Lavater [1].

Et en effet, la lèvre supérieure, liée au monde abs-
tractif, est bien moins matérielle que la lèvre d'en
bas ; si le fluide y vient en abondance, il éveille de bons
instincts puisqu'alors la charité domine la matière.

« Une bouche resserrée dont la fente court en ligne
droite, et dont le bord des lèvres ne paraît pas, est l'in-
dice de l'ordre, de l'exactitude, de la propreté, et si elle
est très-resserrée, de l'égoïsme [2]. »

Le fluide est rare.

« Si les lèvres sont proportionnées, bien égales, éga-
lement avancées, qu'elles se ferment sans effort, et si le
dessin en est correct, elles annoncent un caractère hon-
nête, réfléchi, ferme, judicieux et juste [3]. »

Le fluide arrive proportionnellement, ni trop, ni trop
peu.

1. *Études sur la Physionomie*, par Lavater, La Haye, 1783, p. 322, t. III.
2. Ibid.
3. Ibid.

Mais si les lèvres sont épaisses, c'est-à-dire si le fluide y arrive en grande abondance, il y a désordre et excès du côté du monde matériel ; c'est la gourmandise, la sensualité, la paresse, indiquées surtout par le développement de la lèvre inférieure.

Carus a dit : « La bouche suit les mouvements des sourcils, et comme eux elle s'élève et s'abaisse ; les grandes lèvres maigres, rétrécies et tirées, appartiennent aux gens froids et sans âme ; les formes rondes, belles et élégantes, aux poëtes, et lorsqu'elles sont sèchement accusées, aux entêtés. Les viveurs et les flegmatiques ont les lèvres fortes. »

A cette différence près, selon nous, que la lèvre des viveurs est rebondie, et que celle des flegmatiques est molle et pendante.

Il ajoute plus loin : « La lèvre supérieure est plus l'organe de la sensibilité, et la lèvre inférieure est plus spécialement affectée à la réception de la nourriture et moins à reproduire les affections de l'âme[1]. » Carus rentre ici tout naturellement dans notre système.

Nous retrouvons les mêmes degrés dans le menton.

Chaque monde, on l'aura remarqué sans doute, se subdivise encore en trois zones, ou, si l'on veut, en trois degrés.

Ainsi la bouche qui persuade, qui sourit, qui donne les baisers de l'amante et de la mère, occupe le rang le plus élevé dans le monde matériel ; elle tient au côté di-

---

1. Carus. *Symbolik der Menschlichen gestalt* (traduction inédite).

vin par *l'éloquence*, par *le plaisir* et surtout par *l'amour.*

Le menton osseux, ferme, représente dans le monde matériel le côté raisonnable, l'action sur la matière, la réalisation plus ou moins active, plus ou moins habile, selon son importance plus ou moins grande.

Ainsi :

« Les mentons plats supposent la froideur et la sécheresse du tempérament [1]. »

Et par conséquent l'égoïsme : c'est comme les lèvres plates, et de même

« Les mentons angulaires appartiennent à des hommes sensés, fermes et bienveillants [2]. »

« Un menton saillant est toujours le signe d'un caractère ferme, prudent et prêt à réfléchir [3].

Voici le pendant des lèvres bien égales.

Un menton avancé, rond, un peu saillant, indique l'habileté à diriger la matière ou les instincts matériels, et à en tirer avantage. C'est la sagesse matérielle, la réalisation.

« Mais un menton mou, charnu, à double étage, est la marque et l'effet de la sensualité [4]. »

Et cela doit être. Le fluide se répand en abondance dans le monde matériel, il doit augmenter les instincts

---

1. *Études sur la Physionomie*, par Lavater, La Haye, 1783, t. III, p. 318.
2. Ibid.
3. Ibid., t. II, p. 179.
4. Ibid., t. II, p. 318.

matériels, comme dans un monde supérieur il augmente les qualités quelquefois jusqu'à l'excès.

Carus a dit : « Ce ne sont pas seulement les os qui forment le menton, mais aussi la chair et la graisse qui se trouvent sous la peau, et la différence déjà faite entre la partie d'en haut (intelligente) et la partie d'en bas (sensuelle) se reproduit ici. En haut, la graisse et la chair sont insignifiantes; la forme du crâne ne souffre pas beaucoup de graisse sur le front et dans son voisinage; tandis qu'elle se rassemble facilement en bas, surtout chez les natures flegmatiques et matérielles, sous le nom de double menton. Toutefois, un menton osseux et desséché et avançant en pointe annonce, ou la vieillesse, ou une jeunesse consumée par la sécheresse, provenant soit de l'ambition, soit de l'avarice, soit d'une avidité quelconque [1]. »

Maintenant les petits mentons annoncent la timidité; cela se conçoit.

« Le menton qui recule indique un caractère faible [2].»

Cela doit être encore par analogie et toujours par les mêmes raisons.

Il en est de même des joues :

« Les joues maigres et rétrécies sont un signe de la sécheresse des humeurs [3]. »

« Les joues charnues annoncent en général l'humidité du tempérament et un appétit sensuel [4]. »

---

1. *Symbolik der Menschlichen gestalt* (traduction inédite).
2. *Études sur la Physionomie*, par Lavater, La Haye, 1783, p. 318, t. III.
3. Ibid., p. 317. — 4. Ibid.

Des pommettes légèrement marquées sont un signe de froideur ; des pommettes très-saillantes sont un signe d'égoïsme, et souvent de méchanceté.

Mais un signe certain, infaillible, c'est la largeur de la mâchoire.

Les lèvres sont sensuelles, elles goûtent, elles dégustent, elles aiment le plaisir.

Aux gens de plaisir, il faut des compagnons deplaisir.

Mais les mâchoires larges dévorent ; c'est l'avidité, l'égoïsme, le matérialisme à son dernier période ; mais le matérialisme aveugle et sans entrailles.

Car elles représentent la matière dans le monde matériel. Rejetées sur le côté et comme isolées de la partie intelligente de la face, images du positivisme, elles obéissent aveuglément à leur seul instinct et broient ce qu'on leur donne à broyer.

Plus la mâchoire est large et plus l'instinct matériel domine ; toutefois, cet instinct peut être combattu et amoindri par les organes de la bienveillance, de l'idéalité et de l'affectionnivité ; mais il y a toujours combat. Si ces organes sont sans importance sur le crâne, l'égoïsme domine.

La nature a été sage en donnant de larges mâchoires aux animaux carnassiers ; mais elle a été sage aussi en donnant de larges mâchoires aux gens avides, afin qu'en leur mettant à la face le caractère principal de la bête feroce, on dût nécessairement se défier d'eux.

Évitez donc les mâchoires larges, évitez-les deux fois,

si, ce qui arrive presque toujours, le crâne est rétréci au sommet.

Enchaînez les boule-dogues ou fuyez-les, car on ne peut en attendre que du mal.

En résumé, selon Lavater, toute cavité remarquable dans le profil de la tête et, par conséquent dans sa forme, dénote faiblesse d'esprit. Il semble que cette partie s'affaisse pour chercher un appui, comme un naturel faible cherche à s'étayer de secours étrangers.

Nous ne chercherons pas à expliquer minutieusement, aujourd'hui, la méthode de Lavater; mais si nous l'examinons en masse, nous verrons qu'il en est des traits du visage comme des muscles du corps, comme des proéminences du crâne : c'est-à-dire que plus un organe est développé en puissance, et plus il y a de qualités énergiques dans la sphère à laquelle il appartient.

Ainsi, *dans le monde divin*, un front large, haut, saillant, annonce l'intelligence.

Dans le monde abstractif, un nez fort et arqué, des pommettes saillantes, une mâchoire large, dénotent l'ambition, l'orgueil, le désir de parvenir, et par suite l'égoïsme qui marche presque toujours à la suite des grandes passions.

Dans le monde matériel, un menton long et large, c'est sang-froid, sagacité dans les choses positives ; un menton saillant et arrondi, c'est puissance dans la matière et au besoin sur la matière ; c'est direction habile et véhémente, utilisation bien entendue des choses matérielles; un menton très-volumineux et chargé de graisse, c'est, au contraire, influence énergique de la matière sur l'organisation.

Si le nez est court et le menton long, c'est la matière qui l'emporte sur la raison ; si les parties supérieures sont plus développées que le menton, c'est la raison qui l'emporte sur la matière ; mais le menton ne doit jamais être fuyant ou trop petit.

Si la partie supérieure est très-développée et que la partie inférieure le soit aussi alors, il y a lutte entre l'intelligence et la matière, et de ces deux puissances diverses, qui apportent chacune une force différente, naît souvent une grande énergie, mais où l'amour des plaisirs sensuels a toujours une large part.

Un nez carré, c'est bon sens ; un nez pointu, c'est finesse ; un menton carré, c'est résistance froide ; un menton pointu, c'est ruse.

La finesse et la ruse sont des faiblesses d'esprit. Selon Lavater, pas un homme rusé n'est énergique ; notre méfiance envers les autres provient du peu de confiance que nous avons en nous-mêmes.

En examinant les modifications apportées par chaque trait, chaque organe du visage, on en arriverait à trouver le degré de force de cet organe dans la qualité qu'il représente, et par la comparaison avec les autres traits du visage qui viendraient augmenter ou combattre, ou même neutraliser ces penchants, on en viendrait à connaître le caractère véritable de la personne dont on voudrait deviner les instincts.

En phrénologie, en chiromancie, c'est un calcul que

l'on doit toujours faire, et nous en avons donné de nombreux exemples à nos lecteurs.

Il est hors de doute qu'en procédant ainsi, on se rencontrerait toujours avec Lavater, et l'on prouverait, par le calcul, la justesse de ce que lui faisait trouver l'inspiration.

L'HOMME

EN RAPPORT AVEC LES ASTRES.

Notre article sur la **physionomie** nous semblerait incomplet si nous ne le terminions par l'exposition d'un système des anciens kabbalistes basé, comme le nôtre, sur les influences de la lumière astrale ou planétaire, mais appliqué d'une manière différente.

Nous désirons divulguer une science utile; nous le désirons avec un cœur ardent et sincère. Aussi, nous supplions le lecteur de ne pas accepter à la légère l'exposé de cet intéressant système, et surtout de ne pas le rejeter sans l'avoir au moins essayé.

Là se trouve, selon nous, la base générale de toutes les sciences qui ont pour but l'étude de la connaissance de l'homme.

25

La chirognomonie, la chiromancie, la phrénologie viennent ensuite joindre le détail aux généralités.

Nous retrouvons encore ici le nombre sept.

Les anciens kabbalistes, comme nous l'avons dit plusieurs fois déjà, divisaient les hommes en sept catégories bien distinctes, dont chacune, tout en subissant l'influence plus véhémente d'un astre principal, pouvait recevoir aussi des autres astres des influences secondaires, expliquant ainsi par d'innombrables mélanges la variété infinie de l'espèce humaine.

Titien, par un calcul semblable, admettait sept couleurs principales, dont les mélanges, les superpositions, les glacis, produisaient une série interminable de tons, tout en conservant toujours une harmonie génératrice. Nous reconnaissons comme peintre la vérité de la théorie du Titien, et l'expérience nous a convaincu de la vérité des assertions des anciens kabbalistes.

Une étude constante nous a conduit à analyser la lumière astrale que nous avons représentée à nos lecteurs comme l'aspir et le respir de l'âme universelle, comme le mouvement ou la lumière incessante, tantôt constatant sa présence par un choc, tantôt poursuivant, latente, une marche qui ne s'arrête jamais.

Alors nous n'avons pas cherché à la définir; maintenant nous ferons un pas en avant, parce que nous croyons nous rendre plus intelligible en ne développant qu'une à une les complications de notre système.

Selon nous, le grand fluide électrique, la lumière astrale, est composée des différents fluides émanés des sept astres principaux, comme la lumière est composée de sept rayons qui ont un seul point de concentration. Et de même qu'un objet, tout en revêtant de préférence une couleur principale, ne reflète pas les autres absolument, mais ne les annihile pas non plus, puisque telle ou telle circonstance peut les faire reparaître, comme la chimie nous en donne la preuve tous les jours ; de même aussi les hommes attirent *plus spécialement*, soit par leur conformation héréditaire[1], soit par l'heure de leur naissance, l'influence de la planète dominante au ciel. Ils en reçoivent la signature, comme les objets adoptent des couleurs.

Ce sont ces signatures que les kabbalistes ont signalées, et ce sont elles que nous venons démontrer et expliquer ici. Mais comme un acide peut changer une couleur et la remplacer par un autre, soit primitive, soit mélangée, de même aussi la volonté, lorsqu'elle est très-véhémente, peut modifier et changer complétement le caractère natal.

La couleur est seulement absorbée par une combinaison nouvelle, comme le caractère est dominé par un puissant vouloir, et tous deux auront nécessairement des tendances à reparaître.

Les astres, dans leurs mouvements successifs, en tres-

---

1. Selon les anciens astrologues, les sept astres prédominent chacun à leur tour dans l'espace de 24 heures (formant le jour et la nuit). Lorsque les parents ont l'un et l'autre un type plus spécialement écrit, un accouchement peut, par harmonie sympathique, se trouver avancé ou retardé, pour s'accomplir pendant le temps de prédominance de l'astre qui les influence.

sant ensemble le réseau de leurs fluides dont chacun do-
mine tour à tour, ne forment-ils pas les jeux de lumière
qui donnent l'azur du ciel, les nuages sombres, les cal-
mes, les tempêtes? Ne résulte-t-il pas de ce mouvement
perpétuel une harmonie musicale dont nos sens trop ob-
tus ne saisissent pas les divins accords et que les saints
perçoivent dans leurs extases parce qu'ils étendent, par
la sublimité de leurs pensées, les limites de l'organisa-
tion humaine? Pythagore le croyait ainsi, et les peintres
ont placé des harpes dans les mains des anges comme les
païens mettaient dans les mains de *Pan*, l'univers, une
flûte à *sept* tuyaux.

La lumière du soleil est-elle exclusivement nécessaire
pour la création? « C'est le soleil, dit-on, qui donne
l'existence aux végétaux et qui les entretient; mais ce
grand agent de la nature, tout puissant qu'il est, n'est
pas même la cause unique et déterminante de leur déve-
loppement. Si le soleil invite la plupart de ceux de nos
climats à ouvrir leurs fleurs, il en oblige d'autres à les
fermer; tels sont dans ceux-ci la belle-de-nuit du Pérou
et l'arbre triste des Moluques, qui ne fleurissent que la
nuit. Son éloignement même de notre hémisphère n'y
détruit point la puissance de la nature. C'est alors que
végètent la plupart des mousses qui tapissent les rochers
d'un vert émeraude, et que les troncs d'arbres se cou-
vrent, dans les lieux humides, de plantes imperceptibles
à la vue qui les font paraître au milieu des glaces comme
des colonnes de bronze. Ces végétations, au plus fort de
l'hiver, détruisent tous nos raisonnements sur les effets

universels de la chaleur, puisque des plantes d'une orga-
nisation si délicate semblent avoir besoin, pour se déve-
lopper, de la plus douce température [1]. »

Il est évident pour nous, et ce passage de Bernardin
de Saint-Pierre nous en fournit la preuve, qu'il y a des
plantes sur lesquelles l'influence des planètes tristes,
comme Saturne et la Lune, dominent parfois l'influence
solaire. Plus tard, on restera convaincu, en appliquant ce
système à tout ce qui existe, que chaque planète a ses
végétaux de prédilection qui naissent et croissent sous
son influence, et ses minéraux favoris qu'elle marque de
sa signature comme elle en marque les hommes.

« Vous voyez (a dit Paracelse) chaque herbe croître
dans la forme qui lui convient. L'homme est aussi dis-
tingué par une forme spéciale parfaitement adaptée à son
individualité. Et comme par la forme de l'herbe on re-
connaît son espèce, on reconnaît aussi le caractère de
l'homme par sa configuration. L'étude des signatures di-
vines enseigne à donner à chaque chose son vrai nom, à
ne pas appeler un loup brebis ou une colombe renard ;
car ce vrai nom est écrit dans la forme même. La nature
a établi des caractères spéciaux qui forment la signature
de chaque membre, et à l'aide de ces signatures elle ré-
vèle les secrets les plus intimes de toute organisation
humaine et de l'homme surtout [2]. Rien de ce qui existe

1. *Études de la nature*, par Bernardin de Saint-Pierre, § 4, p. 98, Bean-
jouan éditeur.
2. Paracelse, *Philosophia sagax*, t. II de ses œuvres, p. 547. Genève,
MDLIX.

n'est sans un signe particulier ; seulement il faut le voir. »

Nos lecteurs nous sauront gré sans doute de leur indiquer les principaux types donnés par les astres comme les anciens kabbalistes les avaient compris.

Il est bien entendu, nous le répétons encore, qu'un type peut dominer chez une personne, mais qu'il n'est jamais isolé. On reçoit à la naissance l'influence de plusieurs astres, soit de Jupiter, soit de Saturne, soit de Vénus. Seulement Jupiter dominera, par exemple, et Saturne et Vénus modifieront le caractère en y ajoutant leurs aptitudes diverses : ainsi l'on ne sera jamais nerveux, bilieux ou sanguin exclusivement ; mais on pourra être nerveux, bilieux et sanguin à la fois. Un de ces tempéraments dominera essentiellement sans doute, mais modifié par les deux autres.

SIGNATURE DE JUPITER.

Les hommes nés sous l'influence de Jupiter sont forts et de taille moyenne ; ils ont la peau *blanche et colorée, le teint frais*, ils sont, ce qu'on appelle vulgairement, en chair, ni trop gras ni trop maigres. Leur voix est claire ; ils ont les yeux grands, humides et riants ; la pupille en est large, ronde, limpide, et la paupière épaisse ; les cils sont longs et minces ; leurs cheveux sont châtains, bouclés, longs, épais, souples, et leur barbe disposée en boucles ou au moins crépue ; leurs sourcils sont faits en arc et fournis, leur nez est moyen et droit, la

bouche est grande et les lèvres fortes, la lèvre supérieure
débordant un peu sur l'inférieure ; leurs dents sont
grandes, et souvent les *deux dents de devant, en haut*,
sont plus longues que les autres ; leurs joues sont char-
nues, fermes ; les muscles zygomatiques (*des pommettes*)
sont apparents, mais sans excès ; leur menton est un peu
long avec une fossette au milieu ; les oreilles sont de mé-
diocre grandeur, un peu adhérentes à la tête ; leur cou
est élégant et bien proportionné, nuancé de veines bleues ;
leurs épaules sont larges et charnues, et leur dos est gras
et épais ; lorsque l'âge arrive, ils sont sujets à l'obésité.
Leurs pieds et leurs mains sont épais sans être forts, et
leurs jambes sont velues ; ils transpirent facilement de la
tête *et surtout du front*. Leur démarche est modérée, ni
trop vive ni trop lente. Ils deviennent chauves de bonne
heure, principalement au sommet de la tête, à la place
où se trouve l'organe de l'ambition en phrénologie.

Le Jupiter de la mythologie, c'est le dégustateur,
l'amateur des plaisirs sensuels, ce que nous nommons
aujourd'hui le viveur.

Les hommes nés sous l'influence de cette planète
parlent haut, avec abondance, ils ont de l'entrain,
une confiance extrême en eux-mêmes ; ils se plaisent
dans les festins et les fêtes, où leur gaieté natu-
relle s'épanche ; ils aiment à plaisanter, à porter des
toasts ; ils sont grands mangeurs, buveurs intrépi-
des, amis du bruit et surtout du faste et de la re-
présentation ; ils se plaisent à recevoir, à donner des
fêtes splendides, et en conséquence de ces brillants

instincts ils sont orgueilleux; ils ont aussi de la grandeur d'âme, de la générosité, de belles manières, aiment à dominer et méprisent la médiocrité dorée; ils dépensent au delà de leur patrimoine, et appellent les honneurs et les richesses par la violence de leurs appétits. Ils sont ambitieux, mais aptes aux affaires, et font des courtisans habiles et souvent des favoris. Examinez ceux qui sont parés de décorations, ceux qui commandent dans les administrations; examinez les prélats, presque tous sont frais et chauves : signatures de Jupiter; c'est en quelque sorte un titre à la faveur. Les gens nés sous cette influence sont bons et justes; ils viennent de grand cœur au secours des malheureux, et chérissent surtout leur famille et leurs amis. Ils les poussent et les aident à parvenir. Ils ont un sentiment religieux, mais ils veulent dans la religion la pompe, la représentation, les processions, les cérémonies. Ils estiment avant tout la hiérarchie, l'ordre, la convenance et la convention; ils sont esclaves de la règle et aiment les gouvernements monarchiques qu'ils soutiennent et dont ils se font un appui. Ils sont affables et peuvent être cependant impétueux et colères, mais ils ne conservent pas de fiel. Ils détestent la fraude et désirent la paix. Ils sont galants, et surtout très-portés à l'amour sensuel. En général, leur vie est brillante, remarquée, heureuse. S'ils sont magistrats, ils cherchent à apaiser les différends; à l'armée, ils font de bons chefs et d'habiles capitaines, car ils ont la confiance en eux, l'inspiration et la bonne humeur; ils sont aussi de bon conseil; leur parole est grave, sensée quand il le faut, mais toujours avec un mélange d'enjouement. Ils sont nobles de cœur, en bonne réputation, intègres, libéraux, doux, faciles, placides, aimés même par les gens artificieux. Ils savent soigner, garder, retenir leurs amis. Ils deviennent hommes de bonne heure.

En un mot, si nous en croyons la sagesse des nations (le proverbe), *ils sortent vite de la pauvreté et de la puberté*. Jupiter donne aux peintres de ce type la couleur éclatante : Rubens! aux musiciens la musique brillante, facile, heureuse : Rossini !

Le mont de Jupiter développé, avec des doigts épais à la troisième phalange, fait les chansonniers épicuriens.

Jupiter donne les doigts carrés; c'est : la convenance sociale, la représentation, la hiérarchie; il donne : les doigts longs et lisses, larges à la base à cause de l'appétit pour les plaisirs sensuels ; le mont de Jupiter très-développé, et rayé par une seule ligne ou portant le signe de Jupiter; les mains élastiques, ni trop molles, ni trop dures, et la première phalange du pouce longue : la volonté, la domination.

MAUVAISE INFLUENCE DE JUPITER.

Les gens nés sous l'influence malheureuse de Jupiter sont *blancs de peau, mais sans fraîcheur;* ils sont chauves, ou leurs cheveux sont droits et plats. Ils ont le nez court et inégal et les dents noires. Ils sont orgueilleux à l'excès, vindicatifs et patients pour attendre la vengeance. Ils sont destructeurs, dissipateurs, gaspilleurs, irréligieux, impudiques, débauchés et grands amateurs d'orgies. Ils n'ont pas d'amis, n'aiment ni leurs enfants ni leurs femmes, les délaissent pour courir après les plaisirs de tout genre, et deviennent, par suite, faibles, ennuyeux et méchants. Ils font le mal, mais, comme ils sont craintifs et lâches, ils le font avec perfidie.

L'influence perverse repousse et change même en infortune toutes les occasions heureuses que la planète de Jupiter leur fournit sans cesse.

SIGNATURE DE SATURNE.

La planète de Saturne est pâle, elle se meut lentement.

Les saturniens sont maigres, pâles, grands, *leur peau est très-brune*, souvent terreuse, rude et sèche; elle se ride facilement; leurs cheveux, d'abord épais, noirs, et souvent d'un noir dur, tombent de bonne heure, et sont plats et gros. Ils marchent *les genoux pliés*, les yeux fixés vers la terre, et leur *démarche est lente*. Ils sont frileux et languissants, leur voix est grave et sourde, et leur langue est épaisse; ils parlent avec lenteur. Ils ont la tête longue, les joues creuses, la *mâchoire large*, les pommettes saillantes; leurs sourcils sont noirs, relevés à leur naissance et rapprochés l'un de l'autre ; les yeux sont creux, noirs, tristes et souvent obscurs ; ils deviennent perçants dans le soupçon ou la colère. Le blanc de l'œil est jaunâtre ; *leurs oreilles sont grandes* ; leur nez, d'une longueur ordinaire, est mince et *pointu;* les narines en sont charnues, *mais peu ouvertes.* Leur bouche est grande, leurs lèvres sont minces et l'inférieure dépasse la supérieure ; leurs dents, parfois assez blanches dans la jeunesse, ont d'abord une grande séve de croissance ; elles sont souvent doubles, quelquefois même ils en ont une double rangée complète ; mais elles se gâtent vite. Leurs gencives sont pâles ; leur barbe, noire, est rare sur les joues ; leur menton est assez long et assez large dans la partie inférieure ; leur *mâchoire inférieure, lourde et large, vient en avant.* Leur cou est grand, mince, avec de forts muscles, et les veines y sont apparentes. Ce que l'on appelle la pomme d'Adam est chez eux très-distinct. Généralement, quoique maigres, ils ont de gros os et chez eux les emmanchements sont lourds ; car les os sont la partie matérielle, terrestre du corps, et Saturne c'est la terre : *Tellus.* Ils ont la poitrine étroite et velue, les épaules médiocrement développées, *mais très-hautes ;* ce qui fait que leur corps est voûté bien qu'ils aient les reins droits. Leurs bras sont osseux et les muscles s'y dessinent sèchement ; leurs mains sont noueuses et maigres ; *les veines de leurs pieds sont très-apparentes, et ils sont sujets aux varices ; leurs jambes deviennent faibles de bonne heure et souvent inertes dans la vieillesse,* et ils sont spécialement exposés à des accidents qui attaquent généralement les

jambes; on trouve parmi eux beaucoup de boiteux.
Phrénologiquement, l'organe de vénération leur manque;
ils ont développés l'organe de la curiosité situé entre les
deux yeux, et surtout les organes de la causalité qui, n'é-
tant pas éclairés par la *comparaison*, les tourmentent
sans cesse, et les jettent, sans pouvoir jamais les résoudre,
dans de désolants problèmes sur l'immortalité de l'âme.
Du reste, cet état d'inquiétude a du charme pour eux. Ils
se complaisent dans les idées lugubres, car ils sont cha-
grins, grondeurs, moroses; ils se défient des autres et en-
core plus d'eux-mêmes; leurs précautions excessives leur
ôtent tout élan et leur font, malgré leur savoir, manquer
une foule d'occasions de se produire dans le commerce de
la vie. Ils sont portés par leur instinct vers l'étude des
sciences occultes, et surtout vers les pratiques supersti-
tieuses; et cependant l'exactitude mathématique de leur
esprit les entraîne aussi vers le doute. Ils sont attirés
par goût vers les études abstraites; ils aiment à chercher
dans les choses les différences, la division, le contraire du
sentiment des rapports. Incrédules, ils procèdent rigou-
reusement en toutes choses, et ils ne s'en tiennent pas à
la vue, à l'ouïe, il leur faut le sens du toucher pour être
convaincus (saint Thomas était saturnien sans doute). Leur
logique inexorable n'admet que la preuve sèche et posi-
tive. Ils s'adonnent de préférence aux sciences abstraites
où ils excellent; ils font de remarquables mathémati-
ciens, d'excellents géomètres, de savants médecins et
surtout de *grands agriculteurs*. Ils sont prudents, sages
dans le conseil, a dit Aristote en parlant d'eux dans son

livre des problèmes. Ils sont peu irascibles ; ils sont laborieux, patients, parce qu'ils sont lents d'esprit et de corps. Ils n'aiment, en effet, ni à courir ni à sauter. Ils sont peu sensibles, peu voluptueux, et, peu aptes à l'amour, ils observent facilement le célibat et se plaisent dans les mortifications. La plupart des prêtres rigides sont saturniens, et surtout les jésuites qui en ont la tristesse, l'ascétisme, la pâleur, le goût d'indépendance, et ont adopté pour leurs habits la couleur noire.

Ils rient rarement, se complaisent dans les pensées amères, et passent volontiers leur vie auprès des lieux humides et sur le bord des étangs et des lacs. Ils aiment à bâtir solidement, mais peu à peu, à *planter des arbres*, à dessiner et soigner des jardins, à *cultiver les champs*; ils vivent *aussi volontiers dans les mines* et sont *aptes à découvrir des filons et à s'enrichir dans les recherches minéralogiques*. La magie prétend qu'ils ont des intuitions particulières pour trouver les trésors et les veines minérales. Ils sont disposés à la résistance. Servir est pour eux le plus grand des maux. Ils aiment la couleur noire, et la choisissent de préférence pour leurs vêtements. Ils vivent avec économie, mangent peu et sont généralement *enclins à l'avarice*. Ils s'inquiètent de leurs songes, d'un mauvais présage. Ils sont sans cesse tourmentés de vagues terreurs et sont timides. La mélancolie est la suite naturelle de l'appréhension. Hippocrate donne la crainte comme cause et symptôme principal de la mélancolie. Ils sont portés à contredire. Ils aiment la solitude, vivent pour eux et ne se ploient qu'a-

vec peine aux exigences du monde. S'ils sont musiciens,
et il s'en trouve beaucoup parmi eux ; ils aiment la mu-
sique sérieuse, religieuse, chorale, s'adonnent surtout
à la science dans l'art, à la partie grammaticale, pour
ainsi dire, et en recherchent avec amour les difficultés.
Berlioz est un véritable saturnien ; Ambroise Thomas l'est
aussi. Beethoven était saturnien à coup sûr [1]. C'est chez
les saturniens que l'on trouve les instrumentistes arrivés
par la patience à vaincre les plus grandes difficultés, et en
général les instrumentistes habiles. Paganini , avare,
triste, pâle, noir de peau, maigre, était aussi un véri-
table type inspiré par Saturne. Toutes les académies sont
remplies de saturniens chercheurs, collectionneurs, qui
se dessèchent à creuser toutes les sciences, et se repais-
sent de théories. Aristote dit, dans ses *Problèmes*, que
tous les hommes qui se sont distingués dans l'étude de la
philosophie, dans l'administration de la république,
furent mélancoliques[2]. Platon dit, dans *Parmenide*, que
Zénon était de haute taille et mince[3]. Diogène ajoute
qu'il était très-mince, avait la peau noire[4], et qu'il avait
les jambes faibles et malades[5]. Phocion, on le sait, avait
la peau noire ; il marchait nu-pieds et sans manteau l'hi-
ver ; il était rude et sinistre ; son éloquence était brève ;
il était prudent, taciturne, indépendant; on ne le vit ja-
mais rire. Anaxagore n'a jamais ri[6]. Tous ces philoso-
phes appartenaient au type de Saturne.

1. Il était aussi influencé par Mars et Mercure.
2. Porta. *De humana physiognomonia* ROTHOMAGI, lib. IV, MDCL, p. 17.
3. Ibid. p. 178.　4. Ibid., p. 152.　5. Ibid., p. 252.　6. Ibid., p. 181.

En gastronomie même, les saturniens fournissent les cuisiniers chimistes, chercheurs, raffinés. Tous les ouvrages de patience sont exécutés par des saturniens. Les saturniens ont un ménage mesquin, minutieusement tenu. C'est aussi parmi eux que l'on trouve *les joueurs véritables, passionnés, acharnés;* le jeu, dont ils veulent fixer les hasards *par leurs combinaisons,* offre un attrait immense à leur amour pour la recherche abstraite, en même temps qu'il flatte leur goût naturel pour l'argent. Mais qu'ils soient savants, musiciens, commerçants ou poëtes, le premier besoin des saturniens est le besoin de l'indépendance. Si l'influence de Mars vient s'y joindre, il peut aller jusqu'à la révolte. Brutus et Cassius étaient pâles et tristes.

Les saturniens ont les doigts longs, osseux, *le nœud philosophique* très-développé; leur doigt médius est très-large à la première phalange (la phalange onglée); leur première phalange du pouce est longue, car leur volonté forte va souvent plus loin que le vouloir et en arrive à l'entêtement. Le mont de Saturne se fait remarquer dans la paume soit par son importance, soit par les lignes qui le couvrent.

MAUVAISE INFLUENCE DE SATURNE.

Les gens nés sous cette influence sont *noirs de peau,* sales, souvent bossus ou contrefaits, se lavent rarement

et exhalent une odeur de bouc ; ils sont avares, pares-
seux, ineptes, mais ils ont assez de ruse pour se faire
passer pour sorciers. Ils prétendent guérir les trou-
peaux, leur jeter des sorts. Les sorcières qui s'assem-
blaient la nuit à Rome, aux Esquilies, lieu rempli de
tombeaux et de cadavres, et qui faisaient là des céré-
monies magiques, étaient saturniennes à coup sûr, et
en Italie, où bien des anciennes traditions ont survécu, on
appelle encore *jettator* ou jeteur de sorts tout homme
maigre pâle, brun, à vue basse, aux cheveux rares, au
nez pointu, ayant enfin le type bien écrit de Saturne.

Leurs doigts sont longs, maigres, osseux, couverts de
nœuds, mal faits ; la peau du dos de leurs mains est rude,
sèche et ridée ; elle est d'une dureté excessive à l'inté-
rieur ; ils ont la première phalange du pouce très-
longue et la seconde presque nulle. Le mont de Saturne
est mal placé, inégal et couvert d'une multitude de
lignes qui s'entrelacent ou se croisent ; leur poignet est
gros et peu flexible.

Ils sont sujets aux chutes d'endroits élevés et vont sou-
vent emplir les prisons et les cachots, lieux consacrés à
Saturne.

SIGNATURE DU SOLEIL.

Ptolémée dit que le Soleil et la Lune ne donnent pas
un caractère spécial, mais ajoutent aux qualités inspi-
rées par les autres planètes ; l'influence solaire doue de
beauté et de grandeur d'âme. Agamemnon, noble, ma-

jestueux dans sa tournure et sa démarche, offrait le type le plus écrit de l'influence du Soleil.

Généralement, les gens nés sous l'influence de cet astre sont de taille moyenne; ils sont beaux, bien faits; leur teint est d'une *couleur citrine*, mêlée de *rouge* répandu çà et là; leur barbe est pleine et bien plantée, leurs cheveux sont longs, doux, fins, d'un blond doré, semés de filets d'or avec des reflets rouges ou jaunes; leur front est proéminent, mais sans exagération, et plutôt bas que trop élevé; leurs yeux grands, dont le blanc est pur et limpide, sont brillants, élégants de forme, humides, et ont une expression à la fois douce et sévère; ils sont bien enchâssés et *se massent* bien à distance; la prunelle en est brune, et leurs cils, assez longs, se recourbent. Leurs joues sont charnues et fermes, leur nez est fin et droit, et leurs sourcils, longs et arqués, suivent, en traçant un vaste cercle, la forme des arcades sourcilières. Leur bouche est de moyenne grandeur, et leurs lèvres, un peu avancées, sont bien égales; leurs dents sont bien rangées sans être d'une trop vive blancheur. Leur voix, sans être trop forte, est agréable et sonore; leur menton est rond et un peu saillant; leurs oreilles sont de dimension moyenne; elles s'éloignent peu de la tête, et le lobe inférieur en est charnu et coloré. Leur cou est long, musclé, mais sans que les formes des muscles se trahissent au dehors; ils n'ont aucun poil sur le corps; leur poitrine est large et bombée sans exagération; ils sont sveltes, leurs membres sont longs et purs de forme, et leurs reins sont très-cambrés; les

attaches de leurs membres sont fines, leurs cuisses sont
fortes, élégantes, et leurs jambes belles, mais relative-
ment un peu minces ; leur démarche est à la fois noble
et gracieuse ; et, en résumé, leurs membres sont plutôt
en muscles qu'en graisse. Apollon, c'est l'idée, et l'idée
est nécessairement détachée de la matière.

Ils sont inventeurs et imitateurs de toute opération ;
ils trouvent par intuition et sans études, surtout dans
les arts, ils doivent subir des pertes, mais ils sont desti-
nés à être honorés par les étrangers ; ils sont irascibles,
mais s'apaisent à l'instant ; ils sont libres dans leur lan-
gage. Bien que très-aimables, ils se créent souvent des
désagréments à eux-mêmes, car ils n'ont pas le don
d'attirer des amis fidèles. Quant à eux, ils sont dévoués,
sages, généreux, bienveillants ; ils sont destinés à beau-
coup souffrir à cause des femmes ; et, avec un cœur ai-
mant, ils devront vivre loin de leur femme légitime et
de leurs enfants ; ils ont beaucoup d'ennemis, mais ils
en triomphent comme le soleil triomphe des nues. Ils
sont aptes aux sciences occultes, et s'illustrent dans les
études de ce genre, surtout s'ils ont des signes favora-
bles sur le mont du Soleil. Ils sont bons, joyeux, mais
d'une gaieté douce ; ils atteignent la perfection dans
beaucoup d'œuvres et arrivent souvent à la renommée.
Hommes d'esprit varié, ils sont fiers et éloquents. Au pre-
mier abord, ils se laissent facilement séduire par la beauté
des formes ; toutefois, ils sont pénétrants et voient
juste. Ils aiment surtout les voyages à pied, la contem-
plation, la poésie, la lecture. Ils aiment les couleurs

riches, harmonieuses et fortes ; ils aiment les dorures, les bijoux d'or, les rubis, et sont très-recherchés ou originaux dans leur mise. Ils sont religieux, mais leur religion est plutôt basée sur la reconnaissance, la contemplation et l'adoration, que sur la superstition. Le Soleil attire tout à lui : c'est le point central où viennent converger toutes les existences, et c'est de lui que partent toutes les lumières ; un homme véritablement né sous le Soleil ne peut rester inaperçu : il attire à lui, dans la société, tous les autres, magnétiquement entraînés par les influences des diverses planètes qui les dominent et qui se trouvent envahies et absorbées par la puissance de centralisation du soleil. Raphaël, né sous le Soleil, en copiant parfois les œuvres d'artistes peu connus, en a fait des chefs-d'œuvre. Il les embellissait des rayonnements de son génie.

Les hommes solaires sont généralement sobres et souvent *artistes ou amateurs des arts*. Ils sont de bonne foi, modérés, mais parfois ambitieux et enclins à l'orgueil ; ils sont éloquents raisonnables, dans le conseil, juges sévères. Leur grande qualité est une logique large, une manière *de voir vraie*, mais sans banalité ; Molière, dont le teint était jaune clair, a vécu sous l'influence principale du Soleil, à laquelle se joignaient celles de Vénus et de Mercure. L'influence favorable du Soleil donne les honneurs ; elle donne aussi la richesse et la faveur des grands.

Leur tournure est élégante, gracieuse, majestueuse même. Ils ont souvent les yeux faibles et perdent parfois

la vue, surtout lorsqu'ils sont nés au moment des éclipses.
Ils sont portés à l'amour sensuel, mais s'attachent facilement. Ils aiment les champs, la nature, les paysages
et surtout les bords de la mer; s'ils sont poëtes, et ils
le sont souvent, leur désir est de rendre leur nom estimable et célèbre, En un mot; ils aiment à rayonner
comme le Soleil, et le Soleil donne l'intelligence, la
beauté, la vérité. (Kether, Typhereth, Jesod.)

Alexandre le Grand était né sous l'influence du Soleil
et de Mercure (au Soleil levant et dans le signe du Lion);
la figure de son buste (sculpté par Praxitèle), et maintenant au Musée impérial, rappelle à s'y méprendre, surtout de profil, le type que les anciens avaient donné à
Apollon. Elle est seulement un peu plus allongée, par
suite de l'influence de Mercure.

Les gens nés sous le Soleil ont ordinairement les doigts
lisses, carrés ou mixtes, le pouce d'une longueur
moyenne; leur paume et leurs doigts sont d'une longueur égale, la logique est développée; le nœud de
l'indépendance se trouve chez eux, mais *sans excès*; le
mont du Soleil est rayé par une seule ligne, tracée en
long comme un sillon, ou, lorsque l'influence est très-puissante, par trois lignes égales.

HOMMES NÉS SOUS LA MAUVAISE INFLUENCE DU SOLEIL.

Ils sont petits, ils ont les cheveux blonds et crépus,
leur teint est d'un jaune sombre. Ils sont aveugles ou

louches, et y voient à peine; ils sont bavards, vains, aiment à se mettre en avant et à se faire voir, et, pour y parvenir, ils cherchent des mises extravagantes et sont portés aux excentricités : ils brûlent le temple d'Éphèse. S'il se trouve parmi eux quelques hommes mieux organisés, ils rencontrent fatalement des ennemis puissants qui leur ferment les chemins de l'art, de la fortune ou des honneurs. Mais le plus souvent *ils se croient poëtes, artistes méconnus, et persévèrent, malgré leur peu de succès et malgré la misère, dans des carrières qui ne leur apportent que le ridicule et le mépris. Mais ils se consolent et souffrent avec résignation en se croyant des hommes supérieurs.* Ils sont sujets à mourir dans les pays étrangers et surtout par le feu. Leurs doigts sont tordus, mal faits, spatulés pour la plupart, avec des mains molles; le mont du Soleil est couvert d'une grille ou d'une quantité de lignes croisées, coupées par une seule ligne en travers. Au pouce, la *logique* est nulle et la *volonté* très-grande.

SIGNATURE DE MERCURE.

Les hommes sous l'influence de Mercure sont de taille médiocre, ils sont bien faits; leur figure est *longue*, mais agréable, et elle conserve longtemps un caractère enfantin. Leur teint assez pâle *a la couleur du miel nouveau :* il change *facilement et à la moindre impression passe de la pâleur à l'animation.* Leurs cheveux châtains, souples, plats, mais légèrement frisés à l'extrémité, croissent lentement ; leur peau est douce, et leur tête est mobile ; leurs fronts hauts sont bombés par les organes de la causalité et de la comparaison ; leur barbe est rare, courte et souvent noire. Leurs sourcils minces, longs, arqués, sont joints. Leurs yeux creux, bruns ou cendrés, et un peu couverts par les sourcils, sont inquiets et *très-mobiles* et pénétrants ; le blanc en est un peu jaune et les paupières sont fines ; leur nez est droit et long, les narines en sont peu saillantes, et le bout en est plutôt rond ou obtus que pointu, avec une petite fossette peu sensible. Leurs lèvres sont fines, souvent entr'ouvertes, et vont en s'abaissant un peu aux extrémités ; la supérieure déborde un peu sur l'autre et est plus épaisse ; leurs dents sont petites, le menton est long et pointu, et se recourbe pârfois en forme de bille. La tête, sur les côtés, est élargie par les organes développés de la merveillosité et de la propriété ; le cou est gros, d'une longueur médiocre ; les épaules sont fortes ; la poitrine est assez large, égale et charnue ; leurs reins sont cambrés et très-souples ; leurs bras et leurs jambes n'ont pas de gros os, mais ils sont fins et robustes, d'une forme élégante, et approchant un peu par leurs contours de la forme féminine. *Leur voix est faible*. Aristote, Platon, avaient la voix faible ; les savants l'ont généralement aussi.

La planète de Mercure est remarquable par la vivacité de son parcours et par l'éclat de sa lumière. Aussi les hommes nés sous son influence sont-ils vifs, agiles, aptes aux exercices du corps, et habiles aux jeux qui deman-

dent de l'adresse de main, comme le billard, la paume.
Ils marchent vite, courent volontiers, et sont lestes et
gracieux. C'est Mercure qui donne les danseurs et les
acrobates. Ces gens, appartenant à Mercure par le troi-
sième monde, ont la voix faible lorsqu'ils ne sont pas
aussi sous l'influence de Mars.

Et de même, dans un ordre plus élevé, les hommes
régis par Mercure ont l'intelligence vive et la pensée ra-
pide, la répartie spontanée, les mots spirituels, une intui-
tion remarquable. Ils sont fins, perspicaces et rusés au
besoin. Ils aiment les sciences, les arts basés sur de sé-
rieuses études qu'ils comprennent sans avoir besoin de
les peser, de les réfléchir. Comme les saturniens, ils sont
souvent entraînés vers les sciences occultes : la kab-
bale, la magie, l'astrologie et les recherches métaphy-
siques; mais *malgré leur facilité naturelle*, ils étudient
tout avec conscience, persévérance et amour. C'est parmi
eux que l'on trouve les grammairiens, les philosophes,
les physiciens, les médecins jugeant par inspiration, les
géomètres, les sculpteurs et les peintres; ils ont une
éloquence naturelle (une chaîne d'or sort de la bouche
du dieu Mercure), et ils brillent dans la chaire et au
barreau. Ils ont les doigts longs et lisses, souvent spa-
tulés. Les sauteurs, les gens agiles, dominés par Mer-
cure, ont les mains dures; les penseurs et les kabba-
listes ont les mains molles. Mercure donne l'idée, l'inven-
tion, le mouvement; il joint à l'intuition des rapports
qui tourmentent les saturniens, la comparaison qui
amène la vérité. Mercure, c'est l'intelligence réelle. Sa-

turne donne le système, Mercure donne l'invention ;
Mercure et Saturne réunis peuvent apporter le génie ; .
Saturne ne peut se passer de Mercure.

En général, les hommes influencés par cette planète
sont doux et aimables, ils ont une supériorité réelle dans
les affaires et le commerce, où ils apportent un sens
droit, une conception prompte et des vues grandes ; ils
sont sujets à l'envie. Ils sont sobres, fuient la dé-
bauche sensuelle et évitent les réunions bruyantes et
ambitieuses. Plusieurs d'entre eux sont naturellement
devins, augures, peuvent prévoir et annoncer l'avenir.
Ils s'emportent facilement, sont gais, parfois moqueurs,
mais avec esprit et sans fâcher ceux qu'ils raillent, car
ils possèdent un tact exquis et l'intelligence de la vie.
L'étude est leur plus grand plaisir ; ils aiment la famille
et les enfants ; ils se plaisent dans les voyages ; ils aiment
à étudier la science dans la nature. Leurs mains sont
longues ; leurs doigts sont mixtes ; l'auriculaire est long
relativement et souvent pointu ; le mont de Mercure
est développé et traversé par une raie distincte et
nette ; leurs doigts ont le nœud philosophique et sont
lisses, le pouce est long ; leurs doigts sont surtout *très-
souples*.

MAUVAISE INFLUENCE DE MERCURE.

Ils ont la peau noire et tachée, la voix faible, les yeux
creux et pleins d'un feu sombre, la pupille tirant sur le

rouge comme celle des chevreaux, *et toujours mobile.*
Leurs cheveux sont blonds, quelquefois d'un blond clair,
hérissés. Maigres, laids ; d'une figure nerveuse et grima-
çante, ils ont de la ressemblance avec le singe ; ils sont
mélancoliques et naturellement portés au mal ; ils sont
voleurs, menteurs, envieux, avides du bien d'autrui,
souvent bossus et pleins de malice (les bossus sont tou-
jours sous l'influence de Saturne ou de Mercure et sou-
vent des deux, avec cette différence que Saturne les fait
tristes, et Mercure méchants et railleurs).

Ils sont bavards, inconstants, sots, et cherchent à se
poser en magiciens et à persuader aux autres les absur-
dités les plus grandes. Ils sont naturellement portés à
l'erreur. Ils s'occupent de chimie imaginaire, de né-
cromancie surtout, mais plutôt en apparence et pour
se donner un relief ; ils croient aux stryges et aux
fantômes, inventent des esprits, des puissances occultes,
avec lesquels ils prétendent être en rapport, se le per-
suadent et finissent par trembler devant les enfants de
leur imagination ; ils écoutent pleins d'effroi les récits de
revenants, puis ils se disent doués de seconde vue ; ils
prétendent être en rapport avec des démons et guérir
les bestiaux par le souffle, le toucher et quelques paroles
magiques, et exploitent la crédulité des paysans. Ils
voyagent volontiers en vagabonds, et sous le nom de
bohémiens parcourent le monde, vivant sous des tentes
qu'ils transportent et se faisant une gloire et un plaisir
d'inspirer la terreur. Leurs mains sont molles, leurs
doigts sont longs, tordus, recourbés en arrière ; le mont

de Mercure et la troisième phalange de l'auriculaire sont
sillonnés des signes mauvais qui désignent les menteurs
et les voleurs.

SIGNATURE DE MARS.

Les personnes nées sous l'influence de Mars sont de
taille au-dessus de la moyenne, mais fortement consti-
tuées, sans être lourdes. Elles ont la tête courte, pe-
tite, épaisse, le front haut et découvert, et le cervelet
très-développé. Leur face est ronde et couverte de
taches; leur peau est dure, ferme et *d'un rouge brun,*
surtout vers les oreilles; leurs cheveux sont épais,
courts, crépus aux extrémités, roux, ou d'un blond ar-
dent, couleur donnée par la planète rougeâtre, sem-
blable à un charbon en feu ; leurs yeux sont grands,
pétillants et hardis; les pupilles, de couleur marron ou
d'un gris rougeâtre, *se fixent en parlant,* ce qui rend
leur regard ferme et dur; le blanc de l'œil est injecté
de sang; la bouche est grande, les lèvres en sont min-
ces, petites et serrées : seulement la lèvre inférieure
est plus épaisse; les dents larges, courtes, aiguës, en
forme de scie, disposées à l'instar des dents de dogues,
bien rangées et d'un émail jaune, sont enchâssées dans
des gencives saines ; leurs sourcils sont bas sur les
yeux, droits, épais, et se froncent facilement; leur nez
élevé, aigu, *se recourbe un peu en forme de bec,*
les narines sont ouvertes et dilatées ; leur menton

saille en avant ; leur barbe est dure et courte ; les
oreilles sont petites, *éloignées de la tête* ; les cartilages
en sont durs, et les cavités et les plis en sont nettement
accusés ; les joues sont osseuses et les pommettes sail-
lantes. Le type exagéré de Mars est fidèlement représenté
par la figure enluminée du polichinelle français. Les gens
nés sous cette influence marchent la tête relevée ; leur
cou est court, fort, musclé et d'un rouge bleuâtre, les
veines apparentes ; leur poitrine est TRÈS-LARGE (*nemo
est forti pectorosior Marte*, a dit un poëte[1]) ; elle est
bombée, la peau en est couverte de taches, et leurs
épaules sont aussi larges et charnues ; les deltoïdes sont
développés surtout ; leur dos est épais et chargé de
chair, ce qui donne à leur cou une apparence courte ;
les reins sont larges, les articulations sont fortes, les
extrémités sont robustes et les os gros ; le ventre est
relativement peu saillant ; leurs cuisses sont plutôt
courtes que longues, et leurs jambes sont musclées.
Ils marchent à grands pas. Leur voix est forte, al-
tière et retentissante ; ils sont pétulants et domina-
teurs. Leurs mouvements sont brusques, rapides : ils
ont, comme dit Dumas, des gestes dévastateurs ; les do-
mestiques qui cassent beaucoup sont sous l'influence
de Mars. Les gens que cette planète domine peuvent, et
ce sont là leurs bonnes qualités, être magnanimes, libé-
raux, d'un caractère généreux et digne, et d'une
grande prodigalité ; ils méprisent le danger et n'at-

1. *De humana physiognomonia.* Porta, Rothomagi, MDCL, p. 223 l. IV.

tachent aucun prix à la vie. Ils aiment les panaches, le rouge, les couleurs voyantes, les armes étincelantes, les trophées, le bruit, le mouvement, l'odeur de la poudre qui les enivre. Ils fréquentent de préférence les cafés, les lieux de réunion bruyante, où les liqueurs fortes sont distribuées; ils aiment le jeu, les conversations animées, l'orgie, tout ce qui aide à passer le temps. Ils parlent haut et veulent dominer la voix des autres. Ils sont brusques dans leurs paroles, comme ils sont brusques dans leurs mouvements. Ils s'irritent des contradictions et s'emportent facilement. Ils sont violents et pleins d'orgueil. Portés aux plaisirs sensuels, et surtout aux plaisirs lascifs de l'amour, ils sont hardis auprès des femmes et savent s'en faire aimer. C'est toujours l'alliance de Mars et Vénus.

Ils sont tenaces, batailleurs, violents, audacieux, téméraires, exagérés dans leurs récits quand l'influence de la planète est forte. Ils mangent beaucoup, presque avec voracité, et de préférence des viandes saignantes; ils parlent surtout de traits de hardiesse, d'actions d'éclat et font volontiers leur propre éloge. Ils exercent de préférence les états où le sang coule, comme la chirurgie, la boucherie. Ils aiment les spectacles sanglants.

Selon Salluste, Catilina avait la peau d'un rouge de sang[1]. Cassandre, la prophétesse véhémente, avait la peau d'un rouge de feu et des yeux ardents[2]. César Borgia

1. Porta. *De humana physiognomonia*, p. 156, l. IV.
   Ibid.

avait la peau rouge [1] ; ses portraits lui donnent un nez
aquilin et le menton saillant. Achille, beau type de Mars,
avait les cheveux de couleur rouge jaune, la poitrine large
les cheveux disposés en boucles à l'extrémité [2]. César, à
qui *Jupiter* donnait le teint blanc, avait le nez aquilin, le
menton saillant, les lèvres serrées, la poitrine large
comme tous ses bustes le prouvent. Selon Plutarque,
Antoine avait le nez aquilin, la barbe épaisse, le front
large, l'air mâle ; il se vantait à tout propos, buvait en
public, s'asseyait à table avec les soldats. Sa libéralité
était excessive.

La planète de Mars donne aussi le mouvement, l'activité,
l'énergie dans toutes les actions de la vie ; elle aug-
mente la force, la puissance, les qualités viriles, même
dans les arts, Mars donne la couleur aux peintres, l'éner-
gie aux discoureurs. C'est par l'influence de Mars que les
orateurs populaires entraînent la foule ; c'est aussi par
son influence que les prédicateurs enlèvent leur audi-
toire. Tous les avocats qui brillent par les mouvements
oratoires qui surprennent, qui fascinent sans attendrir,
sont sous l'influence de Mars. Les artistes fougueux,
dans tous les genres, reçoivent de la planète de Mars
leurs qualités véhémentes : Michel-Ange, Léonard de
Vinci, qui réussissaient dans tous les arts, étaient domi-
nés par Mars et par Saturne. Horace Vernet, par les qua-
lités de mouvement, est dominé par Mars ; il l'est aussi

1. Porta. *De humana physiognomonia*, p. 156, l. IV.
2. Ibid., p. 65-79-228-65, l. II.

par Vénus ; mais Salvator Rosa et Caravage offraient de vrais types de l'influence de Mars.

Leur main est dure, leurs doigts sont gros, forts, trapus, gonflés à la troisième phalange ; la première phalange du pouce est large, plus longue que la seconde ; le mont de Mars est développé et fait saillir la percussion de la main au-dessous de la ligne de cœur ; la plaine de Mars est très-rayée.

MAUVAISE INFLUENCE DE MARS.

Tous les orateurs de carrefours, les marchands d'orviétan, les charlatans à voix haute et forte, qui appellent, assemblent la foule et l'étourdissent de leur flux de paroles, sont sous l'influence de Mars, plus ou moins mauvaise. L'influence perverse de Mars donne les assassins, les bandits, les voleurs de grand chemin, les pillards et les gens de révolte, de rixe, de sang et de débauche, perfides, menteurs, parjures, ne croyant à rien, et ceux qui vivent dans des tripots infâmes, et soutiennent des femmes perdues. *Leur peau est enflammée.* Leur figure est toujours irritée et abrutie ; ils ont la bouche torse, le coin des lèvres abaissé, l'œil menaçant et fixe, les sourcils froncés, les yeux creux et sombres, et le regard louche et féroce du loup qui cherche le côté faible pour attaquer sa proie. Leur voix est brutale, et ils se balancent en marchant ; leurs cheveux sont châtains ou d'un blond tendant au blanc, et plats ; leurs yeux sont petits et leur corps médiocre ; leur peau est tachée, leurs oreilles grandes, très-écartées, la peau du visage et surtout la peau du cou de couleur rouge. Leur barbe est rare, rude et droite; leur aspect a quelque chose de sinistre et de repoussant. Leur main est courte, grosse, trapue, forte; leurs doigts sont gonflés à la troisième phalange; leur ligne de vie est profonde et rouge, leur ligne de cœur est courte et sans rameaux; la plaine de Mars a une *croix* au milieu; leur première phalange du pouce est en forme de bille, la seconde est très-courte et faible; la peau des mains est dure; la ligne de cœur vient s'abaisser en formant un demi-cercle sur la ligne de tête, à la hauteur de l'index, et se fond avec elle.

SIGNATURE DE LA LUNE.

Les gens nés sous l'influence de la lune ont la tête ronde, large au-dessus des tempes, à la place où se trouve l'organe de l'imagination; le haut de leur front où se trouvent phrénologiquement placées la causalité et la comparaison est peu apparent, mais la partie du crâne qui borde les yeux et donne les qualités perceptives est très-saillante. Leur teint est *blanc mat, pâle, quelquefois teinté de légères couleurs;* leur peau est maculée, leur chair est molle. Ils sont grands[1], musclés

---

1. On a vu que les grandes tailles sont des signatures de Saturne et de la Lune; ce sont les types purs. Cependant elles peuvent se trouver sous toutes les influences astrales, mais moins fréquemment, surtout chez Mercure. Par la même raison, Saturne et la Lune peuvent influencer des hommes petits; il n'y a pas de règle sans exception, et les exceptions elles-mêmes s'expliqueront plus loin par les mélanges.

en apparence, mais leurs muscles sont spongieux ; leur
corps est peu velu ; leur figure est large et pleine ; leurs
cheveux sont fins, souples, longs, blonds et peu épais ;
leur nez est court et un peu étroit relativement à l'am-
pleur de leur face ; le bout en est rond. Leur bouche est
petite, leurs lèvres sont fortes, proéminentes, et font la
moue ; leurs dents sont larges, grandes, jaunes, souvent
mal rangées et mauvaises ; leurs gencives montent haut
et sont pâles ; leurs yeux sont ronds, gros, clairs, sail-
lants, avec une prunelle *d'un gris bleu, voilée, vague, et
comme noyée dans son orbite* ; les paupières en sont
larges, épaisses : leurs sourcils sont joints, blonds, peu
apparents, et comme estompés ; leur menton, gras et
épais, est un peu fuyant ; leurs oreilles sont collées à la
tête.

Leur cou est assez long, blanc, charnu, et garni sou-
vent de plis circulaires semblables à des fils ; leurs épaules
sont larges, charnues ; les lombes, chez eux, sont très-
développés ; les pectoraux (muscles de la poitrine), chez
les hommes, et les seins, chez les femmes, sont mous et
plissés ; les hommes et les femmes ont des hanches gon-
flées et exagérées qui leur donne une difficulté dans
l'allure. Leur ventre est très-fort ; leurs jambes sont
lourdes, massives, et gonflées à la cheville ; les attaches
des membres sont lourdes, et leurs pieds sont grands et
épais. En général, leurs formes sont boursouflées ou
vanlootées, comme disent les peintres.

Les lunatiques sont changeants, capricieux, égoïstes ;
ils aiment à voyager, mais pour obéir à leur instinct

d'inconstance; ils sont froids, languissants, *paresseux*, mélancoliques, peu portés à l'amour. La vie de famille n'a pour eux que de faibles attraits. Ils sont plutôt mystiques que religieux, flegmatiques, et comme tous les flegmatigues, lents de corps et souvent d'esprit; toutefois, leur imagination est très-active, lorsqu'elle se nourrit de rêves. Ils ont des intuitions magnétiques, des rêves prophétiques; ils se trouvent souvent en rapport avec les mondes extérieurs, surtout lorsqu'ils se trouvent dans la solitude, auprès des lacs ou des fontaines; Numa consultait près d'une fontaine la nymphe Égérie. Ils aiment les arts, mais la peinture fantastique, la littérature romantique; ils font volontiers des vers, et ont une grande aptitude pour l'*harmonie*. En général, ils ont beaucoup de la complexion des femmes.

Théophile Gautier offre un véritable type de *la Lune*, modifié par *Vénus*.

Les femmes influencées par la lune sont dévouées; elles se donnent facilement, mais plutôt par manque de force de résistance que par amour. Cependant elles ont un homme préféré, qu'elles trahissent sans le vouloir, mais qu'elles aiment toujours.

Les gens de ce type, parmi lesquels on trouve les navigateurs ou les gens qui s'occupent d'affaires maritimes, aiment le voisinage de la mer; ils élèvent de préférence des animaux aquatiques, comme des canards, des oies, des cygnes, des poissons. Ils réussissent dans les travaux hydrauliques et habitent volontiers sur les bords des fleuves ou des torrents. Ils sont incertains, inquiets, peu belliqueux, et ils manquent de confiance en eux-mêmes ; aussi sont-ils *peu aptes à devenir orateurs*. Ils sont aussi peu capables de mener à fin une affaire qui exige de la persévérance ; ils sont plus généreux en paroles qu'en actions ; ils mangent beaucoup et avec gloutonnerie ; ils boivent peu, mais du vin pur. Ils ont toujours un sujet d'inquiétude ; ils s'alarment surtout pour leur santé. Ils sont lourds, marchent lentement, se fatiguent vite, et font, lorsqu'ils sont en voyage, des haltes fréquentes. Leur principal caractère est celui de la Lune : la mobilité et l'inconstance. Ils aiment les couleurs blanches et jaunâtres.

Leurs mains sont potelées, molles ; la première phalange de leur pouce est courte ; leurs doigts sont lisses, courts et *pointus ;* dans la paume, le mont de la Lune est très-développé relativement aux autres. Les littérateurs de ce type ont les doigts *pointus*, parfois spatulés, mais les mains molles.

MAUVAISE INFLUENCE DE LA LUNE.

Les gens ainsi influencés sont bavards, étourdis, sans circonspection, calomniateurs, mauvaises langues, voraces, menteurs, superstitieux, de mauvaise foi, perfides ; ils sont débauchés sans passion, par caprice, par curiosité, par amour du changement, espérant peut-être trouver dans chaque nouvelle orgie un plaisir inconnu, une émotion dont ils sont avides. Ils sont *égoïstes* et sans pudeur ; ils sont vains, insolents, fanfarons et lâches. et se plaisent à faire le mal par leurs insinuations ; ils sont sales, et leurs sueurs exhalent une ordeur nauséabonde. Souvent nés dans les temps d'éclipse, ils viennent au monde louches, myopes, avec des yeux troubles, ou même aveugles. *Leur peau lisse, blafarde,* est couverte de taches. Ils sont sujets à l'épilepsie, aux *paralysies,* principalement de la langue, des lèvres et des yeux, et aussi aux contorsions des membres et du visage. Leurs mains sont très-molles, gonflées ; ils ont les doigts pointus, le mont de la Lune porte les sillons du caprice, *leur ligne de tête est bifurquée;* une branche descend vers le mont de la Lune ; le mont de Mars est peu apparent et mal placé ; le mont du Soleil est couvert d'une grille ou de raies entre-croisées.

SIGNATURE DE VÉNUS.

Les personnes nées sous cette influence ont une grande ressemblance physique et morale avec celles qui sont nées sous l'influence de Jupiter. (Ces deux planètes sont également brillantes et également belles.) Seulement, chez les premières, la beauté est plus féminine, et le caractère est conséquemment plus féminin. Elles ont aussi *la peau blanche,* mais elle est plus rosée, plus douce, plus molle, plus fine et plus transparente. Ces mêmes personnes sont d'une taille au-dessus de la médiocre ; elles ont la figure ronde, les os de la face ne s'aperçoivent nulle part ; leurs joues sont petites, grasses et souvent ornées d'une fossette; leur front est beau, rond, plutôt petit que grand, légèrement sillonné de veines azurées, et (selon les règles de la métoposcopie), lorsqu'elles sourient ou sont tristes, deux ou trois petites lignes se remarquent entre les deux sourcils, place consacrée à Vénus sur le front.

Les sourcils des personnes influencées par Vénus, beaux, longs, épais, bien nets, bien tracés, devront donc commencer de chaque côté à la racine du nez et laisser cette place libre; si elle est envahie par des poils qui semblent s'échapper de leur arc, c'est signe de troubles dans l'amour, c'est jalousie.

Leurs cheveux sont longs, épais, *ondoyants*, souples, noirs ou d'un brun foncé, et se conservent même jusque dans la vieillesse.

Le nez droit, large à la racine, est élégant, rond, assez charnu à l'extrémité; les narines en sont rondes, mais un peu dilatées; les yeux sont grands, beaux, clairs, et surtout humides, voluptueux, bruns, un peu à fleur de tête; la prunelle en est grande, les paupières sont, en se fermant, rondes, épaisses et traversées de fibres capillaires.

Leur bouche est petite, vermeille par la surabondance du sang; les lèvres sont épaisses, surtout la lèvre inférieure dont la partie droite est légèrement gonflée.

Leurs dents sont blanches, bien rangées; leurs gencives sont couleur de corail. Leur menton est rond, gras et un peu long, avec une fossette; leurs mâchoires sont peu apparentes.

Les oreilles sont petites ; le lobe de l'oreille est petit et charnu.

Le cou blanc, fort, rond, de moyenne longueur, a l'apparence d'une tour d'ivoire, comme dit Herder. Les épaules sont tombantes, étroites ; les deltoïdes (muscles des épaules) sont ronds et gras ; la poitrine est étroite, mais charnue. *La gorge, chez les femmes, est pleine, ronde*, placée bas comme celle de la Vénus antique. Les bras ronds, ont une fossette au coude ; les os ne s'y montrent nulle part. A cause des hanches qui montent très-haut et sont développées dans l'un et l'autre sexe, les reins sont cambrés, mais les cuisses sont longues, grasses, belles, élégantes de forme ; le contour en est sinueux et pur, mais sans rudesse ; le ventre est apparent sans être fort, et les genoux, gras aussi, sont *légèrement inclinés en dedans* ; les jambes sont fortes ; les mollets viennent se perdre en diminuant toujours à la cheville, où les attaches sont fines mais rondes ; les pieds sont petits, élégants et éclatants de blancheur.

A l'instar de celles qui vivent sous l'influence de Jupiter, leur visage est riant et agréable. Elles aiment la mise élégante et les vêtements clairs. Elles sont amies du plaisir et sont portées surtout à l'amour, et par cela même elles sont bonnes, douces, aimables, affables, souvent naïves. Leur première pensée est toujours bonne ; elles sont serviables, aiment les festins, les sociétés de plaisir, mais plutôt pour épancher des besoins d'affection auprès de leurs amis que pour la table en elle-même. Elles mangent peu, et de préférence cependant, les mets qui excitent à l'amour. Elles aiment assez le toast et les joies modérées de la bouteille, et leur digestion facile les conserve en bonne humeur. Les parfums qu'elles emploient dans leur toilette et les fleurs dont elles garnissent leurs chambres sont presque une nécessité pour elles ; elles aiment aussi la musique, mais cependant plus la *mélodie* que l'*harmonie* qui appartient aux gens influencés par la lune. Elles chantent volontiers et recherchent les applaudissements, mais plus par désir de plaire que par besoin de briller. Elles soignent leur peau, leur teint, leur chevelure. Elles aiment la parure , et les femmes la parure lascive. Les hommes de ce type se plaisent à porter des bijoux, des ornements de femmes ; ils sont confiants et souvent trompés ; ils sont naturellement portés , non pas précisément à la paresse , mais au repos favorable à la rêverie, à l'harmonie et aux plaisirs sensuels. Les belles formes les charment, et les peintres , nés sous l'influence de Vénus, les étudient, les cherchent dans leurs tableaux et deviennent dessinateurs élégants. Raphaël était spécialement inspiré par Vénus et le Soleil. Les gens de ce type se laissent impressionner par la beauté, et sont bienveillants d'avance pour toute personne dont les formes, les traits et la tournure charment leurs yeux. Ils abhorrent les rixes, le bruit, la discorde ; ils sont doux, pieux, justes, gais, comme les hommes influencés par Jupiter, mais d'une gaieté plus douce, plus expansive, moins ambitieuse et moins bruyante. Vénus donne aux hommes les formes féminines , et lorsque ces formes sont trop accusées, des goûts féminins ; elle rend bons,

bienveillants, charitables ceux qu'elle n'entraîne pas
jusqu'à la débauche. Ils sont miséricordieux et pleu-
rent facilement. Vénus donne aux artistes, aux orateurs,
aux poëtes, aux acteurs, aux compositeurs de musique,
le don de charmer, d'attendrir, que *l'on appelle l'âme*.
Il n'y a pas d'artiste qui ne soit plus ou moins sous l'in-
fluence de Vénus; s'il s'en trouve, par hasard, ils font de
l'art non pas une conséquence de l'inspiration, mais le
résultat de la science : ils étonnent, se font admirer
parfois, mais ne font jamais rêver ni pleurer.

La main des personnes de ce type est grasse, potelée
à fossettes; les doigts sont lisses, plutôt courts que
longs ; la peau est douce, blanche, mais non pas d'un
blanc de marbre; le pouce est court, la racine du pouce
est forte et sillonnée.

MAUVAISE INFLUENCE DE VÉNUS.

Les gens de ce type ont la peau d'un blanc-pâle; ils
sont gras, paresseux, leurs yeux sont enfoncés, lubriques
et effrontés; leurs cheveux sont d'un blond rouge allant
jusqu'au roux ; leur nez est grand, gras, surtout à l'ex-
trémité, écrasé parfois, et alors retroussé et laissant voir
l'intérieur des narines; leurs lèvres sont très-saillantes,
la lèvre inférieure surtout; leur corps, gras et mou,
transpire facilement; ils ont les jambes lourdes, les
seins, le ventre gras, *les attaches* communes; ils ai-
ment toutes les voluptés crapuleuses, et en arrivent en
amour aux commerces les plus infâmes. Leur voix est

rauque, même chez les femmes ; leur main est très-
molle, les doigts sont lisses et pointus ; le mont de Vé-
nus est couvert de grilles, le mont de la Lune est aussi
fort et très-rayé ; ils ont souvent l'anneau de Vénus, et la
ligne de Mars grande et longue ; ils ont aussi la voie
lactée marquée dans les deux mains.

VOIX DONNÉES PAR LES ASTRES.

L'influence des astres se fait sentir partout : dans la
tournure, dans les gestes, dans la voix.

Saturne donne la voix enrouée, sourde, triste, la pa-
role lente.

Jupiter, la voix bruyante, gaie, rieuse, agréable, et,
dans les moments sérieux, la parole compassée.

Le Soleil, la voix harmonieuse, tranquille, douce, pure.

Mercure, la voix joyeuse, vive, mais faible, le débit
précipité, le bégaiement.

Mars, la voix rude, éclatante, prompte, impatiente,
colère, le bredouillement.

La Lune, la voix grave, nonchalante, effacée.

Vénus, la voix douce, molle, tendre, un peu traînante,
lascive, rude et enrouée *dans la débauche* [1].

Selon les astrologues, chaque astre a une influence
particulière sur chaque partie du corps.

Jupiter sur le foie, les veines, le poumon, le dia-
phragme, les côtes, les muscles.

1. Les animaux, par similitude, ont la voix rauque au temps du rut.

Saturne sur les os, les dents, les cartilages, l'oreille droite, la rate.

Le Soleil sur le cœur, les artères, l'œil droit, le côté droit chez les hommes, le côté gauche chez les femmes.

Mercure sur les pieds, les mains, les doigts, la langue, les nerfs, les ligaments.

Mars sur la vessie, le fiel, l'oreille gauche, les parties génitales, les reins.

La Lune sur la cervelle, l'œil gauche, les intestins, l'estomac, la matrice, les membranes.

Vénus sur la gorge, les mamelles, le ventre, les fesses, l'utérus, et avec Mars les reins et les parties génitales.

Et, en se conformant à ce système, les planètes, selon les astrologues, inspirent, chacune, des maladies qui leur sont spéciales.

MALADIES CAUSÉES PAR LES ASTRES.

Les maladies inspirées par Jupiter, sont les maladies du sang, les pleurésies, les convulsions, les saignements fréquents au nez, les transpirations abondantes et les maladies de foie, les angines, les douleurs de l'épine dorsale.

Les jupitériens sont mieux portants en hiver qu'en été. Ils sont aussi sujets aux palpitations, aux vertiges, à la catalepsie, à l'apoplexie, aux contractions nerveuses, à la goutte qui appartient aussi à Saturne, au scorbut.

Les saturniens sont sujets aux spasmes, aux hémorroïdes, à la dyssenterie, à l'éléphantiasis, aux cancers, aux squirrhes.

La fièvre quarte, la paralysie, la mélancolie, la toux, les douleurs de dents, *la surdité* de l'oreille droite, les rétentions d'urine, la gale, les hernies sont les maladies des saturniens.

Les saturniens sont sujets surtout aux maladies des jambes, ce qui chez eux annonce une longue existence ; les saturniens, en général, durs et secs, vivent long-temps. C'est sous l'influence de la planète de Saturne que l'on voit le plus de vieillards. Tous les vieillards même prennent à la longue le type et les signatures de Saturne.

Avec l'âge, les épaules se haussent, les genoux se plient, la tête s'abaisse, les joues se creusent, le teint pâlit et devient comme terreux, les cheveux tombent, les pas s'appesantissent, et la parole se fait sourde et lente. On sait que Saturne représente *la Terre*.

« Suivant Schreger, la proportion des principes con-stituants terreux des os, est : de moitié chez l'enfant, des quatre cinquièmes chez l'adulte, et des *sept huitiè-mes* chez les vieillards[1]. » *La terre le mange*, dit le pro-verbe populaire en parlant d'un homme très-âgé.

Le Soleil donne les vues faibles, le strabisme, les syn-copes, les fièvres éphémères, les maladies de cœur.

C'est de Mercure qu'émanent les maladies d'esprit, les inquiétudes, les folies, le bégaiement, les crachements, les toux.

1. *Manuel de Physiologie* de Müller, t. I, p. 286. 1845.

La planète de Mars cause l'âcreté des urines : elle les rend jaunes ou rouges, salées, amères ; elle donne des déjections brûlantes, des fièvres chaudes, des pustules sanguines, des frénésies. Dans plusieurs de ces maladies, elle inspire des peurs et des pensées affreuses ; elle couvre parfois le corps de pustules bilieuses. Les fièvres ardentes, les fièvres tierces, les inflammations, les maladies de bile, pouvant mener à la folie, la jaunisse, les hémorragies, les ulcères, les fièvres tierces, les douleurs de l'oreille gauche, les maux de reins, sont inspirés par la planète de Mars.

La Lune donne la faiblesse, l'imbécillité, *le strabisme* que donne aussi le Soleil, les maladies d'yeux dans la vieillesse, l'épilepsie, les contorsions des membres et de la face, les paralysies, surtout de la langue, des lèvres et des yeux, les catarrhes, les flux de ventre, les menstrues immodérées, la suppuration, les maux d'estomac, les hydropisies, les pituites.

Vénus donne les affections des parties génitales, les obstructions des reins et de la vessie, les maladies de la matrice.

INFLUENCE DES ASTRES

SUR LES OBJETS SECONDAIRES DE LA CRÉATION.

Selon les astrologues et les kabbalistes, les plantes et les minéraux reçoivent, comme les hommes, une influence spéciale de tel ou tel astre.

Jupiter a plus spécialement sous son influence :

Animaux : l'éléphant, le daim, le cerf, le paon et le faucon.

Végétaux : le chêne, la vigne, le laurier, le cannellier, la canne à sucre, le baume, les arbres résineux qui produisent l'encens.

Minéraux : l'étain, le saphir, l'améthyste.

Saturne a sous son influence :

Animaux : le chameau, l'ours, l'âne, le hibou, le corbeau, l'anguille, la taupe, la chauve-souris, la tortue, le rat, le scarabée, l'araignée, le crapaud, et les animaux lents qui vivent dans des trous, qui errent la nuit, et qui ont un vilain cri.

Végétaux : le néflier, la rue, l'ellébore, le cyprès, le frêne, les narcotiques, les plantes épaisses, lourdes, d'une croissance tardive.

Minéraux : le plomb, le soufre, les pierres noires, obscures, terreuses.

Le Soleil a sous son influence :

Animaux : le lion, les animaux domestiques à robe soyeuse (l'angora, le cheval de luxe, etc.), l'aigle, l'abeille.

Végétaux : le palmier, le caféier, le romarin, l'héliotrope, le safran, le blé, les aromates.

Minéraux : l'or, l'escarboucle, l'hyacinthe.

Mercure a sous son influence :

Animaux : le renard, le singe, le chat de gouttières, l'écureuil, le perroquet, le serpent.

Minéraux : vif-argent, calcédoine, cornaline.

Végétaux : le noisetier, les mille-feuilles, la mercuriale, la marjolaine.

Mars a sous son influence :

Animaux : le cheval, le taureau, le loup, le sanglier, le chien, l'autruche, le milan, le vautour, les serpents venimeux, le scorpion.

Végétaux : le poivrier, le gingembre, le houblon, le séneveé, la rave, la scammonée, la carotte, la coloquinte, et toutes les plantes amères et venéneuses.

Minéraux : le fer, l'aimant, le rubis, le jaspe, la pierre hématite.

La Lune a sous son influence :

Animaux : le lièvre, la cigogne, le rossignol, les grenouilles, les poissons, les escargots, les écrevisses, les huîtres, les animaux à écailles, les limaçons.

Végétaux : le tabac, le thé, le pavot, le melon, la citrouille, les concombres, les laitues, les plantes spongieuses.

Minéraux : l'argent, le cristal, le diamant, la perle, l'opale.

Vénus a sous son influence :

Animaux : la chèvre, la brebis, le musc, le faisan, la perdrix, la colombe, la tourterelle, le passereau.

Végétaux : le dattier, l'olivier, le pin, la truffe, lapis-la rose, le myrte, la vanillier.

Minéraux : le cuivre, l'émeraude, la turquoise, le lapis-lazuli, le corail.

Les astrologues attribuent à l'influence de Jupiter : la

27.

salubrité des plantes et des fruits, l'abondance des poissons.

A l'influence de Saturne : la corruption des fruits et des plantes utiles par un air épidémique, le froid, les brouillards, les grêles, la ruine des édifices.

A l'influence de Mars : l'insalubrité des fruits et des plantes, la peste, l'incendie et les tremblements de terre.

A l'influence du Soleil : la salubrité de l'air et des plantes, la pêche abondante.

Mais aussi les desséchements et l'incendie des forêts.

A l'influence de Mercure : les tempêtes, l'instabilité.

A l'influence de la Lune : l'humidité, la putréfaction des plantes.

A l'influence de Vénus : toutes les qualités bienfaisantes de Jupiter, mais portées à un bien plus haut degré.

Vénus est la planète la plus favorable; c'est celle qui préside à la création universelle. Un amour inspiré par Vénus, sans autres influences, apporterait tout le bonheur, toutes les chances heureuses que peut donner l'humanité.

ATTRACTION DE L'INFLUENCE DES ASTRES PAR SYMPATHIE.

On attire l'influence d'un astre en s'entourant d'objets qui portent plus spécialement sa signature.

« L'harmonie céleste, dit Agrippa[1], montre la vertu qui est cachée dans la matière, l'évite, la fortifie et la fait paraître, et, pour ainsi dire, elle la réduit en acte quand ces choses sont exposées avantageusement ou à temps aux corps célestes. Par exemple, quand on veut tirer de la vertu du Soleil, il faut chercher ce qu'il y a de solaire parmi les végétaux, les plantes, les métaux, les pierres et les animaux à robe soyeuse, et plus encore les choses nobles qui tiennent un rang supérieur dans la création. »

N'est-ce pas pour cela que les nobles riches, même doués d'une intelligence ordinaire, entourés, dès qu'ils ouvrent les yeux, de tableaux de choix, de tapisseries, de dorures, et vêtus un peu plus tard de soie et de velours, voyant sans cesse des objets de luxe ou d'art, prennent dans leur personne et leur tournure un air de distinction native qui ne s'efface que par la débauche ? C'est aussi poussés par un instinct secret que les gens enrichis, partis de la classe inférieure, se couvrent volontiers de pierreries, d'épingles, de bagues et de chaînes d'or, pour attirer les influences du Soleil que repoussent les émanations de leurs grossières habitudes et de leur éducation première.

Les rois, par le luxe de leurs costumes, l'or et les pierreries de leurs couronnes, leur représentation, l'éclat de leur cour, attirent les influences de Jupiter et du Soleil.

1. *Philosophie occulte*, par Agrippa, ch. xxxiv, l. I, p. 88. La Haye, 1727.

Les juges, les avocats, les gens de chicane attirent, par leur robe noire, les influences de Saturne.

Les jésuites austères, indépendants, saturniens en un mot, sont complétement vêtus de noir.

Il est bien moins indifférent qu'on ne le croit de s'entourer d'objets tristes ou gais, car tout dans la nature tend à se mettre en harmonie.

Les riches magasins, les cafés splendides attirent la foule et l'argent.

Les prodigues mêmes attirent l'or et les héritages. Seulement, ils abusent toujours.

Le monde s'est fait sérieux, triste, avide, depuis quelques années ; aussi c'est l'influence de Saturne qui domine.

Les jeunes gens, surtout des villes où dominent ordinairement l'industrie et l'indépendance, pour la plupart pâles, maigres, languissants, ont la marche et la tournure des vieillards.

Les femmes courent après l'argent, elles aiment le jeu et les plaisirs tristes ; elles sont intéressées, avares ; elles se font saturniennes, et un besoin d'harmonie les porte à se blanchir le visage et à renier toute fraîcheur ; elles affectent de porter les épaules hautes et rentrent la gorge (signature de Vénus). Aussi, avec l'aide de Saturne, on découvre des mines d'or en Australie, en Californie, en Russie, partout.

Les sciences exactes, inspirées par Saturne, inventent chaque jour de nouveaux perfectionnements mécaniques, de nouvelles machines; c'est le règne des mathématiques, et, partant, des désillusions ; c'est aussi le temps 'du triomphe des mauvais esprits : les tables parlent, les murs correspondent par des coups sourds avec les fantômes, les morts couvrent de dessins étranges les papiers que leur tendent les vivants penchés sur la pierre de leurs tombeaux.

Saturne, en magie, préside à la corruption des plantes utiles, et le raisin et les pommes de terre sont attaqués par des maladies inconnues.

Partout, sur terre, c'est l'influence de Saturne qui domine aujourd'hui, et, il ne faut pas l'oublier, Saturne est triste et fatal.

MÉLANGES DES ASTRES.

Nous avons dit qu'un homme n'est jamais sous l'influence d'une seule planète. Cependant, les signatures spéciales que nous venons d'indiquer se retrouvent parfois presque toutes à un degré éminent, lorsque l'influence d'une planète principale est très-véhémente. En tout autre cas, chaque planète apporte son effet, et il résulte de leur mélange des modifications dont il sera facile de se faire une idée.

La chiromancie peut, sans qu'il soit besoin de dresser un thème de nativité, indiquer les planètes dominantes, les classer même selon leur degré d'influence plus ou moins grande, démontrée par le développement relatif des monts et la forme des lignes qui les sillonnent.

On fera en cela ce que fait le peintre en mêlant les couleurs de sa palette ; s'il connaît les vertus de chacune, il calcule à l'avance ce que produira leur *mé-lange :* la chiromancie peut faire le même travail et tirer des conséquences d'après les *mélanges* des influences planétaires de l'organisation humaine. Toutefois nous croyons de *notre devoir* de donner ici un *spécimen* du mélange des planètes, comme le comprenaient les anciens astrologues.

SATURNE.

L'union de Saturne et de Jupiter donne le teint blanc sans fraîcheur, les cheveux châtains, les yeux tirant sur le noir, les cheveux rares, les dents médiocrement blanches.

Elle donne aussi la douceur, la piété, la patience, la philosophie, la gaieté douce sans éclat, l'aménité de caractère, le respect pour l'âge et la faiblesse.

Mais si de ces deux astres un est favorable et l'autre mauvais, on ne saura profiter de rien, on manquera de perfection des sens, on se plaira dans les fantômes, on recherchera la solitude et le silence des églises, mais sans aimer personne, sans se faire d'amis; on aura des tristesses, des besoins de pleurer, des ennuis inexplicables; l'intelligence sera rude et l'on manquera de goût.

Ici, comme toujours, l'influence bonne ou mauvaise des mêmes planètes sera marquée plutôt par l'expression et la lourdeur des traits et des formes que par le manque de similitude des signatures; la mauvaise influence est comme un portrait ressemblant *en dés-*

agréable, dont la physionomie fait surtout la différence.

En général, les gens dont les yeux et la bouche ont une expression triste ou fatale appartiennent aux planètes défavorables et sont menacés d'événements pénibles dans le courant de leur existence. Quand on dit d'un homme : « il a une figure de prospérité ou une figure malheureuse », on ne se trompe guère. La fraîcheur et l'aspect riant du matin annoncent une journée splendide ; la nature assemble des nuages et rend le paysage triste, lorsque la grêle va tomber ou que l'ouragan va mugir.

L'union de Saturne et du Soleil donne une taille plutôt grande que petite, un teint couleur de miel clair, de la corpulence, des yeux demi-grands, une barbe médiocrement fournie, des cheveux châtains tirant sur le jaune, longs, légèrement frisés. Le Soleil ajoute à toutes les planètes, physiquement, les formes pleines et belles ; moralement, l'esprit de justice, la lucidité dans les vues, la logique.

Mais le Soleil mauvais ôte l'ampleur du corps et rend sujet à des chagrins et à des malheurs.

L'union heureuse de Saturne et de Mercure donne un homme avec teint pâle et foncé, le front demi-long ; la figure, le nez demi-longs, les yeux allant au noir ; causaliste, chercheur de chroniques, de vieilles lois, amateur de médecine et de physique, avide de faits remarquables, gai, de bonne pensée, d'un esprit agile, habile à individualiser les choses, à les classer, à tirer des inductions, jugeant et jouissant par le sens et la pensée, et généralement heureux même si les planètes sont l'une bonne, l'autre mauvaise.

Saturne donne l'objection, la différence, le système, le goût de l'étude patiente et consciencieuse.

Mercure donne l'invention, la spontanéité et ce que l'on appelle *l'esprit* dans le monde.

Saturne et Mercure réunis sous un aspect très-favorable peuvent donner le génie qui, en aucun cas, ne peut exister sans l'alliance de Mercure.

Mais si les planètes sont mauvaises l'une et l'autre, elles donnent un homme perfide, parjure, colère, rancunier, oppressé de l'esprit de discorde, détestant ses parents, méditant sans cesse de nouvelles ruses, trompeur dans ses paroles et ses actions, haïssant la société des hommes, voleur, porté à la nécromancie, infidèle et malheureux lui-même.

Saturne et Mercure réunis et défavorables donnent les caractères les plus dangereux : ils font les jettatori. Saturne amasse le fluide vénéneux, Mercure le projette.

Saturne et Mercure mauvais jettent des influences fatales dont *Vénus* fait souvent, par sa réunion, des influences fatales d'amour. Aussi voit-on fréquemment des femmes pâles, maigres, vives (à figure grimaçante donnée par Mercure), du reste peu remarquables, parfois laides et même vieilles, exciter des passions inexplicables pour tous, et d'une violence extrême.

L'union de Saturne avec Mars donne un dos un peu voûté, de l'obésité, une peau brune avec une nuance de rouge, des taches sur le visage, des cheveux rares d'un noir peu foncé et ayant à leur extrémité un léger reflet rouge.

Mars favorable ajoute aux qualités de Saturne ce qu'il ajoute à toutes les autres planètes : l'ardeur, l'action, l'énergie ; il tempère la pusillanimité des saturniens et en fait de la prudence ; il leur donne l'énergie dans les recherches, dans les études et le moyen d'en tirer parti ; il les rend plus entreprenants, plus éloquents, plus sûrs d'eux-mêmes. La réunion de ces deux astres, c'est : ardeur, courage et prudence ; elle fait les grands militaires.

Mais quand Mars est défavorable, alors il exagère toutes les aptitudes dans leur côté mauvais, il fait de l'amour de l'étude la lourdeur d'esprit, et ainsi il donne aux saturniens l'agression, la rancune, la révolte ouverte, une propension à se croire supérieur à tous, l'amour de la dispute, le paradoxe, le besoin d'ergoter, la grossièreté, l'insolence, la tromperie, l'entêtement, et surtout le sans-gêne, l'effronterie et le cynisme.

Si les deux planètes sont l'une et l'autre mauvaises, elles font le voleur, le débauché, le nécromancien, le méchant ; elles donnent aussi, physiquement, les cheveux rouges, les yeux jaunes, une marque ou une tache au pied gauche.

L'union de Saturne et de Vénus donne un teint un peu olive, des cheveux noirs, une figure ronde, des mâchoires médiocres, de très-beaux yeux, plus grands que lorsque Saturne domine presque seul ; le nez moins pointu, moins pincé ; les lèvres moins sèches et le menton plus arrondi.

L'union de ces planètes donne aussi, moralement, le goût des sciences occultes et de la divination, la piété, la charité, la douceur, la logique, la domination sur soi-même, les bonnes pensées ; mais elle porte à la jalousie pour les femmes, elle éveille aussi le 'goût de la toilette, des ornements et des bijoux. En général, Vénus mitige toutes les planètes : c'est l'opposé de Mars. Saturne perd avec elle sa malignité. Ainsi les gens sous cette double influence réussissent toujours.

Si les planètes sont en désaccord, les hommes nés sous leur influence sont lascifs, bavards, curieux des secrets des autres, dissimulés, trompeurs ; ils méprisent la règle et ridiculisent le bien.

Si Saturne est seul bon, l'union avec Vénus donnera pire encore : l'envie, l'égoïsme, l'orgueil excessif, le mépris du bien et des gens honnêtes, et l'excessive débauche.

Saturne avec la Lune donne un teint de couleur blanche, mais d'une blancheur voilée, trouble, comme nébuleuse, avec de faibles couleurs ; il donne de beaux sourcils, des yeux noirs, la figure ronde, une taille au-dessus de la moyenne, la régularité des formes, de grandes intuitions magiques, si ces deux astres sont favorables. Dans le sens contraire, les personnes nées sous ces influences seront contrefaites, horribles, mal bâties et d'un aspect repoussant. Si Saturne (astrologiquement parlant) est dans la maison de la Lune au moment où sa lumière diminue, elle donne des cheveux rares, la vue faible et rend sujet aux hydropisies, à la goutte, au mal caduc.

JUPITER.

L'union de Jupiter avec le Soleil ôte au teint un peu de sa blancheur ; elle lui donne une couleur olive ou un peu marron, une taille médiocre, les cheveux frisés et parfois ce qu'on appelle un trait dans l'œil.

Les deux astres réunis donnent le bonheur, la richesse et la gloire.

L'union de Jupiter et de Mercure donne un teint un peu foncé, la face demi-ronde, les mâchoires médiocres, de beaux yeux d'un aspect noir. Un homme de ce type aimera les livres qui traitent de dialectique, de géométrie, de sciences, de philosophie ; il sera amateur de poésie, et au besoin versificateur ; il sera doux, de bon conseil et saura se conduire ; son intelligence sera prompte, il sera heureux et destiné à réussir dans la science médicale, et à arriver ainsi à la richesse et aux honneurs ; il pourra même prendre place à l'Académie ; il sera en tout honorable et honoré.

Ces deux planètes en opposition donneront un homme *bavard*, ignorant, aimant à se vanter, grand prosélyte de toute idée fausse, se croyant infaillible avec une intelligence très-bornée, bruyant, indocile, de mauvaises mœurs et sans volonté arrêtée.

L'union de Jupiter avec Mars donne une certaine rougeur à la peau, des yeux grands. La personne favorablement influencée par Mars aura une tache au pied droit ; dans le cas contraire, une tache au pied gauche : ce signe manque rarement. Les deux planètes sous une bonne influence donnent l'audace, la sagesse dans la lutte et l'impétuosité à propos dans le combat. Jupiter donne à Mars son bonheur habituel, et Mars donne à Jupiter sa bouillante énergie; c'est sous cette influence que viennent les guerriers heureux, nés pour accomplir de grands faits, orgueilleux, confiants en eux-mêmes, favorisés de la victoire, destructeurs, aimant la gloire, les honneurs, la renommée. Mais si ces deux planètes sont en désaccord, elles donnent l'insolence, la férocité, l'impudeur, la révolte, la forfanterie, le faste, la dissipation, l'inconstance.

L'union de Jupiter avec la Lune donne un teint blanc mat avec quelques couleurs, des yeux beaux, mais dont l'un sera plus grand que l'autre; la face ronde, une stature médiocre. Sous ces influences, on excellera dans les sciences hydrauliques, et l'on sera honorable, placide et juste.

L'union de Jupiter avec Vénus donne de beaux cheveux blonds, mais rares; une belle stature, la face demironde, de beaux yeux, une jolie figure, un caractère doux, sociable, simple, joyeux, sincère, aimant le plaisir. Un homme ainsi influencé aimera la lecture, la bonne chère et la dépense; il sera sociable, recherchera les gens d'un caractère liant et facile, aimera Dieu, la justice, toutes les choses d'intelligence, prendra plaisir à se parer et sera dévoué à sa famille; il sera juste et bon.

Si les planètes se contrarient, elles donneront un homme ami du repos, mais aimant l'humanité; efféminé de corps et d'esprit, irascible comme une femme, à caprices, adonné à la débauche, se plaisant dans la société des courtisanes, écoutant volontiers les propos des méchants et des bavards; du reste, n'ayant nul désir de nuire, et n'ayant besoin pour être bon que de la direction d'un homme honnête.

SOLEIL.

L'union du Soleil et de Mercure donne le teint couleur de miel jaune, la barbe belle sans être épaisse ni longue, les yeux de médiocre grandeur; elle donne l'esprit de justice, la fermeté, le coup d'œil pénétrant, l'amour de la science pour la science, la clarté dans l'explication, le désir de se faire comprendre, l'éloquence vraie.

L'union heureuse du Soleil avec la Lune donne le teint blanc animé, plus mat et moins frais que celui de Jupiter; de beaux yeux tirant sur le marron foncé, de beaux sourcils, la face ronde.

L'union du Soleil avec la Lune donne la lumière et le reflet, le bons sens et l'imagination (la cause et l'effet).

L'union de Vénus avec le Soleil donne une stature médiocre mais élégante de formes, un teint mélangé de blanc, des cheveux épais et beaux, de beaux yeux.

L'influence bonne donne les qualités réunies du Soleil et de Vénus : la tournure noble et gracieuse, le commerce aimable, la bienveillance, la justice, une certaine naïveté, le désir de faire plaisir.

Les femmes inspirées par ces deux astres attirent et

rayonnent sans chercher à se faire voir, car elles sont simples, naturelles et aimantes.

Les gens intelligents et naïfs sont sous l'influence principale du Soleil et de Vénus : Sterne, La Fontaine.

MERCURE.

L'union de Mercure et de Vénus donne un teint coloré, une figure longue, le nez long et fin, le front élevé, les yeux beaux sans être tout à fait noirs, des doigts longs, une belle stature. Elle donne la science en musique, le goût de toute chose belle, la gaieté, la piété, la douceur, l'amour de la science, l'éloquence facile, touchante, pleine d'âme, de cœur, celle qui fait pleurer.

Si les planètes sont en opposition, elles donnent peu de tenue dans le discours, le manque de logique, la contradiction de soi-même, le oui et le non, la défiance, l'inconstance, le besoin de s'immiscer dans toutes les affaires, l'impuissance à terminer quoi que ce soit.

MARS.

L'union de Mars avec le Soleil donne un teint mixte entre le brun et le rouge, très-légèrement coloré, une stature ordinaire, des cheveux châtain clair, des yeux de médiocre grandeur.

Si les deux astres sont dans une conjonction heureuse, Mars donnera l'ardeur, l'énergie, le mouvement dans les beaux-arts ; il donnera la force et la persévérance ; le Soleil, la raison, la mesure, la vérité.

L'union de Mars avec la Lune donne un teint blanc légèrement coloré, de beaux sourcils, une figure ronde, une taille avantageuse ; Mars avec la Lune fait les bons marins, les matelots intrépides, les chercheurs d'aventures en mer, les navigateurs célèbres : Christophe Colomb, Lapeyrouse, Cook étaient sous la bonne influence de Mars et de la Lune.

La marine militaire est composée d'hommes sous l'influence de Mars et de la Lune ; tous les matelots ont le bas de la main remarquablement épais.

La mauvaise influence donne les pirates, les corsaires, les grands mangeurs, les grands buveurs, les imaginations exaltées, les fous.

L'union de Mars avec Vénus donne un teint un peu rouge avec un fond de blancheur, une stature médiocre, une face un peu ronde, les yeux très-noirs, une figure riante, de belles formes, le goût de la musique, de la danse, des plaisirs sensuels, une jalousie excessive et une grande ardeur amoureuse.

Les deux planètes contraires donnent tous les défauts de Mars et de Vénus.

L'union de Mars avec Mercure donne la peau rougeâtre (parce que Mercure donne la peau jaune-pâle et Mars rouge, et que le jaune entre dans la gamme des tons rouges), le corps svelte, la barbe belle, les lèvres et le nez fins ; de la mobilité, une conception vive, une parole rapide, parfois bredouillante ; de l'incrédulité, l'amour de la dispute et de la rixe, l'orgueil, la persévérance, l'énergie, l'esprit de saillies, la moquerie fine, le persiflage, l'entrain, les révélations subites, les réponses spontanées.

LUNE.

L'union de la Lune avec Mercure donne le teint blanc mat mêlé de jaune un peu rouge, de beaux sourcils, des yeux d'une couleur vague, plutôt gris foncé que noirs ; elle donne aussi l'esprit changeant, l'amour pour tous les arts, l'intelligence capricieuse, la subtilité d'esprit, la finesse bienveillante. Elle peut donner, si la Lune est favorable, la célébrité, une grande intuition dans les sciences hermétiques, et le succès dans les entreprises.

Si elle est mauvaise, elle donne un caractère vil, peu de renommée, la paresse et la lourdeur.

L'union de la Lune et de Vénus donne un teint blanc légèrement coloré, mais un peu mat ; de beaux sourcils, des yeux noirs, la face ronde, la taille belle, les amours romantiques, pour les femmes, la facilité à se donner par suite de la curiosité en amour, un certain dévouement.

L'union mauvaise donne des yeux inégaux et ce qu'on appelle *un trait dans l'œil*, l'amour calculé, le caprice, l'imagination déréglée portant à essayer ce qui est excentrique, le besoin de chercher des émotions dans des amours étranges, dépravés.

MANIÈRE FACILE ·D'INTERPRÉTER LES DIFFÉRENTES SIGNATURES DES ASTRES.

Un homme aura, par exemple, la figure longue, un grand nez, un grand menton, les yeux creux, *très-vifs*, *très-mobiles*. C'est le type de Mercure dominant.

Ce type peut être ainsi modifié :

Nez aquilin, menton bombé : — Mars.

Cheveux noirs, épaules hautes, mâchoire large, pâleur, maigreur : — Saturne.

Bout du nez gros, lèvres épaisses, surtout l'inférieure : — Vénus.

Voici donc trois planètes dont les influences secondaires doivent modifier l'influence principale de Mercure.

Si le teint est couleur de miel et changeant, il indiquera la prééminence *absorbante* de Mercure; s'il est rouge, il prouvera l'influence toujours secondaire, mais toutefois véhémente, de Mars; s'il est brun, pâle, le type sera modifié principalement par Saturne; s'il est blanc et frais, par Vénus.

Le type de Mercure sera donc toujours dominant, mais il faudra tenir plus ou moins compte des modifications apportées à' ce type par l'influence des autres planètes, influences plus ou moins grandes chez le même individu, selon que les signatures des unes ou des autres seront plus ou moins écrites.

INFLUENCE PARTICULIÈRE DES ASTRES SUR LES POPULATIONS DIVERSES.

Il est évident que les astres, outre l'influence de

28

l'heure de la naissance qui agit individuellement sur tous les êtres de notre globe, ont encore des pays de prédilection qui semblent en quelque sorte sous leur protection immédiate, et c'est ainsi que l'on peut expliquer le caractère général des habitants de chaque contrée du globe.

Ainsi, en Europe, les Anglais frais et colorés sont sous l'influence de Jupiter : ils sont, en effet, pleins d'orgueil, ils aiment le faste, la représentation, les hiérarchies, les grands repas et les orgies. Saturne y joint l'industrie, la mécanique et le goût de l'indépendance. La Lune en fait des marins et des voyageurs *par caprice;* c'est l'influence de la Lune aussi qui leur donne leur excentricité et cette gaieté fantasque qu'ils appellent *humour.*

Les Français reçoivent de Mercure leur vivacité, leur esprit, leurs inventions spontanées, leur intelligence supérieure. Mars leur donne le goût de la guerre et du mouvement, de l'initiative et la hardiesse en amour.

Les Allemands sont influencés par la Lune, qui leur donne une activité d'imagination allant jusqu'à l'idéal, un amour du repos physique. Elle leur donne toutefois le goût des voyages, mais plutôt par désir de changer de place que par vocation véritable. Elle les rend aussi lents, flegmatiques, grands mangeurs, grands buveurs de bière (liqueur lunaire) et surtout, et cela est très-remarquable, grands amateurs de l'*harmonie musicale.* Saturne y joint le minutieux dans la science, dans l'art, et un penchant à la révolte qui ne dépasse pas le cerveau.

Les Italiens reçoivent les influences de Vénus, qui leur donne le goût de l'amour, la bonne humeur, la gentillesse, et surtout en musique la *mélodie* où ils excellent, comme les Allemands excellent dans l'harmonie. Le Soleil jette aussi son influence sur l'Italie : elle en a longtemps donné la preuve dans la littérature et les arts. Nous avons dit que l'éducation corrige l'influence des planètes; nous ajouterons qu'elle la pervertit aussi. Si l'Italie est maintenant sous l'influence mauvaise de ses principaux astres, un concours de circonstances heureuses peut lui rendre ses qualités perdues. (Non pas peut-être à la génération actuelle, mais à celle qui doit venir.)

Nous en dirons autant de l'Espagne placée sous l'influence du Soleil et de Vénus, modifiée par celle de Saturne, avec cette différence que nous pensons que les grandes qualités de l'Espagne ont été longtemps empêchées, mais qu'elles subsistent toujours et tendent en ce moment à reparaître.

Il est bien entendu que ces grandes divisions n'empêchent pas les subdivisions de provinces. Ainsi les Piémontais reçoivent de préférence comme les Français, mais à un degré moins intense, les influences de Mars et de Mercure; les Napolitains, gourmands et paresseux, les influences de la Lune; les Romains, celles de Mars et de Saturne; les Vénitiens, aimables et doux, celles de Vénus et de la Lune, et ainsi de suite de tous les peuples du monde. C'est toujours la grande question *des nombres*, l'unité se subdivisant jusqu'à l'infini.

PORTRAITS

APPLICATION DU SYSTÈME DES MAINS
ET DES SIGNATURES ASTRALES A QUELQUES-UNS DES HOMMES
LES PLUS REMARQUABLES DE NOTRE ÉPOQUE.

C'est par des faits, et non par des dissertations, que la vérité se prouve. La chiromancie et la signature des astres touchent trop au merveilleux pour que nous espérions les faire accepter comme des sciences certaines, sans les appuyer d'exemples dont la justesse puisse être facilement contrôlée.

Dans ce but, nous avons demandé le concours d'hommes supérieurs connus de tous, sinon personnellement, du moins par leurs œuvres, qui reflètent leur personnalité. Ce concours nous a été gracieusement accordé, et il devait l'être. Partout où se trouve un grand talent, se trouve une extrême bienveillance. Ces personnes illustres, en voyant notre désir d'être utile, se sont complaisamment prêtées à nos expériences. Nous les remercions ici de tout notre cœur.

ALEXANDRE DUMAS.

C'est naturellement par Alexandre Dumas que nous devions commencer, d'abord parce que sa bonne amitié pour nous nous enhardissait à lui demander un acte de complaisance qu'il ne refuse guère, ou plutôt un service qu'il refuse encore moins, et aussi parce qu'il était de notre devoir de mettre en tête de nos portraits celui de l'homme le plus extraordinaire, le plus singulier, le plus étrange de notre époque ; de l'homme qui, en se jouant, et en quelque sorte le rire sur les lèvres, a, pendant plus de trente années, attiré sur lui l'attention du monde entier, qui ne se fatigue pas encore ; de l'homme enfin dont l'imagination verveuse, splendide, étincelante, intarissable, a fait l'auteur, le poëte le· plus attractif, le plus brillant, le plus miroitant que l'on puisse rêver. Il nous fallait parler tout d'abord de ce grand charmeur, attachant, par ses récits, comme un conteur arabe, et plein de mouvement et d'entrain comme un enfant de Paris ; de cette individualité étrange qui, un beau jour, surgit comme une apparition lumineuse ; et, sans préambule, sape, renverse le vieil édifice classique, et, à quelque temps de là, sait se dépêtrer des décombres du palais du romantisme élevé par elle à la légère, comme le palais de *Monte-Christo*.

Jupiter, le Soleil, Mercure, Mars, la Lune et Vénus, se montrent, dans la main de Dumas, à un degré presque égal ; et c'est ce qui fait que leur influence individuelle

très-véhémente, et ne trouvant nulle part d'influence se-
condaire, donne tout ce qu'elle peut donner sans incon-
vénient, puisqu'elle rencontre partout une force capable
de l'absorber ou de la refléter sans péril de désorganisa-
tion.

Ainsi une balle de paume vole vigoureusement chassée
d'une raquette bien tendue à l'autre.

Sa planète dominante est Jupiter ; la Lune arrive im-
médiatement après. C'est Jupiter qui lui donne le teint
frais et le corps presque blanc, très-blanc même, eu
égard à son origine. Sa gaieté, son amour des réunions,
sa gastronomie éclairée, sa science culinaire, sa réussite
immense, sa popularité, viennent de Jupiter. Ses bons
mots, brillants et profonds à la fois, lui sont inspirés par
Jupiter et Mercure. La Lune lui donne sa grande taille,
un commencement d'obésité, et ses lèvres avancées en
moue auxquelles Vénus (très-puissante aussi chez lui)
ajoute l'épaisseur charnue et un charme particulier de
bonté et de bonne humeur. Mars lui donne l'ampleur
des muscles et la largeur de la poitrine, mais ne peut
rien sur son teint influencé par Jupiter, et en second
lieu par Vénus et la Lune. Le Soleil rend ses formes
belles ; il reçoit de Mercure une allure libre et dégagée ;
Mercure fait aussi briller ses yeux, et leur donne leur
vivacité perçante.

Jupiter le rend heureux dans ses entreprises et lui ac-
corde les décorations, les honneurs et la faveur des
grands et des riches que le Soleil attire aussi sur lui.
Jupiter excuse et rend aimables, singuliers, attrayants

par leur étrangeté, les caprices que lui inspire la Lune. Ses entreprises singulières, ses coups de tête, ses excentricités, auxquels il cède sans cesse, semblent toujours devoir lui nuire ; mais l'influence de Jupiter survient et fait ressortir un avantage de cela même qui semblait menaçant. C'est toujours le nuage chargé de grêle qui se résout en pluie bienfaisante. Quoi qu'il fasse, Dumas est toujours soutenu par sa planète heureuse et puissante.

Dumas plaît surtout parce qu'au rayonnement fascinateur de Jupiter se joint en lui la bienveillance de Vénus. Il est franchement bon, et la bonté intelligente resplendit à l'égal de la gloire.

On se fatigue de voir le génie sublime ; on se croit plus à sa portée quand il se montre mêlé d'enfantillage : on se sent alors porté à l'aimer.

Jupiter, quand il donne bien, donne tout, qualités et défauts, et, par conséquent, l'orgueil, qui est un péché sans doute, mais qui, chez certains artistes, engendre les qualités principales.

L'orgueil de Dumas est immense ; mais qui pourrait l'en blâmer ? Cet orgueil, naïf, comparé à la modestie hypocrite, n'est-il pas de l'humilité ?

Nous ne pousserons pas plus loin l'étude des signatures planétaires, puisqu'elle se trouve constamment complétée par les explications des monts de la main, et que la chiromancie est notre point de départ principal.

Résumons-nous en disant que si les planètes influencent Dumas à un degré presque égal selon la chiromancie, la phrénologie trouve en lui des résultats pareils.

La tête de Dumas est presque ronde, c'est-à-dire sans bosses ni sinuosités.

Examen des lignes dans les mains de Dumas.

Les mains de Dumas sont étranges et semblent n'avoir pas leurs pareilles.

Larges, fortes et fines à la fois, elles sont partagées l'une et l'autre par une ligne de chance chargée, comme un arbre, de racines et de rameaux; sa ligne de cœur aussi, riche de branches, tient toute la main gauche et envoie un puissant rameau vers Jupiter, où elle vient en quelque sorte se joindre à l'anneau de Salomon, qui roule des épis autour de l'index. C'est le signe certain d'une aptitude supérieure aux sciences occultes et au mysticisme, s'il voulait s'y adonner. Sa ligne de tête, très-longue[1], creuse un large sillon dans sa main et va se perdre sur le mont de la Lune, siége de l'imagination. Jupiter, le mont de l'ambition, devient ici, par son importance, le mont de l'orgueil, et il enveloppe et absorbe dans son développement le mont de Saturne; là serait tout le bonheur et toute la fatalité de sa vie, si deux autres puissances ne venaient balancer et dominer l'orgueil : ces

---

1. Cette ligne de tête, par sa longueur, annoncerait *amour de l'argent ;* mais comme elle descend brusquement vers la Lune, elle signifie besoin d'argent pour satisfaire les caprices de son imagination, *ou amour de l'argent* subordonné aux caprices. Et de là : prodigalité.

Dumas donnera plutôt cinq cents francs en bons sur ses libraires que cinquante francs d'argent comptant, à moins qu'on ne s'adresse à son cœur, qu'on ne le touche réellement, alors, subjugué par l'influence de Vénus, il donnera tout, argent comptant et billets.

puissances sont l'amour et l'imagination ; l'imagination, surtout dans la main gauche, tient presque la moitié de la main, et envahirait tout le bas de la paume sans le mont de Vénus qui vient à sa rencontre ; et ces organes monstrueux se heurtent, se pressent, comme deux géants qui se poussent et restent immobiles serrés l'un contre l'autre, parce que les forces sont égales. Orgueil, imagination, amour, là sont les sources de la séve et de la verve de Dumas. Sa ligne de vie suit l'immense contour du mont de Vénus, trace un glorieux sillon, signe d'une existence interminable, vient, au bas du triangle [1], s'unir à la saturnienne, et retourne, en suivant la rascette, jusqu'au revers de la main.

En quittant la ligne de vie avec laquelle elle est confondue d'abord, la saturnienne jette une branche vers Mercure, qui serait monstrueux isolé sur une autre main, et lui donne à la fois l'éloquence, l'adresse jusqu'à la ruse, tout ce qui doit amener les occasions de fortune. Dans la main gauche, la ligne du Soleil prend sur le mont la forme imparfaite d'un caducée ; un peu mieux formée, elle donnerait la haute célébrité, la capacité sans égale dans les sciences sérieuses, la chimie, les mathématiques, l'histoire ; elle en est restée au roman. Et, dans la main droite, cette même ligne, partant de la ligne de chance, promet à la fois la gloire et la faveur des grands. Arrivée au mont du Soleil, déjà pressée par le mont de Mercure, elle éclate et s'élève en flamboyant ; il

[1]. Main droite.

saura tout, il brillera en tout, il essaiera de tout ce qui est science et art; une seule branche ne lui suffirait pas. Et où écoulerait-il les effluves de cette imagination surabondante qui envoie sans cesse à la célébrité de nouveaux aliments, comme le feu central envoie des torrents de feu au Vésuve? Et, aussi, voyez comme tout favorise cette imagination : la ligne de tête, nous l'avons vu, vient rapidement s'y précipiter, et la ligne de cœur s'y rattache par le sillon qui la traverse en montant de la Lune à Mercure; et ce n'est pas tout, elle est encore favorisée, nourrie par ses doigts pointus et lisses qui lui apportent des inspirations qu'il puise, qu'il absorbe partout, au dehors, dans le ciel, dans l'air ambiant, dans la nature, dans le cerveau des autres, dont il ravit les idées par la puissance électrique du fluide qui rayonne et absorbe tour à tour. Il brille, il étonne, il séduit, et il éteint tout ce qui se trouve dans son voisinage, à moins qu'il ne se trouve avec les puissants et les forts, dont la résistance, en redoublant ses forces, fait jaillir de nouvelles étincelles, comme les éclairs jaillissent de l'épée lorsqu'elle frappe le fer.

Attendez, ce n'est pas tout encore.

Comme il faut que l'imagination domine toujours, son pouce est court et nourrit sans cesse la folle du logis de ses incertitudes, de ses extases, de ses désespoirs, de ses élans de joie merveilleux ; il en agit avec elle comme un amant habile qui sait conserver une maîtresse en l'occupant, en l'intéressant sans cesse par les bizarreries du caprice.

Ses doigts sont aussi longs que sa paume; c'est à la fois la synthèse et l'analyse. En examinant le pouce, la logique l'emporte sur la volonté. ·

Mais que peut la logique sur une pareille imagination?

Le nœud *philosophique* est bien aussi marqué sans doute; mais le nœud philosophique lui donnera le goût de l'indépendance, et non pas le doute. Quant à la causalité qu'il apporte aussi d'ordinaire, elle sera dévorée par l'impressionnabilité. Chez Dumas, la réflexion est une spontanéité, et il trouverait toujours vite et juste à coup sûr, mais au moment où l'esprit interroge et où la logique va répondre, l'imagination a déjà parlé; et Dumas reste persuadé que c'est la raison qui lui a répondu. De là tant d'actions bizarres. Ce qu'il aura rêvé, il croira l'avoir fait; il le jurera s'il le faut, et il sera de bonne foi. Et il est heureux qu'il en soit ainsi pour le plaisir de ses lecteurs, qu'il attache, qu'il amuse, et auxquels il communique ce bon rire si franc, si gai, si vrai, qui fait frémir ses lèvres pendant qu'il écrit, et qu'il va chercher dans son cœur, dans son inépuisable bienveillance! La ligne qui traverse la troisième phalange du doigt auriculaire et monte jusqu'à la seconde, annonce son éloquence et son habileté à tirer d'un sujet quelconque un parti merveilleux. C'est aussi, si l'on veut, une facilité de description.

L'amitié, l'amour, obtiendront tout de Dumas; mais il ne faut rien exiger de lui, car le mont de Mars est immense dans ses deux mains, et dans la droite, nous l'avons dit, fait déborder la paume au-dessous de la ligne de cœur. Et le mont de Mars, maté par sa bienveillance, tout en lui donnant une résignation à toute épreuve caractérisée par les quatre mots de sa devise, *Deus dedit*, *Deus dabit* (Dieu a donné, Dieu donnera), lui inspire aussi une force de résistance *invincible* contre tout ce qui n'est pas dans ses goûts ou ses convictions.

C'est Mars qui donne le mouvement, l'action, l'énergie à ses œuvres; c'est lui qui fait qu'elles entraînent, qu'elles fascinent; c'est lui qui lui donne cet enthousiasme dont Mercure vient parer son éloquence. Mars, chez Dumas, donne de la séve à son imagination, à son amour, à son ambition.

Dumas, sans mont de Mars aurait été un homme remarquable, brillant, heureux; Mars en a fait un génie.

Le nœud d'ordre est absent; et un observateur trouverait peut-être à sa place une dépression légère; mais l'ordre, avec un mont de la Lune aussi puissant et des doigts pointus, serait un obstacle à l'harmonie de son organisation. Sa paume n'est ni trop dure, ni trop molle; elle est, comme l'a dit le docteur Carus, semblable à une forte terre remuée par la bêche. Trop d'activité physique nuirait à son activité morale, et diminuerait de beaucoup sa susceptibilité sensitive. La nature, qui voulait en faire un type parfait dans son genre, n'a pas permis qu'il en fût ainsi.

Aussi Dumas est-il devenu un des hommes les plus singulièrement remarquables de notre époque, S'IL N'EN EST PAS LE PLUS REMARQUABLE

DE LAMARTINE.

M. de Lamartine est né sous l'influence de Vénus et de Mercure, puis de Mars et de Jupiter.

Celles qui l'impressionnent le plus, à coup sûr, sont Vénus et Mercure.

M. de Lamartine a tenu de Vénus le teint frais et blanc qu'il possédait dans sa jeunesse, si nous sommes bien informé, et maintenant modifié par les influences de Mercure. Il a conservé de Vénus son affabilité, sa bonté à toute épreuve, ses charmantes manières. Jupiter lui inspire son goût pour la représentation et le faste; Mars lui donne le nez aquilin, le menton accentué, la tête haute, de la prestance, la poitrine relativement large; Mercure, en allongeant ses traits, lui donne largement toutes les propriétés dues à son influence : l'à-propos, l'éloquence extrême, le goût de la science administrative, l'amour des affaires, l'adresse excessive et des intuitions secrètes et spontanées qui tiennent de la divination.

Mercure lui indique ce qu'il faut dire et le temps opportun pour dire; Mars y ajoute le feu, l'ardeur qui éblouit, magnétise, amène la conviction; c'est Mars qui fait que sa parole enlève, entraîne. De temps en temps, l'influence de Vénus reparaît et fait valoir l'énergie par le contraste de la tendresse.

Nous avons éprouvé, lorsqu'il nous a été permis d'examiner les mains d'un de nos plus grands poëtes, un moment d'embarras que nous n'avons pas cherché à dissimuler, et, pour la première fois depuis que nous nous occupons de chiromancie, nous nous sommes demandé si cette science qui ne nous a jamais trompé n'était pas une longue erreur. Nous nous attendions à voir des doigts pointus et très-lisses, un pouce court, un mont de la Lune énorme et rayé, une ligne de tête tombant brusquement vers la Lune, tous les signes de la poésie; nous l'aurions parié, nous l'aurions juré presque, et voilà que nous trouvons des mains belles, élégantes, mais à doigts mixtes ou légèrement carrés, un nœud d'ordre assez marqué pour indiquer le goût des affaires positives, c'est-à-dire presque l'instinct du commerce. La ligne de tête est longue, le mont de Mercure développé; mais, comme pour nous prouver qu'il n'inspire pas seulement l'éloquence, nous y voyons gravé l'*aleph* des Hébreux, le signe du bateleur, de l'adresse excessive dans les relations ordinaires de la vie.

.Comme nous avons pris pour but la recherche de la vérité avant tout, nous avons fait notre *meâ culpâ*, et nous avons dit à M. de Lamartine, avec le courage du désespoir, ce que nous lisions dans sa main. Il s'est mis à sourire et nous a répondu :

« Je croyais avoir affaire, je vous l'avoue, à quelque personnage bien mystique, bien nébuleux, et je m'attendais à ce que, jugeant de ma personne par mes œuvres, vous alliez me trouver toutes les qualités du poëte; mais cette fois, je le confesse, c'est à moi d'être étonné: ce que vous avez lu dans ma main est juste en tous points; j'a fait des vers parce que je me sentais de la facilité pour écrire, parce que c'était comme un besoin pour moi. Mais là n'a jamais été ma vocation véritable, et toutes mes idées ont été toujours tournées vers les affaires, la politique, et surtout l'administration. »

Tandis que M. de Lamartine nous parlait, nous nous sentions comme anéanti en songeant à cette puissance de génie qui prend, en jouant, une des premières places dans le monde littéraire et s'avise d'être sublime en manière de passe-temps.

Malgré l'estime que nous portons à un si grand homme nous aurions douté, à coup sûr, si la chiromancie et la chirognomonie ne nous avaient donné des preuves irrécusables à notre point de vue.

Nous étions épouvanté d'avoir rencontré si juste, et, il faut bien le dire, sans nous en douter.

Alors nous avons cherché le secret de cette tendresse, de ces élans, de ces enthousiasmes dont sont remplis d'aussi beaux vers, et voici ce que nous avons découvert :

Tout homme supérieur a une passion qui le guide et l'anime ; souvent même il en a plusieurs, car les passions, et nous irons plus loin, les vices ne sont qu'un excès de séve et de verve, une surabondance de richesses qui nous enivre comme toute richesse enivre, et nous conduit à notre perte par le désordre qu'excite en nous leur besoin d'action ; c'est la vapeur qui fait éclater la machine si elle ne peut soulever le piston. Ces richesses doivent être forcément répandues ; là, pas d'avarice possible; il le faut, il le faut absolument; c'est à choisir entre l'ortie et les palmes du triomphe, souvent même entre la couronne et le gibet. Les gens nuls sont généralement apathiques. Rien n'est plus chaste que l'eunuque. Mais lorsqu'un homme, animé, combattu par des passions violentes, les domine, les subjugue et les déchaîne à son gré pour arriver plus splendidement à son but, comme les vainqueurs de la Grèce fouettaient leurs chevaux pour arriver plus vite à la victoire, alors, alors cet homme est vraiment supérieur; il est l'élu de Dieu, et tous doivent se courber devant lui. Ne cherchez pas un grand homme sans passions, vous n'en trouveriez pas un seul.

C'est ce que ne veulent pas comprendre les esprits médiocres, qui, s'obstinant à mesurer à leur petite taille les géants de l'espèce humaine, leur reprochent amèrement des défauts qui ne sont après tout qu'une conséquence ou une nécessité de la noble véhémence de leur nature. Un grand fleuve peut rouler sur ses bords un peu du limon apporté par les torrents qui viennent ajouter une nouvelle puissance à ses eaux; mais qu'importe, puisqu'il fait la richesse et l'orgueil du pays qu'il parcourt!

« Vous êtes écrasé par vos vices, » disait à Socrate le physionomiste Zopiras.

« Vous avez raison, et cela devait être, lui répondait Socrate; mais je les dompte. »

Et Socrate est resté comme le type de la sagesse et de la vertu.

M. de Lamartine possède l'organisation la plus aimante, disons-le, la plus amoureuse que l'on puisse imaginer. Sa ligne de cœur traverse toute la main, et elle est, à l'origine comme à la fin, enrichie d'une multitude de branches.

Le mont de Vénus n'a rien d'extraordinaire comme dimension, mais il est couvert de grilles.

Et l'on voit dans ses mains l'anneau de Vénus brisé.

Ainsi, toutes les puissances de la volupté viennent rugir pour entraîner sa raison ; mais la richesse du cœur ennoblit tous ses élans, et, de ces débordements de passions suprêmes, il fait une tendresse exquise, un amour immense pour tout ce qui est grand, pour tout ce qui est noble, tout ce qui est beau ; son cœur est le creuset où la matière vient se convertir en or ; son imagination, excitée par l'appétit des plaisirs, les trouve trop froids sur la terre, et, sur les ailes de l'extase, va les chercher dans le ciel.

Et alors, dans les tourments de sa lutte sainte, il gémit, il soupire. Ses accents, adressés aux cieux, en empruntent le langage et l'harmonie.

Mais lorsque l'accès est passé, lorsqu'il a dépensé sa sève dans les ardentes aspirations de son enthousiasme, il devient l'homme sérieux, l'homme ferme et clairvoyant.

Nous n'avons pas à le juger ou à le défendre ; nous le dépeignons tel qu'il nous apparaît à nous et tel que la science que nous étudions nous l'indique. Nous avons admiré son courage, son éloquence · nous lui savons gré

des épreuves qu'il a supportées dans des temps difficiles ;
nous lui sommes reconnaissant du fond du cœur, et il
nous semble, à nous, homme naïf, que le pays devrait
l'être aussi.

Au reste, le sang-froid et le courage civique de M. de
Lamartine sont indiqués très-clairement dans sa main
par la puissance et le calme du mont de Mars. Il a la
conscience de son mérite. Jupiter est développé sans
doute, mais sans excès, et il ne va pas jusqu'à l'ambition
excessive.

M. de Lamartine en a donné la preuve.

Une étoile sur Jupiter annonce la position inespérée à
laquelle il est parvenu ; mais deux barres transversales
sur le même mont viennent dire que cette position ne
doit pas durer et amènera de rudes épreuves.

Une ligne part de la ligne de vie, par conséquent du
mont de Vénus, et va droit à Mercure ; c'est, on l'a déjà
vu, de nombreuses occasions de fortune.

La saturnienne (ligne de chance) part de Vénus et de
la Lune, basée, par conséquent, sur l'amour et l'imagi-
nation ; elle vient se réunir en une seule branche dans
la plaine de Mars, se lève droite, triomphante dans la
lutte, et se brise plus tard en plusieurs tronçons qui se
suivent en montant toujours ; c'est une haute position
perdue, une fortune brisée, mais se renouvelant par
intervalles et pour ainsi dire par secousses. La satur-
nienne de la main gauche prend, sur le mont, une
forme de pyramide qui est sillonnée, entravée en arri-
vant au sommet.

C'est toujours une grande destinée consacrée par le contact de la foudre.

Dans la main droite, le mont du Soleil est creusé par deux grandes lignes qui s'élèvent parallèlement et indiquent de grandes aspirations ; la troisième est rompue. Ces trois lignes signifieraient, si elles étaient complètes, les trois mondes du Soleil : gloire, réputation, richesse. Une d'elles a perdu son effet.

Dans la main gauche, trois lignes parallèles se lèvent sur le mont du Soleil ; une barre en travers en brise deux ; la troisième en est atteinte sans être coupée.

Ceci nous démontre clairement M. de Lamartine atteint dans sa richesse et attaqué dans sa réputation, mais dont la gloire ne peut être entamée ; et, comme dans l'autre main la ligne de réputation reste intacte, nous croyons pouvoir dire avec certitude que sa gloire et sa réputation resteront toujours.

En continuant notre inspection sous le point de vue chirognomonique, la première phalange du pouce a plutôt la dimension de la résistance que celle de la domination, et cette résistance est augmentée par sa largeur, qui dénote un parti pris ferme, allant au besoin jusqu'à l'entêtement.

Nous nous trompons peut-être, mais nous ne trouvons pas chez M. de Lamartine une foi aveugle en matière de religion ; la sienne doit être toute d'amour, mais *sa logique* (deuxième phalange du pouce) et *sa causalité* surtout (nœud philosophique), ne doivent pas lui permettre d'aller plus loin.

Il a les doigts longs, ce qui lui donne l'esprit de détail.
Aussi est-il admirable dans ses paraphrases et ses des-
criptions. Ces doigts longs peuvent, puisqu'il faut tout
dire, le conduire parfois à la vanité, mais jamais à l'or-
gueil. Cette minutie lui donnerait aussi l'esprit des affai-
res au plus haut degré, car son tact est immense, et il
reçoit de Mercure, on le sait déjà, une admirable éloquence
et une merveilleuse perspicacité qui pourrait facilement
arriver jusqu'à la ruse la plus intelligente. Mais il se
trouve, à chaque moment, arrêté par le même ob-
stacle :

Son cœur !

Sa main, comme celle de M. Dumas, est ornée de l'an-
neau de Salomon ; il eût été roi dans les sciences occul-
tes s'il eût voulu s'en occuper. Plusieurs vers, dans ses
Méditations, le laissent assez voir.

S'il faut dire entièrement notre pensée, nous croyons
que la main de ce grand poëte n'a pas eu dans sa jeu-
nesse la forme qu'elle a maintenant ; elle a dû avoir des
doigts effilés et très-lisses. L'âge, la position, les circon-
stances ont exercé chez M. de Lamartine des qualités
qu'il avait sans doute, mais qui n'étaient chez lui que se-
condaires, et dont il a fait des qualités principales par la
supériorité de son génie.

Ses goûts ont changé, et ses mains ont nécessairement
dû se modifier aussi.

En résumé, sa main réunit au plus mâle courage une
organisation tenant à celle de la femme par la finesse,
la tendresse et la plus exquise sensibilité.

C'est une bien riche et bien admirable nature.

ÉMILE AUGIER.

Les planètes principales de M. Émile Augier sont Vénus, Jupiter et Mars.

Les premières lui donnent, réunies, le teint blanc et frais, et les formes un peu rondes. Jupiter, tout en lui donnant la barbe belle, ôte à sa chevelure le luxe que lui aurait donné Vénus ; Jupiter le fait réussir, le conduit aux honneurs, et le rend apte à goûter les plaisirs sensuels ; Vénus le favorise à sa manière en le rendant aimable et très-disposé à aimer ; elle lui donne la sensibilité, l'âme, le charme, les qualités sympathiques. Mars lui donne, physiquement, le nez aquilin, la poitrine large, et, moralement, non pas précisément l'instinct de l'attaque, puisqu'il est mitigé par l'influence de Vénus, mais au moins l'indignation de tout ce qui est égoïste et le courage d'attaquer en face les vices de son temps. Sa critique, sans être âcre, puisqu'elle n'est jamais personnelle, est énergique et pleine d'une chaleureuse indignation ; son fouet, frappant sur les masses, atteint et brûle bien des personnalités, et élève contre lui des cris de douleur et de rage dont il s'inquiète peu, parce qu'il sait que le châtiment est juste.

La main de M. Émile Augier est de la simplicité la plus grande.

Sa main est mixte, la véritable main de l'artiste : la forme et l'idée ! Ses doigts, de la même longueur que la

29.

paume, lui donnent, on l'a déjà vu, la synthèse et l'ana-
lyse, c'est-à-dire la raison et la justesse d'esprit. Sa
paume est demi-molle, c'est-à-dire qu'elle le rend apte à
goûter les plaisirs du repos sans être esclave de la pa-
resse ; elle est, en outre, favorable aux travaux d'imagi-
nation. Le *nœud d'ordre*[1] n'existe pas chez lui ; aussi,
pas de calculs matériels et une sainte horreur des chif-
fres. Ses doigts lisses lui donnent l'inspiration instanta-
née. Il ne cherche ses combinaisons que dans *sa causa-
lité*[2], qui, très-marquée, lui donne la recherche des
causes, et aussi le doute et l'indépendance. Comme chez
tous les hommes supérieurs (et ce signe s'est représenté
et se représentera fatalement à chaque portrait), toute
sa science, toute son éloquence, toute sa perspicacité,
tout Mercure enfin est porté du côté de l'art ; l'argent ne
vient chez lui qu'en seconde ligne. Sa forte logique
l'emporte de beaucoup sur sa volonté ; car son pouce
court[3] le laisse indécis, irrésolu, plutôt plus apte à être
dominé qu'à commander lui-même ; il lui donne des
joies, des espérances, et lui jetterait aussi des découra-
gements, des désespoirs, si le mont de Mars n'était puis-
sant et calme, si l'imagination[4] n'était pas calme et puis-
sante.

Toute cette partie de la main, sans rides, annonce une
sérénité invincible, une placidité, un courage de résis-

1. Deuxième phalange des doigts.
2. Nœud philosophique.
3. Première phalange du pouce.
4. Mont de la Lune fort et sans rides.

tance immense et une immense résignation. Une seule
chose, une seule peut l'émouvoir : l'amour, qui domine
toute la main comme mont de Vénus et sillonne toute la
paume comme ligne de cœur enrichie par des branches
nombreuses. Il a besoin d'aimer et d'être aimé ; c'est là
toute sa vie. Aussi, dans ses œuvres, les qualités de ten-
dresse l'emporteront-elles sur les qualités furieuses que
l'on confond assez souvent avec l'énergie.

Il sera, surtout, pur, correct, aimable, parce que Vé-
nus, c'est l'amour de la forme lorsqu'elle est secondée
par la ligne du Soleil ; et la ligne du Soleil lui promet la
célébrité.   •

Sa ligne de tête, chargée de rameaux qui témoignent
de la séve de son intelligence, se penche doucement vers
la Lune, l'imagination, où elle va puiser ses richesses.

Ses doigts, assez gonflés à la troisième phalange, en
harmonie avec les instincts donnés par Jupiter, le ren-
dent apte à apprécier les plaisirs sensuels.

Sa saturnienne s'arrête à la ligne de tête ; c'est un
bonheur arrêté par une erreur, un faux calcul.

« Ce sont mes pièces tombées, » me dit M. Augier avec
sa charmante bonhomie.

C'est possible ; mais ce sont les pièces applaudies qui
font reprendre plus haut cette même ligne qui s'élève
alors jusqu'au médius sans interruption.

L'ambition a peu d'empire sur le poëte. Jupiter, bien
que planète dominante, est calme et sans rides.

Aussi trouverons-nous, en nous résumant, avec un
grand talent basé sur le cœur, un calme inaltérable, une

bonté parfaite, une intelligence supérieure et une admirable modestie.

MAQUET.

Porta, et Carus après lui, basent l'art de la connaissance des hommes sur la ressemblance avec tel ou tel animal. Les conséquences de cette similitude établissent entre tous les êtres une harmonie d'instincts dont les hommes peuvent, en vertu de leur organisation supérieure, faire des qualités du premier monde.

Sans discuter les preuves avancées par ces deux maîtres ès sciences, nous admettrons la vérité de leur système puisqu'il repose sur la grande loi d'unité et de simplicité qui régit la nature. Nous l'appliquerons aujourd'hui même à l'étude que nous voulons faire sur M. Maquet, collaborateur de Dumas, et l'un de nos illustres littérateurs.

Toute personne qui voit M. Maquet pour la première fois est frappée du type énergique que présente sa physionomie. Ses cheveux châtain clair rejetés en arrière, ondoyants plutôt que bouclés, plantés sur son vaste front comme l'est une crinière, son nez large à la racine et dont les narines sont puissantes, la forme de ses yeux, l'expression de son regard et de sa bouche, tous ses traits enfin lui donnent une ressemblance remarquable avec le lion, de toute antiquité consacré au Soleil par les astrologues et les kabbalistes.

M. Maquet tient des instincts du lion, illuminés par l'exercice continuel de son intelligence, la générosité, la noblesse de caractère, la fierté, la délicatesse, un attachement véritable pour ceux qu'il estime ou qu'il aime, une impétuosité naturelle modérée par la droiture.

M. Maquet a donc pour astre dominant le Soleil, comme l'indiquent l'annulaire spatule et le mont d'Apollon très-développé. Mais le Soleil, en lui donnant des qualités supérieures, ne lui a pas donné en entier le bonheur *hors ligne* qu'il accorde (mais rarement) à ses favoris; le Soleil lui donne le goût des arts, des choses belles, des chevaux, du luxe, de l'apparat, mais il ne lui accorde que par intervalles la réussite brillante, et il veut qu'elle soit conquise par un travail énergique, une lutte incessante, et c'est pour cette lutte indiquée dans les mains par des lignes solaires qui sillonnent, *en plusieurs fragments*, le monticule de l'annulaire, qu'il lui a donné ses qualités viriles, l'amour de la justice et le sens droit.

M. Maquet doit réussir, mais par secousses et en employant toujours de nouveaux efforts.

L'influence du Soleil, en outre, est combattue chez lui par celle de la Lune (l'imagination), qui porte vers le roman les qualités de vérité et de bon sens que lui apporte l'influence solaire; la Lune promet davantage à M. Maquet. Une ligne part du bas du mont consacré à cette planète, et s'élève jusqu'au mont de Mercure en côtoyant la plaine et le mont de Mars; c'est réussite ou gain donné par l'imagination.

Voici pourquoi M. Maquet fait un romancier célèbre au lieu d'un historien de première ligne.

Jupiter, qui lui fait aimer le faste, lui a fait choisir

aussi d'instinct la carrière où il devait le mieux réussir
et par laquelle il devait arriver plus vite à la fortune.
Le Soleil, la Lune et Jupiter l'influencent donc tout
d'abord; puis ensuite arrivent, mais plus secondaires,
les influences de Vénus, de Mars, puis de Saturne, qui
est utile à M. Maquet sans lui être précisément favorable,
et en dernier, à un degré moindre, celle de Mercure.

Le Soleil donne à M. Maquet les doigts de la même lon-
gueur que la paume, c'est bon sens, manière de voir
juste et sage; cette disposition est augmentée par la si-
gnature de Saturne qui lui donne la main longue (les
détails) et les nœuds philosophiques[1] et d'ordre matériel[2];
c'est donc bon sens secondé, corroboré par le calcul.
M. Maquet eût été éminemment apte à toutes les sciences
exactes, à toutes les études philosophiques, aux concep-
tions les plus sérieuses de l'esprit humain, s'il n'eût été
distrait par l'influence de la Lune. Toutefois, quelque
puissante que soit son imagination, il conserve, par
l'influence militante des astres, assez de force pour la
retenir et l'empêcher d'aller jusqu'au vagabondage. On
peut en juger d'après ses œuvres dramatiques, qui sont
toujours échafaudées avec une grande raison, une in-
telligence supérieure et une admirable tenue, qui amè-
nent infailliblement le succès. En fait d'art dramatique
d'ailleurs, M. Maquet est loin d'avoir dit son dernier mot.
Son pouce, généralement long, indique presque autant de

1. Première phalange des doigts.
2. Seconde phalange des doigts.

logique que de *vouloir*, ce qui est encore une signature solaire ; seulement Saturne, en apposant son cachet sur la première phalange, l'élargit et fait un entêtement de sa volonté. Mais le vouloir et l'entêtement reçoivent de rudes attaques de Vénus (la ligne de cœur chez M. Maquet est très-longue, trop longue peut-être) ; chez lui la domination de la volonté sur le cœur consiste simplement à ne pas laisser voir ses sympathies. On ne devine pas à première vue l'homme aimant ; mais tout en conservant son impassibilité, le masque frémit souvent sous la contraction des sentiments intérieurs. Jupiter, dont le mont est plein, empêché par le Soleil, ne lui donne que médiocrement le goût des plaisirs sensuels, mais il rend plus énergiques ceux que le Soleil approuve : la représentation, la fierté, l'orgueil même qui fouette et active l'intelligence, et que l'on retrouve, nous l'avons vu par ces portraits et nous le verrons encore, chez presque tous les hommes supérieurs.

La ligne de tête est longue, mais à la fin elle s'abaisse vers l'imagination ; ce sont toujours les influences du Soleil et de Saturne modifiées par la Lune ; c'est aussi désir, besoin de richesses, mais pour s'en faire honneur.

Le mont de Mars est assez éminent pour lui donner une grande force de résistance et parer ses œuvres de qualités énergiques ; mais ce mont sans rides le rend moins apte à l'attaque qu'à la défense, et Vénus, par son mont important dans la main et secondé par la ligne du cœur, lui donne surtout ce qu'on appelle l'âme. Cette ligne de cœur pourrait même lui être fatale si une de ses branches, en s'élevant vers Jupiter, ne conjurait le danger.

Le doigt de Mercure est court et placé plus bas que les autres; aussi ce n'est pas par l'influence de Mercure, c'est par celle de Saturne que Maquet a l'entente des affaires; c'est chez lui moins inspiration que science; tout ce que Mercure peut lui donner est jeté du côté de l'art, car dans sa main le mont de Mercure se penche vers le mont du Soleil ou, pour mieux dire, il s'y absorbe en entier.

Ses doigts longs le jettent dans l'amour des détails, mais il en tire un merveilleux parti, et c'est par le soin, par la correction et par la richesse de ces mêmes détails que ses œuvres brillent. Il sait disposer ses bouquets de manière que tout y soit en vue, jusqu'à la moindre fleur, jusqu'à la feuille, jusqu'à la tige même; sans son habileté merveilleuse, l'ensemble pourrait en souffrir, mais qui reprocherait dans une œuvre d'art la profusion des diamants et des pierres précieuses de toute sorte au minutieux Benvenuto Cellini? Puissamment armé, comme nous venons de le voir, M. Maquet, jeune encore, loin de se contenter de la place éminente qu'il s'est faite, s'avance à la conquête du plus brillant avenir.

JULES JANIN.

Après les poëtes et les auteurs dramatiques vient le critique.

M. Jules Janin a pour planètes principales la Lune, Jupiter et Vénus.

La Lune lui donne le nez court, son embonpoint, son
double menton. Jupiter lui donne le front élevé, les che-
veux rares; il lui inspire le goût des plaisirs, des fêtes,
des réunions d'amis, et le fait réussir. C'est à Jupiter et
à Vénus qu'il doit sa bouche riante, sensuelle et amou-
reuse, et son teint frais rendu moins blanc par les in-
fluences de Mercure, qui expliquent la vivacité et l'éclat
de ses yeux.

Mais Saturne ne peut rien sur lui.

La saturnienne, signature principale de cet astre, est
à peine tracée dans sa main.

Mars seul pourrait remplacer Saturne sous le côté
fatal.

Mais la plaine de Mars, tranquille et sans rides, an-
nonce une existence facile et sans luttes. M. Janin porte
aussi les stigmates du Soleil.

Il a les doigts mixtes.

M. d'Arpentigny n'admet la main mixte que comme un
type secondaire, et, jusqu'à présent, nous l'avons trouvée
chez les hommes du plus grand mérite. La main mixte
tient, en effet, de la main à doigts carrés et à doigts poin-
tus; elle a peut-être moins l'amour, le besoin du vrai, que
la main carrée ; elle donne aussi moins d'imagination exa-
gérée que la main aux doigts pointus, mais elle réunit les
qualités de ces deux types et mêle l'imagination à la rai-
son, et c'est, selon nous, ce qui approche le plus de la
perfection.

En résumé, la main de M. Jules Janin est très-simple. La

synthèse et l'analyse[1], de même valeur, complètent son heureuse organisation en lui procurant, par le fait même de leur harmonie, un travail sans efforts. Impressionnable par les doigts lisses, qui empruntent les conseils spontanés de la causalité[2], il devine sans peine, et sa première idée est toujours la meilleure.

Sa première phalange du pouce, forte et de longueur moyenne, ne l'expose ni aux soucis de l'ambition désordonnée ou du désir dominateur, ni aux alternatives de chagrin et de joie du pouce court. Elle lui donne la force de résistance d'une part, et de l'autre, l'indifférence des attaques; et cette indifférence est corroborée par les influences du mont de Mars, qui, plein et tranquille, augmente sa résignation; de là vient le sourire fin, bienveillant et tranquille qui anime ordinairement sa figure.

Toutefois, c'est Mars, éveillé par les caprices de la Lune, qui lui donne l'esprit de critique.

Et ces deux forces, mises en action, s'animant à l'envi, comme deux chevaux pleins d'ardeur, arrivent parfois à dépasser le but, et terminent d'une manière fougueuse une course paisiblement commencée. Mais lorsque l'influence solaire en règle les allures, il produit alors ces appréciations qui lui ont valu à juste titre son immense célébrité.

Sa main, grasse et jupitérienne, à demi molle, indique l'intelligence et l'amour du bien-être, sans esclavage ab-

1. Paume et doigts de même longueur.
2. Nœud philosophique.

solu ; car les doigts n'en sont pas très-épais à la troisième phalange. Il pourrait supporter, au besoin, les privations ; mais il jouit très-volontiers des plaisirs de l'abondance.

Il ne sait guère ce que c'est que les soucis, et si quelquefois, par sa grande impressionnabilité, il éprouve un moment d'impatience, le mont de Mars, éveillé, lui renvoie aussitôt le calme et l'oubli. S'il écrit, ses doigts lisses lui apportent les impressions du dehors embellies par les inspirations du caprice ; car le mont de la Lune (l'imagination), chez lui, est sillonné par une raie profonde semblable à une blessure, et des ondulations qui, en imitant les flots de la mer, représentent la mobilité de son esprit. Là est la cause ou, si l'on veut, la signature de son style mouvant, remuant, heurté, comme obéissant à un souffle qui tantôt pousse les idées les unes sur les autres, tantôt les berce comme des vagues houleuses.

Tout est gai autour de lui, tout est agréable. Des lambris dorés, de belles parures, des porcelaines, en réjouissant ses yeux artistes, apportent à son cœur une vague jouissance, un doux sentiment de bien-être.

La vie lui paraît belle.

Le mont du Soleil est sillonné par une raie dans une main, par deux raies dans l'autre. Ces lignes, favorisées par le mouvement de Mercure qui envahit le mont du Soleil, en donnant à J. Janin l'amour du luxe ou du beau, lui pronostiquent aussi la célébrité et le mérite littéraire ; ce pronostic est confirmé par une raie, qui, placée sur l'auriculaire, passe de la phalange matérielle à la phalange philosophique [1]; c'est, en d'autres termes, la réalisation ou l'éloquence dans l'art.

La ligne de cœur, belle et riche, lui donne les plaisirs de l'âme, et sa ligne de tête, assez droite, le met à même de faire un choix habile dans la foule des idées que lui envoie sans cesse l'imagination.

PROUDHON.

Les planètes principales et essentiellement dominantes chez M. Proudhon sont Jupiter et Mars.

Jupiter rend ses cheveux rares et lui donne une peau assez blanche, que l'influence de Mars colore d'une teinte rougeâtre ; Mars lui donne aussi la barbe rouge, la poitrine large, les formes épaisses. Ces deux planètes sont en lutte chez M. Proudhon. Jupiter, très-développé, lui inspire un orgueil immense, incommensurable, surhumain, parce qu'il perd ses qualités *du premier monde* par les influences funestes de Mars qui doit, pour un certain temps, tout en secondant l'orgueil inspiré par Jupiter, renverser les dons de fortune et de réussite matérielle que cette dernière planète accorde à ses favoris. La planète de Saturne exerce aussi sur lui une influence secondaire, indiquée par la hauteur de ses épaules et la largeur de la première phalange du doigt *medius ;* elle lui donne le doute, l'humeur sombre et la superstition ; il reçoit de *Vénus* l'amour physique, et il en recevrait la

---

1. D 1 troisième à la deuxième phalange

tendresse si l'influence de cette planète n'était combattue
et presque annihilée par celle de Mars.

La main de M. Proudhon est fort simple, ce qui arrive
presque toujours, en cela comme en toute chose, lors-
qu'un parti est bien écrit, lorsqu'une domination est
sympathique et n'éprouve pas de résistance.

M. Proudhon est né pour le combat ; le combat sert à
l'orgueil, qui y trouve sa pâture, son avantage, sa splen-
deur. De là union, force et simplicité. Cette organisa-
tion singulière rappelle celle de Satan, auquel M. Prou-
dhon fait de temps en temps une invocation, un signe de
tête fraternel.

Nous prions qu'on ne voie en ceci aucune intention
hostile. Nous respectons toutes les intelligences, celle de
M. Proudhon comme les autres ; mais ici nous sommes
entraîné par le besoin de définir : nous faisons une étude,
et M. Proudhon frappe assez rudement sur tout ce qui est
respectable et respecté en ce monde, pour qu'il nous
soit permis de dire sans ménagements ce qui nous pa-
raîtra utile à trouver et à démontrer la vérité.

M. Proudhon, selon nous, suit fatalement sa nature ;
il a été envoyé pour ajouter, aux malheurs d'une époque
condamnée, les malheurs de la désillusion. Sa mission
est d'obscurcir la lumière et de préparer le désespoir.
Salut au sinistre envoyé, et que la volonté de Dieu soit
faite ! Mais s'il a permis qu'il vînt la pioche en main, il
ne lui a pas donné la truelle ! On ne bâtit pas avec le
désordre ; il est peut-être possible d'élever avec la fange
de misérables chaumières qui retournent en poussière

lorsqu'elles sont desséchées par le soleil ; mais on ne construit des palais qu'avec le marbre ou le granit : la religion et la charité.

Voyons si les mains de M. Proudhon annoncent sa destination.

Le mont de Jupiter est, nous l'avons dit, très-développé chez lui ; c'est, on le sait, l'orgueil.

Le nœud philosophique le rend, par son développement remarquable, indépendant, disposé à la révolte, douteur et causaliste (c'est encore l'orgueil, la révolte contre tout ce qui est établi, le mécontentement perpétuel).

La ligne de tête est droite, positive, fatalement consacrée à la logique ; elle n'est pas assez longue pour annoncer une intelligence supérieure, et ce n'est pas d'elle qu'il reçoit ses qualités principales. Son intelligence n'est pas un flambeau, c'est une hache, une épée.

Ses doigts, carrés à l'excès, lui donnent la tyrannie de l'aspect de l'ordre, un amour exagéré et insatiable de la justice. Toute chose établie lui paraît mal faite ; toute pyramide lui semble pencher sur sa base ; tout édifice est mal assis pour son rigide cordeau. Tout est mal. Qui donc saura bâtir, sculpter, écrire, fonder ? — Lui !

Les autres sont des enfants, les autres sont des femmes, Lamartine, J.-J. Rousseau, Dumas, Musset, etc.

Lui seul est homme, lui seul a un talent viril.

La seconde phalange du pouce[1] est forte, épaisse, sans

---

1. La logique.

être longue ; sa logique est énergique, nerveuse, mais elle manque de portée ; elle tient plus du paradoxe que de la raison.

La première phalange du pouce, *la volonté*, est d'une longueur mixte ; elle n'est pas précisément dominatrice, persévérante, cherchant le progrès et la perfection ; elle est très-forte, très-épaisse, *très-résistante*, et surtout enflée sur les côtés, ce qui, on l'a déjà vu cent fois, annonce l'entêtement, un entêtement invincible, et par conséquent, encore une fois, l'orgueil.

Voici les armes pour la lutte ; elles sont puissantes, elles sont complètes à notre avis. Voici maintenant le combat lui-même : *Mars*, qui doit les utiliser.

Les mains de M. Proudhon sont dures ; c'est l'activité incessante, infatigable, la persistance, l'énergie dans l'attaque, énergie qui ne faiblit jamais et que l'entêtement favorise.

Le mont de Mars est énorme, sans rides ; c'est le parti-pris, la fermeté, la tenue, le mépris du *qu'en dira-t-on ?*

On remarque *une croix* sur la plaine de Mars.

La croix dans la paume, c'est la guerre acharnée, incessante, la guerre envers et contre tous ; c'est une ardeur brûlante, fiévreuse pour le combat sans merci, terrible, perpétuel, auquel la main dure vient ajouter son activité dévorante.

Nous avons trouvé bien rarement la croix dans la paume, et, une fois entre autres, dans la main d'un journaliste connu pour l'acrimonie de ses attaques.

La ligne de vie creuse et rouge vient ajouter à ces

instincts la brusquerie, la rudesse, la brutalité même, lorsque les influences puissantes de Mars se font sentir.

Une main ainsi disposée, cherchant de tous côtés des sujets de lutte, attaquerait tout à la fois dans son ardeur belliqueuse ; mais elle est entraînée par un instinct principal qui lui fournit un prétexte.

Les doigts trop carrés lui donnent pour drapeau l'amour de la justice.

Et le voilà parti tambour battant. La justice, c'est tout, la justice, c'est Dieu ! Allons donc ! c'est plus que Dieu ; Dieu n'est pas assez juste ; la divinité, c'est l'homme juste, et cet homme juste, où est-il?

C'est M. Proudhon sans doute.

Mais M. Proudhon est-il donc un athée? n'admet-il donc aucune divinité? signerait-il ce que disait après lui un de ses disciples?

Nous nous vengerons de l'oubli de Dieu en lui rendant l'oubli !

Non, M. Proudhon ne signerait pas cela.

Cet homme terrible cache sous sa rude écorce un cœur aimant ; sa ligne de cœur est riche, belle, et s'épanouit en rameaux ; il aime sa petite famille, il est heureux par elle, avec elle ; peut-être aime-t-il aussi l'humanité à sa manière ; mais l'orgueil lui ordonne de ne pas le laisser voir, et son cœur, si riche qu'il puisse être, obéit à l'orgueil.

Allons plus loin encore.

Soulevons ce rideau d'athéisme, écartons ce manteau d'incrédulité.

M. Proudhon a dans la main la croix mystique.

M. Proudhon est superstitieux.

Son ardeur belliqueuse, son esprit philosophique l'entraînent plus loin qu'il ne voudrait aller; ce qui est écrit est écrit. Son entêtement lui défend de reprendre la pensée une fois formulée; son orgueil n'y consentirait jamais (*jacta est alea!*); il peut ne pas ajouter foi aux cérémonies, aux formules de l'Église; mais il sent en lui-même une impression secrète et puissante; il devine qu'il existe un maître, un créateur, un juge, une autre vie, dont il s'efforce en vain de bannir la pensée; il voit un Être suprême dans la nature, dans le ciel, dans l'immensité des étoiles, dans le soleil qui se couche, dans la lune qui se lève; il le pressent surtout dans la solitude, et parfois il se trouble, il est faible, il élève la voix comme les poltrons qui chantent pour simuler le courage; mais la même idée, la même tristesse, le même doute, lui reviennent sans cesse inspirés par la *croix mystique* et par *Saturne*, et alors il se trahit, même dans ses œuvres; tantôt il s'attendrit aux litanies de la sainte Vierge, et tantôt il ricane avec Satan; il hésite, il doute, il jette des blasphèmes pour s'étourdir: mais il a peur.

Vous nierez en vain; nous avons l'expérience de notre science; jamais ces signes ne nous ont trompé, jamais! Lorsque nous les avons rencontrés, personne n'a nié cette influence, et vous-même, monsieur Proudhon, vous ne l'avez pas niée non plus.

Vous nous avez dit, lorsque nous avons trouvé avec étonnement ces signes dans vos mains:

30

« Oui, cela était vrai dans ma jeunesse. »

Mais si cela était vrai dans votre jeunesse, cela est vrai encore aujourd'hui, car la trace n'en est pas effacée; si la vigueur de la vie, qui circule maintenant rapide et énergique dans vos veines, vous met parfois au-dessus de ces pressentiments, lorsque l'âge viendra vous rendre la débilité de l'enfance, ces idées voltigeront autour de vous, plus épaisses, plus sombres que jamais, et, plus d'une fois, vous regretterez vos dangereux préceptes et le mal que vous aurez fait.

Mais, nous le demandons encore, pouviez-vous résister à la pétulance de vos instincts? et si la société doit périr, n'étiez-vous pas envoyé, avec tant d'autres qui fourmillent dans l'ombre, pour nuire, chacun selon sa puissance, quand le moment sera venu?

Notre siècle n'est-il pas le siècle de fer!

MEISSONIER.

Meissonier a pour planètes dominantes Jupiter d'abord, qui lui donne le teint frais et blanc, les goûts sensuels, l'ambition, la confiance en soi, l'amour de la table, des réceptions, la gaieté, l'entrain, la belle humeur, la réussite; Mars, qui lui donne la force de résistance, adoucie par Jupiter et surtout par Vénus, influente aussi chez lui ; et enfin le Soleil, qui lui donne le bon sens et la célébrité.

Mais, avant tout, il est jupitérien

Sa main réunit, au premier aspect, la synthèse et l'analyse. Il est donc apte à comprendre, à la fois, la masse et les détails; cependant, en l'examinant avec soin, la masse l'emporte. Aussi la peinture de Meissonier, très-précieuse et très-soignée, est néanmoins, quant à l'effet et très-souvent même quant à l'exécution, très-largement comprise. La seconde phalange du pouce, la logique, est très-développée; sa première phalange n'a rien du dominateur; mais elle est assez longue pour le préserver de toute influence, secondée comme elle l'est par le mont de Mars; ses doigts mixtes réunissent, à un degré égal, l'imagination et la recherche de la vérité. Sa main, demi-molle, signe d'intelligence, dénote un amour du confortable, qui n'empêche pas, au besoin, l'activité, même corporelle.

Dans la paume de la main, Jupiter domine; mais sur le mont même est tracée la signature de Jupiter, ce qui annonce un talent remarquable et une réussite éclatante à la hauteur du mérite.

La ligne de cœur est longue, rameuse et riche.

La ligne de tête est longue aussi, mais elle penche du côté de l'imagination; elle indique donc, nous le savons déjà, amour du gain légitime, besoin d'argent; la saturnienne, ligne de chance, part du milieu de la plaine de Mars, elle signifie par conséquent : commencements pénibles, réussite tardive et motivée par la lutte même.

Trois rameaux bien tracés, partant *du mont de la Lune*, viennent se réunir en une seule branche et tracer un profond sillon sur le mont du Soleil, déjà très-développé

par lui-même. Ces trois branches, tout en signifiant, par
leur réunion à la base du mont du Soleil, gloire, célé-
brité, fortune, signifient, à leur point de départ, comme
reflets glorieux du Soleil : grandes intuitions d'harmonie
— raison, — imagination.

Ces qualités, tournées par Meissonier du côté de la
peinture, expliquent la sagesse de ses compositions et de
la distribution de sa lumière, son admirable harmonie et
la puissance de sa couleur, vraie, forte et brillante sans
manière, comme la raison.

Le mont de Mercure se penche vers le Soleil, ce qui
signifie, nous l'avons vu souvent, études sérieuses,
science dans l'art. Une ligne, partie de la ligne de cœur
et montant droit vers Mercure, indique des profits, des
gains, des bénéfices, des occasions de fortune ; le mont
de Mars, saillant et développé, lui donne l'énergie, l'ex-
pression et la couleur. Le mont de Mars lui donne, en
outre, la force de résistance déjà indiquée par la pre-
mière phalange du pouce ; mais, en y ajoutant la rési-
gnation.

Il reçoit du mont de Vénus l'amour de la forme et le
sentiment qui anime ses toiles.

Dans sa main gauche, la saturnienne (*ligne de chance*)
a cela de remarquable qu'elle part, comme celle de la
main droite, de la plaine de Mars. Ceci établit un fait bien
constant, qui, dans la jeunesse extrême, eût pu avoir
une signification très-grande, et eût donné une énergie
double pour supporter les mauvais jours, si la chiroman-
cie eût été connue.

Dans cette main, la ligne de tête est double; c'est raison d'une part, et, de l'autre, c'est :. imagination venant apporter à la raison ses intuitions et lui donner une richesse nouvelle; la croix mystique se distingue un peu en cette main, ce qui indique une certaine tendance à se prêter au merveilleux.

Ce qui est surtout remarquable et significatif dans la main gauche de Meissonier, c'est une ligne partant de la ligne de vie, montant à la ligne de cœur, de là se dirigeant vers le mont de Mercure et se détournant pour venir tracer une seconde ligne sur le mont du Soleil; c'est à la fois la science venant s'unir à l'art, nécessaire à sa vie, à son âme, et la fortune allant trouver l'artiste. L'autre ligne du Soleil part, comme dans l'autre main, du mont de la Lune, elle y forme une double ligne avec la ligne de tête qu'elle traverse en passant; c'est encore l'imagination alliée à la raison, c'est l'harmonie et la vérité. Cette main est celle d'un homme justement appelé à la célébrité, à la gloire.

Des journalistes, qui ne sont pas artistes et ne peuvent, quelles que soient leur haute intelligence et leurs réelles intuitions dans les arts, comprendre toutes les qualités d'un peintre, ont attaqué M. Meissonier. Ces attaques injustes seront, heureusement pour eux, oubliées plus tard; car, nous le disons *comme peintre nous-même*, en consultant notre conscience et bien sûr de ne pas être démenti par tous nos confrères, la postérité donnera à M. Meissonier une place illustre parmi les grands artistes de notre temps.

30.

M. GÉROME.

M. Gérôme est sous l'influence de deux planètes principales et souvent opposées : Saturne et Vénus ; Mars et Mercure viennent ensuite. Mais, réunies chez un peintre, elles y complètent les qualités sérieuses, puisqu'elles donnent l'amour du fini, de la richesse, du soin allant jusqu'au précieux par les détails ; les procédés pour l'exécution habile ; et l'amour de la forme, et, par conséquent, le dessin élégant et pur.

M. Gérôme, brun de peau, avec des cheveux noirs ; sérieux, froid et tranquille en apparence, ayant le nez droit et mince, les mâchoires accentuées sans excès ; un peu dénué d'embonpoint, porte toutes les signatures de Saturne. C'est dans ses manières aimables et affectueuses, son obligeance, sa politesse exquise, que l'on retrouve les caractères de Vénus. Mercure lui donne la science, et Mars un sentiment de couleur auquel Saturne ôte le brillant en le remplaçant par la recherche de la vérité.

Encore des mains mixtes.

Pour un peintre, la main mixte annonce à la fois l'amour du merveilleux et de la symétrie, l'imagination et l'ordre, deux qualités si nécessaires *à la composition* des tableaux.

Chez celui-ci, la symétrie trouve encore un auxiliaire dans *le nœud d'ordre*[1] indiqué à tous les doigts, légère-

1. Deuxième phalange des doigts.

ment sans doute, mais assez pour le porter à ne rien accepter des inspirations subites sans les avoir raisonnées.

La logique[1], forte et longue, vient assurer la prédominance de la raison. C'est donc un peintre ami de la vérité, composant bien, avec plus de science que de fougue, exécutant avec recherche et avec amour ; car, aux *doigts longs* qui le portent à se complaire dans les détails, il joint *la volonté*[2] consciencieuse, exigeante, la volonté qui lui ordonne de revenir sans fatigue sur la même toile jusqu'à ce qu'il l'ait rendue aussi parfaite que sa nature peut le permettre. A la volonté se joint un autre instinct qui partage avec elle la domination de la main tout entière : l'ambition[3] ! mais l'ambition noble, celle qui veut arriver par le travail, celle qui veut arriver par le mérite en conquérant l'estime et la renommée, comme l'indique Mercure entièrement penché du côté du Soleil : c'est-à-dire la science dans l'art, la volonté dans l'étude, la conscience !

Et, comme pour atténuer la sécheresse qui pourrait résulter de tant de qualités de tête, la ligne de cœur est immense ; elle barre la main tout entière, en indiquant le bon ami, l'amant dévoué, mais ferme. L'amour sensuel vient aussi y ajouter son influence. Le mont de Vénus est d'une dimension ordinaire, mais assez fortement rayé par une grille.

1. Deuxième phalange du pouce.
2. Première phalange du pouce.
3. Mont de Jupiter.

Il y a lutte, sans aucun doute, entre l'homme sensuel et le travail ; mais le combat est fini, la victoire est remportée. L'anneau de Vénus, si redoutable pour l'homme oisif, vient s'ouvrir sur le mont de Mercure et donner une énergie d'autant plus grande à l'amour de la science qui a brisé la chaîne du plaisir.

Toutefois, le combat n'a pas été sans résistance, car la saturnienne est rompue en arrivant à la ligne du cœur. Une affection a pu menacer l'avenir de l'homme, mais le peintre a triomphé. La ligne se reforme plus haut et explique les motifs de son triomphe en s'unissant à la ligne du Soleil, où elle a été chercher une séve nouvelle.

Cette dernière ligne creuse sur son mont un sillon très-net ; c'est la célébrité dominée par le mérite. Les luttes n'ont pas manqué pour la conquérir. Les débuts ont été terribles, car *la saturnienne* est à sa naissance tourmentée et biffée par des lignes qui témoignent de nombreux obstacles.

Le mont de Mars, calme, indique l'homme ferme et résigné.

Les ongles courts donneraient l'amour de la bataille ou de la discussion ; mais, modifiés par la ligne de cœur, ils contribuent seulement à l'énergie générale.

Ces qualités diverses et souvent opposées se font remarquer dans sa peinture. Son *Lupanar*, dont le titre a soulevé tant de clameurs, était voluptueux sans doute ; mais la vérité même des détails, le serré, la noblesse du dessin éveillaient en nous, par la beauté des lignes, un souvenir de la Grèce antique ; et ce tableau, risqué dans une autre main peut-être, devenait une admirable étude de mœurs, et rien de plus.

Dans *la Sortie du Bal masqué*, il a mis tant d'âme qu'il intéresse au sort d'un débauché ; le cœur se glace en le voyant se roidir sous l'atteinte d'un coup mortel. C'est un véritable tableau moral.

Nous avons vu les qualités ou les passions dominantes de l'homme : l'ambition, l'ordre, l'amour.

Et maintenant que les résistances matérielles sont vaincues, maintenant qu'il a su les dompter et les faire marcher d'un pas égal sous le fouet de sa volonté, où s'arrêtera le peintre ?

DIAZ.

Les planètes principales de Diaz sont Mars d'abord et puis Vénus, Jupiter, Saturne, Mercure et la Lune, mais à un degré secondaire.

La peau noire, la chevelure et la barbe noires, appartiennent aux signatures de Saturne, et c'est à son influence malheureuse qu'il a dû ses cruelles blessures à la jambe ; mais les qualités d'étude patiente de correction, de fini, qui sont inspirées par cette triste planète, sont annihilées par l'influence irrésistible de Mars qui le domine et lui donne l'impétuosité, la verve, qui s'accordent mal avec le fini précieux dans les œuvres. C'est Mars qui donne aussi à ce grand artiste ce haut sentiment de couleur qui le distingue à un si éminent degré. C'est de Mars qu'il a reçu ce caractère vif, emporté, pétulant, qu'il reflète dans ses œuvres. De là, des tableaux qui vivent, qui remuent comme la nature, qui scintillent comme le Soleil.

Il tient de Mars la poitrine large, le col puissant, les formes solides, la voix forte, les yeux ardents, sous d'épais sourcils, la bouche ferme, les mouvements pétulants et brusques et son goût pour la controverse artistique, qui en arrive parfois jusqu'à la dispute. Mars règne en souverain chez lui, et s'il n'a pu effacer les signatures de Saturne, y combat victorieusement les influences de Vénus, mais sans détruire celles qui sont indiquées par le mont du pouce.

Diaz a les doigts mixtes. Nous ne répèterons pas ici ce que nous avons déjà dit bien souvent sur la forme de cette main, mais toujours est-il qu'elle favorise un artiste en lui permettant de voir la nature à travers le prisme de l'imagination et de donner à ses rêves de coloriste un aspect de vérité.

Diaz est le coloriste *né*, aussi ses doigts sont-ils lisses pour recevoir plus vivement les impressions ; le nœud de l'ordre lui manque absolument, et de là vient le caprice qui jette un fouillis, un ragoût charmant dans ses rayonnantes compositions. On pourrait dire en quelque sorte qu'il aspire le Soleil par les yeux et le respire par les doigts sur ses toiles heureuses.

Ses doigts courts plus que la paume le portent à voir la masse avant les détails, ce qui l'aide à lire plus facilement dans la nature les grands plans de lumière et d'ombre expliqués, soit par un tronc d'arbre qui scintille, soit par une branche qui s'illumine, soit par un rameau qui verdoie. Il voit tout d'abord un ciel, des terrains, des eaux, des bocages ; des tons froids, des tons chauds, qui se font contraste, et sa brosse ardente court en liberté sans s'embarrasser des places. Il est vrai d'aspect, il est vrai de couleur, de cette couleur qu'il a dans ses prunelles et dans son âme. Il délire en peignant, il est poëte, et de ses extases jaillit un œuvre qui séduit.

Tout l'aide en cela. Son pouce court[1], en lui donnant l'incertitude qui ne lui permet pas tout de suite de prendre un parti, augmente ses richesses en l'abandonnant sans réserve aux illuminations subites, éveillées dans tout son être par le feu follet de ses caprices. Aussi il soupire, il s'enthousiasme, il se décourage, et puis il s'électrise avec une nouvelle ardeur.

Sa main dure lui donne une activité incessante, sans cesse entretenue par l'impressionnabilité du pouce court qui lui jette sans relâche une inspiration nouvelle.

Sa ligne de cœur, chargée d'une multitude de rameaux, lui envoie aussi ses impressions que vient encore enrichir la verve enivrante de la luxure produite par le *mont de Vénus* couvert de lignes croisées.

La *ligne du Soleil* chez lui part directement de la ligne de cœur comme pour indiquer que c'est dans le sentiment le plus noble de l'humanité que le peintre doit aller chercher la qualité la plus belle. C'est de Vénus qu'il reçoit la suavité de couleur que Mars enrichit de sa verve et de

---

1. Première et deuxième phalange du pouce : logique et volonté.

sa puissance, et avec cela la Lune, l'imagination, déve-
loppée mais calme, se prête à toutes les poésies, et
libre de toute influence étrangère, les orne de ses splen-
deurs.

Le mont de Mars développé donne la force de résistance,
et domine par sa résignation puissante les désespoirs
momentanés, conséquences du pouce court.

Le nœud philosophique donne à Diaz assez de causa-
lité pour faire lever devant lui des objections aussi vives
que l'éclair, et le guider dans son rapide travail ; et la
croix mystique, tout en lui donnant une religion secrète,
ajoute un certain vague au charme de ses œuvres.

Le mont de Jupiter[1] développé, ayant d'ailleurs pour
auxiliaire *la ligne de vie* qui se dirige vers l'ambition[2],
lui donne, avec la conscience de sa valeur, de nouvelles
forces pour avancer toujours vers le même but. En véri-
table artiste, l'ambition lui servira de volonté et se jette
du côté *du Soleil*[3].

Tous ses doigts, l'index, le médius, l'auriculaire, c'est-
à-dire ambition, fatalité, science, se penchent vers
l'annulaire, comme pour indiquer que l'art est le but
principal de sa vie. Son pouce renversé dénote une pro-
digalité assez grande.

Une ligne droite, nette, sur le mont de Mercure indique
l'entente du commerce, la perspicacité dans les affaires
d'argent.

1. Ambition.
2. Mont de Jupiter.
3. Art.

Une large croix au bas de la paume prédit un changement de position dans la vie, et ce changement se trouve expliqué par la ligne de chance.

La saturnienne se lève droite et belle avec des rameaux jusqu'à la ligne de tête. Diaz commença par être peintre sur porcelaine, il allait évidemment à la fortune.

Il quitta sa position pour s'adonner à la peinture, et c'est par suite de cette détermination que la saturnienne se brise à la ligne de tête; mais dans la main droite, la ligne de chance brisée reprend un peu au-dessous de la ligne de tête, en partant alors du mont de la Lune[1]; de là elle s'élève péniblement dans la plaine de Mars[2], coupée par des lignes nombreuses qui désignent tous les obstacles qu'il a eus à surmonter et montrent le flux puissant de la planète qui le domine; puis elle traverse de nouveau la ligne de tête, vient s'unir à la ligne de cœur désignant un amour heureux, et s'élève vers Jupiter, indiquant ainsi un brillant succès.

La ligne du Soleil, belle et creuse, est rayée de petites lignes qui la traversent sans la couper, comme pour témoigner des luttes que l'artiste a dû subir pour établir sa célébrité.

Dans la main gauche, la ligne de chance est belle et droite, et vient aussi se réunir à la ligne de cœur. Une croix sur Jupiter indique une union heureuse. Là, comme dans l'autre main, le Soleil part de la ligne de cœur chargée de rameaux.

1. Imagination, caprice.
2. La lutte.

La ligne de tête descend dans cette main vers la Lune, et cela devait être chez Diaz, le coloriste de la fantaisie.

La main de Rembrandt n'aurait-elle pas eu quelques points de ressemblance avec celle de Diaz ?

COROT.

Les planètes principales qui dominent Corot à un degré presque égal, sont Mars, Saturne et le Soleil.

Mars lui donne la peau rouge, la poitrine large, le cou fort, la voix retentissante, la bouche ferme, le menton carré, les cheveux bouclés[1]. Les signatures de Saturne, dominées par celles de Mars, ne se retrouvent que dans ses mains. Le Soleil enchâsse ses yeux, rend son nez droit et régulier dont Mars enfle les narines ; mais Saturne et le Soleil réunis modèrent la pétulance de Mars dans ses mouvements et son allure. C'est l'homme sage et énergique.

Et de l'homme extérieur, il est permis de tirer des conséquences sur l'homme intérieur.

Corot est évidemment un homme de lutte, et la preuve c'est qu'il a fait école ; mais son ardeur du combat tempérée par Saturne, *la prudence*, et par le Soleil, *la raison*, s'est contentée d'une résistance sage, soutenue par des preuves. Il a protesté contre la mauvaise route des arts, comme ont protesté les premiers chrétiens non pas par

---

1. Corot a porté un moment des cheveux longs.

l'attaque, mais par le martyre. C'est la marche que la conviction éclairée oppose toujours à l'erreur. C'est le chemin du triomphe. Aussi Corot, malgré des imperfections patentes, a brillamment triomphé. Corot était évidemment coloriste, et ses études d'Italie en donnent la preuve irrécusable ; mais il a tout sacrifié à la raison inspirée par le Soleil, au calcul inspiré par Saturne. C'est Saturne qui lui a révélé son admirable système des valeurs auxquelles il a héroïquement jeté en sacrifice les élans de coloriste que Mars lui fournissait sans cesse. Il s'est servi de la puissance de Mars pour combattre contre Mars lui-même, ou, en d'autres termes, il s'est servi de l'énergie de sa volonté pour repousser les élans de sa puissante et énergique nature. Il n'a pas voulu être brillant, il a voulu être sage, et il a été fort. Ses qualités ne pouvaient être comprises que par les artistes, et (bien que fasse l'espèce de mode que les artistes lui ont conquise bon gré, mal gré) elles n'ont été comprises que par eux. Il est arrivé par l'estime de ses camarades et de ses rivaux, et ce n'est pas sa moindre gloire.

C'est dans la conversation que l'on comprend bien chez Corot les influences planétaires.

Saturne lui inspire d'abord la prudence, la modération, la retenue, puis peu à peu Mars lui donne l'énergie, l'entrain, le mouvement, les images, et alors le Soleil lui dévoile des aperçus d'une hauteur, d'une sagesse irrésistible ; sa parole véhémente devient sage et mesurée, lucide, convaincante ; mais ses expressions sont toujours simples, toujours justes, toujours élégantes, sans ma-

nière; ses gestes sont vrais, tranquilles et honnêtes :
c'est de la véritable éloquence.

Corot est intimement connu de presque tous les ar-
tistes.

La description de sa main intéressera ses innombrables
amis, et tous ils pourront juger de l'exactitude de nos
descriptions. Il était difficile de trouver une preuve plus
convaincante de la vérité du système.

Ce qui se remarque de suite dans la main de Corot,
c'est la puissance de sa volonté. Là est toute sa force;
c'est le pivot de sa vie.

Corot a le pouce d'un chef de secte[1], et malgré les diffi-
cultés qui semblaient insurmontables, malgré l'âpreté,
l'aspérité de sa peinture, malgré son manque d'éclat et
de séduction des yeux, malgré sa sévérité, Corot a fait
école.

Examinons comment il a pu y parvenir

Comme sa volonté[2], sa logique[3] est immense; les deux
phalanges sont d'égale longueur. A la volonté se mêle un
peu d'entêtement; mais la base, *la logique!* est si large,
si puissante, si forte, que le renflement du pouce semble
être là comme un ornement ajouté par le caprice à une
belle pyramide.

Ses doigts sont carrés, très-carrés; c'est l'amour de la
vérité, mais sans concessions, presque tyrannique : la
vérité chez lui, la vérité chez les autres. Ne le consultez

1. Très-long et très-fort.
2. Première phalange du pouce.
3. Seconde phalange du pouce.

pas, ou, si vous le consultez, attendez-vous à la plus inexorable franchise.

Mais bien vous prendra de lui demander avis, car, à la logique, aux doigts carrés, il joint une ligne de tête qui, droite, profonde, barre toute la main. C'est la raison inexorable.

Mais c'est aussi l'honnêteté, la probité la plus rigide.

Cette main, tellement sage, n'admet de dépense inutile dans aucun genre. Aussi veut-elle *en tout* l'économie.

Sa devise est : *uti non abuti*, même en fait d'argent.

La ligne de cœur, bien que belle, est fatalement entraînée vers celle de tête comme un aigle vers un tourbillon ; elle se déploie en replis capricieux et vient s'y perdre.

Chez Corot, la raison domine tout, même le cœur. Il peut aimer, mais si cela est juste, si cela est sage, à son point de vue ; sinon il fait taire son cœur.

Ses deux mains même ne sont pas d'une fermeté égale ; la main gauche, cèlle du cœur, est presque molle ; la droite, la main de l'action, du fait, de la raison, est dure et active.

Est-ce là toute sa logique ? non ! Attendez encore, rien n'y manquera.

Chez lui, le nœud philosophique est immense. Ainsi, il n'accepte rien sans en examiner les causes ; il est indépendant, et toute sa vie en est la preuve. Il a tout sacrifié à son amour pour l'art, il a tout quitté pour lui. Personne ne l'a vu un seul moment au nombre des solliciteurs.

Corot eût été très-riche, sans aucun doute, s'il eût suivi la carrière du commerce, car sa ligne de bonheur s'élève droite jusqu'à la tête, où elle s'arrête pour s'élever ensuite incertaine et moins puissante.

Son influence cède à l'art, qui tient la première place dans la vie de Corot.

Ses doigts lisses laissent à sa logique toute sa spontanéité. Il voit juste et tout de suite.

La peau de ses mains, souple et un peu ridée, indique une nature intelligente et sensible.

Mais où donc est Corot le poëte? nous demanderez-vous. Attendez, nous allons y venir.

Le mont de la Lune[1] est très-développé; calme, sans rides, il fait un seul mont avec celui de Mars[2], calme et sans rides aussi. De là émanent des idées riantes et toujours sereines. Par suite d'une conscience sans reproches, les idées arrivent pures, et les *croix mystiques* tracées dans chaque main viennent jeter encore sur ses compositions le vague de la mélancolie.

Ainsi, les rêves légers vagabondent quand l'âme passe dans un autre monde par cet état mystérieux et inconnu que l'on appelle le sommeil.

Alors des nymphes bondissent sur les gazons, des bosquets se peuplent de musiciens, et des bergers, appuyés l'un sur l'autre, écoutent les chansons du vieil Homère, tandis que l'on aperçoit à travers les arbres la mer bleue de la belle Ionie.

1. L'imagination.
2. La lutte.

Car il y a en Corot deux hommes bien distincts : le peintre vrai, consciencieux, savant dans ses admirables études, le poëte dans ses tableaux ; comme il y a en lui deux natures : l'homme rigide et exact, et l'artiste.

Nous avons vu l'homme rigide ; complétons la nature du poëte.

Outre les croix mystiques[1], Corot a l'index orné de *l'anneau de Salomon* qui l'initie instinctivement aux mystères de la vie secrète de la nature ; et *la marque de Jupiter*, tracée sur le mont de Jupiter même, en fait un homme supérieur, apte à éprouver les inspirations les plus hautes et les plus nobles.

Trois lignes, seulement indiquées, s'élèvent, égales et parallèles, sur le mont du Soleil, et ces trois lignes faiblement tracées viennent nous dire qu'avec un peu moins de raison et un peu plus d'enthousiasme, la célébrité, la réputation, la richesse, fussent venues creuser ces sillons que leur avait ébauchés la nature, et que Corot eût été un peintre à l'égal des grands artistes des plus beaux temps des Léon X et des Médicis.

Et, pour ôter jusqu'à l'ombre du doute, la ligne du Soleil, dans l'autre main, s'écarte et va *serpenter* sur le mont de Mercure ; c'est l'inspiration qui va se perdre dans la science.

Corot a péché par excès de force ; il a été trop raisonnable.

Ses doigts, plus courts que la paume, indiquent l'amour

---

1. Placées entre la ligne de tète et la ligne de cœur.

de la masse et l'horreur des détails, et, par conséquent, une exécution large et pas assez expliquée.

On a cru Corot naïf; Corot n'a jamais été naïf, il a trop aimé la science. Si Corot eût été moins savant, il eût dépassé tous les hommes de son temps.

S'il eût seulement écouté son amour! Car chez lui le mont de Vénus est immense et sillonné de rides croisées qui viennent joindre à la puissance matérielle les fantaisies du caprice.

Mais non, il a résisté. Il a été tourmenté, sans doute; mais il est resté presque chaste. Ses passions, il les domine toutes; il y a puisé des forces immenses pour accomplir sa rude tâche, et, quand la résistance lui devenait trop pénible, il a peuplé ses champs et ses forêts de bergères demi-nues, et il leur a tracé la ronde voluptueuse qu'elles dansent autour du vieux Silène.

Mais si Apollon envoie sa brûlante ligne vers Mercure, Mercure se penche, vient se serrer contre Apollon et se confondre avec lui. Aussi écoutez Corot quand il parle *art*, son sujet favori; comme il est éloquent, comme il entraîne, comme il est à la fois vrai et fleuri! Heureuse nature qui pèche par l'excès de qualités dont une seule ferait un homme fort.

AUBER.

Que de qualités la nature ne rassemble-t-elle pas lorsqu'elle veut créer un musicien de premier ordre? Elle le fait naître poëte d'abord, pour comprendre son langage et ses harmonies; elle lui fait, dès son enfance, trouver un charme dans le bruissement des feuilles, dans le murmure des eaux, dans les soupirs ou les mugissements du vent, tour à tour zéphir ou tempête. Elle lui explique aussi la poésie du silence et lui révèle dans chacun de ces effets divers une note, une voix, un nombre pour le grand concert de l'universelle harmonie; et puis, changeant tout à coup de style, elle le fait calculateur pour le tact et le rhythme. Homme positif et poëte à la fois, il doit réunir les contraires : la raison et l'enthousiasme, les calculs froids et les inspirations brûlantes. Et, pour attendrir par la grande voix de l'orchestre, pour la faire arriver au cœur, il lui faudra l'amour, la grande puissance génératrice qui fait chanter; l'amour, c'est la mélodie touchante.

C'est animé par l'amour que le musicien atteindra jusqu'au sublime. C'est avec l'enthousiasme de l'amour pur que la musique devient céleste. La musique est la voix de l'humanité lorsqu'elle veut s'adresser à Dieu.

M. Auber a été admirablement doué pour la musique, surtout par la planète de Vénus, qui le domine presque exclusivement et qui trace profondément dans ses mains ses signatures. L'âge a fait naturellement disparaître la fraîcheur de son teint; mais un artiste la devine encore. Son nez, sa bouche, ses yeux portent les signatures de Vénus, mais de la Vénus voluptueuse, qui inspire les mélodies enivrantes et suaves.

Après l'influence dominatrice de Vénus, arrivent en seconde ligne, mais à un degré encore puissant, celles de

31.

la Lune, de Mercure et du Soleil; Saturne domine parfois aussi.

Mercure a dû lui donner autrefois de l'agilité, de la souplesse et de la grâce. La Lune lui donne encore l'harmonie, les grâces rêveuses, le caprice, que Mercure, réuni à Saturne, règle par la science et la méthode.

Il est plus difficile, lorsque l'âge arrive, de retrouver ailleurs que dans la main, où elles restent écrites, les signatures des planètes très-distinctes sans doute jadis dans le temps de la jeunesse; car, nous l'avons dit, l'influence de Saturne, *tellus*, absorbe alors les autres, quelque doive être la longueur de l'existence.

Donc, ce qui frappe le plus, au premier coup d'œil, dans la main de M. Auber, c'est la signature de Vénus sous deux formes.

Une ligne de cœur immense, enrichie de rameaux au commencement et à la fin, et le mont de Vénus développé et *couvert de grilles*. Ainsi, amour physique, amour du cœur. Par conséquent, verve, énergie, fécondité inépuisable, grâce et tendresse; et ces qualités sont tellement absorbantes, que Jupiter est à peu près nul, et penche sa colline appauvrie vers le Soleil. Toute l'ambition est tournée vers l'art. Ainsi, chez M. Auber, le talent ne part pas d'abord de l'ambition ou de l'orgueil, mais de l'amour.

Il a eu à lutter sans doute, car la ligne du Soleil, comme chez presque tous les gens supérieurs, part chez lui de la ligne de vie (du mont de Vénus) et se brise en traversant la plaine de Mars, puis elle reprend plus haut à la ligne de cœur, et là part d'une île qui indique qu'une femme a contribué à ses succès; alors elle monte directement vers le mont du Soleil où, en se divisant en deux grandes branches, elle creuse un large vallon, ce qui indique, outre le talent et la célébrité, la faveur des grands. Un peu avant d'arriver à la ligne de cœur, elle envoie une branche bien nette vers Mercure (c'est l'art récompensé par la fortune), et, arrivée sur le mont du Soleil, elle jette une autre ligne vers Mercure, ce qui signifie alors éloquence dans l'art. L'éloquence dans la musique, c'est la perfection dans l'harmonie.

Dans la main de M. Auber, comme dans celle de tous les grands artistes, le mont de Mercure se penche vers le Soleil; c'est encore la science dans l'art.

La ligne de vie, très-longue, s'élève vers Jupiter, en se joignant à la ligne de tête, ce qui annonce des désirs de gloire artistique qui doivent être évidemment satisfaits et conduire aux honneurs.

La ligne de cœur, entamée en deux endroits, indique deux amours qui ont déchiré le cœur.

Le mont de Mars est calme; c'est résignation, courage à supporter les coups du sort quand ils frappent ou qu'ils ont frappé.

Mais le mont de la Lune rayé, tout en annonçant une grande effervescence d'imagination, indique aussi une facilité à se tourmenter sans cesse, à s'effrayer de chimères, état irritable très-favorable, du reste, à l'inspiration.

La ligne de tête est magnifique; longue et bien tracée,

elle traverse la main tout entière et va se pencher du côté de l'imagination; c'est la marque d'une grande intelligénce tournée·vers l'art et le caprice [1].

Mais sa puissance, indiquée par sa netteté et sa longueur, péut balancer les élans du cœur et parfois les sacrifier à l'intérêt personnel; toutefois, l'amour sensuel (l'amour des femmes) l'emportera sur les influences de la ligne de tête.

La saturnienne part du mont de la Lune et va s'unir à la ligne du Soleil.

La Lune, c'est l'eau, c'est le caprice, c'est le lac paisible, la nuit murmurante, la nuit argentée, le silence, c'est l'harmonie, et, quand elle se dirige vers le Soleil comme pour lui demander des reflets, c'est l'imagination qui se défie d'elle-même et vient dorer ses rêves aux lumières de la raison.

Dans la main de M. Auber, la saturnienne, partant de la Lune et montant au Soleil, c'est l'harmonie d'abord, et ensuite l'harmonie et le caprice illuminés : l'art et la vérité. La saturnienne, c'est la destinée. Sa destinée était donc bien écrite; elle ne pouvait être heureuse que par l'art et l'harmonie divinisés par l'amour, dont la signature se trouve partout dans ses mains.

Les doigts de M. Auber sont mixtes; c'est encore imagination et raison réunies.

Mais le *doigt du Soleil* est carré; c'est bon sens dans l'art.

1. C'est aussi désir de richesses pour satisfaire aux exigences du caprice.

Ainsi, enthousiasme et retenue, et sagesse dans l'enthousiasme! Il saura donc s'arrêter, modérer sa fougue et la maîtriser; c'est le cachet du génie.

Tous ses doigts se penchent vers l'annulaire, toutes ses facultés sont tendues vers l'art. C'est encore une fois la preuve que c'est par l'art seulement qu'il comprend, qu'il aime la vie.

Dans sa main droite, la saturnienne part bien distinctement de la Lune; c'est encore le bonheur par l'harmonie.

Dans cette main, la ligne de vie part de la ligne de tête; la vie devait être nécessairement, fatalement intelligente.

Des obstacles sans nombre auraient surgi s'il avait voulu essayer de suivre une autre carrière. Sa destinée voulait qu'il fût artiste. Quelquefois la Providence rend les commencements difficiles et comme impossibles à un homme supérieur, parce qu'il y a des fruits qui ne peuvent mûrir que secoués par la tempête : il y a des hommes qui ne peuvent se compléter que par la lutte. Mais lorsqu'elle écrit tout d'abord une vocation spéciale, il faut la suivre ou cesser d'être. Elle ne vous a pas créé pour votre bonheur, mais pour un but; marchez, et ne vous arrêtez pas, ou elle vous écrasera sans pitié. Que lui importent nos considérations misérables! allez, allez, c'est une fatalité que le génie.

Sur le mont du Soleil de cette main, on voit les trois lignes (bien rares) qui donnent le mérite, la célébrité, la richesse (ou l'occasion d'amasser des richesses).

Ici encore Mercure se penche vers le Soleil.

Une ligne, partie de la Lune, va à la ligne de cœur ; c'est bonheur venu par suite des caprices ou de l'amour d'une femme.

M. Auber a, développés dans les doigts, le nœud philosophique[1] et le nœud d'ordre[2] qui, réunis, font le musicien, calculateur, savant. Ces qualités de calcul, jointes à l'irritabilité de la Lune et à la véhémence des qualités apportées par les influences de Vénus, donnent ce qui complète le grand compositeur : des inspirations de mélodie et d'harmonie fiévreuses et puissantes, réglées, modérées par l'ordre et la sagesse.

M. Auber a le pouce moyen ou court, ce qui, tout en le laissant d'abord dans un état de fluctuation et de doute favorable à la spontanéité des conceptions, ne lui permet pas d'abandonner facilement une idée une fois qu'elle est conçue ; car, malgré son peu de longueur relative, son pouce épouse la forme un peu large qui indique la résistance, la résolution ferme une fois qu'un parti est bien arrêté.

En outre, sa main, dont la paume est aussi longue que les doigts, réunit par cela même l'analyse et la synthèse, ce qui complète l'harmonie générale de sa personnalité ; car on a dû remarquer que toutes les lignes de sa main signifient inspiration et raison ; l'amour seul pourrait, par sa puissante influence, déranger ce merveilleux

1. Première phalange des doigts.
2. Deuxième phalange des doigts.

équilibre; mais l'amour, chez un artiste, ajoute aux qualités.

Le génie n'est qu'à des conditions pareilles; l'enthousiasme excessif et déréglé ne conduit qu'à des excentricités folles, à des succès de surprise et sans durée. Le véritable talent n'existe pas sans *l'équilibre*, que l'on nomme raison ou sagesse.

En résumé, la main de M. Auber est celle d'un véritable artiste, de ce qu'on appelle un homme réellement fort.

C'est la main bien complète d'un musicien destiné à occuper une des premières places de l'époque dans laquelle il plaira à la Providence de le faire naître.

M. GOUNOD.

M. Gounod est sous l'influence de planètes qui l'agitent à un degré presque égal.

Vénus, Jupiter, Mars et Saturne le dominent ensemble ou tour à tour, et contribuent à son talent, auquel Mercure et la Lune viennent aussi apporter leurs impressions, moins énergiques, mais encore puissantes.

Jupiter rend ses cheveux rares et en dégarnit le sommet de la tête, et, d'accord avec Vénus, il lui donne la mélodie tendre et sérieuse, les manières aimables, le désir de plaire, l'ambition et l'aptitude à goûter les plaisirs sensuels. Mars dore sa barbe et sa chevelure, élargit sa poitrine, et couvre d'une légère teinte rougeâtre son

teint disposé d'ailleurs,à prendre la blancheur et la fraî-
cheur, signatures de Jupiter et de Vénus.

C'est Mars qui fait vibrer ses phrases musicales, les
agite, les mouvemente. Mais c'est Saturne qui règle l'é-
nergie de Mars.

Il y ajoute la science et la gravité, auxquelles Mercure
et la Lune viennent joindre leurs qualités précieuses : le
tact, le goût et l'harmonie.

Le Soleil illumine ses inspirations en les douant de la
sagesse et de la mesure.

Ainsi gouvernée, la musique de M. Gounod renferme,
en effet, la mélodie donnée par Vénus, la science inspi-
rée par Saturne, qui, forçant Jupiter à lui répondre par
son côté divin (la religion!), donne à ses œuvres, et sur-
tout à ses chœurs, une harmonie claustrale et solen-
nelle, son rhythme ordinaire, auquel succèdent parfois
les trépignements de Mars, les douces et tendres mélo-
dies de Vénus, et les rêveries vagues et estompées de la
Lune. C'est de nos musiciens celui qui jette le plus de
pâture à l'âme et force le plus à réfléchir.

Sa main, par sa forme et par ses lignes, est en parfait
accord avec les planètes.

Ses doigts élégants, un peu gras, aux formes agréables
comme ceux d'une femme, se penchent tous vers l'annu-
laire comme courbés par une attraction du Soleil; ils
sont presque carrés à première vue, ce qui indique le
goût de l'ordre émanant de Saturne, Le médius, doigt at-
tribué à cette planète, est plus large à son extrémité que
les autres; c'est le signe d'un penchant naturel à la mé-

lancolie et aux idées tristes, encore augmenté par la croix mystique qui y joint une teinte superstitieuse.

Le doigt de Jupiter, pointu, tout en ajoutant encore à ces dispositions sérieuses, en adoucit l'amertume et la change en poésie par la contemplation de la nature.

Beethoven, qui trouvait ses inspirations dans la campagne, devait à coup sûr avoir la main faite ainsi.

Le doigt du Soleil est spatulé et si long, qu'il s'élève presque à la hauteur du médius, ce qui révèle la puissance directrice de cet astre dans les intuitions artistiques, auxquelles le mont de Mars vient ajouter son entrain et son infatigable ardeur.

Ses autres doigts, sous l'influence de Saturne, ont à la fois le nœud philosophique et le nœud d'ordre ; mais ces nœuds sont tellement dissimulés sous la souple ondulation des lignes, qu'on ne les remarque pas au premier abord, en harmonie en cela avec sa musique, qui ne laisse voir la science dont elle est remplie qu'à ceux qui veulent la chercher sous son enveloppe gracieuse et séductrice.

La puissance de sa logique, indiquée par la deuxième phalange du pouce, contraste avec l'incertitude de sa volonté [1], qui le livre tout entier aux plantureuses inspirations et aux luxuriants caprices de sa fantaisie, mais sans danger, car le Soleil et Saturne viendront les émonder plus tard.

L'intérieur de la paume n'est pas moins en harmonie avec l'ensemble. Le mont de Jupiter porte le sceau de

1. Première phalange du pouce courte.

Jupiter, ce qui lui donne les qualités hautes et graves de la planète : les intuitions religieuses et contemplatives et la supériorité dans l'art. C'est Jupiter qui lui inspire l'entente des chœurs religieux. Il aurait été, s'il ne se fût adonné au théâtre, le premier compositeur de musique sacrée de notre époque. Saturne montre sa puissance par deux lignes qui s'élèvent droites et à distance égale sur le mont. La saturnienne, qui les projette, part de la ligne de vie, s'élève jusqu'à la ligne de tête où elle s'arrête un moment, se brise, et de là elle envoie une branche qui s'élève sur le mont du Soleil, où elle trace plusieurs lignes fines, dominées par deux lignes principales dans une main, et par une seule ligne dans l'autre (célébrité causée par l'abondance de séve d'un côté, régularisée de l'autre), c'est-à-dire le travail, l'esprit et la matière, que l'on retrouve encore indiqués par une ligne placée sur la troisième jointure de l'auriculaire et unissant les deux phalanges. La saturnienne, à partir de la ligne de tête, vient, tout en envoyant deux rameaux vers Saturne, se perdre dans la ligne de cœur qui escalade droit le mont de Jupiter, ce qui signifie à la fois union heureuse et réussite de gloire ; une ligne, qui part aussi du bas de la saturnienne et s'avance sur Mercure, signifie gain, réussite d'argent.

Les doigts de M. Gounod sont, à la première phalange, sillonnés intérieurement par des raies en travers, qui, à cette place, signifient dispositions à l'enthousiasme pouvant aller parfois jusqu'à l'exaltation extrême ; et puis, à partir de cette phalange, des lignes régulières agréables à voir, et, semblables à un habile travail de burin, descendent le long des doigts et viennent rayer la main tout entière, en indiquant une impressionnabilité, une susceptibilité nerveuse qui, seules, font le grand compositeur; car de tous les arts, et nous savons par expérience que l'art de la peinture produit des effets pareils, celui de la musique est évidemment le plus sujet aux inspirations, ou, si l'on veut, aux agacements sublimes qui peuvent et doivent parfois aller jusqu'au délire.

Le mont de Vénus, très-développé, sillonné ou agréablement guilloché, indique une nature ardente et portée à aimer, et la ligne de cœur, couverte de lignes entrecroisées occupant la main tout entière, annonce une richesse inépuisable d'affections. La ligne de tête, très-longue, marque d'une haute intelligence, est entrecoupée, surchargée de traits, et annonce en même temps la puissance et le déréglement des idées d'un artiste véritable. Elle descend vers le mont de la Lune, irritable aussi et puissamment rayé, et sa pression magnétique en fait émaner des rêves que la belle imagination de l'artiste habille d'harmonieux et splendides accords.

Il est impossible de trouver une main plus aimante, plus sensitive et plus sympathique.

Et c'est là, sans doute, la cause de l'expression douce, profonde et mélancolique que sa musique produit sur les organisations délicates, nerveuses et disposées à se recueillir en silence quand elles entendent la voix du véritable poëte, de celui qui parle au cœur.

FRÉDÉRICK LEMAITRE.

Les planètes les plus favorables au talent de l'artiste dramatique sont, à coup sûr, Mercure, Vénus et Mars.

Mercure, c'est l'adresse, l'intelligence, la conception rapide, l'intuition, l'esprit, et l'esprit de saillie, la physionomie expressive; c'est aussi le geste facile et la souplesse.

Vénus, c'est la tendresse, la grâce, l'élan sympathique; c'est ce qu'on appelle *l'âme!* C'est souvent aussi le comique mordant, la moquerie fine, le débit gai, l'imitation.

Mars, c'est l'audace, l'entrain, l'énergie, le mouvement, l'enthousiasme; c'est ce qui, dans la langue triviale des coulisses, s'appelle *du chien!*

Saturne, triste, donne aux comédiens le détail, la recherche, les intentions calculées, les effets préparés à l'avance. Les comiques sont parfois sous l'influence de Vénus, mais le plus souvent sous celle de Saturne. Les comiques les plus forts sont sous l'influence de Saturne et de Mercure.

La Lune donne l'irritabilité qui, au théâtre, devient, selon les occasions, ou sensibilité nerveuse, ou caprice; ce que les Anglais appellent *humour*.

Jupiter donne la confiance en soi, l'expansion, la gaieté, la rondeur.

Le Soleil donne l'effet juste, la vérité.

Frédérick Lemaître est sous l'influence immédiate de

Jupiter, de Mercure, de Mars et du Soleil ; il ressent plus secondairement celles de la Lune et de Vénus, sous le côté matériel.

Jupiter lui donne le goût de la bonne chère, de la dépense ; c'est de Jupiter qu'il tient sa taille élégante, la couleur de ses yeux, les fossettes de son menton, son nez droit, son teint, qui serait blanc et frais s'il n'était rougi par les influences de Mars, dont il a reçu la poitrine large, les épaules fortes et l'allure décidée. Mercure lui donne la souplesse, l'agilité, l'élégance des formes.

Le Soleil donne ou donnait aux traits peut-être irréguliers de sa figure un bel aspect à distance.

Quant aux qualités morales dues à l'influence de ses planètes, le lecteur pourra en faire lui-même l'application en s'aidant de ce que nous venons de dire à ce sujet.

M. Frédérick Lemaître est évidemment un des plus grands artistes de notre époque. Il ne relève que de lui, ce qui est déjà un immense mérite. Il est arrivé comme novateur ; aussi n'a-t-il pas été accepté par tous. Pour les uns, il est capricieux, irrégulier, fantasque ; pour d'autres, il est trivial. Il est tout cela quand la situation l'exige. En résumé, celui-ci lui refuse une qualité, celui-là une autre ; mais personne ne conteste son talent immense. C'est l'homme de Shakspeare. Il eût compris et créé avec une égale supériorité : *Roméo*, *le Roi Léar*, *Richard III*, *Falstaff* ou *Caliban*.

C'est un créateur, un novateur sans aucun doute.

Mais alors ses doigts sont pointus ?

Ses doigts sont *carrés* ; aussi il aime et il cherche le

vrai, la nature ; son penchant l'entraîne d'abord vers le
convenu, le classique, mais à la condition que le clas-
sique et le convenu seront basés sur la vérité, ce qui
n'arrive pas toujours.

Et voyez comme il étudie avec conscience, comme il
cherche, comme il trouve à chaque création des inten-
tions ignorées, même de l'auteur, et cela non pas en
marchant pas à pas sur les traces incrustées par la tra-
dition, mais en obéissant aux appels de son intelligence
et de sa raison ; et si la situation l'entraîne dans le dés-
ordre, dans l'enthousiasme, dans la colère aveugle, tré-
pignante, désordonnée, accompagnée de cris furieux, il
peut aller jusqu'à la véhémence extrême, énergique, trop
énergique peut-être au gré de certaines organisations dé-
biles et froides ; mais il reste toujours dans sa gamme
ardente et n'en blesse jamais l'harmonie.

Il n'y a qu'une nature pour les peintres, mais il y a
cent manières de l'interpréter.

Chacun l'enrichit de son sentiment, chacun la voit avec
ses yeux soit de coloriste, soit d'harmoniste, soit en froid,
soit en chaud, soit en la rendant par les masses, soit en
la cherchant dans les détails.

Raphaël, Titien, Rubens, Rembrandt ou Salvator Rosa
sont tous esclaves de la nature. Ils ont chacun leur ma-
nière de voir, parce qu'il ne peut pas y avoir de règle
absolue, de *tradition* dans les arts.

Frédérick est un grand coloriste. Il est studieux, sin-
cère.

Mais la vérité qu'il cherche, comment l'aperçoit-il ?

Ses doigts sont lisses, donc il ne commente pas, ne calcule pas; il éprouve, il devine, il pressent, il juge par impression, et en cela rien ne le gêne, pas même l'ordre et le calcul. L'impression lui arrive comme l'éclair, déjà commentée, déjà réfléchie. Tout part en même temps, comme la capsule et la poudre qu'elle enflamme.

Le dessin de ses doigts très-lisses indique une sensibilité exquise; on dirait un contour tracé par Raphaël.

Bien des mains paraissent semblables de forme au premier coup d'œil, seulement les unes dorment et les autres parlent. Où la différence gît-elle? dans un je ne sais quoi indéfinissable par le fait, mais qui s'éprouve, et que l'élégance ou la lourdeur de la forme, et, par suite, du geste, viennent toujours expliquer.

Il y aurait un gros volume à faire sur l'intelligence du geste, qui vient du cerveau et non pas du Conservatoire. Ce bazar de la tradition, en dotant les imbéciles de poses et de ronds de bras prétentieux, semble prendre à cœur d'afficher leur sottise. Il les rend insupportables là où ils ne seraient que bêtes, et, par cela même, quelquefois intéressants s'ils l'étaient en toute naïveté.

Le geste de Frédérick Lemaître est souvent gracieux, toujours juste; il dit ce qu'il doit dire, et rien de plus.

Sa main est belle, parce que ses tendances sensuelles ou voluptueuses élargissent élégamment ses doigts à leur base. Le goût des plaisirs matériels rayonne, et embellit la régularité. La première phalange du pouce, courte, ajoute encore à son impressionnabilité en le livrant à des alternatives de joie, de découragement et d'abattement profond, à des colères suivies d'atonie et de désespoir.

Par les mêmes motifs, l'inspiration jaillit aussi du manque du parti-pris et lui fait souvent changer, selon l'intuition magnétique qui lui arrive du public, un effet arrêté à l'avance.

Tout vient, d'ailleurs, favoriser son sensitivisme.

Ses doigts, plutôt courts que longs, lui permettent de saisir l'ensemble d'un rôle sans être distrait par les détails.

Favorisée par une nature aussi nerveuse, une croix mystique tracée dans ses mains vient jeter sur lui une impression mystérieuse accompagnée, dans les temps nébuleux ou tristes, d'une vague terreur.

L'index, pointu, en le portant à la contemplation religieuse, augmente encore cette disposition qui doit quelquefois aller jusqu'à la superstition. D'un autre côté, l'ambition, indiquée par le développement du mont de Jupiter, le soutient, le pousse et l'aiguillonne.

L'amour physique, très-développé sur le mont du pouce et matérialisé par les raies qui le couvrent et par le peu d'étendue de la ligne de cœur, lui donne une séve brutale qui explique sa fougue et ses brusques élans.

Mercure, très-développé, lui donne à la fois la perspicacité et la science dans l'art en se portant avec force du côté d'Apollon.

Mercure lui donne toutes ses qualités à un degré suprême, et nous avons vu tout à l'heure quelles sont les qualités dramatiques que Mercure inspire.

La ligne de tête, longue, puissante, vivifiée par de

nombreux rameaux, éveille en lui des appétits de gain ;
mais son inclinaison vers la Lune, et, d'un autre côté, la
ligne du Soleil, qui part du mont de Vénus (amour), vien-
nent expliquer une fois encore que son talent émane de
vives passions utilisées par l'intelligence et le caprice.

Dans la main droite, sa ligne de chance, nulle dans le
principe, part de la croix mystique qui se réunit à la
ligne du Soleil ; elle annonce des commencements péni-
bles jusqu'au moment où sa sensibilité nerveuse devait
se révéler.

Cette ligne, dans la main gauche, part du mont de la
Lune, c'est-à-dire du caprice ; et, en effet, c'est le caprice
qui donne à son jeu ces bizarreries, ces excentricités,
ces goûts étranges auxquels Mars, par sa véhémence,
son entrain, ses hardiesses, vient ajouter un attrait nou-
veau. C'est par la réunion de ces inspirations planétaires,
chez lui éminemment puissantes, et qu'il sait faire rayon-
ner ensemble ou tour à tour, qu'il intéresse, éveille,
étonne, captive le spectateur.

Et ces qualités nerveuses et pétulantes se font valoir
l'une par l'autre, parce que, chez ce grand artiste, elles
sont réglées par les illuminations du Soleil, c'est-à-dire
par l'intelligence suprême en quête de la vérité.

Nous l'avons déjà vu, cette recherche conduit au
génie.

DÉJAZET.

Tous ceux qui peuvent se reporter de vingt ans en
arrière sans en arriver à l'enfance, tous les gens de

quarante ans environ, se rappelleront avoir vu alors
Déjazet vive, alerte, fringante, pleine de verve, d'intelli-
gence, d'esprit, de caprice, d'*humour*, une véritable Li-
sette, une vraie Frétillon. Et ceux-là nous comprendront
en nous voyant choisir de préférence l'étude de ses
mains.

Pour nous, c'était alors non-seulement une artiste par-
faite, mais une créatrice, une improvisatrice même ; elle
avait son genre de vérité à elle, la vérité poétisée dans
le sens de l'entrain et de la gaillardise. C'était la grisette
du pays latin, spirituelle de nature, et rendue intelligente
et fine par le contact d'une jeunesse forcée de mêler la
science aux plaisirs. Comme elle était alerte ! comme sa
voix stridente donnait un mordant à toutes ces choses
spirituellement osées ! comme elle savait les faire passer
à la faveur du rire qu'elle excitait à son gré ! comme elle
était gaie, nerveuse, pétulante, sans brûler les planches !
quel goût ! quel tact parfait ! Hélas ! sa jeunesse est par-
tie, la joyeuse jeunesse, si gracieuse, si belle, si ver-
doyante ! la jeunesse, printemps de la vie ! *Giuventu
primavera della vita*. La nôtre aussi s'est envolée, à
nous spectateurs de son époque ; elle est allée où vont
les neiges d'antan ! et maintenant nous ne trouvons plus
rien au théâtre et dans le monde qui nous rappelle
l'image de ce printemps perdu. Partout une vie sans
fleurs, une vie sans feuilles ; partout les symptômes
d'un précoce hiver !

Bonne Frétillon ! comme elle avait bien les goûts d'une
autre époque, trop peut-être, car elle n'a jamais pensé à

l'avenir; mais comme elle était artiste aussi! comme elle enlevait les bravos fanatiques d'une salle entière! C'est qu'elle leur jetait son cœur.

Ses planètes principales sont Jupiter, Mercure, la Lune et Vénus.

Jupiter lui donne l'ambition, la religion, l'entrain, la confiance, le goût des plaisirs et de la dépense, la voix stridente; il lui donne les dents longues sur le devant, et, d'accord avec Vénus, les yeux un peu saillants; mais Mercure et la Lune absorbent, par leur influence supérieure, toutes les autres signatures. Mercure lui donne l'œil vif, expressif, mobile, son teint mat et changeant, son menton un peu long, ses formes sveltes et élégantes dans leur finesse; c'est Mercure qui la rendait souple, gracieuse, agile, au point que l'amour de la danse a plus d'une fois été sur le point de la faire changer de scène. C'est Mercure qui lui donne l'esprit de saillie, de repartie, la finesse, l'intelligence spontanée, la perspicacité pouvant au besoin s'étendre jusqu'à la ruse, et même la science dans l'art. Saturne a aussi sur elle une influence secondaire.

La Lune, effacée par Mercure, lui donne cependant le nez retroussé, la bouche faisant un peu la moue; la Lune lui inspire le caprice, la boutade, l'*humour*, et parfois la tristesse et la mélancolie.

Sa main, que dit-elle? Deux lignes de cœur; une pour ses amis, l'autre pour ses amants. Quelle richesse d'expansion! On serait tenté de s'arrêter là, car là est toute la fascination de l'artiste Son pouce est court; elle est mobile, incertaine, insouciante, pleine de désirs ardents ; elle est enthousiaste et découragée ; par ses doigts lisses, elle est femme de goût, elle saisit la moindre des impressions des spectateurs, elle improvise, elle arrange ; quand elle pressent le froid dans la salle, elle arrache, elle conquiert le succès ; car l'inspiration est sa loi, sa puissance.

Et si ses inspirations sont vives, elles sont justes aussi ; elle va jusqu'où il faut aller, car ses doigts mixtes lui donnent à la fois le délire et la raison, l'ordre et le désordre, la poésie et la réalité.

Sa paume et ses doigts, de même longueur, lui donnent à un degré égal la synthèse et l'analyse ; ainsi, elle comprend à la fois l'ensemble et les détails.

A cette harmonie de rapports, elle joint le nœud philosophique qui lui donne à la fois le *qu'est-ce que ça me fait?* de l'indépendance et la froide causalité. Et tout son pouce annonce plus de logique que de volonté! Aussi son talent rayonne du cœur ; mais sa ligne de célébrité, celle qui monte au Soleil, part de sa ligne de tête. Ainsi, tout en s'abandonnant aux élans de l'âme, elle ne dépasse jamais les limites de la raison, et dit toujours juste soit en froid, soit en chaud.

C'est exaltation et raison tout à la fois !

Sa ligne de tête est franche, droite, d'une part ; mais il s'y joint une branche qui descend brusquement vers la Lune (l'imagination), et qui, tout en la conservant artiste d'esprit et de cœur, jette peut-être un peu d'incertitude dans sa vie réelle, en la tenant continuellement entre la

raison et la folle du logis. Et de là des déceptions au mi-
lieu de ses triomphes, et des désespoirs causés par ses
déceptions[1].

Un trou au milieu de la ligne de tête, sur le passage
de la saturnienne (ligne de chance), indique une hallu-
cination momentanée causée par une affaire de tête, un
calcul manqué, une lésion dans les intérêts.

Un jour, au beau milieu de ses triomphes, la voix lui
manqua.

Impressionnable comme elle l'est, elle crut sa carrière
brisée, et le désespoir lui fit perdre pendant un temps la
raison.

Plus tard, hélas! plus tard, sur la seconde ligne de
cœur, celle qui n'appartient pas aux amis, un autre trou
profond annonce qu'un chagrin plus cruel encore,
une liaison brisée, vint pendant quelque temps la jeter
dans une tristesse allant jusqu'à l'hypocondrie. Bonne
Déjazet! elle est religieuse aussi. Jupiter, pointu, annonce
des idées contemplatives; le mont développé, accompa-
gné de la *croix mystique,* dénote une vénération pour la
religion, allant parfois jusqu'aux pratiques superstitieu-
ses. Une organisation aussi sensitive, aussi complétement
artiste, aussi forte, doit être accessible à toutes les sen-
sations qui impressionnent l'humanité, de quelque part
qu'elles puissent venir. Elle a pu être ambitieuse; elle
l'est peut-être encore; mais son ambition est louable,
car elle est basée non pas sur le désir de représentation

1. C'est aussi, on le sait déjà, appétit de richesses pour les prodiguer.

par la richesse, mais sur le désir de célébrité ; et cette.
passion puissante et noble lorsqu'elle est bien dirigée,
n'a pas peu contribué à la faire parvenir. Le mont de
Vénus, assez développé et un peu rayé, tout en augmen-
tant les qualités ou les passions apportées par la double
ligne de cœur, ajoutait à son admirable verve et à sa
grâce merveilleuse.

Dans sa main, la saturnienne s'unit dès le début à la
ligne du Soleil, et monte côte à côte avec elle ; c'est-à-
dire qu'elle ne pouvait être heureuse que par l'art et
qu'elle devait arriver infailliblement au talent et à la cé-
lébrité.

Le mont de Mercure, une de ses planètes dominantes,
est très-développé chez elle ; ce qui annonce une grande
perspicacité et un vif désir de science dans l'art, car ce
mont de Mercure est tout à fait penché vers les sillons
tracés sur le mont du Soleil.

Ses mains, un peu molles, indiquent un léger penchant
à la paresse, qui, chez elle, devient exaltation pour
toute merveillosité, et pouf toute merveillosité reli-
gieuse.

Quel talent immense et complet jadis! Son intelligence
est restée, mais le corps matériel a cessé de répondre à
l'intelligence.

Le grand peintre vit dans ses toiles, le grand poëte vit
dans ses œuvres ; pourquoi faut-il que le temps fausse,
dès leur vivant, des instruments autrefois si parfaits!
Que reste-t-il du grand artiste dramatique? un nom peut-
être et par hasard. Mais c'est parce que le public lui a jeté

à la face ses trépignements, ses bravos, ses enthousiasmes avec ses couronnes. Les acteurs d'élite ont été payés de leur vivant ; ils ont éprouvé les jouissances les plus vives, les plus réelles que l'amour-propre puisse donner ; ils ont brillamment escompté leur part de gloire : ils n'ont plus rien à demander.

GOT.

M. Got est, à notre avis, un de nos artistes les plus vrais et les plus fins, les plus spirituels de notre époque, surtout remarquable par sa sagesse et son admirable tact. Il sait jusqu'où il faut aller dans le comique pour ne pas devenir trivial ; il sait jusqu'où il faut aller dans le sentiment pour ne pas arriver à la sensiblerie ; il est impressionnable, sympathique, ardent, oseur, mais toujours maître de lui.

C'est le seul artiste du Théâtre-Français qui se trouve à l'aise vis-à-vis du public le plus gourmé, le plus minutieux, le plus exigeant, le plus esclave de l'étiquette et du convenu qui soit au monde. Il en arrive à faire sourire malgré eux tous ces puristes qui prennent plaisir à contrôler chaque geste, chaque intonation, chaque clin d'œil. Il joue avec eux, et leur fait accepter des innovations qui, de tout autre, seraient accueillies avec un murmure. Il les fascine avec sa verve, les entraîne et les intéresse, les amuse avec sa bonne humeur, si bien que, les tenant toujours en haleine, il ose s'écarter de la

stricte tradition sans que ces rigoristes aient le temps de
s'en apercevoir ou le courage de s'en plaindre.

Il a pour planètes dominantes : Jupiter, qui lui donne
la gaieté, l'entrain, la confiance ; Vénus, qui lui donne le
charme, le comique mordant, et Mercure, qui lui donne
le tact, l'adresse et la perspicacité. Mars lui donne aussi
l'énergie. Il tient de Jupiter le teint blanc, coloré, l'ex-
pansion, la voix claire ; Vénus lui donne, avec les cheveux
noirs, les sourcils arqués, le nez assez charnu, et des
formes un peu rondes : le sentiment et la sympathie ;
Mercure le rend agile, souple, gracieux et perspicace ;
Mars le rend oseur.

Il est savant dans son art ; mais il doit sa science plus
encore à l'intuition qu'à l'étude. Il devine, trouve, im-
provise souvent en scène, selon l'occasion, selon le ton
de la réplique d'un camarade, et surtout selon la dispo-
sition du public qu'il pressent.

Ses doigts lisses lui donnent l'à-propos, la spontanéité,.
et, à cause de ces doigts lisses, il voit vite, mais il voit
vite et juste, parce que chez lui le nœud philosophique
est développé, et parce que ses doigts sont carrés et que
la phalange de la logique est forte. Ses doigts carrés le
rendent esclave de la règle qu'il ne viole jamais, même
dans ses essais en apparence les plus audacieux ; c'est
Mercure qui lui inspire le goût de l'innovation et un va-
gue désir de liberté dans l'art. Il a dans les mains *Choch-
mah* et *Binah ;* c'est Vénus qui fait l'équilibre, c'est
elle qui donne tour à tour à sa voix l'*humour* du comique
et la tendresse, la gentillesse sympathique.

Vénus atténue la roideur de la règle et les caprices de l'indépendance. Ses doigts, épais à la troisième phalange et le mont du pouce développé, en douant l'artiste d'une grande aptitude aux plaisirs sensuels et surtout aux plaisirs de l'amour, témoignent de la puissance de Vénus sur son intelligente organisation. Il est voluptueux à coup sûr, et sa ligne de cœur, bien colorée, mais relativement courte, c'est-à-dire commençant seulement entre le mont de Jupiter et celui de Saturne, nous révèle qu'il s'attache par le plaisir avant de s'attacher par le cœur. Son pouce indique plus de logique que de volonté, et un état permanent d'incertitude favorable à la spontanéité. Son amabilité, caractérisée dans sa main par le développement remarquable du mont de Vénus, lui rend un refus pénible, et il ne résiste que par une force d'inertie invincible, selon nous, parce qu'il sait toujours ce qu'il fait, aussi vite que lui vienne un caprice ou une inspiration, et parce que l'influence secondaire de Mars le porte non pas à l'attaque, mais seulement à la résistance ; c'est le mont de Mars plein et calme qui lui donne sa douceur, son égalité de caractère, et son immense et imperturbable résignation. Sa ligne de bonheur, brisée à la ligne de tête, a été momentanément arrêtée par une idée, un faux calcul, ou du moins un calcul qui lui a été préjudiciable pour un moment, puisqu'elle reprend au delà.

Il existe entre l'artiste Got et l'académicien Émile Augier une grande ressemblance, et comme tout est harmonie dans la nature, leurs mains se ressemblent aussi,

avec cette légère différence que chez Got, l'artiste dra-
matique, les doigts sont carrés, et lui donnent l'amour
et la recherche de la vérité, tandis que chez le poëte les
doigts sont mixtes et se prêtent davantage aux travaux
d'imagination.

M. Got a fait une étude sur les gestes; il a bien voulu
nous en faire part.

Ce système nous a paru trop remarquable pour ne pas
être publié. Mais comme il n'y a qu'une vérité, on verra
que son système, établi à la suite d'observations journa-
lières, se trouve en parfait accord avec notre système
basé sur la kabbale.

Selon lui, on ferme la main et on rapproche les
doigts toutes les fois que l'on a besoin de concentrer une
énergie.

Tout ce qui est abandon, joie, confiance, s'exprime les
mains ouvertes.

Le désir de la possession, surtout en amour, écarte les
doigts. En parlant d'une femme qu'on aime, en pensant
à sa possession, on ouvre les mains; et, dans la posses-
sion, on écarte les doigts. L'avare aussi écarte les doigts
sur un amas de pièces d'or pour en prendre à la fois le
plus possible.

Et de même, dans les transports de la joie, on écarte
les doigts, on les agite (comme pour secouer au dehors
le fluide vital prêt à monter au cerveau).

Le dépit s'exprime en serrant le bout des doigts contre
le bas de la paume, et la secousse ne se ressent que
lorsque les doigts touchent la paume.

L'avocat, au contraire, qui a besoin d'exciter ses idées, touche toujours quelque chose, soit un mouchoir, soit un cahier, un papier quelconque, comme pour tenir continuellement le cerveau *correspondant* en haleine par un choc électrique. Par la même raison, les prédicateurs tamponnent aussi un mouchoir, frappent des mains, les joignent, crispent leurs doigts sur les bords de la chaire.

Quand, par une commotion violente, le sang afflue vers le cœur et paralyse momentanément l'effet du cerveau, les mains deviennent inertes, elles s'abaissent.

(C'est l'interruption momentanée de la circulation fluidique.)

« Les bras m'en tombent, » dit le proverbe.

M. Got a observé que le geste devient moins énergique, plus réservé, plus calme, moins fréquent, selon les degrés de la civilisation. Ainsi, le paysan gesticule avec tout son corps, l'ouvrier avec des mouvements de bras, l'homme du monde avec des mouvements de main ; le geste du diplomate se réduit à des mouvements de doigts, quelquefois même il les supprime et les remplace par un mouvement des yeux.

Observations sur le système des gestes communiqué par l'artiste Got.

Toutes choses d'âme, de bonne foi, de conviction, lorsqu'elles s'expriment par des gestes, tiennent la paume de la main en dehors.

Tout homme qui veut tromper cache instinctivement la paume.

Un homme qui ment jure en cachant la paume.

« Je vous en donne ma parole d'honneur, » dit l'homme sincère en présentant ses mains ouvertes et en étendant les bras.

« Je vous jure que cela est, » dit un menteur en mettant ses deux mains, la paume en dedans, sur sa poitrine.

Saint-Vincent de Paul dit, la main ouverte et la paume en dessus : « Voyez ces pauvres enfants, les laisserez-vous sans secours? »

Clytemnestre, poussant Égisthe, lui montre, la paume en dessous, Agamemnon endormi.

Si vous voulez conserver votre secret et votre volonté, vous tenez les doigts joints et la paume en dedans; *c'est la concentration du fluide.*

La main en dehors et les doigts écartés, vous livrez votre âme et vous abandonnez votre volonté; *c'est l'expansion du fluide.*

L'invocation à Dieu se fait les deux mains ouvertes et les doigts écartés.

L'invocation des génies de la terre, dans la magie noire, doit se faire la paume en dedans.

Toutes les fois que vous prenez la divinité à témoin, en dehors des passions humaines, vous montrez la paume de la main.

La foi, l'espérance, la charité, tiennent les mains ouvertes, parce qu'il n'y a plus de volonté humaine, mais abandon complet à la divinité.

En jurant devant un tribunal, vous montrez au juge la paume de la main ; l'homme franc jure solennellement, *la main bien ouverte*, et la laisse longtemps voir ; le menteur montre la main à demi fermée et la baisse à l'instant.

Tout acte de volonté, tout geste qui exprime un ferme vouloir, réunit les doigts en faisceau, comme pour puiser une force dans leur ensemble.

C'EST LA CONCENTRATION DU FLUIDE.

Plus la volonté est ardente, plus la passion est exaltée et plus le faisceau se serre. Ainsi, dans la colère, la main est crispée ; dans la menace, on ferme le poing.

Tout est harmonie dans la création et dans l'homme par conséquent. Ses gestes sont donc en rapport constant avec sa pensée. Les gestes sont une émanation de l'être, du caractère, et par cela même qu'ils sont instinctifs, ils ont pour le voyant une signification plus profonde que celle que leur accorde le monde. Aussi, les gestes imposent-ils une grande difficulté aux gens de théâtre. Un geste faux nuit à l'intonation la plus juste et cause une sensation désagréable au spectateur. Les gestes jouent aussi un rôle important dans l'art oratoire. Pour les appeler au secours de la parole, qu'ils doivent aider à éblouir ou à convaincre, il faut le grand amour de a vérité, d'une âme sincère qui les prend simplement, naïvement, dans la nature, ou un grand génie qui remplace la vérité par l'ampleur, la splendeur et la grâce ; car le génie, c'est l'enchanteur qui pare les monstres mêmes d'un attrait étrange et fascinateur.

33

C'est avec la main que les hommes correspondent.

La main, agent ou écho de la volonté, et, comme nous l'avons vu, en correspondance directe avec le cerveau, aspire et respire l'électricité plus puissamment que tout autre organe.

Chez l'homme, l'amour se communique par le contact des mains. Les animaux, au contraire, absorbent l'électricité par leurs poils, et c'est principalement par le dos qu'ils se frottent dans leurs approches. Ils aiment à être caressés sur le dos qui est en rapport avec l'épine dorsale, principal siége des communications fluidiques chez la bête.

En résumé, dans le système de M. Got, tous les hommes francs présentent la main ouverte; les gens faux, les menteurs, montrent le dos de la main et éprouvent une répugnance secrète à l'ouvrir.

La main a une importance mystérieuse que les paysans comprennent sans chercher à la définir; ainsi, ils ne regardent un marché conclu que lorsqu'ils se sont frappés dans la main; et combien d'hésitations, combien de feintes, de mains tendues, retirées, élevées, abaissées, avant de frapper ce coup solennel.

Les instincts, quels qu'ils soient, ont toujours une cause secrète. Souvent on pressent un danger sans pouvoir le définir. Les inspirations de l'instinct ne viennent pas de nous, puisque l'instinct n'est pas la raison; et cependant, ils sont toujours justes et ont, on le reconnaît plus tard, un but salutaire. L'homme faux et menteur est en défiance continuelle, puisqu'il ne croit pas à la vertu des autres et la confond avec la bêtise. Mais, comme les autres, il est tout d'une pièce, harmonieux par conséquent, c'est-à-dire faux de la tête aux pieds. Les mouvements involontaires qui lui sont particuliers ont un motif. En les étudiant, on arrivera à le deviner sous son masque épais. On appréciera toujours ainsi chaque catégorie humaine, en remontant de l'effet à la cause. Des échelons tordus vous aident aussi à cueillir le fruit.

Si l'homme défiant évite une démonstration quelconque, s'il cache la paume de ses mains, par exemple, c'est que, dans cet acte, il pressent un danger. Ce danger, nous le connaissons; le voici :

C'est que pour l'homme, qui a su pénétrer les secrets de la nature, l'hypocrite se livre; c'est que le dehors de la main ne décèle que son avidité, son entêtement, son positivisme, ses goûts sensuels, sa brutalité, sa méfiance, tandis que le dedans de la main trahit, comme nous l'avons vu déjà, la ruse, le vol, le mensonge, l'orgueil démesuré, la luxure, la superstition, l'avarice et toutes les passions mauvaises.

La méthode de M. Got, fondée sur des observations continuelles secondées par un admirable tact, devait donc se trouver en harmonie avec la chiromancie, et, en effet, c'est par la chiromancie qu'elle s'explique.

MÉDIUMS ET SOMNAMBULES.

Nous nous occupons presque à regret des mystiques, et nous ne le faisons que par devoir.

Il est évident que les uns et les autres, kabbalistes et illuminés, nous suivons une route dangereuse. Seulement, les kabbalistes cherchent la lumière, comme des voyageurs qui, marchant à l'ombre, aiment à deviner la nature des objets lointains éclairés par le soleil; et les illuminés s'exposent tête nue aux rayons du grand astre jusqu'à en arriver au vertige; et le vertige est redoutable quand le chemin est bordé de précipices. Le but de la plupart des illuminés est de se mettre en rapport avec les puissances extérieures dans l'espoir d'utiliser, au profit de leurs passions, le pouvoir dont elles disposent. Et, dans leur aveuglement, ils usent leur raison, diamant de l'humanité, au contact de forces nerveuses qu'ils nomment des esprits.

Sans doute, il existe des esprits intermédiaires entre l'homme et le ciel. (Nous les appellerons des rayons de lumière vivifiée, bien que les peintres leur aient donné une forme terrestre comme ils en donnent une à Dieu même.)

Il existe aussi des esprits intermédiaires entre l'homme et le royaume des ténèbres, comme il existe une lumière latente et une lumière splendide que l'on pourrait comparer, dans leur contraste, à l'eau d'un lac dont une partie dort sous une voûte obscure, et dont l'autre reçoit les reflets célestes et scintille au soleil.

Nous croyons à ces esprits, et il ne nous est pas permis de douter. Origène, un père de l'Église, reconnaît l'existence de génies qui règnent sur les éléments, et l'Église elle-même admet les anges et les démons.

Nous croyons donc ; mais nous demandons qu'il nous soit permis de faire nos réserves. Nous désirons, ce qui est juste après tout, que ces êtres surnaturels puissent nous être expliqués par des démonstrations conformes aux exigences de la raison et de l'analogie.

Ils ne peuvent exister que classés selon les lois de l'harmonie générale, car autrement il y aurait désordre, et la nature ne veut pas de désordre ; ou, si elle le permet, c'est pour donner un instant une nouvelle activité au mouvement universel.

Donc, en admettant ces esprits surnaturels, nous ne les comprenons que divisés hiérarchiquement, par races, par castes, par patrie, comme les hommes sur la terre. Les uns habiteront l'eau, d'autres l'air, d'autres le feu, d'autres enfin l'intérieur de la terre. Les communications entre les hommes et les génies pourront avoir lieu en certaines circonstances, mais il faudra toujours qu'il y ait harmonie entre l'exorciseur et l'esprit.

La magie, lorsqu'elle permet ces évocations dangereuses, comme toute expérience hasardée avec l'électricité, recommande le jeûne, l'abstinence de tout plaisir, la prière, les mortifications, les épurations de toute sorte, et surtout l'innocence du cœur et de la pensée, pour établir un rapport possible avec les *esprits supérieurs*. C'est aussi par des épreuves journalières et plus complètes encore, que les Pères du désert se sont mis en communication avec les anges. Mais, en suivant ces conséquences, un exorciste, poussé par la curiosité, l'avidité, l'orgueil ou par le désir d'émotions nerveuses, passions qui appartiennent toutes au *monde matériel*, ne pourra, par les lois de l'harmonie universelle se mettre en rapport qu'avec les esprits de la *matière*.

Que les moyens de communication soient les tables, les coups frappés sur les murs, peu importe ! Il faut que l'équilibre existe toujours. Et si des papiers déposés sur des tombes sont crayonnés par des êtres invisibles (ce que nous ne contesterons pas), ces étranges dessinateurs ne peuvent être que des habitants des tombeaux, et, par conséquent, des esprits de la terre, élémentaires au premier degré.

Que reste-t-il dans les tombes lorsque chaque élément a repris, par la décomposition, sa part du corps humain ? les ossements seuls qui, pendant la vie, forment le *corps matériel*. Ces ossements deviennent poussière, c'est-à-dire *terre* à la longue ; et c'est à la terre que l'on va demander les oracles du ciel ? Soyez persuadés que les tables qui causent, que les murs qui correspondent avec vous, sont momentanément habités par des esprits de la terre, ou, si l'on en croit la kabbale, par des âmes de retour qui cherchent à ressaisir l'existence, et se rapprochent volontiers des vivants ; c'est-à-dire, dans l'un ou l'autre cas, par des esprits malsains avec lesquels il est dangereux de se mettre en communication fluidique, comme de nombreux exemples ne l'ont que trop prouvé déjà.

Cherchons à nous en assurer en analysant ces expériences mêmes.

La nature, dans sa sagesse, a toujours donné aux êtres dangereux un aspect repoussant : voyons quelle peut être la forme des esprits qui communiquent avec ceux qui les évoquent aujourd'hui.

Nous lisons dans un livre très-bien fait, très-remarquable, intitulé les *Manifestations des esprits*, et publié par M. Paul Auguez, la conversation suivante entre M. Maldigny, un chirurgien-major, et une somnambule :

Le major a les mains sur une table.

« — Sur le plateau de la table je vois la volonté du major. »

« — Ma volonté ! comment se montre-t-elle ? »

« — C'est un courant lumineux qui jaillit vivement sur la table. »

(Ceci est très-remarquable et annonce une somnambule extra-lucide ; c'est même, on le voit, une confirmation de notre système.)

« La tête de la voyante se recule d'un mouvement con-
« vulsif, ses yeux sont fixes, elle contemple avec une
« immobilité d'expression... »

« — Qu'avez-vous ? »

« — J'aperçois... dans le pied de la table... des puis-
sances ! »

« — Des puissances ? »

« — Oui, continua-t-elle d'une *voix basse et frisson-
nante.* »

(Que voyait-elle donc qui la faisait frissonner ? des
puissances, puisqu'elle le dit, mais des puissances fatales
et hideuses, puisqu'elle parle à voix basse et en *frisson-
nant* ; des objets gracieux, des anges l'auraient charmée ;
ce n'étaient pas des anges à coup sûr qui lui causaient
tant d'horreur.)

Le somnambulisme est de toutes les évocations celle qui
nous paraît la plus licite, la moins dangereuse. Exercé avec
un cœur pur, une abnégation complète, un désir ardent
de charité, il est utile aux sciences, au progrès. Il est
ainsi honorable et a été toujours honoré dans les temps
antiques. Mais la Pythonisse se baignait dans la fontaine
de Castalie avant de s'asseoir sur le trépied sacré.

M. Maldigny, et nous n'en faisons aucun doute, est un
homme de bonne volonté qui cherche par amour de la
science ; et cependant, de son aveu, vous voyez qu'il
lui arrive de se trouver en rapport avec des objets hi-
deux, si la somnambule est mal disposée, et s'il n'est
pas suffisamment préparé lui-même. Et l'on va main-
tenant plus loin que le somnambulisme.

Les personnes qui aiment, soit au moyen des tables
tournantes, soit par d'autres moyens analogues, à se mettre
en communication avec des êtres extérieurs, sont quel-
quefois influencées par la Lune, mais le plus souvent

par Saturne. Ces dernières, tourmentées par le doute, douloureusement préoccupées des mystères d'une autre vie, ont un vif désir, un besoin de croire pour être consolées, et sont avides par cela même de manifestations surnaturelles qu'elles admettent comme des preuves, du moment qu'elles voient ou croient avoir vu. Leurs intentions sont bonnes; la plupart même demandent dans ces conversations mystérieuses des conseils, des moyens de perfectionner leur nature.

Ordinairement les esprits frappeurs, cachant l'appel à la révolte sous les apparences et les formules les plus religieuses, leur présentent l'autre vie comme un séjour *d'ineffables délices* où l'on entre *sans épreuves*. N'est-ce pas une excitation au suicide, auquel les Saturniens ne sont que trop portés? N'est-ce pas une invitation à se livrer sans crainte à leurs passions, à de dangereux instincts? N'est-ce pas la négation de l'ordre, LA NÉGATION DE LA LUTTE le grand arcane de la vie? N'est-ce pas l'inscription de l'abbaye de Télème (racontée par Rabelais), *fais ce que tu voudras*, dangereusement interprétée?

N'est-ce pas d'eux enfin qu'il faudrait dire :

TIMEO DANAOS ET DONA FERENTES.

M. HOME.

Nous l'avons dit, nous le répétons encore, nous ne porterons aucune appréciation sur M. Home; nous ne chercherons pas à désigner le monde avec lequel il peut

33.

être en rapport, le lecteur le casera lui-même selon ses sympathies ou ses répugnances.

Nous donnerons la description de sa main que nous avons vue, et nous serons plus sobre d'applications que nous ne l'avons été jusqu'ici.

Les planètes qui influencent M. Home sont, on devait s'y attendre, la Lune qui lui donne une haute taille, la peau mate et trouble, les cheveux blonds, le regard vague ; Saturne qui lui donne les os forts, les épaules un peu hautes ; Vénus dont il tient les lèvres épaisses. Les signatures de Jupiter et du Soleil sont absorbées par celles de la Lune. La paume de ses mains est molle comme elle doit l'être chez tous les médiums ; les doigts sont lisses, marque d'impressionnabilité, ils sont longs ; au pouce, *la logique* est développée, la première phalange est sinon longue jusqu'à la domination, au moins assez importante pour être apte à la résistance énergique même s'il le faut.

Il peut triompher de ses instincts, s'il le veut absolument.

Ses tendances intuitives sont très-écrites, comme aussi la cause de sa puissance sur les esprits.

Ses mains sont rayées, *agitées, et par conséquent, intuitives*.

Dans la main droite *le mont de la Lune est sillonné par une longue croix*, dont une des branches est formée par *une ligne de tête sœur, qui descend sur le mont de la Lune jusque près de la rascette*, et le sillonne ainsi en entier.

Le mont de Vénus est développé et *profondément sillonné* ou plutôt *guilloché* par des raies formant *grilles*.

La ligne de cœur complétement brisée épouse la forme d'un *double anneau de Vénus mal fait*, et cette forme est *complétée par la Saturnienne* qui rencontre les débris et *termine l'anneau.*

La Saturnienne part *du mont de la Lune et* s'élève en se contournant un peu (car les commencements de M. Home n'ont pas été heureux) en une seule branche jusque sur le mont de Saturne, et elle forme, en passant dans le quadrangle et traversée par un des éclats de *l'Anneau de Vénus, une large croix mystique.*

Une croix dans le bas de la main, près de la ligne de vie, indique *un changement de position.*

Le sceau de Jupiter sur le doigt index annonce une disposition *surnaturelle* à une grande intuition, disposition qui doit lui être avantageuse, quelle qu'elle soit.

Une double raie va de la ligne de vie au Soleil; ces deux raies sont creuses, mais on pourrait les croire tracées par une main *qui tremblait :* c'est célébrité irrégulière expliquée par les principaux instincts de la main.

La ligne de tête droite, creuse, barre toute la main.

Main gauche.

Une raie, partie *du bas et de l'extrémité du mont de la Lune,* traverse toute la main qu'elle sillonne profondé-

ment et va se joindre à la ligne de vie *sous l'index*
(Jupiter); de plus, il part de cette ligne, à son arrivée
sous *l'index*, des raies qui montent droites sur le mont;
c'est aspirations ambitieuses et réussite.

La ligne de cœur, cette fois plus distincte, creuse deux
branches au départ sur le mont de Jupiter. Une ligne,
partie de l'origine de la ligne de vie, à sa réunion à la
ligne de tête sous l'index, va droite sur le mont du So-
leil; c'est célébrité et fortune basées sur des qualités
physiques, mais célébrité ou richesses qui pourraient de-
venir fatales, parce qu'elles forment la *réunion de trois
branches* à la ligne de vie, si la ligne de cœur n'en-
voyait, comme préservatif, deux branches sur le mont de
Jupiter.

La ligne remarquable partie du mont de la Lune an-
nonce, en se joignant à ligne de vie et à la ligne de cœur,
mariage de fortune et d'aristocratie (mariage que nous
avons annoncé à M. Home il y a un an déjà), comme l'ex-
plique d'ailleurs la *raie partie du mont du Soleil*, et qui
vient se réunir aux autres; et pour qu'il ne reste aucun
doute à cet égard, une ligne partie aussi du mont de la
Lune (de la rascette) monte nette vers le mont de Mer-
cure, ce qui signifie *gain donné par la Lune*, soit par
imagination, soit par puissance occulte (toutes deux
dans les attributions de la Lune). En outre, cette der-
nière ligne, la ligne principale dont nous avons parlé
plus haut, et la Saturnienne partent du bas du mont
de la Lune en trois branches, se réunissent un peu plus
haut en un seul faisceau, et forment de nouveau, en

s'étendant comme un éventail, *trois* branches princi-
pales qui semblent se partager la main. La Saturnienne,
très-belle dans cette main, monte droite, et s'épanouit
sur le mont du Soleil en trois sillons bien tracés.

Voici donc une chance assurée par la Saturnienne, par
la ligne allant à Mercure (espèce de voie lactée) et par
la ligne allant de la Lune à Jupiter, à laquelle vient se
joindre encore une ligne allant du Soleil à la ligne de
vie. Maintenant, comme contraste à toutes ces probabi-
lités de réussite et de bonheur, deux lignes profondes
parties du mont de Vénus, coupent *la ligne venant de
la Lune, la ligne de chance*, et arrivent, mais sans l'en-
tamer, à la voie lactée.

Nous espérons que cette ligne menaçante, qui signi-
fierait rupture du bonheur conjugal ou malheur apporté
par une femme, sera détournée par les influences de Ju-
piter, de Saturne, et de la Lune, merveilleuses dans cette
main.

Nous n'en dirons pas plus sur M. Home, nous avons
souligné les signes qui nous semblent lui donnner son
pouvoir, et nos lecteurs en savent assez maintenant pour
pouvoir tirer des inductions. Disons toutefois que, selon
nous, la puissance de M. Home lui est inspirée par les
grandes raies et la croix qui sillonnent le mont de la
Lune, et qui se trouvent en correspondance avec Jupiter,
et puis ensuite par le Soleil, par Saturne, par la croix
mystique, mais surtout par le mont de Vénus rayé, *l'an-
neau de Vénus brisé* et terminé par Saturne. Nous ne
répéterons pas ici ce que nous avons dit en commençant

ces portraits, d'un homme très-illustre. Ces signes qui
annoncent les passions les plus vives donnent une puis-
sance fluidique, attractive au suprême degré et qui doit
grouper autour de lui des torrents d'électricité, ou, si
l'on veut, des esprits quelconques prêts à servir en bien
si les instincts sont réprimés, en mal si l'on s'y aban-
donne.

M. Home a une grande force de résistance, une ligne
de tête droite qui barre chacune de ses mains, *de la lo-
gique*, *le nœud philosophique* très-développé. Il sait
donc ce qu'il fait.

Nous aimons à croire, mais sans en être précisément con-
vaincu, que sa force (car une main aussi extraordinaire
annonce, à coup sûr, une immense force magique) est
simplement basée sur une énergique résistance à ses in-
stincts matériels.

ALEXIS.

Le célèbre somnambule Alexis est presqu'entièrement
sous l'influence de Saturne d'abord, et de la Lune ensuite,
puis de Mars et de Vénus.

Saturne donne à Alexis les doigts longs, noueux, au
nœud philosophique très-développé, le pouce large à la
première phalange, le médius large aussi à la phalange
onglée, la peau noire, les cheveux noirs, la maigreur, la
pâleur, la tristesse, l'indépendance poussée à l'excès, le

rigorisme de la justice, la mâchoire assez large, les sourcils froncés et bas sur les yeux ; la Lune lui donne les yeux voilés, les mains molles ; Mars, Vénus et Jupiter agissent sur son caractère, mais sans altérer extérieurement les signatures de Saturne.

Il a donc les mains longues, maigres, molles, mais spatulées par l'influence de Mars ; Vénus a tracé dans sa paume le commencement de son anneau et des grilles sur le mont du pouce ; la première phalange du pouce est élargie par Saturne : c'est entêtement.

Dans la main gauche, la ligne de cœur est belle : il est sensible, aimant ; sa ligne de tête droite lui donne des goûts de gain et d'économie ; une sœur de la ligne de tête descend vers la Lune et éveille l'imagination ; la croix mystique est bien écrite, le mont de Mars est calme, mais développé, et vient ajouter à ses instincts de résistance ; la Saturnienne dans cette main se dirige au mont du Soleil : c'est célébrité donnée par Saturne. Dans la main droite, la ligne de tête est droite et longue (signature de Saturne) ; la Saturnienne est belle ; Mercure développé, lui donne des intuitions et au besoin la ruse.

Chez Alexis, Saturne domine presque absolument ; la Lune même n'est que secondaire. Son somnambulisme devient donc une seconde vue à laquelle Saturne préside, et il doit surtout avoir une lucidité extrême lorsqu'on le consulte sur les spécialités saturniennes : comme, par exemple, sur la découverte de trésors enfouis, de filons dans les mines, sur l'agriculture, sur les

problèmes de sciences, et aussi sur les maladies inspi-
rées par cette triste planète.

Il est évident pour nous, et l'harmonie générale le
veut ainsi, que les somnambules sont plus lucides dans la
découverte des choses qui sont influencées par les astres
dont ils portent eux-mêmes plus spécialement les signa-
tures. Ainsi, une somnambule influencée par Vénus sera
consultée avec succès sur les intrigues d'amour; Mercure
lui donnera, avec ses influences principales, l'intuition
des sciences hermétiques ; la Lune la rendra plus apte
aux révélations mystiques, et ainsi des autres.

Cette direction nouvelle basée sur la logique doit ame-
ner nécessairement des résultats plus satisfaisants et
plus certains dans l'exercice du magnétisme.

Il est de même nécessaire, lorsque l'on voudra con-
quérir une spécialité, que le magnétiseur soit en har-
monie planétaire avec le somnambule, ou qu'il ait au
moins les qualités qui complètent les influences heu-
reuses d'une planète par de sympathiques alliances que
nous avons indiquées déjà : comme celle de Mercure
favorable avec Saturne, celle de Mars favorable avec
Vénus.

Ainsi Marcillet, le magnétiseur d'Alexis, est dominé par
les planètes de Jupiter, de Mercure et de Vénus, qui
toutes sont en harmonie heureuse avec Saturne (pla-
nète influente d'Alexis). C'est Mercure favorable chez
Marcillet qui ajoute, par alliance, une intensité plus grande
à la merveilleuse lucidité d'Alexis.

Nous terminerons ici nos portraits.

Si l'on nous demande pourquoi nous n'avons étudié que des mains d'artistes plutôt que de décrire un type de chaque profession, comme médecins, magistrats, commerçants ou militaires , nous répondrons qu'il nous a paru préférable, pour faire mieux apprécier et comprendre nos applications, de donner un exemple des variétés qu'une seule catégorie présente. Celle des artistes, étant évidemment de toutes la plus sensitive, est par cela même celle où les nuances de différences sont les plus difficiles à saisir et à expliquer. Les autres sont plus écrites; et si le lecteur nous a suivi attentivement, et nous n'avons pas épargné les dissertations et les exemples, il lui sera facile d'étudier chaque main dans sa spécialité. On trouvera d'ailleurs que les hommes supérieurs de chaque profession ont tous quelque chose de l'artiste, comme la rapidité d'intuition, la spontanéité du parti pris, la facilité d'élocution. Ils sont artistes même, car ils ont presque tous le goût et le sentiment des arts.

Disons-le toutefois, cette considération qui nous a déterminé à étudier les artistes de préférence n'est pas la seule, il y en a deux autres encore, et les voici :

On trouve chez les artistes une affabilité, un laisser aller, une expansion que l'on ne rencontre guère chez les gens haut placés dans le monde. Ceux-ci, par habitude, par prudence, par suite de leurs relations journalières, par les exigences de leur position enfin, sont obligés de conserver un certain décorum, une dignité un peu empesée, une affabilité protectrice, condescendante, qui ne s'harmonise que médiocrement avec notre politesse dorée, mais conservant au fond, bien que nous puissions faire, un alliage d'indépendance.

Et puis, en second lieu, nous sommes artiste nous-même : là sont toutes nos sympathies, et nous l'avouerons, et l'on nous pardonnera notre chauvinisme eu égard à notre franchise, nous ne concevons pas de vie possible en dehors de l'art. Nous ne demanderions pas mieux que d'être un peu riche, assez pour nous donner par hasard un peu de superflu ; mais, en vérité, nous ne voudrions pas l'être trop, de peur d'émousser notre sensibilité au contact de l'or, et de peur de mépriser peut-être notre frugalité, notre amour de l'étude, nos promenades à pied sur ·la grande route, et nos extases en face d'une belle nature ou d'un coucher de soleil.

Nous voudrions admirer, vénérer de cœur toutes les grandeurs de la terre et rendre à la richesse, aux dignités, à la noblesse héréditaire, l'hommage qui leur est dû, mais hélas ! cela nous est impossible. On ne peut révérer ce que l'on ne désire pas. Nous admettons volontiers toutes les hiérarchies, mais nous n'avons de respect sincère que pour le génie, que pour l'artiste supérieur.

Nous admirons ce type étrange, cette organisation toujours agitée, toujours nerveuse, toujours dévorée par une fièvre inexplicable, toujours prête à trembler au moindre souffle de plaisir, de chagrin, de gloire ou d'amour ! cette voix qui vibre si haut, soit qu'elle pleure, soit qu'elle chante, qu'elle éveille dans tous les cœurs un écho sympathique ! Le grand artiste a le secret de la vie ; il anime le marbre, il anime la toile, et fait causer la mer, les rochers, les bois et les fleurs ; comme l'aérostat, il s'élève au-dessus de la demeure des hommes, et, comme l'aérostat, dès qu'il quitte la terre, il devient le jouet d'inspirations qui n'appartiennent plus à la terre, et, poussé dans sa course irrégulière tantôt vers le midi, tantôt vers le nord, il prête à rire aux sages enfants du monde qui marchent de plain-pied sur le sol natal. Mais ces voix railleuses lui parviennent à peine, suspendu qu'il est entre la terre et le ciel ; il écoute ailleurs ; son cœur palpitant répond à des harmonies inconnues ; il sent frissonner tout son être d'un ineffable plaisir, il tressaille, il souffre, il vit, il parle, il éblouit, il charme, il entraîne !

Écoutez, sages du calcul, gens aux nerfs paisibles : toutes les cordes se ressemblent ; il n'y a que celles qui vibrent qui donnent un son.

Sans doute, et nous en avons comme une révélation secrète, nous avons vécu d'une vie antérieure. Avons-nous été poëte, philosophe, trouvère, imagier, mosaïste, bohémien ou ménétrier ? Nous ne saurions le dire ; mais à quelque degré que ce soit, artiste du palais ou de la rue, nous avons été artiste à coup sûr.

Et maintenant, en terminant cet ouvrage, et après de si longues dissertations sur l'influence des astres, nous croyons devoir exprimer bien clairement nos convictions.

Les influences des astres sont incontestables; mais ce qui est plus incontestable encore, c'est l'action universelle et toute-puissante d'un être éminemment supérieur, qui régit les astres, les cieux, les mondes visibles, les mondes invisibles, les espaces sans bornes, l'immensité ! Cet être que notre raison éblouie ne peut concevoir, cet être qu'elle adore et auquel elle n'ose donner un nom, les hommes l'ont appelé Dieu.

ÉPILOGUE

Nous voici arrivé à la fin de notre longue course, et nous sommes encore bien loin du but; car chaque pas en avant fait déployer·devant nous des horizons nouveaux. La kabbale est semblable aux plaines de la Manche où le voyageur vòit toujours à la même distance des montagnes bleues border les lointains

La science est immense comme la mer.

Nous nous arrêtons, non pas parce que le courage nous manque, mais parce que nous craindrions de perdre la confiance de ceux qui ont bien voulu nous suivre jusqu'ici. On se défie d'un guide, dès qu'il laisse les sentiers battus et s'avance dans des pays où cessent les traces humaines.

Mais ce que nous avons commencé sera continué quand le temps sera venu, et, nous l'avons dit au début, et nous le répétons encore : ce temps n'est pas loin.

Une réaction se prépare dans les esprits, amenée par le dégout du réalisme. L'homme est assez désolé, et il n'est pas destiné à pleurer éternellement ses illusions dissipées, comme Rachel ses enfants perdus, *et noluit consolari quia non sunt.*

Les flots se suivent, se poussent et viennent se briser sur la même plage sans se ressembler jamais. Tout se remplace sur terre, et d'autres générations apporteront de nouvelles espérances et un nouvel amour.

Seulement, peut-être, comme le pendule fortement lancé doit dépasser quelque temps ses limites avant de prendre un mouvement régulier, et parce qu'il faut subir les extrêmes pour arriver au bien, comme il faut le conflit des vents d'orage pour apporter le temps pur, la superstition, qui dépasse les limites de la foi, viendra régner quelque temps pour amener, en se régularisant, la religion véritable et modérée.

Et cela sera ainsi, parce que la jeunesse qui s'avance, tourmentée par le besoin de changement qui régit le monde, mais énervée et corrompue par les exemples et les influences du temps présent, manquera des vertus viriles qui font un siècle vraiment fort.

Mais les progrès ne se font que par secousses, et pour qu'il se réveille avec des forces nouvelles, il faut à l'homme, fatigué par l'orgie, toute une nuit de sommeil.

Et maintenant, plein de confiance dans un brillant avenir que nous ne verrons pas sans doute, nous nous inclinons en nous berçant de la douce espérance qu'un jour notre œuvre sera utile aux petits-enfants du lecteur.

INDEX

A

Abeilles, 70.

Abel, 30.

Abraham, 382.

Abstractif, 45.

Abstraction, 44, 83.

Achille, 461.

Acquisivité, 398.

Action reflexe, 402.

Adda-Nari, 19.

Affectionnivité, 398, 430.

Agamemnon, 448.

Agrippa, 305, 306, 373, 379, 380.

Aïn, 353, 334.

Air, 77, 502.

Albert Durer, 119, 148.

Aleph, 353, 506.

Alexandre Dumas, 102, 322, 459, 497, 499, 500, 501, 502, 504, 512, 516, 526.

Alexandrie, 392, 452.

Alexis (somnambule), 590, 591, 592.

Allemagne, 413.

Allemands, 494.

Alphabet hébreu, 131, 351, 377.

Amativité, 398.

Ambroise (Thomas), 446.

Ame, 4, 30, 32, 33, 38, 49, 52, 54, 56, 67, 71, 72, 75, 76, 88, 89, 96, 127, 128, 132, 139, 141, 169, 295, 339, 344, 393, 394, 395, 404, 419, 427, 434, 471, 490, 546, 560, 568, 575.

Ame de retour, 55, 582.

Amérique, 212, 213.

Ame universelle, 67, 73.

Amnios, 30.

Amour sensuel, 114, 416, 428, 535, 552.

Anaxagore, 106, 446.

Anges, 89, 424, 581, 582, 584.

Anglais, 494.

Angle droit, 256.

Angle gauche, 268, 269.

Angle suprème, 266, 268, 269.

Animal, 303, 373, 375, 419, 516.

Animaux, 39, 57, 61, 91, 406, 413, 414, 430, 478.

Anneau de Salomon, 217, 373, 500, 511, 547.

Anneau de Vénus, 247, 251, 258, 272, 274, 343, 357, 362, 363, 509, 586, 587, 589, 591.

Annulaire, 236, 276, 282, 287, 291, 293, 337, 346, 367, 517, 540, 553, 556.

Anthisthène, 27, 106.

Antoine, 461.
Août, 292, 293.
Apocalypse, 315.
Apollon, 27, 171, 198, 200, 208, 210, 221, 247, 255, 278, 279, 281, 295, 298, 318, 338, 348, 364, 450, 452, 548.
Apollonius de Thyane, 83, 191.
Appareil respiratoire 399.
Approbativité, 397.
Architas, 28.
Aristote, 17, 38, 73, 444, 446.
Aspir, 60, 61, 62, 63, 126, 135, 139, 142, 349, 400, 402, 403, 434.
Aspirations, 14.
Artères, 473.
Astres, 2, 16, 62, 63, 374, 381, 410, 433, 434, 435, 438, 449, 472, 473, 475, 476, 478, 481, 482, 485, 486, 487, 489, 495, 496, 517, 521, 580, 592, 596.
Astrologie, 282, 302, 455.

Astrologue, 91, 472, 473, 475, 478, 482, 516.
Astronomes, 351.
Astronomie, 302.
Athanasius Kircher, 135.
Athéisme, 414.
Athénagore, 28.
Atmosphère, 61, 139.
Auber, 172, 548, 549, 550, 551, 552, 554, 555.
Augier (Émile), 172, 513, 515, 563.
Aura seminalis, 139.
Auriculaire, 237, 276, 282, 288, 291, 293, 295, 323, 338, 339, 346, 347, 359, 362, 364, 372, 456, 458, 540.
Automne, 292, 294, 295.
Avarice (péché capital), 359, 429, 579.
Avenir, 90.
Avril, 292, 293.
Azote, 37, 60, 66, 96, 124, 188.

B

Balzac, 10, 43, 44, 46, 47, 76, 80, 81, 95, 96, 180, 322, 325, 399, 402, 414.
Baptiste Porta, 135.
Bède, 304, 378.
Beethoven, 376, 446, 557.
Bélot, 350.
Béraud, 392, 411.
Berkley, 75.
Berlioz, 446.
Bernardin de St-Pierre, 437.
Beth, 353.
Bible, 163.
Bichat, 124, 128.
Bienveillance (Phrénologie .396, 411, 414, 430.

Bile, 334.
Binah, 36, 292, 295, 296, 297, 300, 348, 572.
Binaire, 308, 316.
Blanche (reine), 388.
Bohas, 47, 49, 295, 298, 396, 407.
Bohme Jacob, 135.
Borgia (César), 460.
Botaniste, 374.
Bouche, 131, 321, 322, 323, 396, 416, 420, 426, 427, 442, 449, 458, 462, 464, 468, 483, 516, 542, 549, 567.
Bracelet magique (triple), 261, 272
Bracelet royal, 271.
Bretons (les), 330.

Briah, 292
Broc (docteur), 338.

Brutus, 447.
Bucco-pharyngien, 417.

C

Cadmus, 32.
Cahos, 30.
Caïn, 38.
Calcul, 413.
Calvitie, 409.
Caph, 353.
Capillaires, 261.
Caravage, 462.
Carpe (le), 271.
Carré, 250, 331, 368, 381.
Carus (le docteur), 175, 404, 406, 413, 424, 427, 429, 504, 510.
Cassandre, 460.
Cassius, 447.
Catégorie, 434, 579.
Catégories, 473.
Catilina, 460.
Causalité, 378, 409, 412, 414, 419, 444, 454, 463, 502, 511, 514, 524, 540.
Cazotte, 87, 103.
Centre cérébral, 81.
Cerbère, 193.
Cercle (demi-), 286, 287, 288.
Cérès, 195.
Cerveau, 63, 77, 78, 82, 124, 126, 127, 128, 130, 131, 132, 133, 136, 142, 174, 282, 334, 392, 393, 394, 395, 401, 403, 404, 407, 409, 410, 418, 420, 421, 422, 423, 424, 509, 510, 574, 575, 578
César, 461.
Chaine, 261, 368.
Chaine magique, 95, 97, 98.
Chair, 429.

Chaleur, 66, 76, 437.
Chansonniers, 346.
Charlemagne, 390.
Charles VII, 389.
Chateaubriand, 144, 252, 290.
Chérubs, 352.
Cheveu, 9, 399, 403, 409, 419, 424, 438, 441, 442, 449, 453, 457, 458, 461, 462, 464, 468, 471, 474, 482, 483, 485, 486, 487, 488, 489, 493, 521, 534, 542, 555, 584, 586.
Chiffres, 373, 376, 355, 384, 385.
Childeric, 384.
Chimie, 10, 43, 435.
Chimie nouvelle, 186, 406.
Chirognomonie, 4, 11, 141, 184, 275, 290, 319, 355, 356, 357, 358, 359, 360, 361, 365, 370, 410, 411, 417, 422, 424, 435, 507.
Chiromancie, 1, 3, 4, 9, 11, 51, 106, 115, 181, 185, 214, 215, 254, 269, 271, 290, 299, 318, 326, 337, 349, 350, 354, 356, 357, 358, 359, 860, 361, 362, 364, 365, 371, 397, 409, 410, 414, 415, 417, 424, 435, 481, 482, 496, 499, 506, 507, 532, 579.
Chiromanciens, 91, 282, 321.
Chiron, 194.
Choc, 346, 420, 434, 576.
Chochmah, 36, 292, 295, 296, 297, 298, 300, 348, 572.
Christ (le), 398.
Ciel, 16, 74, 394, 396, 435, 436, 502, 580, 582.
Cieux, 375, 596.

34

Cils, 403.

Circé, 72.

Circonspection, 397, 413.

Circulation nerveuse, 402.

Clodion, 384.

Cœur, 63,131,282,284,393,395,473, 490, 502, 508, 519, 567, 568, 575.

Colère (péché capital), 358.

Colomb (Christophe), 159, 252, 491.

Colonne vertébrale, 395.

Coloris, 412, 413, 422.

Collonges, 140.

Combativité, 398.

Commissures, 393.

Comparaison, 409, 412, 414, 419, 444, 454, 456, 462.

Configuration, 412, 413.

Conscience, 397.

Constant (Éléphas Lévy), 11, 18, 181, 308, 373.

Contraste, 374.

Cook, 159, 491.

Coph, 354.

Corne, 402.

Corot, 542, 543, 544, 545, 546, 547, 548.

Corps, 6,418,419,421,443,471,472.

Corps matériel, 38, 124, 131, 133, 141, 189, 399, 582.

Corps sidéral, 38, 53, 54, 55, 57, 58, 71, 86, 131, 141, 142, 189, 190, 191, 341, 399, 419.

Corpuscules (paciniques), 176.

Cortex, 52.

Cou, 439, 443, 449, 454, 459, 464, 469, 538, 542.

Couleur, 374, 376.

Courant d'idées, 100.

Crâne, 394, 395, 396, 398, 403, 404, 405, 406, 408, 409, 413, 414, 424, 429, 430, 463.

Créateur (le), 43.

Création, 35, 373.

Crevasses, 289.

Croix, 259, 260, 270, 271, 272, 287, 288, 327, 364, 463, 527, 541, 587, 589

Croix mystique, 333, 341, 357, 367, 529, 533, 540, 546, 557, 563, 565, 569, 587, 591.

Cruveilhier (docteur), 338

Culte du Phallus, 74.

Curiosité, 412, 416.

Cuvier, 58, 340 395

D

Daleth, 353.

Dante, 193.

D'Arpentigny, 12, 51, 106, 107, 108, 110, 111, 150, 152, 159, 160, 164, 171, 173, 176, 181, 182, 184, 244, 272, 276, 421, 424, 521.

Dates, 383.

Daumas (le général), 172.

Décembre, 292, 293, 294.

Déjazet, 365, 366, 369.

Delaage, (Henri), 83.

Delaroche, 172.

Deltoïdes, 469.

Démons de l'air, 312.

Dents, 414, 439, 458, 464, 472 482, 567.

Dentu, 314.

Deo ignoto, 28.

Descartes, 119.

Destructivité, 398.

Deuxième phalange, 114, 148, 153, 179, 182.

Diaz, 172, 527, 538, 540, 541, 542.

Dieu, 56, 16, 17, 23, 27, 28, 32, 39, 41, 42, 43, 51, 56, 60, 65, 72, 73, 75, 79, 87, 96, 143, 153, 155, 307, 308, 309, 315, 488, 504, 508, 525, 528, 549, 580, 596.

Diodore, 74.

Diogène, 367.

Diploé, 395, 396, 403.

Divinité, 306.

Doigt d'Apollon, 278, 346, 372, 552.

Doigt de Jupiter, 286, 348.

Doigt de Mercure, 248, 324.

Doigt de Saturne, 242, 268, 270, 277, 282, 286, 337, 348, 366, 397.

Doigts, 422, 473, 502, 520, 554, 557, 574, 575, 576, 577.

Doigts carrés, 134, 144, 147, 155, 177, 179, 319, 328, 330, 332, 340, 359, 365, 441, 452, 506, 521, 544, 545, 561, 572, 574.

Doigts courts, 121, 144, 146, 157, 158, 163, 177, 460, 471, 538, 563.

Doigts lisses, 109, 134, 145, 146, 147, 148, 149, 168, 171, 177, 319, 329, 334, 343, 346, 349, 358, 370, 441, 452, 455, 456, 464, 502, 506, 514, 521, 523, 546, 558, 572, 586.

Doigts longs, 106, 145, 163, 164, 177, 184, 330, 339, 341, 345, 355, 359, 441, 448, 456, 457, 471, 490, 511, 520, 535, 590.

Doigts mixtes, 456, 506, 521, 531, 538, 568, 574.

Doigts noueux, 109, 341, 355, 359, 364, 448.

Doigts pointus, 106, 120, 134, 142, 143, 144, 145, 147, 148, 149, 153, 158, 165, 167, 168, 171, 177, 182, 183, 184, 275, 318, 319, 327, 328, 330, 332, 333, 340, 341, 343, 355, 357, 358, 364, 365, 370, 466, 467, 501, 504, 506, 521, 561, 563.

Doigts spatulés, 123, 134, 144, 146, 147, 148, 156, 159, 167, 171, 177, 275, 277, 318, 330, 331, 334, 341, 345, 358, 364, 365, 453, 456, 466.

Doigts trop carrés, 160, 332, 526, 528.

Doigts trop pointus, 160.

Doigts trop spatulés, 160, 334.

Dominateurs, 423.

Double ligne de vie, 172.

Dufaurens (docteur), 395.

Duodenaire, 196, 291, 292, 317, 415.

Duval (docteur), 397.

Dyade, 299.

E

Éclipses, 431, 467.

Edgard Poë, 191.

Egérie, 465.

Égoïsme, 426, 428, 430.

Égyptiens, 42, 383.

Électricité, 66, 76, 129, 135, 142, 167, 188, 349, 350, 400, 401, 403, 578, 581, 590.

Éléments, 580, 581.

Élie, 382.

Épaules, 443, 454, 459, 464, 469, 474, 493, 524, 586.

Éphèse, 452.
Équinoxe, 295.
Ésotérisme, 22.
Espagne, 495.
Espérance, 397, 398, 576.
Espérance (l'), 314.
Esprit, 424, 481, 581, 582, 583, 584, 590.
Esprit de la terre, 89.
Esprit philosophique, 412.
Esquilies, 448.
Estime de soi, 397.
Estomac, 131, 282, 324, 307, 368, 375.
Est, 292, 396.
Été, 292, 294, 295, 473.

Étendue, 413, 422.
Éther, 41, 67, 74.
Éthérée, 175.
Étincelles électriques, 399.
Étoile, 254, 258, 286, 289, 324, 367, 368, 375.
Étoiles, 90, 228, 254, 255, 270, 272, 312, 326, 356, 358, 510.
Être intérieur, 86.
Être, 17, 418, 494, 581, 582, 584.
Euripide, 48.
Europe, 494.
Eusèbe, 28.
Excès dans les formes, 160.
Exotérisme, 22.

F

Face, 416, 417, 418, 420, 421, 423, 430, 464, 467, 475, 487, 488, 489, 491, 492.
Facultés, 321.
Fantômes, 87, 482.
Fatalisme, 12.
Fatalité, 397, 410, 500.
Feu, 401.
Février, 292, 293.
Fibres nerveuses, 393.
Firscher, 395.
Flair, 421.
Flegmatiques, 427, 429.
Flourens (le docteur), 402.
Fluide, 63, 64, 66, 72, 82, 125, 139, 142, 145, 148, 165, 217, 261, 263, 339, 348, 400, 401, 404, 422, 423, 424, 425, 426, 427, 428, 434, 436,

502, 574, 576, 577.
Fluide de la volonté, 77, 93.
Fluide électrique, 130, 136, 138, 401, 434.
Fluide galvanique, 76.
Fluide impondérable, 136.
Foi (la), 314, 339, 376, 398.
Foie, 131, 282, 283, 334, 472.
Fontenelle, 165.
Français, 494, 495.
François 1er, 390.
Frédéric 1er, 134, 164.
Frédérik-Lemaître, 560, 561, 562, 563.
Front, 9, 321, 323, 405, 408, 409, 411, 412, 413, 416, 420, 421, 422, 439, 449, 454, 458, 461, 463, 468, 483, 490, 516.

G

Gaffarel, 350.
Galien, 392, 395.
Galilée, 110.
Gall, 413, 414, 419.
Gamme, 40.
Ganglions, 128, 129, 133, 137.
Gavarni, 102.
Géburah, 296, 297, 298, 313, 352.
Gédulah, 296, 297, 298, 352.
Genèse, 30, 61.
Génie, 415, 499, 507, 576, 577, 581.
Géométrie, 422, 487.
George Sand, 144.
Georget, 169.
Géorgiques, 74.
Gérôme, 172, 524.
Geste, 418, 419
Ghimel, 353.

Gnomes, 312.
Gœthe, 144.
Goglenius, 350.
Got, 571, 573, 574, 575, 578, 579.
Gounod, 555, 556, 558.
Gourmandise (péché capital), 361, 427.
Goût (le), 130.
Goutte (la), 284, 473, 486.
Gouvernements républicains, 38.
Grâce (la), 50, 56, 97.
Graisse, 429.
Grand agent magique, 78, 201.
Grand sympathique, 63, 124, 129, 130, 133, 399.
Grilles, 261, 359, 364, 365, 368, 453, 535, 550, 587, 591.
Guitton (docteur), 283.

H

Habitativité, 398.
Harmonie, 48, 60, 302, 303, 311, 344, 396, 404, 406, 407, 415, 419, 434, 435, 436, 470, 479, 494, 495, 504 532, 578, 579, 581, 582, 592.
Harmonies de l'être, 308.
Hé, 353, 354.
Hénoch, 221.
Hépatique, 221, 245, 256, 267, 268, 272.
Herder, 10, 40, 137, 294.
Hermaphrodisme, 57.
Hermès, 7, 33, 34, 35, 51, 64, 221, 373, 416.
Heth, 353.
Hippocrate, 282, 284, 445.

Hiver, 292, 295, 436, 473.
Hod, 296, 297, 298.
Hoffmann, 88, 191.
Holbein, 148.
Home, 101, 102, 103, 104, 585 586, 589.
Homme, 1, 3, 373, 395, 406, 418, 420, 433, 437, 439, 452, 453, 454, 476, 487, 488, 489, 496, 497, 504.
Homme, plante perfectionnée, 188.
Homme ternaire, 124.
Horoscopes, 85.
Hydrogène (mouvement), 37, 124, 188.
Hydrogène (résistant), 37.

34.

I

Idéalité, 333, 397, 409, 414, 430.

Idée, 396.

Ile (dans la main), 256, 368, 551.

Index, 217, 219, 230, 266, 268, 272, 276, 282, 283, 289, 291, 293, 295, 323, 328, 335, 337, 355, 357, 463, 500, 540, 547, 563, 587, 588.

Individualité, 412.

Influence fluidique, 406, 435.

Influences, 474, 476, 478, 481, 482, 486, 488, 489, 491, 493, 497, 498, 505, 528, 543, 557, 596.

Influences cérébrales, 69.

Inops, 1, 2, 9, 16, 29, 30, 31, 32, Instinctifs, 50.

Instincts, 1, 2, 44, 45, 51, 321, 395, 397, 410, 419, 421, 426, 428, 450, 578, 586, 290.

Intelligence, 1, 51, 394, 395, 396, 397, 398, 405, 408, 411.

Intestins, 282.

Isabelle d'Angoulème, 388.

Isis, 19, 22.

Italie, 495.

Italiens, 495

Ivresse astrale, 83, 88.

J

Jacob, 382.

Jacobins, 388.

Jakin, 47, 49, 295, 396, 407.

Jambes, 443, 444, 450, 454, 459, 464, 469, 471, 474.

Janin (J.), 172, 520, 521.

Janvier, 292, 293, 294.

Jean-Baptiste, 382.

Jéhova, 73, 312, 352.

Jésirah, 292.

Jésod, 296, 297, 298, 452.

Jésuites, 445, 480.

Jésus-Christ, 27, 41, 42, 50, 312, 373, 380, 381, 382.

Jettatori, 348, 416, 448, 484.

Joachim, 305.

Job, 16.

Jod, 353, 372.

Jordaens, 148.

Joues, 420, 442, 449, 459, 464, 474.

Joues charnues, 429.

Joues maigres, 429.

Jourdan, 417.

Juillet, 292, 293.

Juin, 292, 293.

Junon, 195, 247.

Jupiter, 67, 195, 198, 204, 208, 210, 214, 218, 219, 230, 237, 277, 240, 241, 247, 254, 263, 276, 279, 280, 282, 289, 291, 294, 298, 318, 323, 324, 327, 328, 334, 337, 338, 348, 366, 367, 368, 372, 373, 416, 438, 439, 440, 441, 442, 461, 467, 469, 470, 472, 473, 476, 478, 479, 482, 487, 488, 489, 494, 498, 499, 500, 505, 510, 513, 515, 517, 518, 519, 520, 521, 524, 530, 531, 537, 541, 547, 550, 551, 555, 556, 557, 558, 560, 561, 567, 569, 572, 573, 586, 587, 588, 589, 591, 592.

Justin, 38.

K

Kabbale, 10, 18, 25, 32, 38, 104, 107, 134, 275, 295, 299, 320, 380, 381, 415, 455, 582.
Kabbalistes, 23, 35, 57, 72, 73, 101, 141, 195, 236, 296, 312, 373, 378, 379, 380, 383, 416, 433, 434, 435, 475, 516, 580.
Kether, 36, 292, 295, 296, 297, 298, 300, 452.
Kircher (Athanasius), 135.

L

Lachambre, 282, 283, 285, 350.
Lactance, 282.
Ladrerie, 282.
Lafontaine, 119, 144, 156, 252, 279, 490.
Lamartine (de), 172, 505, 506, 507, 509, 510, 511, 512, 526.
Lamed, 353.
Lampion, 103.
Langue, 473, 475.
Lapeyrouse, 159, 491.
Lapons, 172.
Lavater, 9, 417, 418, 419, 421, 422, 423, 424, 425, 426, 438.
Leibnitz, 119.
Léon X, 547.
Léon, 294, 452.
Léonard de Vinci, 461
Léopold Robert, 148.
Lettres hébraïques, 351.
Levinus, 284.
Lèvres, 323, 426, 427, 428, 439, 443, 449, 454, 458, 461, 462, 464, 466, 468, 471, 475, 490, 493, 498, 586.
Ligne, 255, 256, 500, 502.
Ligne de cœur, 204, 209, 212, 214, 216, 217, 219, 224, 225, 226, 231, 237, 241, 251 256, 259, 260, 319, 326, 328, 329, 334, 335, 336, 346, 347, 357, 359, 360, 361, 362, 363, 364, 366, 371, 373, 463, 500, 502, 503, 508, 519, 528, 531, 533, 535, 538, 541, 548, 550, 551, 554, 558, 559, 564, 567, 573, 587, 588, 590.
Ligne de Mars, 233, 362.
Ligne du Soleil, 248, 249, 250, 251, 263, 318, 320, 329, 332, 367, 372, 415, 501, 515, 533, 539, 541, 547, 565.
Ligne de tête, 204, 209, 212, 217, 218, 220, 221, 222, 223, 225, 226, 231, 237, 241, 251, 256, 257, 259, 260, 266, 319, 326, 327, 329, 333, 535, 336, 338, 346, 356, 358, 359, 360, 361, 363, 364, 365, 366, 371, 372, 415, 463, 467, 500, 502, 506, 515, 519, 526, 531, 533, 541, 542, 551, 552, 553, 558, 559, 564, 568, 569, 573, 586, 587, 589, 590, 591.
Ligne de vie, 207, 209, 212, 217, 220, 225, 226, 229, 230, 231, 232, 233, 234, 235, 236, 239, 245, 246, 248, 251, 256, 260, 266, 268, 329, 334, 335, 336, 337, 338, 342, 356, 357, 358, 359, 362, 363, 364, 365, 371, 372, 463, 501, 527, 533, 540,

550, 551, 553, 558, 586, 587, 589,
Ligne hépatique, 244, 263, 266.
Ligne jaune, 320.
Ligne livide, 320, 342.
Ligne pâle, 320.
Ligne rouge, 320.
Ligne saturnienne, 229, 240, 241, 242, 243, 245, 255, 366, 367, 500, 501.
Lignes capillaires, 261.
Lignes doubles, 233.
Lingham, 19, 73, 74.
Lobe, 403, 411, 469.
Localité, 412, 422.
Logique, 444, 452, 453, 502, 511, 527, 531, 544, 545, 546, 557, 568, 572, 573, 586, 590, 592.
Loi, 419.
Louis Dauphin, 386.
Louis VIII, 386.
Louis XII, 390.
Louis XIV, 144, 390.
Louis XV, 390.
Louis XVI, 119, 385, 386, 387, 388, 389.
Loup-garou, 87.
Lucas (Louis), 41, 42, 64, 186, 187,
404, 406, 407, 408, 409.
Lumière, 3, 35, 41, 42, 43, 52, 58, 62, 66, 76, 77, 83, 85, 88, 125, 126, 127, 133, 141, 188, 189, 190, 301, 309, 341, 346, 376, 394, 396, 399, 400, 403, 416, 454, 486, 489, 538, 552, 580, 581.
Lumière astrale, 52, 58, 59, 60, 63, 66, 67, 68, 69, 71, 75, 78, 81, 82, 84, 88, 90, 91, 95, 96, 109, 201, 341, 345, 352, 399, 433, 434.
Lune, 26, 60, 67, 88, 196, 198, 208, 212, 220, 221, 225, 240, 247, 267, 282, 292, 318, 333, 335, 336, 338, 347, 371, 381, 416, 437, 448, 463, 465, 466, 470, 472, 473, 475, 477, 478, 486, 488, 489, 490, 492, 494, 495, 497, 498, 499, 502, 506, 510, 515, 517, 518, 519, 520, 521, 537, 540, 541, 550, 552, 553, 554, 555, 556, 560, 561, 565, 567, 568, 584, 586, 589, 591, 592.
Lutte, 17, 48, 291, 293, 298, 331, 337, 396, 398.
Lux, 308.
Luxure (péché capital), 356, 362, 363, 579.

M

Mâchoire, 414, 416, 421, 430, 443, 468, 487, 493, 534, 590.
Mâçons (francs), 67.
Macroscope, 375.
Magie, 39, 71, 254, 344, 419, 445, 455, 576, 581.
Magnétiseurs, 400, 401, 592.
Magnétisme, 135, 399, 400, 402, 592.
Mahomet, 166.
Mai, 292, 293.
Main artistique, 171
Main carrée, 329.
Main courte, 330, 370.
Main de M. d'Arpentigny, 181.
Main droite, 501, 511, 545, 565, 586, 591.
Main dure, 165, 334, 340, 347, 358,

363, 366, 455, 462, 527, 538.

Main élémentaire, 171, 173, 174, 330.

Main gauche, 500, 501, 510, 541, 545, 565, 587, 590.

Main heureuse, 272.

Main longue, 456, 518, 591.

Main mixte, 171, 365, 513, 521, 534.

Main molle, 165, 167, 176, 177, 179, 183, 330, 331, 333, 340, 344, 345, 358, 360, 361, 362, 366, 453, 455, 457, 466, 467, 591.

Main noueuse, 329, 365.

Mains, 131, 313, 399, 409, 410, 416, 420, 439, 448, 471, 473, 491, 496, 500, 521, 554, 559, 573, 576, 577, 578, 579, 586, 587, 588, 589.

Main spatulée, 344, 360, 391.

Main trop dure, 167.

Malchut, 296, 297, 298.

Mâle et femelle, 210, 292.

Maquet, 516, 517, 518, 519, 520.

Marc de café, 82.

Marius, 95.

Mars, 186, 195, 197, 198, 204, 208, 220, 230, 234, 239, 243, 245, 249, 292, 293, 295, 318, 334, 368, 416, 417, 455, 458, 459, 460, 461, 462, 472, 473, 474, 475, 477, 478, 484, 485, 486, 487, 490, 493, 494, 495, 497, 498, 504, 505, 513, 518, 521, 524, 525, 527, 528, 530, 534, 537, 538, 539, 542, 543, 555, 556, 560, 561, 565, 572, 573, 591, 592.

Matérialisme, 430.

Matière, 131, 132, 133, 169, 187, 286, 299, 341, 426, 428, 430, 479, 582.

Matière impondérable, 136.

Matrice, 282, 473, 475.

Maxwell, 135.

Méchanceté, 430.

Médicis, 547.

Médius, 199, 219, 224, 237, 240, 254, 276, 277, 278, 282, 283, 287, 289, 291, 292, 293, 447, 515, 524, 540, 556, 557.

Meissonier, 172, 530, 531, 532, 533.

Mélodie, 470, 495, 553.

Mem, 353, 354.

Méninges, 393.

Mens, 38, 52, 53, 54, 55, 56, 57, 58, 61, 76, 88, 89, 96, 127, 128, 131, 132, 133, 139, 141, 189, 190, 192, 339, 344, 399, 419, 424.

Menton, 416, 421, 426, 427, 428, 429, 439, 443, 449, 454, 458, 461, 464, 468, 493, 505, 542.

Menton (petit), 429.

Mercure, 172, 195, 198, 201, 202, 203, 208, 210, 212, 214, 216, 256, 266, 272, 276, 278, 279, 280, 281, 288, 291, 294, 298, 318, 328, 334, 337, 338, 346, 348, 359, 368, 372, 416, 451, 452, 453, 454, 455, 456, 457, 463, 472, 473, 474, 476, 478, 483, 484, 487, 489, 490, 491, 492, 493, 494, 495, 497, 498, 501, 502, 505, 510, 511, 514, 518, 520, 521, 523, 532, 534, 537, 548, 550, 551, 554, 555, 556, 558, 560, 561, 564, 567, 572, 580, 589, 591, 592.

Mérovingiens, 384.

Merveillosité, 397, 408, 414, 454.

Métoscopie, 416.

Michel-Ange, 461.

Microcosme, 416.

Microscope, 374, 375.

Milton, 144.

Minéraux, 373, 437, 466, 477.

Miroir magique, 87.

Moelle allongée, 133.

Moelle épinière, 130

Moïse, 382, 383.

Molécules, 52.

Molière, 144, 252, 450.

Moluques, 436.

Monde, 408, 421, 422, 426, 427, 480, 495, 497.

Monde abstractif, 53, 112, 113, 114, 122, 148, 150, 177, 187, 204, 207, 290, 292, 293, 348, 396, 398, 421, 422, 426.

Monde divin, 35, 52, 67, 112, 122, 134, 148, 150, 177, 187, 204, 207, 290, 292, 293, 329, 339, 396, 397, 414, 416, 421, 422.

Monde instinctif, 58, 48.

Monde matériel, 35, 38, 71, 122, 134, 148, 150, 177, 187, 204, 207, 290, 292, 293, 321, 322, 329, 357, 396, 416, 421, 427, 428, 430, 582.

Mondes, 35, 38, 134, 290, 292, 293, 329, 396, 414, 416, 596.

Montaigne, 119, 392.

Mont de Jupiter, 198, 243, 258, 259, 260, 262, 263, 318, 320, 327, 335, 336, 346, 356, 360, 361, 371, 441, 526, 540, 557, 558, 564, 573, 587, 588.

Mont de la Lune, 125, 240, 246, 248, 255, 258, 259, 261, 262, 264, 265, 268, 270, 271, 272, 289, 327 328, 332, 333, 336, 341, 349, 357, 359, 360, 361, 365, 367, 372, 466, 467, 500, 504, 506, 523, 531, 533, 541, 546, 551, 552, 558, 565, 586, 587, 588.

Mont de Mars, 258, 264, 269, 270, 290, 292, 298, 328, 331, 336, 341, 343, 358, 359, 367, 372, 462, 467, 503, 504, 510, 514, 517, 519, 522,

523, 527, 531, 532, 538, 540, 546, 551, 557, 564, 573, 589, 591.

Mont de Mercure, 236, 243, 244, 248, 250, 255, 258, 259, 264, 266, 319, 320, 329, 347, 359, 364, 372, 456, 457, 501, 506, 517, 532, 533, 540, 547, 551, 588.

Mont de Saturne, 239, 242, 250, 255, 258, 259, 260, 262, 263, 335, 372, 447, 448, 500, 573.

Mont du Soleil, 236, 243, 248, 249, 250, 255, 256, 258, 259, 262, 271, 336, 356, 359, 366, 367, 372, 450, 452, 453, 467, 511, 520, 523, 531, 532, 533, 547, 551, 553, 587, 588, 589, 591.

Mont de Vénus, 253, 55, 256, 259, 260, 262, 263, 264, 265, 266, 274, 298, 328, 329, 333, 334, 337, 342, 343, 346, 357, 359, 361, 362, 500, 501, 509, 510, 515, 532, 535, 539, 548, 550, 559, 565, 573, 587.

Mont Sinaï, 383.

Mouvement, 37, 64, 65, 187, 125, 126, 127, 300, 305, 308, 346, 403, 406, 420, 581.

Mozart, 376.

Müller, 128, 134, 135, 136, 145.

Muscle facial, 418.

Muscles, 414, 417, 418, 420, 421, 443, 449, 464, 473, 498.

Muscles constricteurs et dilatateurs, 417.

Musset, 526.

Mystères orphiques, 53.

Mysticisme, 300.

Mythologie, 439.

N

Napoléon, 94, 162, 344, 375, 415.
Napolitains, 495.
Naturaliste, 374.
Nature, 18, 37, 52, 56, 62, 78, 374, 376, 403, 404, 408, 418, 430, 436, 437, 480, 502, 504, 573, 581, 583, 584.
Nécessité de la lutte, 47, 49.
Nerf facial, 417.
Nerfs, 142, 410, 418, 473.
Netsah, 297.
Newton, 119.
Nez, 396, 412, 416, 421, 423, 424, 425, 426, 431, 432, 438, 441, 443, 449, 454, 458, 461, 464, 468, 471, 473, 483, 490, 493, 516, 521, 534, 542, 549, 567.
Nez aquilin, 425, 505, 513.
Nez camus, 425.
Nodier, 59, 103.
Nœud d'ordre matériel, 183, 339, 365, 504, 506, 514, 534, 538, 554, 557.
Nœud philosophique, 151, 156, 157, 164, 179, 182, 183, 327, 334, 339, 340, 343, 355, 360, 365, 370, 371, 422, 447, 452, 456, 503, 511, 518, 526, 540, 545, 554, 557, 568, 572, 590.

Nœuds, 148, 149, 150, 159, 164, 177, 179, 181, 319.
Nombre 2, page 308.
  —   3, — 310.
  —   4, — 302, 310,
  —   5, — 312, 313.
  —   6, — 314.
  —   7, — 315.
  —   8, — 316.
  —   9, — 316.
  —   10, — 302, 312, 316 317, 375, 381, 416.
Nombre 11, page 279.
Nombres 13, 14, 15, page 38.
Nombres 16, 18, 19, 20, 21, 22, 28 30, page 381.
Nombres 30, 32, 40, page 382.
Nombres 50, 60, 72, 100, 1000, page 383.
Nombres, 299, 300, 301, 302, 303, 304, 305, 306, 307, 308, 309, 311, 312, 313, 314, 315, 316, 317, 374, 376, 377, 383, 415, 495.
Nombril, 340, 399.
Nord, 292.
Notre système, 141.
Novembre, 292, 293.
Numa, 465.
Nun, 353.

O

Occipital, 417.
Ocellus de Lucanie, 27.
Octobre, 292, 293.
Odorat, 130.
Œil, 401, 416, 420, 422, 458, 462, 473, 487, 492.

Œil noir, 322.
Ondins, 312.
Ongles, 170, 343, 358, 360, 402.
Onyx, 353.
Ops, 29, 30, 31, 32, 59.
Optique, 43.

Or, 66, 381, 480.
Oracle de Delphes, 72.
Ordre, 412, 413, 432, 426, 518.
Oreille, 413, 414, 416, 417, 421,
    439, 443, 449, 459, 464, 469,
    473, 474, 475.
Organe, 9, 63, 173, 393, 394, 403,
    406, 407, 409, 412, 413, 414, 415,
    416, 417, 418, 421, 425, 426, 430,
    441, 500, 578.
Organe nerveux, 394.
Organisme, 139, 393.

Orgueil (péché capital), 356, 499,
    500, 501, 511, 519, 528, 579.
Orifice, 417.
Origène, 101, 304, 378, 581.
Origine de la kabbale, 25.
Orphée, 7, 29.
Os, 429, 443, 454, 467, 473, 474,
    586.
Oscillation, 137, 142.
Ouest, 292.
Ouïe, 130, 413, 421.
Oxygène, 37, 60, 188.

P

Paganini, 446.
Pallas, 195.
Pan, 67, 302, 336.
Pantacle, 194, 195, 376.
Paracelse, 53, 99, 135, 191, 375,
    437.
Paresse (péché capital), 358, 427.
Parmenide, 446.
Parties génitales, 340, 399, 473,
    575.
Passions, 394, 405, 410, 418, 420.
Pastoureaux, 388.
Paul Véronèse, 376.
Paume, 134, 173, 174, 175, 176, 177,
    204, 205, 206, 224, 323, 357, 361,
    366, 416, 452, 466, 501, 502, 514,
    515, 518, 527, 531, 547, 554, 557,
    568, 574, 575, 576, 577, 586.
Pé, 352.
Peau, 169, 419, 424, 429, 442, 448,
    453, 456, 457, 459, 462, 463, 467,
    470, 471, 487, 491, 534, 537, 542,
    546, 584, 586, 590.
Pensée, 394.
Pentagramme, 312, 313.
Percussion, 216.

Percussion de la main, 270, 271,
    320, 365.
Pérou, 436.
Pesanteur, 412, 422.
Phalange matérielle, 372.
Phalange onglée, 111, 113, 119,
    447.
Phalange (première), 113, 148, 152,
    161, 162, 179, 184, 254, 286, 288,
    289, 293, 324, 331, 355, 357, 358,
    360, 365, 366, 422, 441, 447, 448,
    462, 463, 466, 519, 522, 524, 527,
    531, 532, 558, 563, 586, 591.
Phalange (seconde), 286, 288, 289,
    293, 323, 349, 357, 360, 365, 372,
    503, 511, 526, 531, 557.
Phalange (troisième), 114, 148, 150,
    153, 240, 255, 256, 287, 288, 289,
    293, 298, 323, 357, 361, 372, 458,
    462, 463, 503, 515, 523, 573.
Phallus, 74.
Phénomènes, 399.
Philogéniture, 398.
Philosophes, 392, 393.
Phocion, 466.
Phosphore, 350.

Phrénologie, 3, 4, 51, 141, 321, 329, 391, 392, 394, 395, 396, 397, 404, 406, 408, 409, 410, 411, 413, 414, 416, 417, 419, 424, 434, 439, 490.

Phrénologues, 321, 395, 396, 406, 407, 410, 411.

Phthisie, 283.

Physiognomonie, 4, 11, 141, 413, 415, 416, 417.

Physiologie, 128, 406.

Physiologistes, 392.

Physionomie, 321, 417, 418, 419, 420, 421, 433, 482.

Physique, 10, 483.

Pied, 399, 489, 443, 464, 469, 473, 485, 487.

Piémontais, 495.

Pierre philosophale, 380, 381.

Pile voltaïque, 400.

Plaine de Mars, 204, 220, 239, 243, 245, 256, 257, 259, 266, 267, 268, 271, 290, 298, 326, 331, 332, 333, 358, 359, 362, 364, 366, 462, 463, 510, 517, 521, 527, 531, 532, 541, 550.

Planètes, 275, 437, 439, 442, 448, 456, 459, 460, 472, 473, 474, 475, 481, 482, 483, 484, 485, 486, 487, 488, 490, 499, 515, 524, 530, 534, 537, 541, 542, 549, 555, 556, 560, 585, 591, 592.

Planisphère, 351.

Plantes, 294, 373, 374, 375, 436, 437, 473, 479.

Platon, 27, 42, 72, 73, 75, 446.

Plutarque, 48, 73, 461.

Point (un), 250, 316, 362, 368.

Poitrine, 169, 282, 443, 449, 454, 459, 461, 469, 498, 512, 515, 521, 538, 548, 555.

Pommettes, 430, 442, 459.

Porta, 516.

Positivisme, 430.

Pouce, 110, 134, 149, 161, 162, 164, 173, 178, 180, 182, 197, 204, 212, 217, 225, 230, 232, 282, 283, 298, 313, 319, 332, 334, 337, 343, 348, 355, 357, 358, 359, 360, 365, 423, 441, 447, 448, 452, 453, 456, 462, 463, 466, 471, 503, 511, 518, 526, 531, 532, 540, 544, 557, 563, 568, 573, 586, 590.

Pouce court, 168, 174, 279, 180, 181, 320, 330, 331, 339, 341, 361, 362, 365, 370, 424, 471, 502, 506, 514, 522, 533, 554, 567.

Poumons, 282, 334, 394, 472.

Poussin (le), 144, 148.

Praxitèle, 452.

Pressentiments, 85, 92.

Principe actif, 300.

Principe nerveux, 135.

Principe passif, 300.

Printemps, 292, 295.

Protée, 383.

Protubérances, 405, 406.

Proudhon, 524, 525, 526, 527, 528, 530.

Provençaux, 388.

Provence, 388.

Providence, 6, 362, 404.

Ptolémée, 448.

Pythagore, 25, 27, 42, 72, 75, 299, 300, 302, 436, 305, 311.

Pythagoriciens, 316, 380, 382.

Pythonisse, 584.

Q

Quadrangle, 259, 269, 270, 586.
Quaternaire, 196, 291, 292 310, 315, 316, 317, 415.
Quaternaire sacré, 311, 312.
naterne, 302.

Quatre (nombre), 302, 310, 312, 415.
Quatre âges de la vie, 291.
Quatre saisons, 291.
Quinte, 374.

R

Rabanus, 304.
Rabelais, 63; 88, 89, 584.
Raies, 262, 558, 587, 588, 589.
Rameau, 260, 272, 368, 500.
Raphaël, 451, 470, 562, 563.
Rascette ou Restreinte, 231, 239, 266, 271, 501, 586, 588.
Rate, 282, 283, 284, 334, 473.
Rational, 352.
Rayonnements, 95, 404.
Rayons fluidiques, 400.
Reflet, 90, 416, 419, 489, 552.
Regnard, 144.
Reil (docteur), 129.
Reins, 333, 393, 443, 449, 454, 459, 469, 473, 475.

Religion, 397, 411.
Rembrandt, 148, 376, 542, 562.
Resch, 354.
Respir, 60, 61, 62, 63, 126, 135, 139, 142, 349, 400, 402, 403, 434.
Restauration, 389.
Révolution des âmes, 51.
Robert Fludd, 135.
Romains, 495.
Rome, 448.
Rond (un), 256, 288, 368.
Rossini, 376, 441.
Rubens, 148, 376.

S

Saint Ambroise, 304, 378.
Saint Anasthase, 304, 378.
Saint Augustin, 28, 379, 382.
Saint Basile, 304, 378.
Saint Esprit, 309, 310, 315, 383.
Saint Grégoire de Naziance, 304, 378.
Saint Hilaire, 304, 378.
Saint Jean, 303.

Saint Jérôme, 278.
Saint Louis, 385, 386, 387, 388.
Saint Martin, 305, 379, 380, 381.
Saint Paul, 28, 398.
Saint Vincent de Paule, 98, 576.
Salamandres, 312.
Salluste, 460.
Salomon, 49.
Salvatelle, 284.

Salvator Rosa, 462, 561.
Sameck, 353, 354.
Sand (Mme), 244.
Sang, 393, 473, 575.
Saturne, 195, 198, 199, 200, 208,
214, 216, 219, 222, 223, 224, 225,
240, 241, 247, 263. 276, 279,
280, 281, 283, 289, 294, 295, 298,
318, 324, 334, 348, 367, 416, 437,
438, 442, 443, 446, 447, 448, 455,
457, 461, 463, 472, 473, 474, 476,
478, 480, 481, 482, 483, 484, 485,
486, 493, 494, 495, 518, 519, 520,
521, 524, 534, 538, 542, 543, 550,
556, 558, 560, 567, 584, 585, 589,
590, 591, 592.
Saturnienne, 259, 260, 263, 268,
272, 326, 333, 335, 336, 371, 501,
510, 515, 521, 531, 532, 541, 552,
553, 558, 569, 586, 587, 588,
589, 591
Saturniens, 442, 445, 446, 447, 455,
456, 473, 474, 480, 584.
Sceau de Salomon, 371, 372.
Schiller, 144.
Schin, 354.
Schreger, 474.
Schrœpfer, 87.
Sciences occultes, 404, 500.
Sécrétivité (la), 398.
Sels, 407.
Sens, 422, 424.
Sensation, 392, 394.
Sensibilité, 427.
Sensibilité récurrente, 402.
Sensorium commune, 124, 137.
Sensualité, 426, 427, 428.
Sentiments, 51, 321, 394, 395, 396,
397, 404.
Séphirotes, 295, 296, 297, 298, 299,
317.
Septembre, 292, 293, 295.

Septenaire, 195, 313, 317, 380, 381,
415, 416.
Séverin Boëce, 304.
Shakspeare, 119, 144, 561.
Signatures, 405, 435, 437, 448, 458
463, 467, 473, 478, 480, 481, 483,
493, 499, 518, 519, 531, 534, 538,
542, 550, 586, 590, 591.
Socrate, 75, 367, 508.
Soleil, 26, 36, 60, 61, 62, 63, 67,
76, 88, 178, 188, 189, 195, 196,
211, 212, 216, 221, 237, 247, 250,
255, 276, 280, 291, 296, 298, 333,
338, 367, 368, 381, 394, 404, 416,
436, 448, 449, 450, 451, 452, 470,
472, 474, 476, 478, 479, 483, 487,
489, 490, 491, 495, 497, 498, 516,
517, 518, 519, 529, 530, 531, 532,
533, 535, 537, 538, 540, 541, 542,
543, 550, 551, 552, 554, 555, 556,
557, 558, 560, 561, 565, 568, 580,
587, 589, 591, 594.
Somnambules, 81, 83, 90, 399, 401,
580, 584, 590, 592.
Somnambulisme, 84, 584, 591.
Son, 41, 77, 79, 142, 374, 413.
Sourcils, 412, 416, 422, 423, 427,
438, 442, 449, 454, 458, 462, 464,
468, 486, 489, 491, 492, 538, 591.
Spécialité, 44, 45.
Spectre, 87.
Spectre solaire, 40.
Sphéraios, 30.
Sphinx, 352.
Sterne, 119, 490.
Stobée, 27.
Stoïciens, 67.
Strabisme, 475.
Substance, 393, 394, 395, 402.
Superstition, 1, 414.
Sympathie, 283, 284, 285, 478, 519.
Synesius, 51.

Système, 409, 433, 437, 438, 575.
Système fibreux, 394.
Système nerveux, 63, 85, 128, 130, 144, 394, 399.

Système trinitaire, 43.
Swedenborg, 51, 60, 72, 144.

T

Table d'Émeraude, 33, 34, 61, 314.
Tactilit , 411.
Taisnier, 350.
Taro, 33, 351, 376, 380.
Tasse (le), 344.
Taureau, 293.
Teint, 461, 470, 474, 482, 483, 485, 486, 487, 488, 489, 490, 491, 492, 493, 498, 505, 513, 549, 556.
Télème, 34.
Tellus, 443, 550.
Tempéraments, 320.
Tempes, 412, 413, 422.
Temple de Salomon, 49.
Tenos, 283.
Téophile Gautier, 465.
Ternaire, 36, 37, 196, 291, 315, 316, 317, 374, 416.
Terre, 14, 374, 375, 448, 474, 481, 485.
Teth, 352.
Thau, 324.
Tierce, 374.
Titien, 253, 376, 434, 562.

Tonique, 374.
Tons, 412.
Toucher (le), 130, 142.
Triade, 99.
Triangle, 258, 259, 266, 267, 269, 287, 368, 371, 372, 396, 416, 501.
Trinité, 40, 41
Trinité humaine, 53, 124.
Trismégiste, 32, 33, 51, 61, 37, 202.
Trois, 36, 40, 308, 310, 315, 316, 415.
Trois mondes, 27, 35, 38, 39, 51, 63, 67, 110, 117, 135, 177, 290, 291, 299, 318, 323, 329, 340, 345, 396, 416, 426.
Trois règnes, 374.
Trou, 369.
Trous noirs sur la vitale, 253.
Trousseau (docteur), 483.
Tsade, 354.
Turenne, 144.
Type, 337, 452, 470, 471, 474, 497, 493, 504.
Typhereth, 296, 297, 298, 452.

U

Un, 303, 305, 306, 307, 315, 374.
Unité, 495.
Unité de Dieu, 29.

Univers, 195, 299.
Uranus, 195.
Urines, 393.

V

Valois, 384.
Varices, 443.
Vau, 353.
Vauban, 144.
Végétation, 374, 436.
Végétaux, 407, 437, 476, 477, 479.
Vénération, 397, 424.
Venitiens, 495.
Vénus, 150, 195, 198, 207, 208, 230, 234, 247, 266, 272, 318, 438, 450, 460, 462, 464, 467, 468, 469, 470, 471, 472, 473, 475, 476, 478, 480, 485, 486, 488, 489, 490, 492, 495, 497, 498, 499, 505, 510, 513, 515, 518, 519, 520, 521, 524, 530, 534, 537, 538, 539, 549, 554, 555, 556, 560, 561, 567, 568, 572, 573, 586, 589, 590, 591, 592.
Verbum, 308.
Vernet (Horace), 172, 461.
Véronèse (Paul), 253.
Versau, 289, 334, 337, 416.
Vers de Virgile, 69, 70, 71, 73.
Vessie, 282, 473, 475.
Vesta, 195.

Vésuve, 502.
Vibration, 64, 65, 401.
Victor Hugo, 102, 144, 409.
Vie animale, 124, 128, 129, 132.
Vie organique, 124, 128, 129, 131, 132.
Vierge (la), 294.
Virgile kabbaliste, 7, 68, 193.
Visage, 418, 419, 421, 466, 469.
Vita, 308.
Viveurs, 427.
Voie lactée, 246, 362, 471, 539.
Voix, 471, 472, 538.
Voleurs, 361.
Volonté, 17, 84, 105, 110, 113, 114, 115, 116, 117, 119, 133, 179, 314, 342, 395, 396, 397, 400, 403, 405, 410, 411, 415, 418, 420, 435, 441, 447, 453, 514, 527, 535, 544, 557, 576, 577, 583.
Voltaire, 119, 144.
Vue, 41, 42, 77, 413, 421, 451, 486.
Vulcain, 171.
Walter Scott, 86, 96, 97, 413.

Y

Yeux, 322, 396, 398, 399, 400, 401, 413, 416, 420, 421, 438, 442, 444, 449, 451, 454, 456, 458, 462, 463, 464, 466, 468, 470, 471, 475, 479, 482, 483, 485, 486, 487, 488, 489, 491, 492, 493, 498, 516, 538, 542, 549, 575, 59.
Yeux fixes, 363, 399, 412, 421.
Young, 277.

Z

Zaïn, 353.
Zénon, 446.

Zone, 404, 426.
Zopiras, 508.

TABLE DES CHAPITRES

	Pages.
Préface	1
Aspirations	14
Adda-Nari	19
Sancta Kabbala	25
Mystères orphiques	30
Hermès	32
Table d'émeraude	33
Les trois mondes	35
Les trois mondes indiqués par Balzac	44
Nécessité de la lutte: Jakin et Bohas	47
Suite des trois mondes	51
La trinité humaine	51
Lumière astrale	59
Virgile kabbaliste	68
Éthérée	75
Apparitions, horoscopes, pressentiments	85
Rayonnements, chaîne magique	95
Monsieur Home	101
Chirognomonie	106
Pouce	110

Monde divin des Kabbalistes. — Monde abstractif. — Monde
    matériel 112
Première phalange du pouce......................... 113
Deuxième phalange. — Troisième phalange............ 114
Résumé.. 118
Doigts 119
Main pointue avec doigts lisses.................... 120
    — carrée avec des doigts lisses.................. 121
    — spatulée avec des doigts lisses................ 123
Physiologie. — Bichat. — Muller.................... 128
Herder.. 137
Notre système..................................... 141
Les nœuds et leur influence........................ 148
Nœud philosophique................................ 150
Nœud d'ordre matériel 153
Modifications apportées par les nœuds.............. 155
Excès dans les formes.............................. 160
Doigts courts, doigts longs........................ 162
Main dure, main molle.............................. 165
Main de plaisir................................... 168
Main mixte 171
Main élémentaire.................................. 173
Doigts courts avec une paume très-longue........... 175
Résumé.. 177
Main de M. d'Arpentigny............................ 181
L'homme-plante perfectionnée 188
Chiromancie....................................... 194
Mont de Jupiter................................... 198
Qualités. — Excès du mont. — Absence du mont....... 199
Saturne... 199
Qualités. — Excès. — Absence du mont............... 200
Apollon ou le Soleil.............................. 200
Qualités. — Excès. — Absence du mont............... 201
Mercure... 201

Qualités. — Excès. — Absence du mont. — Lignes....... 202
MARS. — Qualités. — Excès représenté par la plaine de
  Mars avec des lignes fatales. — Absence du mont....... 205
LUNE. — Qualités. — Excès. — Absence du mont 206
VÉNUS. — Qualités.................................... 207
Excès. — Absence..................................... 208
Mâle et femelle...................................... 210
Ligne de cœur....................................... 214
Ligne de tête.. 220
Ligne de vie... 226
Ligne saturnienne.................................... 239
Ligne hépatique ou ligne de foie..................... 244
Anneau de Vénus........... 247
Ligne du soleil...................................... 248
Lignes qui modifient l'effet des monts et des lignes....... 254
L'étoile ...., ... 254
Le carré 256
Un point.. 256
Un rond... 256
Une île 256
Le triangle.. 258
Une croix 259
Rameaux.. 260
Chaîne.. 261
Lignes capillaires................................... 261
Des grilles 261
Les traits ou lignes............................. ... 263
Triangle.. 266
Angle suprême. — Angle droit........................ 268
Angle gauche 269
Quadrangle.. 269
Restreinte ou Rascette............................... 271
Main heureuse....................................... 273
Le système de M. d'Arpentigny enrichi par la kabbale.... 275

Sympathies de l'index, du doigt de Saturne et de l'annulaire avec le foie et la poitrine, la rate et le cœur....... 282

Signes sur les phalanges et leur signification............. 285

Doigt de Jupiter.......... 286

Sigues sur le doigt du milieu : Saturne.................. 286

Doigt annulaire : Soleil ou Apollon....·················· 287

Auriculaire : Mercure................................... 288

Les quatre âges de la vie, les quatre saisons de l'année.. 291

Zéphirotes.. 297

NOMBRES.. 299

Les trois mondes....................................... 318

Tempéraments.. 320

Observations et applications...:...................... 327

Alphabet hébreu.. 351

Les sept péchés capitaux. — Orgueil excessif............ 355

Luxure.. 356

Colère.. 358

Paresse... 358

Avarice... 359

Envie........ 360

Gourmandise 361

Voleurs... 361

Manière d'appliquer la Chirognomonie et la Chiromancie.. 365

Main de M. Constant................................... 368

Encore les nombres.................................... 373

PHRÉNOLOGIE... 391

Volonté, libre arbitre 397

Probabilité de l'aspir et du respir astral............. 399

Le crâne peut-il céder à l'action constante de la volonté.... 403

Système phrénologique du docteur Carus. — Arguments de M. Lucas.. 404

La Chiromancie plus facile à exercer à première vue que la Phrénologie.. 409

Physiognomonie 415

L'HOMME EN RAPPORT AVEC LES ASTRES...................... 433
Signature de Jupiter.................................... 438
Mauvaise influence de Jupiter 441
Signature de Saturne......... 442
Mauvaise influence de Saturne......................... 447
Signature du Soleil.................................... 448
Hommes nés sous la mauvaise influence du Soleil....... 452
Signature de Mercure.................................. 453
Mauvaise influence de Mercure......................... 456
Signature de Mars..................................... 458
Mauvaise influence de Mars............................ 462
Signature de la Lune.................................. 463
Mauvaise influence de la Lune......................... 466
Signature de Vénus.................................... 467
Mauvaise influence de Vénus........................... 471
Voix données par les astres........................... 472
Maladies causées par les astres....................... 473
Influence des astres sur les objets secondaires de la création. 475
Attraction de l'influence des astres par sympathie........ 478
Mélange des astres.................................... 481
Saturne... 482
Jupiter... 487
Soleil........ 489
Mercure 490
Mars 490
Lune 492
Manière facile d'interpréter les différentes signatures des
    astres.... 493
Influence particulière des astres sur les populations diverses. 493
PORTRAITS 496
Application du système des mains et des signatures astrales
    à quelques-uns des hommes les plus remarquables de
    notre époque....................................... 496
Alexandre Dumas....................................... 496

De Lamartine... 505
Émile Augier... 513
Maquet.. 516
J. Janin... 520
Proudhon.. 524
Meissonnier... 530
Gérôme.. 534
Diaz.. 537
Corot... 542
Auber... 548
Gounod.. 555
Frédérik-Lemaître.. 560
Déjazet... 565
Got... 571
Observations sur le système des gestes communiqué par
   l'artiste Got... 574
Mediums et somnambules..................................... 580
Home.. 585
Alexis... 590
Épilogue.. 597
Index... 599

ERRATUM

Page 53, ligne 6, au lieu de : Cette flamme, *le mens*, lisez : Cette flamme, *le siége du mens*.

PARIS. — IMPRIMERIE J. CLAYE, 7 RUE SAINT-BENOIT.